COMPLIANCE E DIREITO PENAL ECONÔMICO

MAURÍCIO TAMER

Prefácio
Marco Aurélio Florêncio Filho

COMPLIANCE E DIREITO PENAL ECONÔMICO

Belo Horizonte
FÓRUM
CONHECIMENTO JURÍDICO
2023

© 2023 Editora Fórum Ltda.

É proibida a reprodução total ou parcial desta obra, por qualquer meio eletrônico, inclusive por processos xerográficos, sem autorização expressa do Editor.

Conselho Editorial

Adilson Abreu Dallari
Alécia Paolucci Nogueira Bicalho
Alexandre Coutinho Pagliarini
André Ramos Tavares
Carlos Ayres Britto
Carlos Mário da Silva Velloso
Cármen Lúcia Antunes Rocha
Cesar Augusto Guimarães Pereira
Clovis Beznos
Cristiana Fortini
Dinorá Adelaide Musetti Grotti
Diogo de Figueiredo Moreira Neto (*in memoriam*)
Egon Bockmann Moreira
Emerson Gabardo
Fabrício Motta
Fernando Rossi
Flávio Henrique Unes Pereira

Floriano de Azevedo Marques Neto
Gustavo Justino de Oliveira
Inês Virgínia Prado Soares
Jorge Ulisses Jacoby Fernandes
Juarez Freitas
Luciano Ferraz
Lúcio Delfino
Marcia Carla Pereira Ribeiro
Márcio Cammarosano
Marcos Ehrhardt Jr.
Maria Sylvia Zanella Di Pietro
Ney José de Freitas
Oswaldo Othon de Pontes Saraiva Filho
Paulo Modesto
Romeu Felipe Bacellar Filho
Sérgio Guerra
Walber de Moura Agra

Luís Cláudio Rodrigues Ferreira
Presidente e Editor

Coordenação editorial: Leonardo Eustáquio Siqueira Araújo
Aline Sobreira de Oliveira

Rua Paulo Ribeiro Bastos, 211 – Jardim Atlântico – CEP 31710-430
Belo Horizonte – Minas Gerais – Tel.: (31) 99412.0131
www.editoraforum.com.br – editoraforum@editoraforum.com.br

Técnica. Empenho. Zelo. Esses foram alguns dos cuidados aplicados na edição desta obra. No entanto, podem ocorrer erros de impressão, digitação ou mesmo restar alguma dúvida conceitual. Caso se constate algo assim, solicitamos a gentileza de nos comunicar através do *e-mail* editorial@editoraforum.com.br para que possamos esclarecer, no que couber. A sua contribuição é muito importante para mantermos a excelência editorial. A Editora Fórum agradece a sua contribuição.

Dados Internacionais de Catalogação na Publicação (CIP) de acordo com ISBD

T157c	Tamer, Maurício Compliance e Direito Penal Econômico / Maurício Tamer. - Belo Horizonte : Fórum, 2023. Inclui bibliografia. 263p.; 14,5cm x 21,5cm. ISBN: 978-65-5518-449-5 1. Direito Econômico. 2. Compliance. 3. Direito Empresarial. 4. Direito Público. 5. Direito Penal. 6. Direito Penal Econômico. 7. Direito Processual Penal. I. Título.
2022-2240	CDD 341.39 CDU 34:336.2

Elaborado por Odilio Hilario Moreira Junior - CRB-8/9949

Informação bibliográfica deste livro, conforme a NBR 6023:2018 da Associação Brasileira de Normas Técnicas (ABNT):

TAMER, Maurício. *Compliance e Direito Penal Econômico*. Belo Horizonte: Fórum, 2023. 263p. ISBN 978-65-5518-449-5.

*Aos meus pais, Marileide Solange Zuquieri Tamer e
Wilson Tamer, exemplos.*

*À Nathália Corrêa Leiser, inspiração, e a todos que,
assim como eles, trazem apoio, compreensão, incentivo
e paz incondicionais.*

AGRADECIMENTOS

É preciso agradecer, inicialmente, àqueles que mais sofreram com as renúncias necessárias para o desenvolvimento desta obra e contribuem, todos os dias, com a existência de um ecossistema imprescindível de segurança e afeto. Minha família.

Com pleonasmo ao dito anteriormente, também é preciso agradecer àqueles que, nem sempre reiteradamente cientes da importância que têm, passam a tranquilidade própria de mares calmos sempre vindouros em tempos de revolta. Obrigado, Mariana Cecere, Bruno Higa, Fabrício Stuart e Guilherme Moysés. Irmãos que a vida me proporcionou.

É fundamental agradecer também ao meu orientador e amigo Prof. Dr. Marco Florêncio Filho, que plantou as sementes das ideias da presente obra e prestou todos os apoios e incentivos acadêmicos, científicos e emocionais. Honra e dignifica, como raros, o papel de professor.

São ainda importantes os agradecimentos aos Profs. Drs. Fábio Bechara e Rodrigo Fuziger, cujas considerações também foram imprescindíveis para o direcionamento científico da pesquisa.

Es ist nicht bequem,
Gefühle wissenschaftlich zu bearbeiten
(Não é fácil lidar cientificamente com os sentimentos)
Sigmund Freud, 1929

SUMÁRIO

PREFÁCIO
Marco Aurélio Florêncio Filho 13

INTRODUÇÃO 17

CAPÍTULO 1
NOÇÕES INTRODUTÓRIAS SOBRE O *COMPLIANCE* 23
1.1 Considerações iniciais 23
1.2 *Compliance*: conceito polissêmico e uma visão do seu surgimento pautada na relação histórica entre o Estado e a economia 24
1.3 A Lei nº 12.846 de 2013 e o Decreto Regulamentador nº 11.129 de 2022 55
1.4 O fenômeno do *compliance* nos países do MERCOSUL 66

CAPÍTULO 2
FUNDAMENTOS DO *COMPLIANCE* 71
2.1 Autorregulação regulada 71
2.2 Governança corporativa 83
2.3 Responsabilidade social 101
2.4 Ética empresarial 106
2.5 Sistemas de Gestão de *Compliance*: *compliance* formal *versus compliance* real 108
2.6 Resultados parciais 130

CAPÍTULO 3
UMA TEORIA JURÍDICA DE DIREITO PENAL ECONÔMICO AUTÔNOMA E SEU PERFIL 135
3.1 Nota introdutória 135
3.2 Uma teoria a ser construída a partir da lógica orbital de seus elementos: a definição histórica e conceitual do direito penal econômico e a identificação do bem jurídico tutelado 138

3.3 A técnica legislativa diferenciada..........154
3.3.1 A utilização das leis penais em branco: um desafio diante do princípio da legalidade e um problema à ideia de presunção absoluta do conhecimento da lei penal..........154
3.3.2 A antecipação da tutela penal com a utilização dos crimes de perigo...180

CAPÍTULO 4
OS DOIS PRINCIPAIS PONTOS DE MANIFESTAÇÃO DA AUTONOMIA DO DIREITO PENAL ECONÔMICO E QUE REVELAM O *COMPLIANCE* COMO EXEMPLO DE OPERACIONALIZAÇÃO..........189
4.1 A responsabilidade penal da pessoa jurídica..........189
4.2 A importância do estudo da responsabilidade penal por omissão imprópria: a experiência do *compliance officer*..........218

CONCLUSÕES..........247

REFERÊNCIAS..........251

PREFÁCIO

O presente livro, intitulado *Compliance e Direito Penal Econômico*, é fruto de profícua pesquisa desenvolvida em nível de doutorado pelo autor Maurício Tamer, no âmbito Programa de Pós-Graduação em Direito Político e Econômico da Universidade Presbiteriana Mackenzie. A obra que o leitor tem em mãos é uma investigação de fôlego que objetiva trazer respostas ao imbricado tema do direito penal econômico, que se distancia bastante das questões rotineiras do direito penal clássico, o que nos faz, por vezes, refletir sobre a possibilidade de criação de uma teoria autônoma acerca do direito penal empresarial, para a solução de problemas da contemporaneidade.

Como se sabe, a dogmática penal – constituída pelas teorias da lei penal, do crime e da pena –, fora desenvolvida a partir do crime de homicídio, que no Código Penal brasileiro inaugura a sua parte especial, cuja modalidade simples possui a seguinte redação: "*Art. 121. Matar alguém: Pena – reclusão, de seis a vinte anos.*" Matar significa retirar a vida; causar a morte, enquanto *alguém* significa pessoa humana, ou seja, todo ser que se reveste dos atributos de pessoa.

Biologicamente tem-se que *matar alguém* é uma conduta que se realiza através de qualquer meio que ocasione a parada cardiorrespiratória de uma pessoa humana, perfazendo, assim, a falência múltipla de seus órgãos. Um biofísico, provavelmente, conceituaria a morte de alguém através da seguinte fórmula: $\Delta E = 0$, isto é, a morte dar-se-á quando a variação de energia do indivíduo for igual a zero.

Ocorre que o pensamento naturalístico, biofísico, exposto em linhas anteriores não representa o conceito jurídico de morte do indivíduo, visto que com a parada cardiorrespiratória é inviável se transplantar muitos órgãos do ser humano. Afeto a essa realidade, o direito criou um conceito jurídico de morte, que pode ser atestado a partir da Lei nº 9.434/97, Lei de Transplante de Órgãos. Logo, *matar alguém* é fazer com que a pessoa tenha uma morte encefálica, ou seja, cerebral. Essa afirmação se vislumbra da leitura do artigo 3º,[1] da Lei nº 9.434/97.

Daí, percebe-se que para se compreender o tipo penal mais elementar do Código Penal, qual seja, o crime de homicídio, faz-se necessário um saber normativo, além do saber naturalístico.

A redação da lei de transplante de órgãos só foi possível a partir de um saber médico especializado, resultante das informações acumuladas ao longo da história da literatura médica, logo, da evolução do saber naturalístico. O conceito jurídico de morte veio a ser definido com o objetivo de possibilitar o transplante de órgãos. Paradoxalmente, o conceito jurídico de morte foi criado para salvar vidas.

Os juristas, por sua vez, devem estar preparados para interpretar tipos penais – modelos abstratos de conduta proibida – cada vez mais complexos, resultantes das relações sociais oriundas da denominada "sociedade da informação".

A função de garantia do tipo penal atualmente não está mais na objetividade, tão somente, da redação dos tipos penais, com o escopo de afastar o arbítrio do julgador. A função de garantia do tipo penal, nos dias de hoje, repousa na proteção do indivíduo em face do sistema penal, que cada vez mais possui leis em grande quantidade e de extrema complexidade. Protegendo-se o indivíduo do Estado, preservado estará o direito penal, dogmática e politicamente.

Nesse cenário extremamente imbricado, é que nosso o autor se aventura, com habilidade, para realizar uma aproximação entre o direito penal econômico e os programas de integridade (ou *Compliance*), com o escopo de investigar os pontos críticos do direito penal empresarial, a partir da perspectiva preventiva imanente dos *Compliance Programs*.

Maurício Tamer consegue navegar sobre os temas com tranquilidade, já que é reconhecido autor com vasta publicação em diversas áreas do direito. Assim, a facilidade da leitura do texto e a compreensão dos termos, que o leitor poderá verificar desde o início da obra,

---

[1] "Art. 3º A retirada *post mortem* de tecidos, órgãos ou partes do corpo humano destinados a transplante ou tratamento deverá ser precedida de diagnóstico de morte encefálica, constatada e registrada por dois médicos não participantes das equipes de remoção e transplante, mediante a utilização de critérios clínicos e tecnológicos definidos por resolução do Conselho Federal de Medicina".

não se confunde com a superficialidade observada, por vezes, em muitas publicações jurídicas.

Tem-se, com o presente trabalho, a reunião de diversos assuntos do direito penal, da economia e da teoria do estado que desafiam o público a um entendimento integrado do direito penal, tão importante para os dias de hoje.

São Paulo, 16 de agosto de 2022.

Marco Aurélio Florêncio Filho

Advogado e Professor do Programa de Pós-Graduação (Mestrado e Doutorado) em Direito Político e Econômico da Universidade Presbiteriana Mackenzie.

INTRODUÇÃO

O presente trabalho teve início a partir de alguns incômodos racionais que surgiram da percepção sobre dois fenômenos que coexistem na contemporaneidade: o *compliance* e a criminalidade econômica. Diante disso, surgiram alguns problemas científicos que justificaram o desenvolvimento desta pesquisa e que puderam ser condensados em algumas perguntas. A primeira: existe relação entre o *compliance* e o Direito Penal Econômico? A segunda: existindo essa relação, como ela se manifestaria? A terceira: a Teoria Jurídica de Direito Penal Geral, por assim dizer, seria suficiente para confortar, dogmaticamente, os fenômenos econômicos – inclusive o *compliance* – ou se faria necessária uma Teoria Jurídica de Direito Penal Econômico autônoma em relação ao Direito Penal Geral? A quarta: em sendo justificada uma nova teoria autônoma, como essa autonomia se manifestaria? Por fim, a quinta: existindo relação com o *compliance*, essa relação também ajudaria a justificar, confirmar, explicar e operacionalizar a teoria autônoma de certa forma?

Esses problemas pareceram se justificar sobre três percepções.

A primeira percepção está relacionada ao *compliance*. Sua importância no cenário atual parecia revelar a manifestação de um fenômeno muito mais complexo do que a ideia de estrito cumprimento do dever legal e as ideias derivadas de interpretações decorrentes de simples terminologias em língua inglesa. Restava ter certeza se essa percepção se confirmaria e entender como tal complexidade se apresentaria.

A segunda está relacionada à criminalidade econômica. Antes do início do desenvolvimento da pesquisa, os incômodos racionais decorriam muito de um aparente desajuste ou desencaixe de temas jurídico-dogmáticos do Direito Penal em relação ao fenômeno. A se confirmar esse desajuste, significaria entender que uma Teoria Jurídica de Direito Penal não estaria suficientemente apta para, a partir dos seus elementos dogmáticos apenas, confortar juridicamente os novos fenômenos. Restava entender se esse desajuste se confirmaria e, em caso positivo, como seria possível saná-lo.

A terceira, por sua vez, partia da sensação de que, como dito, ambos os fenômenos coexistem na contemporaneidade. Restava, então, compreender, se isso era uma mera coincidência ou se de fato os dois fenômenos possuíam relações entre si e quais seriam os perfis dessas relações. Seria um a causa e o outro a consequência? Um explicaria o outro? Ambos apenas teriam as mesmas bases sociais e históricas? Ou, ainda, estar-se-ia diante de uma relação de maior complexidade, em que todas as perguntas anteriores se aplicariam?

Dito isso, parece não ser possível ignorar que falar em teoria jurídica e *compliance* pode parecer desajustado, o que poderia gerar um pequeno desconforto inicial na pesquisa, seja por essa compreensão, seja por questionamentos relacionados a uma possível ausência de unicidade na metodologia científica.

Enquanto qualquer teoria tem por escopo a abstração cognitiva do objeto de conhecimento, para sua melhor compreensão e replicação das ideias apreendidas, o *compliance* está mais atrelado a procedimentos de ordem prática, a fim de assegurar a conformidade da atividade desenvolvida com o Direito, qualquer que seja ela. Nessa perspectiva, outras perguntas surgem logo de plano: como compatibilizar o estudo do tema de uma teoria jurídica com o estudo de algo de viés notadamente prático? Com algo que se traduz muitas vezes em boas práticas, tendo essas a vocação de traduzir diariamente a tarefa de conformidade?

A solução para essas perguntas parece estar na compreensão e no estudo de como uma Teoria Jurídica de Direito Penal Econômico pode contribuir com a análise do *compliance* e vice-versa.

Mais precisamente, a resposta parece estar no cenário jurídico e prático que tal teoria traz consigo e nos elementos ou exemplos de sua operacionalização, sendo muitos deles, em razão da relação entre os temas, encontrados no próprio *compliance*. Isso parece não só expor a necessidade de trabalhar os temas de forma conjunta, como, repisa-se, parece dar respaldo aos conceitos que serão colocados.

Aparentemente, o desenvolvimento da pesquisa buscará ratificar essa impressão de que não há como pensar no *compliance*, nas práticas a ele relacionadas e nas preocupações que lhe são inerentes, sem ter em mente uma teoria jurídica autônoma de Direito Penal Econômico, pois é sobre ela que repousaria – ou ao menos deveria repousar – a compreensão das práticas criminais na atual formatação social do exercício da atividade econômica. Propõe-se, aqui, uma problematização científica e de abordagem de unicidade teórico-prática que parece ser necessária. E assim o é, porque o estudo dos exemplos ou da operabilidade da teoria parece ser grande ponto de manifestação conjunta de ambos os fenômenos, da qual as respostas poderão ser extraídas.

Aliás, adicionalmente, por vezes identifica-se na bibliografia penal e de *compliance* própria à aparente presunção de que determinadas condutas e comportamentos são categorizados como de Direito Penal Econômico, partindo-se diretamente ao estudo dos crimes em espécie que estariam inseridos nesse contexto. Ou seja, o estudo de crimes cuja tipificação se dá a partir de posturas atinentes ao exercício da atividade econômica.

Porém, na maioria das vezes, não se explora, propriamente, quais são as premissas teóricas e dogmáticas desse raciocínio ou categorização. Ou, por vezes, também, estudam-se apenas alguns temas, como, por exemplo, a responsabilidade penal da pessoa jurídica. A falta desse estudo teórico, não só parece prejudicar o entendimento de ambos os temas, como também pode resultar em uma persecução penal marcada por uma casuística perigosa, pautando-se, inclusive, a fundamentação das decisões não na dogmática,[1] nem mesmo a mínima sequer, mas em ponderações de ordem puramente valorativa, política criminal[2] e até

---

[1] E pensar na dogmática penal é fundamental a partir de suas funções precípuas: "A dogmática penal é a arquitetura jurídica que permite ao Estado efetivar seu direito de punir e embasar a produção legislativa criadora de tipos penais. Com base nela é que se efetivará o estudo das funções atribuídas aos delitos tipo, percorrendo-se, para tanto, todos os mais importantes matizes teóricos afetos a tal estudo". (GUIMARÃES, Cláudio Alberto Gabriel; REGO, Davi Uruçu. Funções dogmáticas e legitimidade dos tipos penais na sociedade do risco. *In*: PRADO, Luis Regis; DOTTI, René Ariel (Orgs.). *Teoria geral da tutela penal transindividual*. São Paulo: Editora Revista dos Tribunais, 2011. (Coleção Doutrinas Essenciais: direito penal econômico e da empresa). v. 1, p. 488).

[2] Concorda-se, nesse ponto e por exemplo, com as ponderações feitas por Alamiro Velludo Salvador Netto sobre a decisão do Supremo Tribunal Federal no Recurso Extraordinário nº 548.181/PR, de relatoria da Min. Rosa Weber, cuja questão de fundo está na responsabilização penal da pessoa jurídica: "O fator mais marcante da decisão, contudo, diz respeito à carência de argumentos dogmáticos no âmbito do desenvolvimento doutrinário da responsabilidade penal da pessoa jurídica. Em outras palavras, o debate acerca dos contornos e consequências da adoção de modelos de heterorresponsabilidade ou autorresponsabilidade sequer aparece. A Ministra Relatora parte simplesmente da premissa de necessidade de proteção ambiental à luz do art. 225, §3º, da Constituição Federal e, exatamente nesse sentido, a dupla imputação constituiria um óbice de efetividade que precisa ser, em suma, removido. Nas suas próprias palavras, o condicionamento da empresa à identificação e imputação também da pessoa física, 'restringe sobremaneira a eficácia' do dispositivo constitucional, 'contrariando a intenção expressa do constituinte originário, não apenas de ampliar as sanções penais, mas sim de evitar a impunidade' (...) além de reforçar a tutela do bem jurídico ambiental'. Um pouco mais adiante, alega-se que esse entendimento acerca da dupla imputação, o qual estaria assentado nas bases teóricas da dogmática tradicional do Direito Penal, 'acaba por afetar o disposto' na norma constitucional, estabelecendo condicionante 'da responsabilização da pessoa jurídica nela não contida sequer de forma implícita'. Na realidade, e conforme já dito, a noção de dupla imputação não deriva propriamente das 'bases teóricas da dogmática tradicional', mas sim da denominada primeira geração dos modelos de responsabilidade penal da pessoa jurídica sediados no campo da heterorresponsabilidade. O problema da decisão brasileira reside na utilização de argumentos político-criminais para superar, quase como num passe de mágica, um entrave de

meramente opinativa. Em Direito, trata-se de avaliar o que é válido e inválido. São nas zonas mais cinzentas de discussão entre validade ou invalidade que a pesquisa científica parece encontrar solo mais fértil.

Para tentar compreender todos esses pontos e dentro dessa abordagem metodológica, a presente pesquisa se divide em quatro capítulos. A ideia é que cada um deles, bem como cada um dos seus respectivos itens, tenha consistência própria, servindo para a compreensão de todos os temas, mas, ao mesmo tempo, servindo à pesquisa científica como um todo.

No primeiro capítulo, a ideia é estudar os conceitos e definições principais sobre o *compliance* e seus principais fundamentos.

A proposta é mapear, ao máximo, o tema, entendendo-o enquanto unidade racional, para que, com isso, possa ser ou não identificada sua relação com a criminalidade econômica e com a necessidade ou não de uma teoria jurídica autônoma aplicável a essa última. Nisso e sem ignorar a lógica polissêmica da ideia, se buscará o entendimento de um conceito para o *compliance* que seja o mais ajustado às suas complexidades e que tente identificar o seu perfil histórico, contextual e jurídico de manifestação enquanto fenômeno.

Seguindo a pesquisa, será proposto o mapeamento do tema no Brasil, com o estudo da Lei nº 12.846, de 2013, e do recente Decreto Regulamentador nº 11.129, de 2022 – que substituiu o Decreto nº 8.420, de 2015 –, que traduzem a transferência da tarefa de conformidade no País e exemplificam, de forma destacada, a responsabilidade objetiva da pessoa jurídica por ato lesivo à Administração Pública brasileira ou estrangeira. Ainda, considerando que o tema envolve elementos de direcionamento econômico e a própria intervenção jurídica nessa seara, serão estudados os principais diplomas jurídicos dos demais países do MERCOSUL, no caso, Argentina, Uruguai e Paraguai.

No segundo capítulo, e sem ignorar que a ideia de *compliance* é um tema em constante evolução, tentar-se-á avançar ao máximo na compreensão de como essa transferência de tarefa de conformidade se

---

natureza dogmática. Evidente que a Constituição Federal valoriza o meio ambiente, prevê a responsabilidade penal da pessoa jurídica e não exige a dupla imputação. Isso, contudo, não pode servir, por si só, para abstrair uma consequência dogmática ínsita ao modelo nacional, o qual atribui por ricochete à pessoa jurídica a responsabilidade da pessoa física. Repetindo uma vez mais, nos padrões vicariais não há, em regra, como atribuir responsabilidade jurídica ao ente sem antes encontrá-la na pessoa física. Daí, portanto, a dupla imputação aparece como um custo ou ônus da escolha do modelo". (SALVADOR NETTO, Alamiro Velludo. *Responsabilidade penal da pessoa jurídica*. São Paulo: Thomson Reuters Brasil, 2018. p. 305).

traduz em termos práticos, a partir das principais ideias que hoje dão fundamento ao *compliance*: (i) autorregulação regulada; (ii) governança corporativa (e nela accountability; transparência; e enforcement); (iii) responsabilidade social e (iv) ética empresarial. Por fim, na tentativa de demonstrar o *compliance* na prática e com lupa de maior detalhe, e também de auxiliar nos estudos de operacionalização dos fenômenos pesquisados será estudada a ideia de um sistema de gestão de *compliance* com todos os seus principais elementos.

Feitos esses mapeamentos e estudos, chegar-se-á ao terceiro capítulo, onde será proposta a discussão se a teoria jurídica de Direito Penal basta por si, com os elementos dogmáticos da forma como são tradicionalmente conhecidos, ou se as complexidades próprias da criminalidade econômica e do *compliance* impõem a necessidade de desenvolvimento de uma Teoria Jurídica própria de Direito Penal Econômico, inclusive buscando no *compliance* exemplos que ajudem a compreender melhor uma possível resposta. Em sendo necessária tal teoria jurídica, a pesquisa proporá ainda o entendimento de qual sua formatação, se essas mesmas complexidades influenciam seu conteúdo e como isso ocorreria. Há muito, inclusive, Enrique Aftalión e Manoel Pimentel identificaram a importância de se dedicar ao estudo científico do Direito Penal Econômico.[3]

---

[3] "Durante mucho tiempo, el Derecho penal económico ha sido tenido por numerosos juristas como una suerte de suburbio impresentable del Derecho penal, imprecisamente ubicado en las fronteras de éste con el Derecho administrativo. De tal modo este sector del ordenamiento jurídico, hijo de las urgencias del intervencionismo económico de los gobiernos, se mantuvo un poco huérfano del auspicio académico. No es de extrañar, pues, que naciera con taras sensibles, fruto de sus espurios orígenes y que en muchos tratados de Derecho penal apenas sea posible encontrar referencias incidentales a sus cuestiones, deslizadas como de rondón. Actualmente, ya no es posible cerrar los ojos ante los problema teóricos y prácticos que plantea el Derecho penal económico, ni subestimar la importancia de los mismos. Al menos entre nosotros, es indudable que el mapa criminológico se integra en no pequeña medida por la delincuencia económica, aunque frecuentemente sepa eludir los reticulados estadísticos. Por otra parte, este sector de la juridicidad no podía permanecer indefinidamente inmune a la tendencia propia de toda ciencia a racionalizar su objeto, por irracional que parezca. También la teratología es ciencia. Incluso es de notar que el Derecho penal económico ofrece al científico, muy a menudo, el atractivo de lo inédito. Mientras los delitos de lesiones, homicidio o robo no pueden brindar al estudioso sino cuestiones transitadas desde hace siglos, las infracciones económicas suscitan a cada instante inesperadas encrucijadas a la teoría". (AFTALIÓN, Enrique R. *Derecho penal económico*. Buenos Aires: Abeledo Perrot, 1959. p. 15) e "Os danos causados por esses delitos transcendem dos prejuízos impostos às vítimas dos casos concretos, pois denunciam a presença de um perigo social e moral capaz de atingir a todos, quer na economia particular, quer na economia pública, trazendo o descrédito e a desconfiança às instituições financeiras, às organizações que lidam com o crédito e com a poupança, sejam elas particulares ou oficiais. Impõe-se, portanto, um estudo mais aprofundado do problema, para que a sociedade possa armar-se melhor da defesa contra essa insidiosa

Para essa compreensão e na busca de respostas mais seguras para tais problemas, serão estudados temas que possam exemplificar ou operacionalizar uma possível autonomia, na tentativa de confirmá-la ou afastá-la. Serão analisados alguns temas ou elementos em que a autonomia do Direito Penal Econômico poderia se manifestar ou, em outras palavras, elementos em que a insuficiência da dogmática tradicional do Direito Penal poderia ficar demonstrada.

Inclusive, considerando os problemas de pesquisa propostos, também serão buscados exemplos na própria realidade do *compliance*, pois acredita-se que assim a relação entre os temas pode se revelar. Inclusive, abre-se um quarto capítulo com o que parecem ser os dois principais exemplos de preocupações de conformidade das organizações em relação ao Direito Penal Econômico no atual cenário, em uma lógica preventiva do *compliance* em relação à criminalidade econômica.

Essas explicações nesse momento podem parecer abstratas, mas se espera que, no desenvolver do trabalho como um todo, as justificativas aqui postas ganhem maior concretude e ratifiquem a importância da pesquisa e das propostas de respostas científicas identificadas no seu curso e reunidas nas conclusões.

Sem qualquer pretensão de esgotar quaisquer dos temas, é o estudo que se propõe.

---

forma de delinquência que se apresenta vestida com disfarces e tramas capazes de enganar até os mais avisados". (PIMENTEL, Manoel Pedro. *Direito penal econômico*. São Paulo: Revista dos Tribunais, 1973. p. 5).

CAPÍTULO 1

NOÇÕES INTRODUTÓRIAS SOBRE O *COMPLIANCE*

1.1 Considerações iniciais

Inaugurando o desenvolvimento do trabalho, busca-se, nos dois primeiros capítulos, estabelecer as bases mais importantes para o raciocínio proposto. A ideia é apresentar conceitos e definições fundamentais sobre o *compliance*, seus principais fundamentos e alguns dos problemas postos. Com isso, ciente de que se trata de uma ideia polissêmica e em constante evolução, espera-se mapear e estudar o tema do *compliance*, obviamente sem qualquer pretensão de esgotá-lo. Sem prejuízo, e embora o presente capítulo inaugural sirva de respaldo lógico, a ideia é que este e o próximo capítulo tenham, cada um, uma espécie de autonomia científica independente.

Em outras palavras, sem afastar a percepção de que o seu texto dialoga com o trabalho como um todo, a proposta é que o tema do *compliance* fique, dentro do possível, claro e debatido. Parece que só um capítulo que se apresente completo dentro do que se propõe pode interagir com os demais elementos do texto. É sua completude em si que gera sua contribuição científica em potencial. O diálogo entre os temas só parece potencialmente frutífero do ponto de vista metodológico e científico, se o estudo de cada um deles tiver a proposta de bastar por si só. Inclusive, como se verá, o *compliance* e o direito penal econômico parecem estar intrinsicamente relacionados. Não só em conteúdo e na perspectiva histórica de formação de ambos, mas parece o *compliance* ocupar também o papel de fundamento racional para a necessidade de desenvolvimento de uma teoria jurídica de direito penal econômico.

1.2 *Compliance*: conceito polissêmico e uma visão do seu surgimento pautada na relação histórica entre o Estado e a economia

Para entender as raízes históricas e jurídicas do cenário em que o *compliance* e suas principais questões estão situadas, e por certo aquelas atinentes ao *compliance*, vale dizer que a economia ou as práticas de circulação de bens ou mercadorias são, há muito, objeto de atenção do Estado ou daquele grupo que, em certo momento histórico concentrava suas principais funções obviamente com medidas, formatações e focos distintos, ajustados às necessidades de cada grupo primitivo ou sociedade historicamente identificada.

Aliás, considerando que a economia se apresenta, de forma bem genérica, como o estudo de como as sociedades lidam com os bens que lhe são escassos, é plenamente natural que sempre tenha sido dessa forma, sobretudo tendo em vista que o lidar com a escassez de bens é um dos principais fatores da sobrevivência humana e do desenvolvimento social, e, portanto, alvo de poder e controle. A segurança social e, em decorrência, a manutenção das divisões grupais de poder, parecem depender diretamente da boa administração dos bens escassos e da circulação desses. Não por outra razão, inclusive, se identifica na evolução histórica que o próprio surgimento da economia de mercado não é algo natural, mas algo fomentado pelas formações estatais e respectivas instituições jurídicas.[4]

---

[4] Com precisão, Alysson Mascaro identifica esse fenômeno: "Ao contrário da vontade direta dos senhores no escravagismo e no feudalismo, no capitalismo, as interações sociais são intermediadas por formas jurídicas, que são correlatas da forma mercadoria, inúmeras conformações sociais se estabelecem nesse circuito de relações: os indivíduos passam a portar direitos subjetivos, vinculam-se a partir de uma declaração de vontade que se identifica como autônoma, estabelecem uma troca universal de equivalentes. É nesse quadro geral da forma jurídica que se levanta a técnica jurídica moderna. O direito nas sociedades capitalistas tem o papel de estruturar, a partir de um núcleo específico, inúmeras relações sociais. Sem o direito, não seriam possíveis os contratos, nem os lucros advindos da circulação mercantil, nem as garantias da propriedade do capital. Com o direito, torna-se possível concretizar qualquer contrato previsto juridicamente, porque o eventual inadimplemento desse contrato será executado não pela parte lesada, mas pelo Estado. Assim, qualquer capitalista poderá vender, emprestar dinheiro a juro ou contratar funcionários em qualquer local dentro de um país, porque, caso esses contratos sejam descumpridos, o Estado os executará mediante uma ação judicial proposta pelos seus advogados. [...] O direito garante a propriedade, a circulação mercantil e a exploração produtiva cada vez maiores e mais vultosas, possibilitando, assim, um acúmulo sempre crescente de capitais. A técnica jurídica torna-se responsável por estruturar a atividade capitalista por muitos modos. Por meio de suas instituições, constitui o Estado, qualifica seus agentes, suas possibilidades e seus modos de ação, e, acima de tudo, ao fazer de todas as pessoas sujeitos de direito, e ao tratar a todos indistintamente como iguais perante a lei, o direito constitui

A esse respeito, é recomendável a leitura da obra "A grande transformação: as origens da nossa época" de Karl Polanyi, especialmente os seguintes trechos:

A ideia de um mercado autorregulável implicava uma rematada utopia. Uma tal instituição não poderia existir em qualquer tempo, sem aniquilar a substância humana e natural da sociedade; ela teria destruído fisicamente o homem e transformado seu ambiente num deserto. Inevitavelmente, a sociedade teria de tomar medidas para se proteger, mas, quaisquer que tenham sido essas medidas, elas prejudicariam a autorregulação do mercado, desorganizariam a vida industrial e, assim, ameaçariam a sociedade em mais de uma maneira. Foi esse dilema que forçou o desenvolvimento do sistema de mercado numa trilha definida e, finalmente, rompeu a organização social que nela se baseava". Ou, então: "Não havia nada de natural em relação ao laissez-faire; os mercados livres jamais poderiam funcionar deixando apenas que as coisas seguissem o seu curso. Assim como as manufaturas de algodão – a indústria mais importante do livre-comércio – foram criadas com a ação de tarifas protetoras, de exportações subvencionadas e de subsídios indiretos dos salários, o próprio laissez-faire foi imposto pelo estado. As décadas de 1930 e 1940 presenciaram não só a explosão legislativa que repelia regulamentações restritivas, mas também um aumento enorme das funções administrativas do estado, dotado agora de uma burocracia central capaz de executar as tarefas estabelecidas pelos adeptos do liberalismo".[5]

---

a chancela à livre atividade capitalista, que explora o trabalhador com um átomo. Por meio dos seus procedimentos, o direito garante o capital tanto por meio da execução dos contratos quanto retirando dos indivíduos a possibilidade do uso da violência. Chamando a si a força física e monopolizando-a, o direito assegura um determinado tipo de ordem e respalda a propriedade privada, o que possibilitará o burguês entesourar o capital. A evolução histórica do capitalismo revela que o papel do direito se dá em todas as suas modalidades e possíveis relações. As atividades mercantis já demandam instituições jurídicas que garantam tanto o capital quanto a execução do contrato. A exploração da produção também passa pelo direito, respaldando desde a propriedade dos meios de produção até o vínculo do trabalho assalariado. O capitalismo financeiro comporta-se sob o resguardo das garantias do Estado. O direito identifica-se como o capitalismo desde o núcleo basilar deste, a circulação mercantil. Os institutos jurídicos estatais garantem os contratos, a salvaguarda da propriedade privada e a exploração do trabalho pelo capital. O Estado, agindo de acordo com as leis, dá estabilidade e previsibilidade à reprodução capitalista". (MASCARO, Alysson Leandro. *Introdução ao Estudo do Direito*. 5. ed. São Paulo: Atlas, 2015. p. 27-28).

[5] POLANYI, Karl. *A grande transformação*: as origens da nossa época. (Trad. Fanny Wrobel; Revisão Técnica Ricardo Benzaquen de Araújo). 2. ed. Rio de Janeiro: Elsevier, 2012. p. 19, 155-156.

Aliás, exemplificativamente, do ponto de vista histórico, lembra da fundamentalidade do próprio Código Civil Francês de 1804 ou *Código de Napoleão*. Suas normas tiveram papel importantíssimo do ponto de vista estrutural e de viabilização do sistema de mercado, na medida em que possibilitaram a circulação da propriedade sobre a terra – antes vinculada a questões meramente hereditárias. Tem-se, aí, um bom exemplo da participação do Estado – por seu viés normativo – na criação de um ambiente favorável ao desenvolvimento do sistema de mercado. Atuou sobre um dos três elementos da produção que sustentam o sistema de mercado – terra, trabalho e dinheiro – no caso, a terra.

De fato, sempre se observou, historicamente, uma relação de convivência entre o Estado e o capital, especialmente em movimento pendular entre a menor e a maior intervenção estatal, ou seja, o quanto o Estado buscou controlar o capital e direcioná-lo ou não. O *compliance*, o Direito Penal Econômico e o próprio Direito Econômico surgem nesse movimento pendular iniciado no fim do século XIX e início do século XX.

Se antes, no século XIX, a relação Estado e economia era marcada pelos traços quase inabaláveis de liberdade, descentralização e autonomia, com o Estado e o Direito, por óbvio, vocacionados a assegurar a existência dos mercados de trocas de bens de forma livre, na ideia de laissez-faire, laissez-passer, com a separação radical entre as decisões político-jurídicas e as econômicas, a passagem do século XIX para o século XX fomenta alterações profundas nessa ordem. Começa a se perceber um capitalismo liberal em crise que não se mostra mais capaz de se autorregular e de gerenciar ou sanar suas próprias contradições, crise essa que é marcada por ao menos três momentos históricos sensivelmente simbólicos: (i) a Primeira Grande Guerra (1914-1918); (ii) a Crise da Bolsa de Nova York de 1929; e a (iii) a Segunda Grande Guerra (1939-1945).[6]

---

[6] "Ao examinarmos a origem do Direito Econômico, assinalamos que este novo ramo da ciência jurídica está intimamente relacionado com a crescente intervenção do Estado no domínio econômico, resultado de inúmeras e profundas transformações experimentadas pela sociedade humana a partir da primeira guerra mundial. Com efeito, diversos acontecimentos históricos deste século (I Guerra Mundial – 1914-1918, crise econômica de 1929, II Guerra Mundial – 1939-1945) levaram as estruturas político-sociais ao dirigismo econômico, decorrência da inoperância e da falência do sistema econômico liberal. [...] O planejamento de setores fundamentais da economia levou o Estado a exercer atividades nitidamente econômicas e a estabelecer políticas destinadas a direcionar tais atividades, cuja regulamentação jurídica passou a constituir o arcabouço do Direito Econômico. Não é difícil compreender-se que num determinado momento começassem a surgir normas penais destinadas à proteção desse intervencionismo e, em consequência, da atividade

Esse é o período que pode ser entendido como a fase histórica de origem do estudo sistemático do Direito Econômico, e depois do Direito Penal Econômico – a ser visto mais detidamente no capítulo seguinte – e, mais adiante, do próprio *compliance*. É nesse período histórico que o Estado, antes liberal, passa a assumir uma função mais protagonista na economia, do ponto de vista jurídico, adotando políticas econômicas de direcionamento.[7][8] Passam a surgir vários modelos de intervenção do Estado na economia e o estudo preciso de cada um deles, por certo, extrapolaria em muito o objeto deste trabalho, mas fato é que o Estado passa a estar mais presente na economia, planejando e organizando a ordem capitalista. Com maior ou menor grau de participação, o objetivo era evitar que as graves consequências políticas e socioeconômicas das falhas do mercado livre fossem de novo experimentadas. É o Estado ajustando o uso do capital ou pretendendo dar-lhe uma acomodação ou direcionamento seguros.

E essa participação do Estado na economia dependeu e depende diretamente de uma técnica especializada, no caso, o próprio Direito e sua estruturação. Assim, é no século XX que surge a consciência de um Direito Econômico, ou seja, surge a percepção de uma manifestação do Estado – e, portanto, jurídica – no planejamento, organização e direcionamento da economia e do capital, bem como na atuação de correção de falhas dos mercados.[9][10]

económica estatal. E não só, pois com a estruturação de grandes empresas, dotadas de influente poder econômico, viu-se o Estado na contingência de criar mecanismo legal capaz de proteger o interesse constantemente ameaçado de grande massa de consumidores. A norma legal passava, assim, a proteger a economia nacional e a economia popular". (MELO, Ari Kardec de. Direito penal econômico: a origem do direito penal econômico. *In: Revista Sequência*, a. II, p. 29-34, 1º Semestre de 1981. p. 29-30).

[7] "A compreensão de que a ordem econômica, uma vez erigida a programa constitucional, legitima o Estado a regular – ou a intervir em – espaços onde a autorregulação econômica se mostre insuficiente para a solidez e a transparência do mercado, ou mesmo nos casos em que os fluxos econômicos devem orientar-se também a partir de uma programação social, coloca-nos diante do problema relacionado à possível missão que o direito penal pode assumir como instrumento auxiliar dessa tutela". (SCHMIDT, Andrei Zenkner. *Direito penal econômico*: parte geral. 2. ed. rev. e ampl. Porto Alegre: Livraria do Advogado, 2018. p. 73).

[8] Como exemplo documental desse movimento, tem-se também, em 1932, a criação da política econômica de intervenção keynesiana do *new deal*, segundo a qual o Estado deveria atuar na correção dos desvios inerentes do modelo capitalista.

[9] "Así las cosas, se advirtió pronto que existía una manifiesta interdependencia entre los mercados económico, del trabajo y financiero, entre las fluctuaciones de los precios, los salarios y la renta. Por otra parte, también se hizo manifiesto que el bien estar de la comunidad estaba interesado en un armónico, normal ey justicier desenvolvimiento de estos mercados. Para podes satisfacer las justas exigencias que les fué imponiendo la legislación protectora de las condiciones del trabajo, los jefes de empresa requirieron que el Estado los ayudara a dominar el mercado económico, con medidas proteccionistas que los

Nas palavras de Enrique Aftalión, "o Derecho aparece, ante todo, como el instrumento a que recurren los legisladores para concretar en los hechos la política de intervencionismos en lo econômico-social. Es, en otros términos, *la expresión jurídica de esa política*".[11]

E são nas Constituições marcantes do começo do século XX que essa técnica se apresenta de forma mais clara. Constituições que representam a grande virada da relação de um Estado liberal em relação à economia para um Estado que passa a se relacionar com o capital com maior intervenção direta, com as chamadas ordens constitucionais jurídico-econômicas. Nesse contexto, são fundamentais as Constituições de Weimar, de 1919, e a Mexicana, de 1917, especialmente a primeira. Como bem assinala Vicente Bagnoli:

> A Constituição de Weimar é aquela em que se observa pela primeira vez o Direito Econômico, ou seja, o Estado, em sua Lei maior, ditando as regras e princípios para que o fenômeno econômico no mercado encontrasse limites e garantias para atender a sociedade e assegurar a justiça social. O mercado continua sendo o local da produção, circulação e repartição das riquezas, mas suas falhas devem ser corrigidas e, por meio do seu funcionamento, os resultados demandados ela sociedade são alcançados a partir de objetivos e metas programáticas estabelecidos pela agenda nacional. Esse novo sistema inaugurado pela carta de Weimar denomina-se *constituições-programas* ou *socialdemocratas* que, em vez da igualdade formal ou jurídica dos indivíduos, privilegia a igualdade substantiva envolvendo o conteúdo econômico, além de reconhecer a condição dos desiguais.[12]

---

defendieran de la competencia, nacional e internacional, y constituyeran alicientes para los inversores. Así, poco a poco, se fué generalizando la tendencia por parte de los Estados a tratar de regular las fluctuaciones de los mercados, a planear el curso de la vida econômica, a dirigirla, para decirlo con una sola palabra. Supone esta política, entre otras cosas, la clara conciencia de que los distintos procesos y fenómenos econômicos no pueden ser subestimados, como si fueran operaciones aisladas; su recíproca interdependencia hace que deban ser considerados como operaciones funcionales con respecto a la economía nacional, considerada en su conjunto, lo que justificaría la intervención estatal". (AFTALIÓN, Enrique R. *Derecho penal econômico*. Buenos Aires: Abeledo Perrot, 1959. p. 21).

[10] "O saber econômico não instrumentaliza o direito penal, mas sim ilumina o seu horizonte cognitivo, a fim de que o poder punitivo tenha condições de criminalizar somente aquelas práticas que se considerem ofensivas a uma política econômica, na exata medida em que possam subverter o reconhecimento simbólico de valores consagrados como relevantes ao desenvolvimento humano". (SCHMIDT, Andrei Zenkner. *Direito penal econômico*: parte geral. 2. ed. rev. e ampl. Porto Alegre: Livraria do Advogado, 2018. p. 82-83).

[11] AFTALIÓN, Enrique R. *Derecho penal econômico*. Buenos Aires: Abeledo Perrot, 1959. p. 21.

[12] BAGNOLI, Vicente. *Direito econômico e concorrencial*. 7. ed. rev. atual. e ampl. São Paulo: Revista dos Tribunais, 2017. p. 44.

Na sucessão dos acontecimentos históricos, os documentos constitucionais do ocidente passaram, então, a tratar normativamente sobre a atividade econômica, estabelecendo princípios jurídicos que funcionam como verdadeiros nortes e normas fundantes da ordem econômica, indicando os estados ideais das coisas a serem buscados[13] e orientando a própria atuação do Estado (formas, porquês e limites) na intervenção da economia.[14][15] Como bem concatena Heloísa Estellita:

---

[13] "Com efeito, os princípios estabelecem um estado ideal de coisas a ser atingido (*state os affairs, Idealzustand*), em virtude do qual deve o aplicador verificar a adequação do comportamento a ser escolhido ou já escolhido para resguardar tal estado das coisas. Estado das coisas pode ser definido como uma situação qualificada por determinadas qualidades. O estado das coisas transforma-se em fim quando alguém aspira conseguir, gozar ou possuir as qualidades presentes naquela situação. Por exemplo, o princípio do Estado de Direito estabelece estados de coisas, como a existência de responsabilidade (do Estado), de previsibilidade (da legislação), de equilíbrio (entre interesses públicos e privados) e de proteção (dos direitos individuais), para cuja realização é indispensável a adoção de determinadas condutas, como a criação de ações destinadas a responsabilizar o Estado, a publicação com antecedência da legislação, o respeito à esfera privada e o tratamento igualitário. Enfim, os princípios, ao estabelecerem fins a serem atingidos, exigem a promoção de um estado das coisas – bens jurídicos – que impõe condutas necessárias à sua preservação ou realização. Daí possuírem caráter deôntico-teleológico: *deôntico*, porque estipulam razões para a existência de obrigações, permissões ou proibições; *teleológico*, porque as obrigações, permissões e proibições decorrem dos efeitos advindos de determinado comportamento que preservam ou promovem determinado estado de coisas. Daí afirmar-se que os princípios são normas-do-que-deve-ser (*ought-to-be-norms*): seu conteúdo diz respeito a um estado ideal de coisas (*state of affairs*)". (ÁVILA, Humberto. *Teoria dos princípios da definição à aplicação dos princípios jurídicos*. 15. ed. rev. atual. e ampl. São Paulo: Malheiros Editores, 2014. p. 95-96).

[14] Na ordem econômica constitucional brasileira contemporânea, esse papel é exercido pelo art. 170 da Constituição Federal, que apresenta os princípios específicos que orientam a intervenção do Estado na economia, sem ignorar, obviamente, outras normas fundamentais igualmente constitucionais, por certo: "Art. 170. A ordem econômica, fundada na valorização do trabalho humano e na livre iniciativa, tem por fim assegurar a todos existência digna, conforme os ditames da justiça social, observados os seguintes princípios: I – soberania nacional; II – propriedade privada; III – função social da propriedade; IV – livre concorrência; V – defesa do consumidor; VI – defesa de meio ambiente, inclusive mediante tratamento diferenciado conforme o impacto ambiental dos produtos e serviços e de seus processos de elaboração e prestação; VII – redução das desigualdades regionais e sociais; VIII – busca do pleno emprego; IX – tratamento favorecido para as empresas de pequeno porte constituídas sob as leis brasileiras e que tenham sua sede e administração no País. Parágrafo único. É assegurado a todos o livre exercício de qualquer atividade econômica, independentemente de autorização de órgãos públicos, salvo nos casos previstos em lei".

[15] "A diferença essencial, que surge a partir do 'constitucionalismo social' do século XX, e que vai marcar o debate sobre a constituição 'econômica', é o fato de que as constituições não pretendem mais receber a estrutura econômica existente, mas querem alterá-la. As constituições positivam tarefas e políticas a serem realizadas no domínio econômico e social para atingir certos objetivos. A ordem econômica destas constituições é 'programática' nesse sentido. A constituição econômica que conhecemos surge quando a estrutura econômica se revela problemática, quando cai a crença na harmonia pré-estabelecida do mercado. A constituição econômica quer uma nova ordem econômica, quer alterar a ordem econômica existente rejeitando o mito da autorregulação do mercado". (BERCOVICI,

O mundo ocidental partiu de uma organização econômica baseada nos sistemas liberais de mercados. Sistemas descentralizados ou autônomos, onde a separação entre os planos decisórios político e econômico deveria ser a mais radical possível. [...] as ideias que fundaram esta concepção do sistema econômico se refletiam, também, no Direito. Era tempo de máxima valorização da liberdade individual, garantida, principalmente, com a elaboração de constituições que elencavam os direitos individuais e impunham extensa lista de limites à intervenção estatal na esfera privada. Era tempo do privado, do Direito Civil. Porém, no decorrer do século XIX, o modelo descentralizado ou autônomo começou a demonstrar suas falhas: o mercado não é, por si só, um mecanismo em condições de resolver e equacionar todas as situações presentes em um sistema econômico. É neste momento que se observa que aquela cisão radical entre os centros decisórios político e econômico não é capaz de conduzir. [...] Com a promulgação da Constituição de Weimar (1919), difunde-se pelo ocidente a inclusão, nas respectivas constituições, de normas dedicadas à atividade econômica. Assim ocorreu na Itália (1948), na França (1947), na Espanha (1978), em Portugal (1976). No Brasil, a partir a Constituição de 1934, todas as que a sucederam trouxeram em seu bojo normas sobre a 'ordem econômica e financeira'. [...] A partir deste momento, o Estado passa a fazer parte do processo decisório econômico, provocando profundas e consideráveis modificações nos quadros liberais.[16]

Esse é o contexto de surgimento do Direito Econômico como um conjunto de normas sistematicamente organizadas, de índole programática, que perfaz a relação do Estado com a economia, isto é, a técnica altamente especializada por meio da qual o Estado preconiza

---

Gilberto; SOUZA, Luciano Anderson de. Intervencionismo econômico e direito penal mínimo: uma equação possível. *In*: OLIVEIRA, Willian Terra de (Org. *et al.*). *Direito penal econômico*: estudos em homenagem aos 75 anos do Professor Klaus Tiedemann. São Paulo: LiberArs, 2013. p. 19).

[16] SALOMÃO, Heloísa Estellita. Tipicidade no direito penal econômico. *In*: PRADO, Luis Regis; DOTTI, René Ariel (Orgs.). *Direito penal econômico*. São Paulo: Editora Revista dos Tribunais, 2011. (Coleção doutrinas essenciais: direito penal econômico e da empresa). v. 2, p. 154-155. No Brasil: "O progresso vertiginoso que atingiu o mundo dos negócios, especialmente em razão das mudanças operadas neste século, fez com que desaparecesse virtualmente o Estado liberal. O intervencionismo estatal tornou-se imperiosa necessidade, a fim de regularizar as relações negociais, coibindo os abusos do poder econômico e a exploração dos fracos pelos fortes. Apesar de as Constituições brasileiras seguirem tradicionalmente 'as diretrizes jurídicas e políticas do Estado individualista-liberal, na disciplina da ordem econômica', é inegável que o intervencionismo estatal progrediu acentuadamente a partir da Constituição de 1934. Ora, essa intervenção e mediação não poderia ser feita *ad libitum*, carecendo de normas limitadoras de direitos e deveres. Assim aconteceu, surgindo as leis regulamentadoras da política econômica do Estado, em confronto com os interesses públicos e particulares equacionados". (PIMENTEL, Manoel Pedro. *Direito penal econômico*. São Paulo: Revista dos Tribunais, 1973. p. 6-7).

suas políticas econômicas, essas como metas vocacionadas ou pensadas a manter a saúde do sistema capitalista, mediante a correção de suas falhas, o que, em última análise, permite a manutenção da segurança social e da própria ordem estatal como posta.

Com efeito, em paralelo ao próprio Direito Econômico, o Estado passa a lançar mão de normas de índole penal, para também exercer essa função de corrigir as falhas da economia de mercado e controlar o capital. E nisso parece estar, por assim dizer, a origem histórica, jurídica e até filosófica do Direito Penal Econômico. Enquanto o Direito Econômico atua na estrutura normativa prévia da economia de mercado, com os princípios e regras fundamentais, bem como na correção posterior de falhas, redirecionando o capital para caminhos que a ordem constitucional vigente julga ser os melhores (*v.g.*, pode ser citada a atuação fiscalizadora e repressiva do Sistema Brasileiro de Defesa da Concorrência), o Direito Penal Econômico é estabelecido – ou deveria ser – como *ultima ratio*[17] na tutela da atividade econômica, de acordo com sua formatação constitucional.[18] [19]

---

[17] "Daí a assertiva que a ordem econômica abre suas portas para o ingresso do direito penal de direção, o qual não deve estiolar o princípio da intervenção mínima, reservadas para os demais ramos do direito as ilicitudes de menor expressão lesiva, resguardando-se dos inconvenientes da inflação legislativa. Dito de forma mais abrangente, o Direito Penal Econômico, definido segundo o bem jurídico que visa a proteger, somente deve ser reservado para as situações de *ultima ratio*, não se negando a legitimidade da intervenção punitiva estatal quando o ataque à ordem econômica seja de tal monta que justifique a necessidade da pena, sendo de rigor a observância, na determinação do conteúdo material do injusto, de outros princípios penais: culpabilidade, proporcionalidade ou insignificância". (CAMPANA, Eduardo Luiz Michelan. *A fundamentação constitucional da tutela penal da ordem econômica*. 237f. Dissertação de Mestrado, Pontifícia Universidade Católica de São Paulo, São Paulo, 2011. p. 202).

[18] "As normas penais, é sabido, socorrem o ordenamento jurídico nas situações mais graves. Isto é, das ações mais violentas dirigidas aos bens jurídicos mais caros à uma sociedade historicamente localizada. Ao se pensar na proteção penal de um bem jurídico de caráter econômico, é imperioso o questionamento acerca do conteúdo deste bem jurídico e, além disso, de quais seriam os ataques violentos que as normas sancionatórias de caráter não penal falharam em evitar". (SALOMÃO, Heloísa Estellita. Tipicidade no direito penal econômico. *In*: PRADO, Luis Regis; DOTTI, René Ariel (Orgs.). *Direito penal econômico*. São Paulo: Editora Revista dos Tribunais, 2011. (Coleção doutrinas essenciais: direito penal econômico e da empresa). v. 2, p. 154).

[19] "O Direito Penal Econômico e os crimes econômicos somente poderão ser satisfatoriamente definidos de uma perspectiva jurídica, isto é, ostentando por substrato conceitual o bem jurídico que visa a proteger, qual seja, a ordem econômica, cuja relevância constitucional legitima sua tutela penal. Para tanto, conforme já exposto, não se nega a inspiração e a influência do Direito Econômico para a compreensão do Direito Penal Econômico, notadamente ao fornecer o sustentáculo do conceito de ordem pública econômica e descortinar os princípios e valores que conformam a intervenção estatal na economia". (CAMPANA, Eduardo Luiz Michelan. *A fundamentação constitucional da tutela penal da ordem econômica*. 237f. Dissertação de Mestrado, Pontifícia Universidade Católica de São Paulo, São Paulo, 2011. p. 201).

Quer dizer, o que não foi sanado previamente com as normas programáticas e repressivas de ordem administrativa ou civil, pelo Direito Econômico, cumpriria ao Direito Penal Econômico sanar – o que, como se observa concretamente em relação a algumas condutas, aponta para questionamentos se o Direito Penal deveria mesmo ser envolvido, o que desemboca nas discussões sobre o bem jurídico tutelado pela norma penal e até que ponto este goza de legitimidade constitucional a ponto de fragilizar, na prática concreta, outros direitos individuais constitucionalmente estabelecidos, em fundamental, a liberdade.[20]

Não por outra razão, embora se reconheça há muito a tutela penal da atividade econômica, como visto, inclusive com o desenvolvimento de novas perspectivas criminológicas a partir da obra de Sutherland,[21] muitos autores identificam na Primeira Grande Guerra o marco histórico do início da sistematização do Direito Penal Econômico. Segundo Klaus Tiedemann, por exemplo, a origem "se remonta en numerosos países europeos a las épocas de emergencia de la Primera Guerra Mundial, en las cuales se desarrolló por primera vez un amplio arsenal de normatividad económico-administrativa para el control de la satisfacción de necesidades".[22] O que se observa, nessa perspectiva,

---

[20] "El marco constitucional del Derecho penal económico no puede quedar colmado sin hacer referencia a los principios constitucionales esenciales en los que se desenvuelve el Derecho penal en general y a sus particularidades en el ámbito de la actividad económica". (PÉREZ DEL VALLE, Carlos. Introducción al derecho penal económico. *In*: BACIGALUPO, Enrique. *Curso de derecho penal económico*. 2. ed. Madrid: Marcial Pons, 2005. p. 29).

[21] "La preocupación por la delincuencia económica viene, sin embargo, de más lejos y adquirió carta de naturaleza en la Criminología desde que a finales de los años treinta el sociólogo norteamericano Sutherland acuñó la expresión 'white-collar-criminality' para describir la deincuencia característica realizada por los sectores económicos más poderosos al amparo de poder y de las relaciones que ello les supone. Desde entonces la delincuencia económica há ido ocupando um espaço cada vez mayor em los manuales y tratados de Criminología, sin que, sin embargo, se sepa muy bien cuáles son sus contornos y límites o sus principales rasgos definitorios". (CONDE, Francisco Muñoz. Principios politico criminales que inspiran el tratamiento de los delitos contra el orden socioeconomico en el proyecto de codigo penal español de 1994. *In*: PRADO, Luis Regis; DOTTI, René Ariel (Orgs.). *Direito penal econômico*. São Paulo: Editora Revista dos Tribunais, 2011. (Coleção doutrinas essenciais: direito penal econômico e da empresa). v. 1, p. 94-95).

[22] TIEDEMANN, Klaus. *Derecho penal y nuevas formas de criminalidad*. 2. ed. Lima: Editora Jurídica Grijley, 2007. p. 5. No mesmo sentido: "O desenvolvimento científico do direito penal econômico e sua estruturação normativa deram-se notadamente após o término da Primeira Grande Guerra. Antes disso, encontravam-se preceitos jurídicos-penais especialmente na proteção de normas sobre os preços, o monopólio' das corporações de ofício, a cunhagem de moedas na Idade Média, a 'especulação e o açambarcamento', a saúde pública, o monopólio comercial, as medidas falsas, as mercadorias corruptas e venenosas, dentre outros delineamentos dos tipos modernos, mas dispostos de modo desordenado". (CORACINI, Celso Eduardo Faria. Contexto e conceito de direito penal econômico. *In*: PRADO, Luis Regis; DOTTI, René Ariel (Orgs.). *Teoria geral da tutela penal transindividual*. São Paulo:

é que, nos momentos em que o capital se viu diante de suas mais profundas contradições e crises, o Direito interviu com mais veemência. O capítulo segundo desta obra se dedicará mais especificamente às ideias a esse respeito, inclusive com a já mencionada proposta de uma Teoria Jurídica de Direito Penal Econômico.

Inclusive, toda essa evolução reflete o fenômeno de expansão do Direito Penal, tão bem trabalhado na obra de Jesus-Maria Silva Sánchez,[23] como assinala Ana Elisa Bechara:

> A partir do último terço do século passado, e especialmente nas últimas três décadas, no âmbito de uma sociedade pós-industrial complexa (também denominada sociedade de risco), operou-se nítida transformação no sistema penal, que se expandiu e aumentou seu rigor sob a pretensa justificativa da busca de uma maior segurança social. Em razão de despertar esperanças positivas, tal tendência expansiva não enfrentou maior resistência do âmbito social, levando, no marco de denominada modernização, a um novo perfil de intervenção penal. Abandonando a relação dialética até então presente entre propostas abolicionistas e expansionistas, a discussão no contexto penal "evolui", assim, para o binômio reducionismo *versus* expansionismo, acarretando novos questionamentos sobre os fundamentos, a legitimidade e os efeitos do Direito Penal.[24]

Fenômeno que também se explicaria pela já citada insuficiência ou inaptidão das demais estruturas jurídicas, especialmente aquelas associadas ao Direito Civil e ao Direito Administrativo, que, ao lado da ética social, nas palavras de Jesus-Maria Silva Sánchez,[25] na referida obra, padecem de descrédito:

> Lo anterior, con todo, todavia no explicaria de modo necesario la demanda de punición y la consiguiente expansión *precisamente* del Derecho penal. Em efecto, tales datos podrían conducir ciertamente a uma expansión de los mecanismos de protección no jurídicos, o

---

Editora Revista dos Tribunais, 2011. (Coleção doutrinas essenciais: direito penal econômico e da empresa). v. 1, p. 411-412).

[23] SÁNCHEZ, Jesús-Maria Silva. La expansión del Derecho penal: aspectos de la Política criminal en las sociedades postindustriales. 3. ed. Madrid: Edisofer S. L., 2011.

[24] BECHARA, Ana Elisa Liberatore Siva. *Valor, norma e injusto penal*: considerações sobre os elementos normativos do tipo objetivo no Direito Penal contemporâneo. Belo Horizonte: Editora D'Plácido, 2018. p. 145-146.

[25] BONATO, Patrícia de Paula Queiroz. Crimes de colarinho branco e a (in) eficácia da tutela jurídico-penal da ordem econômica. *Revista Brasileira de Ciências Criminais*, v. 107, p. 103-120, jul. 2014. p. 114.

incluso de los jurídicos, pero no necesariamente de los jurídico-penales. Ocurre, sin embargo, que tales opciones o son inexistentes, o parecen insuficientes, o se hallan desprestigiadas. Nos referimos a la ética social, al Derecho civil y al Derecho administrativo. Resulta innegable que, dejando otras consideraciones al margen, las normas de la moral social – como *normas* que son – desenpeñam uma función de orientación, al permitir predecir en certa medida la conducta de los demás, de modo que quepa renunciar así al permanente proceso de aseguramiento cognitivo. Pero, entonces, la ausência de una ética social minima hace, en efecto, imprevisible la conducta ajena y produce, obviamente, la angustia que corresponde al esfuerzo permanente de aseguramento fáctico de las propias expectativas o a la constante redefinición de las mismas. Pues bien, las sociedades modernas, em las que durante décadas se fueron demoliendo los critérios tradicionales de evaluación de lo bueno y lo malo, no parecen funcionar como instancias autónomas de moralización, de creación de una ética social que redunde en la protección de los bienes jurídicos. En segundo lugar, en lo que hace al Derecho civil de daños, es más que discutible que éste, dada su tendencia a la objetivización de la responsabilidade, pueda expresar la reprobación que es necesario manifestar ante determinados hechos. Algo que resulta especialmente patente en la evolución del Derecho de daños desde el 'modelo de la responsabilidad' al 'modelo del seguro'. Desde este modelo, en efecto, puede dudarse que el Derecho civil esté en condiciones de garantizar dos de los aspectos, a mi juicio, fundamentales de su función político-jurídica clásica. Así, por un lado, si el daño está asegurado, es casi inevitable que disminuyan los niveles de diligencia del agente; pues el montante de la indemnización habrá de afrontarlo la aseguradora, siendo su repercusión individual, en el peor de los casos, la derivada de un incremento general de primas. Luego el modelo del seguro tiene como consecuencia un decremento de la eficacia preventiva que frente a conductas individuales danosas podría tener el Derecho civil de daños. Por otro lado, el modelo del seguro tiende a configurar montantes estadarizados de indemnización que se alejan cada vez más de garantizar a los sujetos pasivos uma compensación, si no integral (cuya propia posibilidad práctica resulta cuestionable), al menos minimamente próxima a ésta. Todo lo cual, por lo demás, intensifica la perdida de contenido valorativo de la responsabilidade civil que se inicia tan pronto como ésta abandona la idea de culpa. En tercer lugar, por lo que hace al Derecho administrativo, el recurso al principio de oportunidad, al que se han ido sumando la imparable burocratización y, sobre todo, la corrupción, han sumido en um creciente descrédito a los instrumentos de protección específicos de este sector (ya preventivos, ya sancionatorios). Se desconfia – con mayor o menor razón, según las ocasiones – de las Administraciones públicas en las que, ás que medios de protección, se tiende a buscar cómplices de delitos socio-económicos de signo diverso. El resultado es desalentador. Por un lado, porque la visión del Derecho penal como único instrumento eficaz de pedagogia político-social, como mecanismo de socialización, de civilización, supone una expansión *ad absurdum* de la otrora *ultima ratio*.[26]

Ainda a respeito do Direito Administrativo, sobretudo considerando que quase a totalidade das atividades que traduzem em termos práticos a relação Estado e capital são reguladas nessa esfera, poderia se cogitar da sua utilidade e suficiência na resolução dos problemas vinculados, sobretudo por meio do Direito Administrativo Sancionador, como um refratário ou um antídoto na expansão da criminalização. Porém, sem desconsiderar vocações diferentes,[27] por assim dizer, o Direito Administrativo, como sinaliza Fábio Medina Osório, vive verdadeira crise que, como já dito, resulta em seu descrédito:

> O certo é que o Direito Administrativo está mergulhado no universo de incertezas que caracteriza nossa época, em que o próprio Estado possui sua existência crescentemente questionada, onde a velocidade vertiginosa dos acontecimentos, somada à sua complexidade brutal, impactam as estruturas jurídicas. É possível constatar que um dos graves problemas da atualidade é o agigantamento de empresas privadas diante de Estados, que resultam cada vez mais fracos, menores, politicamente dependentes dessas mesmas empresas. Estas montam seus negócios e seus poderes a partir de fusões e concentrações, resultando cada vez mais fortes e poderosas. Os Estados, ao contrário, vão ficando cada vez mais fracos, com orçamentos menores, verdadeiros "anões" perto das "gigantes" empresas da iniciativa privada, sobretudo nos processos de agressivas globalizações econômicas, onde o espaço global absorve os mercados frágeis, e frágeis são os que carecem de Estados fortes. Não são apenas os Estados que estão diminuindo em tamanho e, em muitos casos, poder. A fragmentação do poder político, numa perspectiva global, tende a impactar os Estados, redesenhando as concepções clássicas de soberania. Tal impacto afeta as economias dos Estados, é evidente. Os cenários tornam-se, assim, flutuantes, extremamente hostis e imprevisíveis. Nesse contexto, as certezas e, com elas, a segurança nas relações, reduziram-se drasticamente nas sociedades atuais. O problema, no caso específico que tratamos, é que as incertezas decorrentes de todos os processos transformacionais ocorridos no século XX, fundamentalmente a partir de suas últimas décadas, atingiram em cheio o Direito,

---

[26] SÁNCHEZ, Jesús-Maria Silva. *La expansión del Derecho penal*: aspectos de la Política criminal en las sociedades postindustriales. 3. ed. Madrid: Edisofer S. L., 2011. p. 58-64.
[27] BOTTINI, Pierpaolo Cruz. *Crimes de perigo abstrato*: uma análise das novas técnicas de tipificação no contexto da sociedade do risco. 4. ed. rev. e atual. São Paulo: Thomson Reuters, 2019. p. 149-150.

o que se aprofunda neste século XXI. [...] As estruturas extremamente dinâmicas da sociedade pós-capitalista certamente produzem angústia no jurista, que pode se sentir incapaz de acompanhar a velocidade das mudanças sociais. Se o Direito, em geral, sempre caminhou atrás dos fatos, em uma sociedade veloz, instantânea, de informação, pluralista, esse instrumento de controle social resulta ainda mais lento diante da assustadora rapidez dos acontecimentos e transformações de todos os tipos que ocorrem nas civilizações globalizadas. [...] Com esses abismos entre o Direito e a realidade social e política, sobretudo diante da dinâmica das transformações globais e tecnológicas, a técnica jurídica, não raro, fica relegada a um plano secundário na sociedade, seu papel transformador e fiscalizador resulta banalizado e desmoralizado, caindo as instituições jurídicas em descrédito ante a opinião pública e, ademais, ante as próprias instâncias de Poder. Se há, e isso nos parece inegável, uma crise geral das instituições jurídicas, evidentemente que o Direito Administrativo vive, também, seu próprio drama, visto que, em uma época de tantas incertezas, esse ramo jurídico, que é extremamente sensível à realidade, dificilmente escaparia de questionamentos críticos.[28]

Dito isso, o *compliance* parece poder ser reconhecido como uma quarta fase desse movimento histórico. Um próximo passo dessa relação entre Estado e capital, em que aquele transfere ao particular a tarefa de auxiliá-lo na tarefa de prevenir ilegalidades ou práticas em desconformidade com o ordenamento legal – dado que tentativas anteriores, mesmo a mais drástica delas, não se mostraram suficientes. Para tanto, o Estado, mais uma vez, se vale do seu instrumento mais apto para tanto: o Direito. E assim o faz mediante a previsão legal de sanções – consequências negativas pelo desrespeito das normas jurídicas ou imperativos categóricos – para os particulares, notadamente as pessoas jurídicas, que não se organizam para evitar tais práticas.[29]

---

[28] OSÓRIO, Fábio Medina. *Direito administrativo sancionador*. 7. ed. rev. e atual. São Paulo: Thomson Reuters Brasil, 2020. p. 81-84.

[29] Exemplo dessa ideia no Brasil se dá com a análise conjunta das Leis de Lavagem de Dinheiro e Anticorrupção, como pontua Camila Rodrigues Forigo: "A Lei de Lavagem de Dinheiro (Lei Federal nº 9.613/1998, com as alterações introduzidas pela Lei nº 12.683/2012) e a Lei Anticorrupção Empresarial (Lei Federal nº 12.846/2013, regulamentada pelo Decreto nº 8.420/2015 e modificada pela Medida Provisória nº 703, de 18 de dezembro de 2015) apresentam diversos aspectos relevantes no combate aos crimes de lavagem de dinheiro e de corrupção. Dentre esses aspectos destacam-se o estabelecimento de determinadas obrigações aos agentes particulares, bem como o incentivo para que colaborem com a polícia judiciária na prevenção e no controle a esses delitos. Essas medidas refletem a dificuldade de o poder público, isoladamente, prevenir, detectar e sancionar essas condutas ilícitas ante o cenário globalizado no qual a atividade empresarial se insere, já que pessoas e capitais transitam livre e rapidamente entre os diversos países e os avanços tecnológicos são utilizados para a prática desses crimes. Além disso, cada empresa apresenta particu-

Determina, assim, que não só o particular deve organizar o exercício de sua atividade econômica – o que já o faz pelas normas de Direito Empresarial – mas que essa organização deve ser feita de forma específica e com um objetivo maior, ou seja, a forma apta a assegurar que a conformidade jurídica seja preservada. Inobservado esse modelo posto de execução da atividade, sanciona-se.

O *compliance*, nessa perspectiva, é feito de normas de direcionamento direto ou indireto da organização da atividade econômica e de normas sancionadoras pelo descumprimento dessa premissa, pela atuação coercitiva do Estado. O *compliance* pode ser considerado, portanto, e em uma de suas perspectivas conceituais, como método técnico-jurídico de intervenção do Estado no domínio econômico, pois determina juridicamente como o capital deverá ser organizado, a fim de evitar sua destinação para fins contrários ao direcionamento econômico, ao ordenamento jurídico e aos bens jurídicos tutelados constitucionalmente.

Aliás, paralelamente, esse movimento de sanção se dá, inclusive e por vezes, de forma coincidente na prática, pela evolução da matéria da responsabilização penal da pessoa jurídica, que será melhor analisada em capítulo próprio, mas que desde logo já permite uma primeira sinalização dos porquês parece não ser possível pensar em *compliance* sem se pensar em relação simbiótica, na formatação de uma Teoria Jurídica de Direito Penal Econômico.

Esse encaminhamento histórico fica muito claro pela leitura que pode ser feita a partir da movimentação política, econômica e jurídica em cenário internacional, que passa pela identificação de alguns marcos mais importantes, que direcionam, inclusive, ao entendimento das razões de o Brasil estar envolto na questão. Destacadamente, parte desses marcos dizem respeito à preocupação com a organização dos sistemas econômicos, financeiros, monetários e dos mercados de valores mobiliários, e outra parte deles à preocupação com as práticas

---

laridades conforme o seu tamanho, a atividade desenvolvida e o local em que exerce suas atividades, de modo que acaba sendo mais eficaz do que a polícia judiciária na detecção e no controle dos riscos de cometimento de ilícitos que podem ser praticados em seu interior. Tais fatores acabam por ensejar a transferência por parte do poder público aos agentes particulares na prevenção e no controle a esses crimes por meio dos denominados sistemas de criminal *compliance*. Essa transferência, que pode ser classificada como uma forma de privatização, é o tema central a ser abordado no presente estudo". (FORIGO, Camila Rodrigues. O criminal *compliance* e a autorregulação regulada: privatização no controle à criminalidade econômica. In: GUARAGNI, Fábio André; BACH, Marion (Coords.). *Direito penal econômico (versão eletrônica pdf)*: administração do direito penal, criminal *compliance* e outros temas contemporâneos. Londrina: Thoth, 2017. p. 17-18).

de corrupção.[30] Dois principais fios condutores, por assim dizer, da noção de transferência ao particular da tarefa de prevenir ilegalidades ou práticas em desconformidade jurídica. O primeiro, com o mote claro de buscar a manutenção da saúde de tais sistemas; e, o segundo, tendo o *compliance* como grande mecanismo preventivo das práticas corruptas. Ambos demonstram que a evolução da legislação brasileira e o trato jurídico do *compliance* no Brasil acompanham as principais agendas internacionais.

Quanto ao primeiro, destacam-se a Conferência de Bretton Woods, ocorrida em 1944, impondo a regulamentação dos sistemas financeiros e bancários;[31] e a criação, em 1974, do Comitê da Basiléia de Supervisão Bancária e sua atuação histórica na sequência.[32] Não à

---

[30] Como pondera Rodrigo de Pinho Bertoccelli: "Estamos testemunhando um período fértil de reflexões globais sobre transparência e integridade das condutas de agentes públicos e privados, em razão dos incontáveis escândalos de corrupção no mundo e seus nefastos efeitos econômicos e sociais, ao mesmo tempo em que observamos a necessidade de reduzirmos os incentivos dos sistemas políticos e econômicos à corrupção, ao passo que o termo *compliance* se torna cada vez mais presente nos jornais e na realidade das empresas brasileiras". (BERTOCCELLI, Rodrigo de Pinho. Compliance. In: CARVALHO, André Castro *et al.* (Coords). Manual de Compliance. Rio de Janeiro: Forense, 2019. p. 37).

[31] "Vale ressaltar em que contexto surgem a necessidade de regulação e de padrões de transparência e, como consequência, o movimento da criação de *compliance* (conformidade). No início dos anos 1970, com o fim do Bretton Woods, cujas conferências definiram o Sistema de Bretton Woods de gerenciamento econômico internacional, ficaram estabelecidas, em julho de 1944, as regras para as relações comerciais e financeiras entre os países mais industrializados do mundo. O sistema de Bretton Woods foi o primeiro exemplo, na história mundial, de uma ordem monetária totalmente negociada, tendo como objetivo governar as relações monetárias entre Nações-Estado independentes. Preparando-se para reconstruir o capitalismo mundial enquanto a Segunda Guerra Mundial ainda grassava, 730 delegados de todas as 44 nações aliadas encontraram-se no Mount Washington Hotel, em Bretton Woods, New Hampshire, para a Conferência monetária e financeira das Nações Unidas. Os delegados deliberaram e finalmente assinaram o Acordo de Bretton Woods (Bretton Woods Agreement) durante as primeiras três semanas de julho de 1944. Definindo um sistema de regras, instituições e procedimentos para regular a política econômica internacional, os planificadores de Bretton Woods estabeleceram o Banco Internacional para a Reconstrução e o Desenvolvimento (International Bank for Reconstruction and Development, ou Bird – mais tarde dividido entre o Banco Mundial e o Banco para investimentos internacionais) e o Fundo Monetário Internacional (FMI)". (MANZI, Vanessa Alessi. *Compliance no Brasil*: consolidação e perspectivas. São Paulo: Saint Paul Editora Ltda., 2008. p. 15-16).

[32] "Foi criado o Comitê da Basiléia para Supervisão Bancária (conhecido como Comitê da Basiléia), objetivando o fortalecimento e a proteção do sistema financeiro pela determinação de boas práticas financeiras e procedimentos prudenciais de controle e atuação. Em julho de 1988, o Comitê da Basiléia aprovou o Acordo de Capital da Basiléia, conhecido como Basiléia I, cujo objetivo era proporcionar condições equilibradas aos bancos comerciais, como o estabelecimento de um padrão mínimo de capital aplicável a todos os países-membros, minimizar riscos de insucesso dos bancos, garantir a solvência e a liquidez do Sistema Financeiro Internacional e uniformizar normas aplicáveis às instituições financeiras. [...] Em 1997, o Comitê da Basiléia divulga orientação aos bancos centrais para garantirem, na medida do possível, a rigidez dos sistemas financeiros, com responsabilidades e objetivos bem definidos [...]. 1997. Divulgação dos 25 princípios para uma su-

toa os setores financeiros estrangeiros e, por certo, os brasileiros são áreas das mais regulamentadas pelo Estado, razão pela qual a própria tarefa de conformidade já é há muito, na linha do tempo, objeto de preocupação. Em relação à busca pela evolução sadia dos mercados de valores mobiliários, antes, em 1933, houve a criação da *Securities and Exchange Commission* – SEC norte-americana, que, em 1960, passou a insistir na contratação de profissionais de conformidade pelas empresas com valores mobiliários na bolsa norte-americana, a fim de criar procedimentos internos de controle.

Paralelamente, o outro fio condutor incentivador da consolidação do *compliance* é a preocupação, em cenário internacional, com o combate às práticas de corrupção. Nessa frente os Estados Unidos foram os pioneiros a adotarem medidas. Impulsionados pelo escândalo do caso de Watergate, que envolveu, inclusive, o ex-presidente Richard Nixon, pelos acontecimentos que se desencadearam a partir dele, bem como pela identificação de pagamento de suborno pelas empresas norte-americanas a autoridades estrangeiras, em 1977 foi aprovado o Foreign Corrupt Practices Act – FCPA.[33] [34]

---

pervisão bancária eficaz pelo Comitê da Basiléia, com destaque para o princípio n° 14: Os supervisores da atividade bancária devem certificar-se de que os bancos tenham controles internos adequados para a natureza e escala de seus negócios. Estes devem incluir arranjos claros de delegação de autoridade e responsabilidade: segregação de funções que envolvam comprometimento do banco, distribuição de seus recursos e contabilização de seus ativos e obrigações; reconciliação destes processos; salvaguarda de seus ativos; e funções apropriadas e independentes de auditoria interna e externa e de *compliance* para testar a adesão a estes controles, bem como a leis e regulamentos aplicáveis. 1998. Era dos controles internos. Comitê da Basiléia: publicação dos 13 princípios concernentes à supervisão pelos administradores e cultura/avaliação de controles internos, tendo como fundamento a ênfase na necessidade de controles internos efetivos e a promoção da estabilidade do Sistema Financeiro Mundial [...]. 2003. O Comitê da Basileia divulga práticas recomendáveis para Gestão e supervisão de riscos operacionais e publica o documento consultivo referente à função de *compliance* nos bancos – *Consultative document – The compliance function in bank*. [...] 2004. O Comitê da Basiléia publica, em junho de 2004, o documento *International convergence of capital measurement and capital standards: a revised framework*, que dá origem ao novo Acordo de Basiléia, [conhecido] também como Basiléia II". (MANZI, Vanessa Alessi. *Compliance no Brasil*: consolidação e perspectivas. São Paulo: Saint Paul Editora Ltda., 2008. p. 16-17 e 30-32). Em 2010, foi firmado o Acordo conhecido como Basiléia III, como marco regulatório para o aprimoramento dos sistemas bancários e financeiros. Nele ficou definido que as autoridades de supervisão bancária devem assegurar que os bancos sob suas supervisões tenham os sistemas de gerenciamento de risco de créditos baseados na integridade, bem como que os bancos devem manter uma rotina de procedimentos que assegure o *compliance* com políticas internas, controles e procedimentos relacionados ao gerenciamento de riscos de créditos. (BASEL COMMITTEE ON BANKING SUPERVISION. *Basel III*: A global regulatory framework for more resilient bancks and banking systems. Basel: Switzerland, 2010. p. 48).

[33] "Os Estados Unidos são exemplo no combate à corrupção corporativa, inclusive sendo pioneiros na criação de normas nesse sentido e servindo como indutores da aplicação de normas análogas mundo afora. Esse vanguardismo, no entanto, não se deu antes de se

Do ponto de vista econômico, tal documento teve por ideal o restabelecimento dos parâmetros de justiça na disputa do mercado pre-

---

constatarem diversos casos e circunstâncias problemáticos, como foi o notório caso de Watergate, envolvendo o presidente Richard Nixon, que em verdade desencadeou uma busca no Congresso norte-americano por recados claros de preservação das instituições e pelo impedimento a atos corruptos. Em 1975, o Subcomitê de Corporações Multinacionais encontrou diversas empresas americanas que haviam, em algum momento, pago suborno em países estrangeiros, a exemplo da Northrop, a qual vendia aeronaves à Arábia Saudita e lá havia pago a autoridades locais por benefícios diversos. Somado a este caso, no mesmo ano, outro comitê do Senado iniciou investigações à Lockheed – outra companhia de tecnologia aeronáutica –, descobrindo subornos em diversos países, como Japão e Arábia Saudita. Esses casos foram notórios, pois, apesar de as empresas terem violado diversas leis americanas, violaram a todas somente de forma tangencial, uma vez que à época não era explicitamente proibido o pagamento de subornos a autoridades estrangeiras. Com isso, em 1977, o Comitê propôs projeto de lei que proibiria esse tipo de atitude. Poucos foram os debates nas Casas do Parlamento, que aprovaram o FCPA por unanimidade no mesmo ano". (SORÉ, Raphael Rodrigues. *A lei anticorrupção em contexto*: estratégias para a prevenção e o combate à corrupção corporativa. Belo Horizonte: Forum, 2019. p. 75-76); "O *compliance* com as normas anticorrupção é fortemente influenciado pela legislação norte--americana. Muito do que se observa hoje no plano internacional decorre de uma política criminal iniciada no final dos anos 70 do século XX. Após o escândalo de Watergate, a SEC – *Securities Exchange Commission* nos Estados Unidos – descobriu que empresa norte-americanas haviam pago milhões de dólares em subornos, para corromper funcionários públicos estrangeiros. A SEC reportou que dinheiro de 'caixa 2' de empresas estava sendo usado para fazer contribuições de campanha ilegais nos Estados Unidos e para o pagamento de propinas no exterior. Além disso, as empresas estavam falsificando seus registros contábeis para ocultar esses pagamentos. Em resposta a esse escândalo, que manchou a reputação das empresas americanas e prejudicou o eficiente funcionamento dos mercados, além de danificar a política externa do país, o Congresso norte-americano elaborou, em 1977, o Foreign Corrupt Practices Act (FCPA)". (VERÍSSIMO, Carla. *Compliance*: incentivo à adoção de medidas anticorrupção. São Paulo: Saraiva, 2017. p. 149-150).

34 "O estudo do *U.S. Foreign Corrupt Practices Act* (FCPA), uma lei norte-americana de anticorrupção para atos cometidos no exterior, justifica-se não apenas por tratar-se de um marco normativo estrangeiro sobre o tema – e uma resposta significativa dada pela principal economia do mundo ao problema da corrupção –, mas, sobretudo, por possuir jurisdição capaz de abranger pessoas de qualquer outro país que se utilizem de meios situados nos EUA para efetuar atos de corrupção. Além disso, é acompanhada de esforços para que outros países adotem legislação semelhante, por intermédio da atuação de organizações internacionais e das suas convenções em relação às quais os EUA exercem grande influência no cenário internacional; iii) nossa legislação anticorrupção (Lei nº 12.846/2013 e Decreto nº 8.420/2015) foi, em certa medida, influenciada pelo FCPA e a evolução da sua aplicação naquele país; e iv) nossas autoridades possuem instrumentos de cooperação com as autoridades norte-americanas responsáveis pelo *enforcement* do FCPA". (VENTURINI, Otavio; CARVALHO, André Castro; MORELAND, Allen. Aspectos gerais do U.S. Foreign Corrupt Practices Act (FCPA). *In*: CARVALHO, André Castro *et al.* (Coords.). *Manual de Compliance*. Rio de Janeiro: Forense, 2019. p. 319-320).

judicada pela corrupção, com o nivelamento do jogo por regras lícitas e transparentes,[35] o que demonstra, nessa ótica, a convergência histórica e contextual dos principais fios condutores do desenvolvimento do *compliance* pelo olhar da intervenção do Estado no domínio econômico.

Como características destacadas, o FCPA é aplicável às empresas norte-americanas e àquelas que, embora não o sejam, pratiquem qualquer ato executório no país relacionado à corrupção, negociem na bolsa de valores norte-americana ou participem de reuniões em território estadunidense.[36] Também se destaca o aspecto da extraterritorialidade da responsabilização, dado que as empresas americanas podem ser responsabilizadas por atos de suborno, mesmo se nenhum ato relacionado – inclusive as tomadas de decisão nesse processo – tenha sido praticado em território norte-americano. Para punição, exige-se o pagamento, o oferecimento, a autorização ou a promessa de pagamento à autoridade pública estrangeira ou a terceiro dedicado a repassá-lo, e que a postura esteja vocacionada à prática do ato de corrupção.

Do ponto de vista do perfil da responsabilização, o FCPA adota o regime de responsabilidade subjetiva, deixando espaço à empresa para que demonstre ausência de culpa. Nessa perspectiva, os programas de

---

[35] "O FCPA foi aprovado em 1977, pouco após as investigações do *Escândalo de Watergate* sobre doações políticas ilegais, quando se apurou um amplo esquema de corrupção global capitaneando por empresas norte-americanas. De acordo com dados divulgados, centenas de companhias pegaram milhões de dólares em propina para agentes de governos estrangeiros, para garantir negócios nesses países. O Congresso norte-americano pôde verificar que a corrupção internacional era responsável, dentre outras coisas, por: i) manchar a imagem dos negócios nos EUA; ii) prejudicar a reputação e a confiança na integridade das empresas norte-americanas; iii) dificultar o funcionamento eficiente dos mercados e, dessa maneira, fomentar a sua instabilidade; iv) promover desvantagens para empresas honestas; e v) precarizar os produtos distribuídos ao redor do mundo. O objetivo da aprovação do FCPA era minimizar esses efeitos nocivos e as ramificações negativas da política externa de suborno transnacional, por meio de mudanças no modelo de responsabilização cível e criminal de empresas e pessoas físicas envolvidas em atividades ilícitas dessa natureza. Com isso, buscou-se o nivelamento do campo de jogo (*leveling the playing field*), para que as empresas passassem a 'jogar' sob as mesmas regras, de maneira mais transparente e lícita". (VENTURINI, Otavio; CARVALHO, André Castro; MORELAND, Allen. Aspectos gerais do U.S. Foreign Corrupt Practices Act (FCPA). *In*: CARVALHO, André Castro *et al.* (Coords.). *Manual de Compliance*. Rio de Janeiro: Forense, 2019. p. 320-322).

[36] VERÍSSIMO, Carla. *Compliance*: incentivo à adoção de medidas anticorrupção. São Paulo: Saraiva, 2017. p. 151. Ainda: "Esse instrumento jurídico visa dois tipos de agentes corruptivos, aqueles com vínculos formais com os Estados Unidos e qualquer pessoa que realize atos executórios ligados a ato ilícito de corrupção enquanto estiver nesse país. Assim, empresas estrangeiras que negociem ações na bolsa americana ou um cartel que estabeleça reunião em território estadunidense, e mesmo empresa que esteja em consórcio, *joint-venture* ou qualquer espécie de parceria com empresa americana, estarão sujeitos às medidas do FCPA". (SORÉ, Raphael Rodrigues. *A lei anticorrupção em contexto*: estratégias para a prevenção e o combate à corrupção corporativa. Belo Horizonte: Forum, 2019. p. 76).

integridade ou *compliance* apresentam-se como grandes instrumentos de defesa da empresa para elidir a postura culposa e, por consequência, sua responsabilidade.[37] "As medidas de *compliance* nasceram, assim, nas empresas americanas, como instrumentos de prevenção às pesadas punições do FCPA, e acabaram por ser introduzidas à própria atividade fiscalizadora e punitiva do Estado".[38]

Na mesma linha de combate às práticas de corrupção, sucederam-se ao FCPA, a Convenção Interamericana contra a Corrupção da Organização dos Estados Americanos – OEA (1996), a Convenção da Organização para a Cooperação e Desenvolvimento Econômico – OCDE, sobre o Combate à Corrupção de Funcionários Públicos Estrangeiros em Transações Comerciais Internacionais (1997) e a Convenção das Nações Unidas contra a Corrupção (2003).[39] Ambas com mecanismos

---

[37] "As empresas americanas podem ser responsabilizadas pelo pagamento de suborno a autoridades estrangeiras, mesmo que a tomada de decisão tenha, por exemplo, sido de sua filial localizada em solo estrangeiro, ou seja, mesmo que nenhuma etapa ocorra em espaço territorial americano ou tenha envolvido a conduta de um cidadão daquele país, tal empresa poderá ser punida pela lei em comento. Quanto à atitude punível pelo FCPA, ela deve ser comprovadamente constituída dos seguintes pontos essenciais. Primeiramente, deve ter existido pagamento, oferecimento, autorização ou promessa de pagamento (de dinheiro ou qualquer objeto de valor), sendo ele direcionado para uma autoridade pública estrangeira (ou terceiro que a ela repasse o suborno). Exige-se, ainda, que a motivação do ato seja corrupta, objetivando, de modo alternativo, uma das seguintes finalidades: i) influenciar ato ou decisão do agente, ii) induzir ação ou omissão que viole dever legal, iii) assegurar vantagem ilícita, iv) induzir o agente a influenciar decisão ou ato oficial, visando ajudar ou obstar negociações. Portanto, nos termos do FCPA, não é necessário o efetivo pagamento de suborno, mas exige-se a consciência de que o ato praticado é considerado ilegal (ou seja, a atitude ingênua não será punida), bem como a responsabilidade corporativa é subjetiva, ou seja, possui a empresa a possibilidade de alegar a ausência de culpa como defesa contra uma punição. Tal fato é bastante relevante, tendo em vista que os programas de integridade ou *compliance*, como comumente são denominados, passaram a constituir-se de não apenas mecanismos preventivos, mas de efetivos instrumentos para a defesa". (SORÉ, Raphael Rodrigues. *A lei anticorrupção em contexto*: estratégias para a prevenção e o combate à corrupção corporativa. Belo Horizonte: Fórum, 2019. p. 75-76).

[38] SORÉ, Raphael Rodrigues. *A lei anticorrupção em contexto*: estratégias para a prevenção e o combate à corrupção corporativa. Belo Horizonte: Fórum, 2019. p. 77.

[39] "A Convenção da OCDE adota a mesma lógica do FCPA: preocupa-se somente com a corrupção ativa de funcionários públicos estrangeiros e de organizações internacionais; exige que os Estados responsabilizem o lado da oferta da corrupção nas operações comerciais internacionais, as pessoas jurídicas; recomenda a aplicação extraterritorial da jurisdição para o processo de nacionais por delitos cometidos no exterior, e ocupa-se, ainda, da contabilidade das pessoas jurídicas, determinando aos Estados-partes que proíbam o caixa dois, o registro inadequado de operações, ou dessas inexistentes, bem como o uso de documentos falsos com o propósito de corromper funcionários públicos estrangeiros ou ocultar tal corrupção. Quanto aos funcionários corruptos, sua responsabilização deverá ocorrer no país em que exercem suas funções, com base no direito doméstico. A Convenção das Nações Unidas contra a Corrupção, adotada em 2003, é um documento internacional bem mais amplo, que impõe aos Estados-partes a obrigação de criminalizar, investigar e punir tanto a corrupção ativa como a passiva de funcionários públicos nacionais (art. 15),

de acompanhamento e monitoramento de implantação do *compliance* pelos Estados-partes.⁴⁰

Em 2010, o Reino Unido, influenciado principalmente pelas críticas de descumprimento à Convenção da OCDE, lançou o The Bribery Act ou United Kingdom Bribery Act – UKBA, que criminaliza a oferta de suborno a funcionário público estrangeiro e também trata, das mais variadas formas, de práticas internas de corrupção, tendo aplicação extraterritorial, não só às empresas do Reino Unido, mas também àquelas que lá tenham negócios.⁴¹

No Brasil, embora a corrupção já fosse sancionada juridicamente,⁴² o grande marco normativo é a Lei nº 12.846, de 2013, conhecida como Lei da Integridade Empresarial, Lei Anticorrupção ou Lei da Empresa

---

assim como o suborno de funcionários públicos estrangeiros e de funcionários de organizações internacionais públicas (art. 16). A Convenção também exige a responsabilização das pessoas jurídicas por sua participação nos delitos de corrupção, na esfera penal, civil ou administrativa, sem prejuízo da responsabilidade penal que caiba às pessoas físicas que tenham cometido os delitos (art. 26)". (VERÍSSIMO, Carla. *Compliance*: incentivo à adoção de medidas anticorrupção. São Paulo: Saraiva, 2017. p. 154).

[40] "A Convenção [das Nações Unidas] impõe, ainda, aos Estados-partes, a obrigação da adoção de medidas no setor privado, destinadas a prevenir a corrupção e melhorar as normas contábeis e de auditoria, com a necessária sanção (civil, administrativa ou penal) em caso de descumprimento dessas medidas. Essas medidas poderão consistir, entre outras, na promoção da formulação de normas e procedimentos destinados a salvaguardar a integridade das empresas, incluindo a elaboração de códigos de conduta para o correto exercício das atividades comerciais, a promoção de boas práticas entre as empresas e em suas relações contratuais com o Estado; na promoção da transparência, principalmente na identificação das pessoas jurídicas e físicas envolvidas na constituição e na gestão das empresas; além de velar para que as empresas disponham de suficientes controles internos contábeis e pela adoção de procedimentos de auditoria e certificação (art. 12). Tanto a Convenção da OCDE como a Convenção da ONU possuem mecanismos de monitoração de *compliance*". (VERÍSSIMO, Carla. *Compliance*: incentivo à adoção de medidas anticorrupção. São Paulo: Saraiva, 201. p. 154-155).

[41] "A Inglaterra editou o 'The Bribery Act' em 2010, para, dentre outras razões, atender às críticas da OCDE quanto ao cumprimento da Convenção e sanar deficiências em sua legislação anticorrupção. Por meio desta lei, foi criminalizada a oferta de suborno a funcionário público estrangeiro, mas a lei aborda também todas as formas de corrupção doméstica, tanto ativas como passivas. À semelhança do FCPA e da Convenção da OCDE, o Bribery Act tem aplicação extraterritorial: não apenas a empresas incorporadas no Reino Unido ou nacionais do Reino Unido, mas também a companhias estrangeiras que tenham negócios no Reino Unido, para transações que ocorram dentro ou fora deste território". (VERÍSSIMO, Carla. *Compliance*: incentivo à adoção de medidas anticorrupção. São Paulo: Saraiva, 2017. p. 157).

[42] A exemplo dos crimes de corrupção passiva e ativa, previstos, respectivamente, nos artigos 317 e 333 do Código Penal (BRASIL. Decreto-Lei nº 2.848, de 7 de dezembro de 1940. Código Penal Brasileiro. *Diário Oficial da União*, Rio de Janeiro, 31 dez. 1940, retificado em 03 jan. 1941. Disponível em: http://www.planalto.gov.br/ccivil_03/decreto-lei/Del2848compilado.htm. Acesso em 15 fev. 2019).

Limpa.[43] Suas características, bem como seu respectivo decreto regulamentador, serão objeto de estudo no tópico subsequente, porém, para fins históricos, é importante dizer que ela veio para suprir verdadeira lacuna de cumprimento das Convenções da OEA, OCDE e ONU, internalizadas pelo Brasil.[44][45] A própria exposição de motivos do anteprojeto da Lei nº 12.846/2013, de redação por parte da Subchefia de Assuntos Parlamentares, reconhece a sua função de supressão da referida lacuna.[46]

---

[43] BRASIL. Lei nº 12.846, de 1º de agosto de 2013. Dispõe sobre a responsabilização administrativa e civil de pessoas jurídicas pela prática de atos contra a administração pública, nacional ou estrangeira, e dá outras providências. *Diário Oficial da União*, Brasília, 02 ago. 2013. Disponível em: http://www.planalto.gov.br/ccivil_03/_ato2011-2014/2013/lei/l12846.htm. Acesso em 16 jun. 2019.

[44] A Convenção da OEA, pelo Decreto Legislativo nº 152, de 2002, e pelo Decreto Presidencial nº 4.410, de 2002; a Convenção da OCDE, pelo Decreto Presidencial nº 3.678, de 2000; e a Convenção da ONU, pelo Decreto Legislativo nº 348, de 2005, e pelo Decreto Presidencial nº 5.687 de 2006.

[45] "Havia a necessidade de atender aos compromissos internacionais de combate à corrupção assumidos pelo Brasil [...]. Essas normas internacionais, como já referido, não definem em qual esfera deverá se dar essa responsabilização (civil, administrativa ou penal), desde que as sanções aplicadas às empresas sejam efetivas, proporcionais e dissuasivas" (VERÍSSIMO, Carla. *Compliance*: incentivo à adoção de medidas anticorrupção. São Paulo: Saraiva, 2017. p. 173-174); "A citada Convenção sobre Combate da Corrupção de Funcionários Públicos Estrangeiros em Transações Comerciais Internacionais da Organização para a Cooperação e Desenvolvimento Econômico (OCDE), de 1997, foi ratificada pelo Brasil em 14 de junho de 2000 e promulgada pelo Decreto presidencial nº 3.678, de 30 de novembro de 2000. A convenção prevê, em seu artigo 2º, que cada um dos países signatários teria a responsabilidade de punir a corrupção corporativa internacional, sendo que o Brasil descumpriu tal obrigação por mais de uma década. Assim, em dezembro de 2007, a OCDE, após uma revisão das medidas tomadas pelo Brasil, por meio de seu Grupo de Trabalho sobre Corrupção (OECD *Working Group on Bribery*) formado por representantes de 37 países, recomendou que o Brasil deveria rapidamente modificar suas leis para responsabilizar as empresas pelo pagamento de subornos a agentes públicos, bem como para garantir a aplicação de sanções efetivas, proporcionais e dissuasivas, com relação a tais condutas. À época, concluía a OCDE que o país 'não tomou as medidas necessárias para determinar as responsabilidades de pessoas jurídicas nos esquemas de pagamento de suborno a funcionários públicos estrangeiros' e deveria criar leis que fossem aplicadas nesses casos. 'O grupo de trabalho observa que o atual regime estatutário sobre as obrigações de pessoas jurídicas é inconsistente e, como consequência, as empresas não são punidas no Brasil por suborno internacional'. As cobranças da OCDE finalmente fizeram algum efeito em 2010, quando o governo brasileiro rompeu a inércia, enviando ao Congresso Nacional o Projeto de Lei (PL) nº 6.826, de 2010, depois transformado no Projeto de Lei nº 39/2013, materializando as indicações da Controladoria-Geral da União para o tema, já com as observações da OCDE". (SORÉ, Raphael Rodrigues. *A lei anticorrupção em contexto*: estratégias para a prevenção e o combate à corrupção corporativa. Belo Horizonte: Fórum, 2019. p. 97-98).

[46] "Temos a honra de submeter à consideração de Vossa Excelência proposta de regulamentação da responsabilidade administrativa e civil de pessoas jurídicas por atos lesivos à Administração Pública nacional e estrangeira. 2. O anteprojeto tem por objetivo suprir uma lacuna existente no sistema jurídico pátrio, no que tange à responsabilização de pessoas jurídicas pela prática de atos ilícitos contra a Administração Pública, em especial, por atos de corrupção e fraude em licitações e contratos administrativos. 3. Sabe-se que a corrupção

Em paralelo a esses movimentos históricos, é possível identificar, nas últimas décadas e também na contemporaneidade, o desenvolvimento de outros fenômenos que têm alterado profundamente a sociedade, as relações econômicas,[47] o modo como o ser humano se relaciona com o mundo à sua volta e, por consequência, a formatação

---

é um dos grandes males que afetam a sociedade. São notórios os custos políticos, sociais e econômicos que acarreta. Ela compromete a legitimidade política, enfraquece as instituições democráticas e os valores morais da sociedade, além de gerar um ambiente de insegurança no mercado econômico, comprometendo o crescimento econômico e afugentando novos investimentos. O controle da corrupção assume, portanto, papel fundamental no fortalecimento das instituições democráticas e na viabilização do crescimento econômico do país. 4. As lacunas aqui referidas são as pertinentes à ausência de meios específicos para atingir o patrimônio das pessoas jurídicas e obter efetivo ressarcimento dos prejuízos causados por atos que beneficiam ou interessam, direta ou indiretamente, a pessoa jurídica. Mostra-se também necessário ampliar as condutas puníveis, inclusive para atender aos compromissos internacionais assumidos pelo Brasil no combate à corrupção. [...] 7. Além disso, o anteprojeto apresentado inclui a proteção da Administração Pública estrangeira, em decorrência da necessidade de atender aos compromissos internacionais de combate à corrupção assumidos pelo Brasil ao ratificar a Convenção das Nações Unidas contra Corrupção (ONU), a Convenção Interamericana de Combate à Corrupção (OEA) e a Convenção sobre o Combate da Corrupção de Funcionários Públicos Estrangeiros em Transações Comerciais Internacionais da Organização para Cooperação e Desenvolvimento Econômico (OCDE). 8. Com as três Convenções, o Brasil obrigou-se a punir de forma efetiva as pessoas jurídicas que praticam atos de corrupção, em especial o denominado suborno transnacional, caracterizado pela corrupção ativa de funcionários públicos estrangeiros e de organizações internacionais. Dessa forma, urge introduzir no ordenamento nacional regulamentação da matéria – do que, aliás, o país já vem sendo cobrado –, eis que a alteração promovida no Código Penal pela Lei nº 10.467, de 11 de junho de 2002, que tipificou a corrupção ativa em transação comercial internacional, alcança apenas as pessoas naturais, não tendo o condão de atingir as pessoas jurídicas eventualmente beneficiadas pelo ato criminoso". (BRASIL.. Subchefia de Assuntos Parlamentares. *Exposição de Motivos Interministerial nº 00011 de 23 de outubro de 2009*. Disponível em: http://www.planalto.gov.br/ccivil_03/Projetos/EXPMOTIV/EMI/2010/11%20-%20CGU%20MJ%20AGU.htm. Acesso em 16 jun. 2019).

[47] Exemplo interessante e afeto ao *compliance* é o fenômeno conhecido como *proprietários ausentes*: "O imperativo desregulamentador da economia, surgido nos anos 1980, aliado à escalada do desenvolvimento tecnológico, que permite um fluxo de informações em tempo real ao redor do planeta, criou o que Zygmunt Bauman denomina de uma nova categoria de proprietários ausentes, comparando e demonstrando as diferenças existentes entre os investidores de hoje e os proprietários rurais da fase inicial do capitalismo, que deixaram de residir em suas terras para viverem longe, nas cidades. [...] Os proprietários ausentes contemporâneos decidem por investir seus recursos em determinada atividade econômica sobre a qual não têm controle administrativo e operacional direto e localizado. Em vista disso, pode haver distanciamento e, por vezes, colisão entre os interesses dos acionistas e investidores – os reais proprietários das empresas na atualidade [...]. Surge, assim, a necessidade de estabelecimento de regras e manuais que possam proteger as partes interessadas no bom desempenho da empresa de eventuais desmandos de sua gestão profissional, da inoperância de seu conselho de administração ou fiscal, ou mesmo das constantes omissões ou mesmo coonestações das auditorias ditas independentes". (SARCEDO, Leandro. *Compliance e responsabilidade penal jurídica*: construção de um novo modelo de imputação baseado na culpabilidade corporativa. São Paulo: LiberArs, 2016. p. 41-42).

e o posicionamento das instituições jurídicas. São fenômenos que, justamente por tais características, também fomentam um repensar sobre os comportamentos sociais e as instituições jurídicas. Reconhece-se, assim, a evolução das tecnologias da informação, destacadamente o computador, a internet, o uso da informação como força motriz do desenvolvimento social, a robótica e a inteligência artificial.

Muitas leituras são feitas sobre o conjunto desses fenômenos, e qualquer tentativa de limitá-las ou estudá-las à exaustão não só seria infrutífera, como também desvirtuaria os fins metodológicos propostos nesta obra. De todo modo, é possível se falar, de forma destacada, na existência de uma sociedade de risco (suas novas institucionalizações, regras de prevenção acima de níveis individuais, um novo contrato de risco firmado e sancionado pelo Estado que visa à distribuição justa dos efeitos secundários dos riscos criados),[48] [49]

---

[48] Expressão cunhada na obra de Ulrich Beck, correspondente, a grosso modo, à proliferação contemporânea de riscos em razão do desenvolvimento das tecnologias e diversificação dos modelos de produção humana. Segundo o autor: "O ritmo e a radicalidade dos processos de modernização nas sociedades de risco trazem à colação as consequências dos sucessos da modernização. Surge uma nova categoria de risco, uma vez que as condições do seu cálculo e o processamento institucional falham parcialmente. Estas circunstâncias levam ao desenvolvimento de um novo clima moral na política, no qual as apreciações culturais, portanto, diferentes de país para país, desempenham um papel central e os prós e os contras das consequências possíveis ou reais das decisões técnicas ou econômicas são debatidos publicamente, ao mesmo tempo que as funções da ciência e da tecnologia também mudam. Nos últimos dois séculos, a tradição nas sociedades ocidentais foi substituída pelo juízo dos cientistas. No entanto, quanto mais a ciência e a tecnologia penetram e transformam a vida a nível global, tanto menos óbvia é, paradoxalmente, esta autoridade dos peritos. Os meios de comunicação social, os parlamentos, os movimentos sociais, os governos, os filósofos, os juristas, os escritores etc., conquistam o direito de participação em discursos sobre o risco, nos quais também são levantadas questões de (auto) restrição normativa. Os conflitos levam a novas institucionalizações, tendo até favorecido o surgimento de uma nova área jurídica, o direito do risco, que regulamenta a forma de proceder face a riscos, sobretudo de origem científica e técnica, e interfere cada vez mais na investigação, sobretudo ao nível da gestão. Portanto, a luta pela culpa e a responsabilidade, travada nos conflitos sociais em torno da definição do risco, não é – como afirma Mary Douglas – uma necessidade antropológica. Também houve perigos pré-modernos que levaram a recriminações. No entanto, estes perigos eram considerados essencialmente 'fatalidades' que se abatiam sobre os seres humanos 'a partir do exterior', podendo ser atribuídos a deuses 'externos', a demônios ou à natureza. A história das instituições políticas da sociedade moderna em desenvolvimento no século XIX e XX pode ser entendida como a estruturação conflituosa de um sistema de regras em confronto com incertezas e riscos industriais, portanto, resultantes de decisões. A possibilidade ou necessidade de responder com um novo 'contrato de risco' às aventuras que resultam da abertura e da conquista de novos mercados, assim como do desenvolvimento e da implementação de novas tecnologias é uma invenção social que remonta aos primórdios da navegação mercante intercontinental, alargada com o desenvolvimento do capitalismo nacional, a quase todas as zonas de problemas de ação social e cada vez mais aperfeiçoada. As consequências que começam por afetar os indivíduos tornam-se 'riscos', isto é, tipos de acontecimentos de natureza sistêmica, descritíveis em termos estatísticos e, neste sentido, 'calculáveis', podendo assim ser submetidos a regras de compensação e de prevenção acima do nível individual. Este 'cálculo de risco' une ciências naturais, técnicas e sociais. [...] Este contrato

da chamada sociedade da informação ou pós-industrial e da quarta revolução industrial. Segundo explicou Yoneji Masuda, já em 1982:

> A espécie humana vive um processo de transformação silenciosa da sociedade: o surgimento de uma época da informação, centrada na tecnologia de telecomunicações e informática. Uma 'Época da Informação' é o *período de tempo em que ocorre uma inovação na tecnologia da informação, em que se torna latente o poder de transformação da sociedade, capaz de acarretar uma expansão da quantidade e da qualidade da informação, e um aumento em larga escala no armazenamento da informação*. Essa época da informação, centrada na tecnologia do computador, terá um impacto muito mais decisivo na sociedade humana do que a revolução da 'energia', que começou com a invenção da máquina a vapor. A razão básica disso é que a função fundamental do computador é substituir e amplificar o trabalho mental humano, enquanto a máquina a vapor teve a função básica de substituir e amplificar o trabalho físico.[50]

---

de risco sancionado pelo Estado, que visa à redução providencial e à distribuição 'justa' de efeitos secundários e de custos das decisões industriais, situa-se algures entre o socialismo e o liberalismo, uma vez que reconhece o surgimento sistêmico de efeitos secundários perigosos, mas envolve simultaneamente os indivíduos na compensação e prevenção dos mesmos. Por conseguinte, a existência de violações permanentes, flagrantes e sistemáticas a este contrato de risco da sociedade nacional põe em causa o consenso que, pelo menos em princípio, sustentava a modernização: é isto que a categoria *sociedade de risco* afirma. [...] Portanto, a expressão *sociedade de risco*, que descobri e que utilizei, em 1986, para título do meu livro, resume uma época da sociedade moderna que não só se livra das formas de vida tradicionais, como também questiona os efeitos secundários de uma modernização bem-sucedida: biografias inseguras e perigos inimagináveis que atingem todos e contra os quais já ninguém se pode proteger de forma adequada". (BECK, Ulrich. *Sociedade de risco mundial*: em busca da segurança perdida. Lisboa: Edições 70, 2016. p. 26-29).

[49] "A base do modelo de produção da sociedade atual é a busca por inovações. A estrutura das relações econômicas exige o emprego de esforços constantes na modernização, na descoberta de novas tecnologias que permitam maior produtividade a um custo menor. O desenvolvimento econômico é pautado e estruturado pela rapidez com que as inovações são apresentadas, e a própria sobrevivência empresarial, em um sistema capitalista de mercado, exige a adaptação constante, sob pena de obsolescência e perecimento. Porém, a velocidade das descobertas científicas, da criação de novas técnicas de produção e de novos insumos não se faz acompanhar pelo conhecimento científico sobre os efeitos destas inovações, nem sobre os potenciais perigos oriundos de sua aplicação em processos produtivos: é o que gera o risco. A produção de riquezas e a manutenção da atual organização econômica são associadas à criação de riscos. Estes são, portanto, produto da radicalização da revolução industrial e fator indispensável para a funcionalidade das relações econômicas, em um sistema orientado pela livre iniciativa e pelas regras de mercado [...]. As novas dimensões do risco desequilibram a ordem social e econômica, colocam em questão a própria funcionalidade dos institutos e afetam todas as esferas de relacionamento, público e privado". (BOTTINI, Pierpaolo Cruz. *Crimes de perigo abstrato*: uma análise das novas técnicas de tipificação no contexto da sociedade do risco. 4. ed. rev. e atual. São Paulo: Thomson Reuters, 2019. p. 35-40).

[50] MASUDA, Yoneji. *A sociedade da informação como sociedade pós-industrial*. (Trad. Kival Charles Weber e Angela Melim). Rio de Janeiro: Ed. Rio, 1982. p. 67). Também sobre o tema

Em relação à quarta revolução industrial, Klaus Schwab afirma:

> Atualmente, enfrentamos uma grande diversidade de desafios fascinantes; entre eles, o mais intenso e importante é o entendimento e a modelagem da nova revolução tecnológica, a qual implica nada menos que a transformação de toda a humanidade. Estamos no início de uma revolução que alterará profundamente a maneira como vivemos, trabalhamos e nos relacionamos. Em sua escala, escopo e complexidade, a quarta revolução industrial é algo que considero diferente de tudo aquilo que já foi experimentado pela humanidade. [...] Estou bastante ciente de que alguns acadêmicos e profissionais consideram que essas inovações são somente mais um aspecto da terceira revolução industrial. Três razões, no entanto, sustentam minhas convicções da ocorrência de uma quarta – e distinta – revolução: – Velocidade: ao contrário das revoluções industriais anteriores, esta evolui em um ritmo exponencial e não linear. Esse é o resultado do mundo multifacetado e profundamente interconectado em que vivemos; além disso, as novas tecnologias geram outras mais novas e cada vez mais qualificadas. Amplitude e profundidade: ela tem a revolução digital como base e combina várias tecnologias, levando a mudanças de paradigma sem precedentes da economia, dos negócios, da sociedade e dos indivíduos. A revolução não está modificando apenas 'o que' e o 'como' fazemos as coisas, mas também 'quem' somos. Impacto sistêmico: ela envolve a transformação de sistemas inteiros entre países e dentro deles, em empresas, indústrias e em toda sociedade. [...] Ela teve início na virada do século e baseia-se na revolução digital. É caracterizada por uma internet mais ubíqua e móvel, por sensores menores e mais poderosos que se tornaram mais baratos e pela inteligência artificial e aprendizagem automática (ou aprendizagem da máquina). As tecnologias digitais, fundamentadas no computador, software e redes, não são novas, mas estão causando rupturas à terceira revolução industrial; estão se tornando mais sofisticadas e integradas e, consequentemente, transformando a sociedade e a economia global. [...] A quarta revolução industrial, no entanto, não diz respeito apenas a sistemas e máquinas inteligentes e conectadas. Seu escopo é muito mais amplo. Ondas de novas descobertas ocorrem simultaneamente em áreas que vão desde o sequenciamento genético até a nanotecnologia, das energias renováveis à computação quântica. O que torna a quarta revolução industrial fundamentalmente diferente das anteriores é a fusão dessas tecnologias e a interação entre os domínios físicos, digitais e biológicos.[51]

---

ver a obra de: MATTELART, Armand. *Historia da sociedade da informação*. 2. ed. São Paulo: Loyola, 2002.

[51] SCHWAB, Klaus. *A quarta revolução industrial*. (Trad. Daniel Moreira Miranda). São Paulo: Edipro, 2016. p. 11, 13 e 16-17.

E se ocorrem tantas alterações sociais profundas,[52] provocando o repensar das estruturas sociais e jurídicas, aumentam-se, categoricamente, as chances de ocorrência de conflitos sociais e de ilegalidades econômicas, compreendidas essas na desarmonia ou desajuste entre a normalidade econômica pretendida pelo Estado, por meio da ordem jurídica, e o estado de anormalidade verificado concretamente. Além desse aspecto quantitativo, é possível verificar alterações qualitativas do ilícito, ou seja, alteram-se as formas pelas quais as práticas desajustadas do padrão legal de normalidade são realizadas. Impõe-se, portanto, não só um aprimoramento da própria relação entre o Estado e o capital,[53] como da própria tarefa de conformidade jurídica imposta pelo Estado.

E tais alterações são só acontecem em maior quantidade, como em bem maior frequência e velocidade.[54] Parece ser possível se falar

---

[52] "Somos testemunhas de mudanças profundas em todos os setores, marcadas pelo surgimento de novos modelos de negócios, pela descontinuidade dos operadores e pela reformulação da produção, do consumo, dos transportes e dos sistemas logísticos. Na sociedade, há uma mudança de paradigma em curso no modo como trabalhamos e nos comunicamos, bem como nas maneiras de nos expressarmos, nos informarmos e nos divertirmos. Igualmente, está em andamento a reformulação de governos e de nossas instituições; o mesmo ocorre, entre muitos outros, com os sistemas de educação, de saúde e de transportes. As novas maneiras de usarmos a tecnologia para promover a mudança de comportamentos e os sistemas de produção e consumo também formam um potencial de regeneração e preservação dos ambientes naturais, sem criar custos ocultos, sob a forma de externalidades. As alterações, em termos de tamanho, velocidade e escopo, são históricas. [...] A tecnologia não é uma força externa, sobre a qual não temos nenhum controle. Não estamos limitados por uma escolha binária entre 'aceitar e viver com ela' ou 'rejeitar e viver sem ela'. Na verdade, tomamos a dramática mudança tecnológica como um convite para refletirmos sobre quem somos e como vemos o mundo. Quanto mais pensamos sobre como aproveitar a revolução tecnológica, mais analisamos a nós mesmos e os modelos sociais subjacentes que são incorporados e permitidos por essas tecnologias. E mais oportunidade teremos para moldar a revolução de uma forma que melhore o estado do mundo". (SCHWAB, Klaus. *A quarta revolução industrial*. (Trad. Daniel Moreira Miranda). São Paulo: Edipro, 2016. p. 11-12 e 13-14). São todas mudanças que têm influência decisiva na compreensão do fenômeno da criminalidade econômica – melhor explorado adiante nesta pesquisa –, na relação Estado e capital, e que exigem a existência de um *compliance* cada vez mais estruturado, pois como pondera o autor: "Todas essas mudanças que afetam nossos sistemas econômicos, sociais e políticos são fundamentais e difíceis de serem desfeitas, mesmo que o processo da própria globalização seja revertido de alguma forma. A questão para todas as indústrias e empresas, sem exceção, não é mais 'haverá ruptura em minha empresa?', mas 'quando ocorrerá a ruptura, quanto irá demorar e como ela afetará a mim e a minha organização". (SCHWAB, Klaus. *A quarta revolução industrial*. (Trad. Daniel Moreira Miranda). São Paulo: Edipro, 2016. p. 21).

[53] Exemplo que parece ser claro dessa ideia são as dificuldades técnicas, jurídicas e, por vezes, políticas de regulamentação do fenômeno dos criptoativos, em que, por meio deles, há circulação de capital, em certa ou total revelia do controle estatal.

[54] Esse é, inclusive, um dos principais fundamentos de Klaus Schwab, pelos quais defende a existência da quarta revolução industrial (SCHWAB, Klaus. *A quarta revolução industrial*. (Trad. Daniel Moreira Miranda). São Paulo: Edipro, 2016. p. 13).

em uma sociedade *beta*,[55] marcada por rupturas[56] reiteradas que demandam novas compreensões sociais das respectivas consequências e das adequações sociais e jurídicas. Isso também parece explicar a necessidade de se transferir ao particular a tarefa de evitar a ocorrência das ilegalidades. No modelo de formatação do ordenamento jurídico posto, com limitações temporais inerentes a processos legislativos democráticos legítimos, para o desenvolvimento de normas, e também a procedimentos administrativos e judiciais de formação de precedentes e de sanção pautados no necessário devido processo legal, o Estado parece não estar preparado – e não é possível afirmar se um dia estará –, para corrigir as ilegalidades *a posteriori*. Há um descompasso claro entre a velocidade da evolução das tecnologias da informação e das diversas possibilidades de desvios de normalidade jurídica e o tempo necessário para que o Estado, com legitimidade constitucional, possa compreender os novos fenômenos e apresentar uma solução jurídica e constitucional viável.[57]

Somam-se, ao mesmo tempo, uma relação historicamente difícil entre o Estado e o capital, premissas dogmáticas de Direito Penal, uma tarefa de conformidade a ser compreendida e realizada pelos particulares, as características de uma sociedade da informação, do risco e guiada pela quarta revolução industrial que fornecem novos instrumentos, uma sofisticação nunca antes vista, e propõe novas formas e padrões de operacionalização. O desafio, sobretudo jurídico, dessa espécie de "tempestade perfeita", é tentar solucionar os muitos quebra-cabeças apresentados por todos esses fatores.

Dito isso, parece ser possível apurar algumas razões conjuntas às quais se atribuem o surgimento e tendência de consolidação do *compliance*:

a) a evolução histórica da relação entre o Estado e o capital, com a percepção e o reconhecimento por parte daquele, ainda que

---

[55] Na leitura dos fenômenos da tecnologia da informação, ao se dizer que algo é *beta*, fala-se em uma versão experimental ou anterior à versão final. A ideia, nesse ponto, é sinalizar a sensação social reiterada que parece existir de que a atual formatação de tecnologias e respectivos comportamentos são sempre passageiros ou estão já desatualizados. Parece haver sempre a ânsia por uma nova versão de tudo.

[56] Especificamente sobre as inovações disruptivas que integram esse cenário, ver: CHRISTENSEN, Clayton M; RAYNOR, Michael E.; MCDONALD, Rory. What is disruptve innovation? *Harvard Business Review*, dec. 2015.

[57] Esse parece ser um dos sentidos passíveis de atribuição à expressão de Ulrich Beck de que há uma "falha parcial no processamento institucional" em relação às novas categorias de risco (BECK, Ulrich. *Sociedade de risco mundial*: em busca da segurança perdida. Lisboa: Edições 70, 2016. p. 26).

tacitamente, da insuficiência de normas jurídicas programáticas de direcionamento econômico, bem como do próprio Direito Penal Econômico;
b) um direcionamento em cenário internacional pautado, sobretudo, nas agendas de busca pela manutenção da saúde dos sistemas econômico-financeiros e de combate às práticas de corrupção; e
c) a formatação da sociedade contemporânea caracterizada, em linhas gerais, como a sociedade do risco, da informação e, constantemente, transformada pela quarta revolução industrial.

Feitas essas considerações, parece importante voltar ao conceito de *compliance*, que tem, em si, um solo polissêmico fértil. Como pondera Giovani Saavedra

> *Compliance* não é, porém, tarefa fácil, especialmente, porque, na prática, não se utiliza um conceito único de *compliance*. A literatura internacional tem identificado, pelo menos, três formas principais de utilização do conceito: em primeiro lugar, há aquela que procura identificar um conceito universalmente válido; há também tentativas de definir o conceito do ponto de vista organizacional, de gestão da empresa e, por fim, o *compliance* também costuma ser definido pelas medidas concretas de sua implementação.[58]

Para o autor,

> *Compliance* consiste em um estado dinâmico de conformidade a uma orientação normativa de comportamento com relevância jurídica por força de contrato ou lei, que é caracterizado pelo compromisso com a criação de um sistema complexo de políticas, de controles internos e de procedimentos que demonstrem que a empresa está buscando 'garantir', que se mantenha em um estado de *compliance*.[59]

Como comumente dito, o termo deriva da locução verbal de língua inglesa *to comply*, que semanticamente traz consigo as ideias

---

[58] SAAVEDRA, Giovani Agostini. *Compliance* criminal: revisão teórica e esboço de uma delimitação conceitual. In: *Revista Duc In Atum Cadernos de Direito*, v. 8, n. 15, p. 239-256, mai./ago. 2016. p. 244-245.
[59] SAAVEDRA, Giovani Agostini. *Compliance* criminal: revisão teórica e esboço de uma delimitação conceitual. In: *Revista Duc In Atum Cadernos de Direito*, v. 8, n. 15, p. 239-256, mai./ago. 2016. p. 247.

de cumprir, obedecer, satisfazer ou atender a uma imposição.[60] Na definição da recente ISO 37301:2021, incorporada pela ABNT no País

---

[60] "*Compliance* é uma palavra de língua inglesa derivada do verbo *to comply*, o qual significa cumprir, obedecer ou realizar uma ação imposta. Não existe, na língua portuguesa, uma palavra correspondente, mas uma tradução aproximada poderia se reportar às expressões observância, conformidade e submissão. Pode-se dizer, assim, que "*compliance*" guarda pertinência com o ajustamento das condutas das pessoas envolvidas nas leis, de modo geral, e nas regras estabelecidas dentro de uma empresa. [...] Em outras palavras: trata-se de um conjunto de mecanismos e procedimentos internos de regulação, auditoria e incentivo à denúncia de irregularidades que, pela efetiva aplicação dos códigos de conduta e das políticas e diretrizes da organização, objetivam *prevenir, detectar e corrigir* desvios, fraudes, irregularidades e quaisquer outros atos ilícitos praticados contra a própria pessoa jurídica e/ou contra a Administração Pública nacional ou estrangeira. O que se busca é prevenir e minimizar os riscos das atividades exercidas pelas organizações através do cumprimento de todas as regras, das leis, dos procedimentos, dos regulamentos e dos controles a que cada empresa está sujeita, partindo dos regramentos impostos pelas agências reguladoras do governo, passando pelas regras contábeis, tributárias e ambientais, até a observância completa e total da legislação anticorrupção em vigor no país". (ZENKNER, Marcelo. *Integridade governamental e empresarial*: um espectro da repressão e da prevenção à corrupção no Brasil e em Portugal. Belo Horizonte: Fórum, 2019. p. 369-370). "Se denominan *compliance* las medidas mediante las cuales las empresas pretenden asegurarse de que sean cumplidas las reglas vigentes para ellas y su personal, que las infracciones se descubran y que eventualmente se sancionen". (KUHLEN, Lothar. Cuestiones fundamentales de *compliance* y derecho penal. In: KUHLEN, Lothar; MONTIEL, Juan Pablo; GIMENO, Ínigo Ortiz de Urbina (Coords.). *Compliance y teoría del Derecho penal*. Madrid: Marcial Pons, 2013. p. 51). "O termo *compliance* origina-se do verbo em inglês to comply, que significa cumprir, executar, satisfazer, realizar algo imposto. *Compliance* é o ato de cumprir, de estar em conformidade e executar regulamentos internos e externos, impostos às atividades da instituição, buscando mitigar o risco atrelado à reputação e ao regulatório/legal". (MANZI, Vanessa Alessi. *Compliance no Brasil*: consolidação e perspectivas. São Paulo: Saint Paul Editora Ltda., 2008. p. 15). "*Compliance* é um substantivo que significa concordância com o que é ordenado; compliant é aquele que concorda com alguma coisa, e to comply with significa obedecer. Essa explicação, em si, não diz muito. A acepção que interessa ao tema em estudo é a que remete à ideia de cumprimento normativo". (VERÍSSIMO, Carla. *Compliance*: incentivo à adoção de medidas anticorrupção. São Paulo: Saraiva, 2017. p. 90). Também pode ser destacado o texto da International Organization for Standardization – ISO 37.301:2021 (INTERNATIONAL ORGANIZATION FOR STANDARDIZATION. *ISO37301*: *Compliance* management systems – Guidelines. Genebra, 2021). Da mesma organização, é a norma 37001:2016, que "especifica requisitos e fornece orientações para o estabelecimento, a implementação, a manutenção, a análise crítica e a melhoria de um sistema de gestão antissuborno" e prevê, ainda e expressamente, a "função de *compliance* antissuborno" responsável por implementar e supervisionar o sistema de gestão antissuborno. (ASSOCIAÇÃO BRASILEIRA DE NORMAS TÉCNICAS. *ABNT NBR ISO37001*: Sistemas de gestão antissuborno – requisitos com orientações para uso. Rio de Janeiro, 2017). Inclusive, antes mesmo da origem inglesa, já era possível identificar, no termo em latim *complere*, o seu significado ligado à ideia de alguém cumprir o que foi solicitado ou atuar em plena concordância com as normas, regras, prescrições, condições. (CARDOSO, Débora Motta. *Criminal compliance na perspectiva da lei de lavagem de dinheiro*. São Paulo: Liberars, 2015. p. 37). "O *compliance* integra um sistema complexo e organizado de procedimentos de controle de riscos e preservação de valores intangíveis que deve ser coerente com a estrutura societária, o compromisso efetivo da sua liderança e a estratégia da empresa, como elemento cuja adoção resulta na criação de um ambiente de segurança jurídica e confiança indispensável para a boa tomada de decisão". (BERTOCCELLI, Rodrigo de Pinho. *Compliance*. In: CARVALHO, André Castro *et al.* (Coords). *Manual de Compliance*. Rio de Janeiro: Forense, 2019. p. 39).

e que trata dos Sistemas de Gestão de *Compliance*, *compliance* pode ser entendido como um processo contínuo e o resultado de uma organização que cumpre as suas obrigações.[61] Além disso, em seu item 3.27, o *compliance* também é definido como o resultado do cumprimento de todas as obrigações que a organização precisa cumprir e aquelas que a organização voluntariamente opta por cumprir.[62]

As práticas de *compliance* seriam aquelas vocacionadas a assegurar que o particular esteja de acordo, em conformidade ou em pleno ajuste com as normas que regem sua atividade, principalmente se essa for de ordem econômica. Não se ignora uma certa ideia polissêmica do uso contextual do termo,[63] mas a ideia geral é buscar o respeito, a integridade, a adequação, o ajuste e o mais perfeito reflexo entre o que determina o ordenamento jurídico e o que é feito pelo particular. É buscar a promoção de um ecossistema real, vocacionado a promover a conformidade. Na referida ótica histórica e contextual, é a determinação jurídica (por meio de sanções ou benefícios)[64] para que o particular adote as melhores práticas preventivas da ocorrência da ilicitude (desconformidade concreta com o ordenamento jurídico) e de correção, após sua verificação (inclusive, para fins preventivos em relação a próximos desajustes da mesma natureza).[65] Dessa forma, *compliant* é aquele que

---

[61] INTERNATIONAL ORGANIZATION FOR STANDARDIZATION. *ISO37301*: Compliance management systems – Guidelines. Genebra, 2021.
[62] INTERNATIONAL ORGANIZATION FOR STANDARDIZATION. *ISO37301*: Compliance management systems – Guidelines. Genebra, 2021.
[63] "*Compliance* vem do verbo em inglês '*to comply*', que significa 'cumprir', 'satisfazer', 'realizar o que lhe foi imposto', ou seja, *compliance* é estar em conformidade, é o dever de cumprir e fazer cumprir regulamentos internos e externos impostos às atividades da instituição. 'Ser *compliance*' é conhecer as normas da organização, seguir os procedimentos recomendados, agir em conformidade e sentir o quanto é fundamental a ética e a idoneidade em todas as atitudes humanas e empresariais. 'Estar em *compliance*' é estar em conformidade com leis e regulamentos internos e externos'. 'Ser e estar em *compliance*' é, acima de tudo, uma obrigação individual de cada colaborador dentro da instituição. "Risco de *compliance*' é o risco de sanções legais ou regulamentares, perdas financeiras ou mesmo perdas reputacionais decorrentes da falta de cumprimento de disposições legais, regulamentares, códigos de conduta... Entretanto, o conceito de '*compliance*' vai além das barreiras legais e regulamentares, incorporando princípios de integridade e conduta ética'". (BLOK, Marcella. *Compliance e governança corporativa*, 2. ed. Rio de Janeiro: Freitas Bastos, 2018. p. 17).
[64] É o que se verá, mais adiante, quando do estudo da Lei nº 12.846/2013 e do respectivo decreto regulamentador, em que a existência de um programa de integridade perfaz benefício legal de redução de sanção.
[65] Na perspectiva criminal, o *compliance* apresenta, inclusive, relação com a finalidade preventiva da pena: "É de se ver, de toda forma, que a técnica dos programas de *compliance* não se mostra apenas como ornamentação de estilo das teorias do consenso – e nem mesmo da arbitragem ou dos sistemas de auditoria interna. Ela vai além: mostra-se como uma aceitação institucionalizada, que combina as variadas possibilidades de comportamento decisório no âmbito empresarial. Orienta-se, em verdade, pela finalidade preventiva, por

está em plena conformidade ou ajuste. Ao contrário, os riscos relacionados ao *compliance* são aqueles prejuízos em potencial que decorrem da inexistência de medidas aptas a assegurar a conformidade ou das sanções pelas ilegalidades não evitadas. Tem por finalidade, portanto, evitar que os riscos em potencial resultem em prejuízos concretos, seja de ordem jurídico-sancionatória ou reputacional.[66]

Com efeito, a partir dessas ideias preliminares e não exaustivas, e muito além de um conceito vinculado apenas à origem terminológica, é possível compreender *compliance* como uma ideia ou um conjunto de atos e procedimentos vocacionados a promover, constantemente, o pleno ajuste de comportamento das pessoas jurídicas e de seus colaboradores, aos deveres normativos, prevenindo riscos de produção de ilegalidades e de responsabilização administrativa, civil e criminal, bem como de prejuízos à imagem, reputação, marca e nome dos envolvidos na atividade.

E esse fenômeno, embora pareça ter por característica a amplitude, e sem perder sua essência conceitual, por vezes se manifesta de forma mais específica ou detalhada, a depender, notadamente, do foco de ajuste comportamental aos deveres normativos e da área em que esses deveres estão epistemologicamente alocados. Essa manifestação mais específica normalmente é identificada pela aposição de adjetivações após o próprio termo *"compliance"*, mas, ao final de contas, todas derivam da mesma essência e lógica de conformidade.

Assim, isso parece se aplicar, por exemplo, ao chamado *compliance* criminal. O acréscimo da expressão "criminal" agrega à conformidade

---

meio da programação de uma série de condutas (condução de cumprimento) que estimulam a diminuição dos riscos da atividade. Sua estrutura é pensada para incrementar a capacidade comunicativa da pena nas relações econômicas, ao combinar estratégia de defesa da concorrência leal e justa com as estratégias de prevenção de perigos futuros. Ao lado disso, no entanto, também gera novos problemas de atribuição de autoria criminal". (SILVEIRA, Renato de Mello Jorge; SAAD-DINIZ, Eduardo. *Compliance, direito penal e lei anticorrupção*. São Paulo: Saraiva, 2017. p. 255).

[66] "Mais do que evitar a criminalidade empresarial, o *compliance* corresponde aos esforços adotados pela iniciativa privada para não só cumprir as exigências impostas por lei e os regulamentos relativos à atividade desenvolvida, como também para instituir a observância da ética e da integridade corporativa. A finalidade do *compliance* é a aplicação de normas jurídicas e outras diretivas definidas para a empresa e, através delas, cumprir o direito vigente e evitar prejuízos para a empresa, para seus órgãos e empregados. Assim, sendo praticado algum crime no ambiente empresarial, programas de *compliance* efetivos aumentarão as chances de que a própria empresa o detecte, possibilitando a investigação e a remediação interna do dano eventualmente causado". (FORIGO, Camila Rodrigues. O criminal *compliance* e a autorregulação regulada: privatização no controle à criminalidade econômica. *In*: GUARAGNI, Fábio André; BACH, Marion (Coords.). *Direito penal econômico (versão eletrônica pdf)*: administração do direito penal, criminal *compliance* e outros temas contemporâneos. Londrina: Thoth, 2017. p. 34-35).

a ideia de ser entendida como o conjunto de atos e procedimentos vocacionados a manter a conformidade com as normas de índole penal e processual penal, bem como permitir sua melhor aplicação, na compreensão mais ampla da ideia.

Além disso, considerando que o *compliance* se dá em um contexto histórico de intervenção do Estado na economia, e, por consequência, de criminalidade econômica, com a transferência para o particular da tarefa de evitar a ocorrência de ilícitos penais, parece que o *compliance* criminal também deve ser compreendido dentro do que pode ser chamado de uma Teoria Jurídica de Direito Penal Econômico, que será objeto de capítulos próprios, mas cuja menção desde já parece se justificar pelos fins conceituais propostos.

Também como exemplo, tem-se o *compliance* digital. O acréscimo da expressão "digital" parece resultar na compreensão da tarefa de conformidade de forma imersa em uma realidade revestida pelas tecnologias da informação e pelas características da sociedade da informação e da quarta revolução industrial, com as normas jurídicas respectivas, bem como dos desafios e benefícios delas decorrentes. Ora os meios digitais como instrumentos da tarefa de conformidade, ora como objetos específicos de preocupação e de busca de ajuste ao sistema normativo.

1.3 A Lei nº 12.846 de 2013 e o Decreto Regulamentador nº 11.129 de 2022

Como dito, a Lei nº 12.846, de 2013, conhecida como Lei da Integridade Empresarial, Lei Anticorrupção ou Lei da Empresa Limpa foi promulgada para suprir verdadeira lacuna de cumprimento das Convenções da OEA, OCDE e ONU, internalizadas pelo Brasil. Por ser um dos grandes marcos legislativos do *compliance* no País, talvez o maior deles, seu estudo se torna fundamental nesta obra, assim como o estudo do Decreto nº 11.129, de 2022, vocacionado a regulamentá-la em âmbito federal (em amadurecimento de seu antecessor, de nº 8.420/2015). A ideia neste tópico é tentar apresentar suas principais estruturas normativas e características. Com isso, espera-se que não só tais diplomas sejam compreendidos, mas que sejam postas e compreendidas as respectivas bases racionais relevantes para o desenvolvimento da presente obra.

Pois bem. Em sua ementa, como era de se esperar, a referida Lei pontua seu objeto como sendo "a responsabilização administrativa e civil de pessoas jurídicas pela prática de atos contra a Administração

Pública, nacional ou estrangeira".[67] Seu art. 1º vai além e assinala que a responsabilização será objetiva e que se aplica a toda e qualquer formatação empresarial de pessoa jurídica.[68] Na sequência, o seu art. 2º reafirma a natureza objetiva da responsabilização, sinalizando que essa será caracterizada se verificada a prática de atos lesivos contra a Administração Pública e que esses sejam em benefício da pessoa jurídica exclusivamente, ou não.[69] Basta, assim, que estejam presentes o nexo causal entre a postura (comissiva ou omissiva) da pessoa jurídica e o ato lesivo à Administração Pública, independentemente, portanto, de qualquer verificação de culpa por parte da pessoa jurídica. A opção do legislador, nesse sentido, foi justamente evitar que as dificuldades de comprovação da culpa da pessoa jurídica e suas diversas possibilidades de entendimento dogmático[70] e prático relativizasse a força sancionatória

---

[67] BRASIL. Lei nº 12.846, de 1º de agosto de 2013. Dispõe sobre a responsabilização administrativa e civil de pessoas jurídicas pela prática de atos contra a administração pública, nacional ou estrangeira, e dá outras providências. *Diário Oficial da União*, Brasília, 02 ago. 2013. Disponível em: http://www.planalto.gov.br/ccivil_03/_ato2011-2014/2013/lei/l12846.htm. Acesso em 16 jun. 2019.

[68] "Art. 1º Esta Lei dispõe sobre a responsabilização objetiva administrativa e civil de pessoas jurídicas pela prática de atos contra a Administração Pública, nacional ou estrangeira. Parágrafo único. Aplica-se o disposto nesta Lei às sociedades empresárias e às sociedades simples, personificadas ou não, independentemente da forma de organização ou modelo societário adotado, bem como a quaisquer fundações, associações de entidades ou pessoas, ou sociedades estrangeiras, que tenham sede, filial ou representação no território brasileiro, constituídas de fato ou de direito, ainda que temporariamente". (BRASIL. Lei nº 12.846, de 1º de agosto de 2013. Dispõe sobre a responsabilização administrativa e civil de pessoas jurídicas pela prática de atos contra a administração pública, nacional ou estrangeira, e dá outras providências. *Diário Oficial da União*, Brasília, 02 ago. 2013. Disponível em: http://www.planalto.gov.br/ccivil_03/_ato2011-2014/2013/lei/l12846.htm. Acesso em 16 jun. 2019).

[69] "Art. 2º As pessoas jurídicas serão responsabilizadas objetivamente, nos âmbitos administrativo e civil, pelos atos lesivos previstos nesta Lei, praticados em seu interesse ou benefício, exclusivo ou não". (BRASIL. Lei nº 12.846, de 1º de agosto de 2013. Dispõe sobre a responsabilização administrativa e civil de pessoas jurídicas pela prática de atos contra a administração pública, nacional ou estrangeira, e dá outras providências. *Diário Oficial da União*, Brasília, 02 ago. 2013. Disponível em: http://www.planalto.gov.br/ccivil_03/_ato2011-2014/2013/lei/l12846.htm. Acesso em 16 jun. 2019).

[70] A esse respeito, e precisamente sob a ótica penal, mas cuja dificuldade de definição dogmática nesse ponto também parece se aplicar, ver: BARBOSA, Julianne Nunes Targino. *A culpabilidade na responsabilização penal da pessoa jurídica*. 207f. Dissertação de Mestrado, Faculdade de Direito, Universidade de São Paulo, São Paulo, Brasil, 2014.

da lei.[71][72] Isso é perceptível, inclusive, na própria Exposição de Motivos do Anteprojeto da Lei.[73]

---

[71] "O ordenamento jurídico brasileiro sempre adotou a *responsabilidade subjetiva* como regra, de modo a garantir que qualquer pessoa física ou jurídica fosse responsabilizada pelos prejuízos causados a terceiros somente a partir da comprovação de dolo ou culpa. É nesse sentido, inclusive, a previsão do art. 186 do Código Civil vigente [...]. Entretanto, com o passar do tempo, observou-se que esse modelo de responsabilização, baseado exclusivamente na culpa *lato sensu*, não era mais suficiente para solucionar com justiça todos os casos existentes, pois uma série de litígios contemporâneos passou a gerar, por sua própria natureza, um grande desequilíbrio na relação jurídica de direito material. A urbanização e industrialização de todos os países criaram uma *sociedade de massas*, na qual os meios de comunicação, de transporte, de produção e de consumo operaram numa escala macrodimensionada [...]. Na busca da realização da justiça substantiva e concreta e da restauração do equilíbrio social rompido, o Código Civil de 2002 ajustou-se à evolução do sistema de responsabilização e avançou em relação ao de 1916, para conferir uma proteção qualitativamente diferenciada em relação às vítimas, prevendo, excepcionalmente, a *responsabilidade objetiva* [...]". (ZENKNER, Marcelo. *Integridade governamental e empresarial*: um espectro da repressão e da prevenção à corrupção no Brasil e em Portugal. Belo Horizonte: Fórum, 2019. p. 428-429).

[72] "A responsabilidade objetiva é aquela em que não se perquire sobre a culpa do agente, bastando o nexo entre a conduta e o resultado lesivo. Se um agente de um delito será ou não punido, vai depender da forma de sua responsabilização, seja ela objetiva ou subjetiva (baseada na culpa). O legislador apostou na responsabilização objetiva justamente para evitar as dificuldades da comprovação de culpa das pessoas jurídicas e, com isso, aumentar a probabilidade de condenações". (VERÍSSIMO, Carla. *Compliance*: incentivo à adoção de medidas anticorrupção. São Paulo: Saraiva, 2017. p. 201); "Buscando a eficiência na aplicação da norma se nota a simplificação dos elementos probatórios necessários para a punição – com a introdução da responsabilidade objetiva – e o contorno à discussão sobre a responsabilidade penal da empresa, com a adoção de uma lei civil e administrativa. [...] Logo em seu artigo inaugural, a Lei nº 12.846/2013 coloca seu ponto mais polêmico. A responsabilização objetiva da pessoa jurídica pelos atos previstos na Lei, trazida no primeiro artigo e repetida no seguinte, traça o ponto mais marcante da Lei brasileira. Exceção em qualquer Direito Sancionatório, a objetivação da responsabilidade retira dos elementos condicionais à existência do delito e aplicação da pena a subjetividade, ou seja, a discussão sobre dolo ou culpa do agente sob julgamento. A regra geral do Direito Penal, paradigma de qualquer norma sancionadora e das demais disciplinas jurídicas de responsabilização é, como já afirmado, a responsabilidade subjetiva, modalidade de responsabilidade adotada pelo FCPA, restando aí o primeiro ponto de divergência entre os dois diplomas. [...] As justificativas para a adoção desse sistema de culpabilidade para as empresas não são difíceis de se aferir, podendo-se afirmar pelo menos uma de ordem prática e uma de ordem jurídica. Do ponto de vista prático, é indubitável que tal previsão se deu para facilitar a condenação de pessoas jurídicas pelos atos previstos, uma vez que, ao retirar-se a discussão sobre culpabilidade, retira-se também o maior obstáculo probatório de qualquer procedimento sancionatório". (SORÉ, Raphael Rodrigues. *A lei anticorrupção em contexto*: estratégias para a prevenção e o combate à corrupção corporativa. Belo Horizonte: Fórum, 2019. p. 99-100).

[73] "Disposição salutar e inovadora é a da responsabilização objetiva da pessoa jurídica. Isso afasta a discussão sobre a culpa do agente na prática da infração. A pessoa jurídica será responsabilizada, uma vez comprovados o fato, o resultado e o nexo causal entre eles. Evita-se, assim, a dificuldade probatória de elementos subjetivos, como a vontade de causar um dano, muito comum na sistemática geral e subjetiva de responsabilização de pessoas naturais". (BRASIL. Subchefia de Assuntos Parlamentares. *Exposição de Motivos Interministerial nº 00011 de 23 de outubro de 2009*. Disponível em: http://www.planalto.gov.br/ccivil_03/Projetos/EXPMOTIV/EMI/2010/11%20-%20CGU%20MJ%20AGU.htm. Acesso em 16 jun. 2019).

Embora existam entendimentos diferentes,[74] a Lei é clara ao estabelecer que a responsabilização é administrativa e civil, e não penal. Isso é verificável não só no próprio texto da Lei, como também no seu anteprojeto, que assim deixa claro:

> 10. Observe-se que o presente projeto optou pela responsabilização administrativa e civil da pessoa jurídica, porque o Direito Penal não oferece mecanismos efetivos ou céleres para punir as sociedades empresárias, muitas vezes as reais interessadas ou beneficiadas pelos atos de corrupção. A responsabilização civil, porque é a que melhor se coaduna com os objetivos sancionatórios aplicáveis às pessoas jurídicas, como por exemplo o ressarcimento dos prejuízos econômicos causados ao erário; e o processo administrativo, porque tem-se revelado mais célere e efetivo na repressão de desvios em contratos administrativos e procedimentos licitatórios, demonstrando melhor capacidade de proporcionar respostas rápidas à sociedade. 11. Veja-se que a responsabilização de pessoas jurídicas na esfera administrativa não é novidade em nosso sistema jurídico. A Lei nº 8.884, de 11 de junho de 1994, vem sendo aplicada de forma exitosa por meio da atuação do Sistema Brasileiro de Defesa da Concorrência na repressão das infrações contra a ordem econômica. Importante destacar que os bons resultados apresentados por esse Sistema informam a redação de dispositivos da presente proposta legislativa, como os parâmetros monetários para a fixação da multa. 12. Outrossim, embora a sistemática de responsabilidade administrativa de pessoas jurídicas já exista na Lei nº 8.666, de 21 de junho de 1993, para as hipóteses de atos lesivos praticados em licitações e contratos administrativos, aquela legislação possui ainda lacunas que urgem ser supridas. As duas principais lacunas referem-se à previsão das condutas e às sanções. As condutas mais graves são tratadas apenas na seção sobre crimes da Lei nº 8.666, de 1993, a qual não se aplica à pessoa jurídica que se beneficia da conduta ou que determina a prática do delito, e as sanções aplicáveis à empresa no âmbito da Lei de Licitações não atingem de modo eficaz o seu patrimônio, nem geram o efetivo ressarcimento dos danos causados à Administração Pública.

---

[74] A exemplo, Modesto Carvalhosa entende que a lei atua na seara do Direito Penal-Administrativo, com a adoção da teoria da imputação objetiva da responsabilização penal (CARVALHOSA, Modesto. *Considerações sobre a Lei Anticorrupção das pessoas jurídicas*. São Paulo: Revista dos Tribunais, 2015. p. 37). No mesmo sentido: "A referida lei, que tem como relação jurídico-material muito mais caráter penal-administrativo do que de direito administrativo sancionador, ou mesmo natureza jurídica civil-administrativa, tendo em vista que os atos ilícitos descritos na Lei constituem efetivas condutas criminosas, além da denominada 'responsabilidade judicial' ser de competência do Judiciário e não de autoridade administrativa". (FREITAS JÚNIOR, Dorival de. *A responsabilidade da pessoa jurídica na lei anticorrupção*. 279f. Tese de Doutorado, Faculdade de Direito, Pontifícia Universidade Católica de São Paulo, São Paulo, Brasil, 2017. p. 79).

13. Outro importante diploma legislativo que pode ser aplicado contra condutas lesivas praticadas contra a Administração Pública seria a Lei nº 8.429, de 2 de junho de 1992, Lei de Improbidade Administrativa. Todavia, em sua disciplina, a responsabilização da pessoa jurídica depende da comprovação do ato de improbidade do agente público, e as condutas descritas pela lei são de responsabilidade subjetiva, devendo ser comprovada a culpa dos envolvidos, com todos os inconvenientes que essa comprovação gera com relação às pessoas jurídicas.[75]

Não se ignora que ela apresenta alguns elementos estruturantes similares a leis penais,[76] mas ainda assim, por sinalização clara do legislador, a Lei integra o direito administrativo-sancionador. A própria escolha pela responsabilidade objetiva também leva a essa conclusão, pois é formatação de responsabilidade não cabível no modelo penal constitucional.[77]

Ainda no âmbito da responsabilização, interessante indicar que a Lei põe a salvo e separa a responsabilidade das pessoas naturais ou físicas que tenham participação comissiva ou omissiva nos atos ilícitos, o que será apurado na compreensão correta das respectivas culpabi-

---

[75] BRASIL. Subchefia de Assuntos Parlamentares. *Exposição de Motivos Interministerial nº 00011 de 23 de outubro de 2009*. Disponível em: http://www.planalto.gov.br/ccivil_03/Projetos/EXPMOTIV/EMI/2010/11%20-%20CGU%20MJ%20AGU.htm. Acesso em 16 jun. 2019. Nesse sentido, também é o Parecer da Procuradoria-Geral da República, na Ação Direta de Inconstitucionalidade nº 5.261/DF, em que se questiona a constitucionalidade da Lei nº 12.846/2013, sob o argumento de que a norma viola as disposições constitucionais de não transcendência da pena e do devido processo legal: "Segundo o requerente, a Lei nº 12.846/2013, ao determinar que pessoas jurídicas sejam responsabilizadas objetivamente por danos causados ao patrimônio público, decorrentes de atos ilícitos, ofende o princípio da intranscendência das penas. A alegação, igualmente, não merece prosperar. Intranscendência de penas guarda correlação com sanções de natureza criminal. A Lei nº 12.846/2013 impõe a pessoas jurídicas responsabilização, autônoma em relação à de seus dirigentes, de índole civil e administrativa [...]". (BRASIL. Procuradoria-geral da República. *Parecer nº 395/2016-AsJConst/SAJ/PGR*. Brasília, 18 jun. 2016. Disponível em: http://www.mpf.mp.br/pgr/documentos/ADI5261.pdf/at_download/file. Acesso em 30 jun. 2019).

[76] Nesse sentido, é possível identificar, por exemplo, a estrutura de tipificação dos atos lesivos, relacionada no art. 5º da Lei, e as respectivas sanções na norma.

[77] Há quem defenda, como Carla Veríssimo, que seria constitucional a escolha do legislador pela responsabilidade penal da pessoa jurídica por atos lesivos à Administração Pública. No entanto, não parece ser essa a leitura mais correta do ponto de vista dogmático. Como será melhor analisado em capítulo próprio, a Constituição Federal apenas admite a responsabilização penal da pessoa jurídica nos crimes ambientais (art. 225, §3º) e nos atos praticados contra a ordem econômica e financeira e contra a economia popular (art. 173, §5º). Assim, salvo as condutas criminais que ataquem o Estado no âmbito de atuação fiscalizatória nessas searas, não parece haver abertura constitucional para a criminalização por lei ordinária de atos lesivos contra a Administração Pública. Lembra-se que a possibilidade de responsabilização penal é exceção, cabendo-lhe uma interpretação restritiva do respectivo cardápio de possibilidades. (VERÍSSIMO, Carla. *Compliance*: incentivo à adoção de medidas anticorrupção. São Paulo: Saraiva, 2017. p. 192).

lidades.[78] Afasta-se, nesse ponto e no âmbito da própria responsabilidade administrativa e civil, a necessidade da dupla imputação ou da heterorresponsabilidade. Quer dizer, a pessoa jurídica é responsável, independentemente da responsabilização concreta das pessoas naturais envolvidas.

Na sequência, a Lei relaciona quais são as condutas que, se realizadas, fazem surgir o direito subjetivo do Estado de aplicar as sanções administrativas: os chamados atos lesivos à Administração Pública. São eles elencados no art. 5º da Lei[79] e, mais uma vez, indicam

---

[78] "Art. 3º A responsabilização da pessoa jurídica não exclui a responsabilidade individual de seus dirigentes ou administradores ou de qualquer pessoa natural, autora, coautora ou partícipe do ato ilícito. §1º A pessoa jurídica será responsabilizada independentemente da responsabilização individual das pessoas naturais referidas no caput. §2º Os dirigentes ou administradores somente serão responsabilizados por atos ilícitos na medida da sua culpabilidade". (BRASIL. Lei nº 12.846, de 1º de agosto de 2013. Dispõe sobre a responsabilização administrativa e civil de pessoas jurídicas pela prática de atos contra a administração pública, nacional ou estrangeira, e dá outras providências. *Diário Oficial da União*, Brasília, 02 ago. 2013. Disponível em: http://www.planalto.gov.br/ccivil_03/_ato2011-2014/2013/lei/l12846.htm. Acesso em 16 jun. 2019).

[79] "Art. 5º Constituem atos lesivos à administração pública, nacional ou estrangeira, para os fins desta Lei, todos aqueles praticados pelas pessoas jurídicas mencionadas no parágrafo único do art. 1º , que atentem contra o patrimônio público nacional ou estrangeiro, contra princípios da administração pública ou contra os compromissos internacionais assumidos pelo Brasil, assim definidos: I – prometer, oferecer ou dar, direta ou indiretamente, vantagem indevida a agente público, ou a terceira pessoa a ele relacionada; II – comprovadamente, financiar, custear, patrocinar ou de qualquer modo subvencionar a prática dos atos ilícitos previstos nesta Lei; III – comprovadamente, utilizar-se de interposta pessoa física ou jurídica para ocultar ou dissimular seus reais interesses ou a identidade dos beneficiários dos atos praticados; IV – no tocante a licitações e contratos: a) frustrar ou fraudar, mediante ajuste, combinação ou qualquer outro expediente, o caráter competitivo de procedimento licitatório público; b) impedir, perturbar ou fraudar a realização de qualquer ato de procedimento licitatório público; c) afastar ou procurar afastar licitante, por meio de fraude ou oferecimento de vantagem de qualquer tipo; d) fraudar licitação pública ou contrato dela decorrente; e) criar, de modo fraudulento ou irregular, pessoa jurídica para participar de licitação pública ou celebrar contrato administrativo; f) obter vantagem ou benefício indevido, de modo fraudulento, de modificações ou prorrogações de contratos celebrados com a administração pública, sem autorização em lei, no ato convocatório da licitação pública ou nos respectivos instrumentos contratuais; ou g) manipular ou fraudar o equilíbrio econômico-financeiro dos contratos celebrados com a administração pública; V – dificultar atividade de investigação ou fiscalização de órgãos, entidades ou agentes públicos, ou intervir em sua atuação, inclusive no âmbito das agências reguladoras e dos órgãos de fiscalização do sistema financeiro nacional. §1º Considera-se administração pública estrangeira os órgãos e entidades estatais ou representações diplomáticas de país estrangeiro, de qualquer nível ou esfera de governo, bem como as pessoas jurídicas controladas, direta ou indiretamente, pelo poder público de país estrangeiro. §2º Para os efeitos desta Lei, equiparam-se à administração pública estrangeira as organizações públicas internacionais. §3º Considera-se agente público estrangeiro, para os fins desta Lei, quem, ainda que transitoriamente ou sem remuneração, exerça cargo, emprego ou função pública em órgãos, entidades estatais ou em representações diplomáticas de país estrangeiro, assim como em pessoas jurídicas controladas, direta ou indiretamente, pelo poder público de país estrangeiro ou em organizações públicas internacionais". (BRASIL. Lei nº 12.846, de 1º de agosto de 2013. Dispõe sobre a responsabilização administrativa

a propensão do texto legal em facilitar a comprovação da postura da pessoa jurídica, na tentativa de evitar percalços concretos e de apuração à efetiva responsabilidade. É por isso que não são previstas só posturas cujos verbos típicos indicam a existência de um efetivo prejuízo à Administração ou a obtenção do benefício ilícito, mas também outras que perfazem a tentativa de que isso ocorra ou que, de alguma forma, representam um dos passos para o ato lesivo.[80]

Nesse ponto parece haver, inclusive, a manifestação do fenômeno, que pode ser entendido como de antecipação da tutela administrativa sancionatória, na linha do reconhecimento da antecipação da tutela penal e tipificação de crimes de perigo, melhor analisados em capítulo próprio, como técnica característica da Teoria Jurídica de Direito Penal Econômico. No Direito Penal, antecipa-se a tutela penal, tipificando o risco, na tentativa de se evitar o resultado naturalístico danoso aos bens jurídicos. O que a Lei nº 12.846/2013 parece fazer é justamente antecipar a sanção administrativa, frente a posturas da pessoa jurídica ou de seus colaboradores, que gerem o risco de prejuízo à Administração Pública, na tentativa de se evitar o resultado lesivo, qual seja, a corrupção em si considerada. Algo como infrações administrativas de perigo. Mais um ponto que parece sinalizar o diálogo entre as questões propostas nestas obra, renovando a justificativa de unificação temática da pesquisa, vez que parece haver coerência nas motivações e contextos que pautam a

---

e civil de pessoas jurídicas pela prática de atos contra a administração pública, nacional ou estrangeira, e dá outras providências. *Diário Oficial da União*, Brasília, 02 ago. 2013. Disponível em: http://www.planalto.gov.br/ccivil_03/_ato2011-2014/2013/lei/l12846.htm. Acesso em 16 jun. 2019).

[80] "Para a análise do conceito de 'resultado tipificado', demanda-se um pouco mais de reflexão, para uma correta compreensão da normativa brasileira em análise, uma vez serem elas as proibições apenadas pela Lei nº 12.846/2013. O artigo 5º do diploma aponta justamente esses ditos resultados, mesmo que muitos deles pareçam muito mais uma descrição de condutas do que propriamente de efeitos causados por uma conduta qualquer. Trata-se de delitos de mera conduta, ou seja, delitos aperfeiçoados independentemente do resultado obtido, estando aí outra relevante característica deste diploma, a qual busca novamente facilitar a comprovação e consequente punição dos delitos que prevê. [...] Nota-se, assim, por exemplo, que a mera promessa ou oferta de vantagem indevida a agente público já se consubstancia em infração consumada da Lei nº 12.846/2013, pouco interessando se vai esse agente aceitar ou agir contra algum dever funcional por conta de tal vantagem, bastando para a punição a simples comprovação da oferta. Isso não significa, em absoluto, que inexista nesta sistemática o elemento 'resultado', de que falávamos em epígrafe, mas somente que este não é naturalístico e sim normativo, ou seja, o resultado que deve ser levado em conta para a aplicação da Lei é a mera prática de conduta proibida pelo diploma legal, sendo que essas condutas se traduzem, na visão do legislador, em um incremento intolerável do risco de ocorrência de resultado naturalístico subjacente – no caso, a efetiva corrupção". (SORÉ, Raphael Rodrigues. *A lei anticorrupção em contexto*: estratégias para a prevenção e o combate à corrupção corporativa. Belo Horizonte: Fórum, 2019. p. 105-107).

antecipação da sanção.[81] Parece demonstrar e exemplificar também a influência que as características da sociedade do risco exercem nas instituições jurídicas.

Tem-se, assim, qual a formatação da responsabilidade da pessoa jurídica e quais atos ilícitos dão ensejo às respectivas sanções. Os dispositivos legais subsequentes são vocacionados a sinalizar quais sanções são cabíveis e como suas aplicações serão procedimentalizadas.

No art. 6º, a referida Lei prevê as sanções administrativas cabíveis: multa, no valor de 0,1% a 20% do faturamento bruto do último exercício anterior ao da instauração do processo administrativo em que a infração é apurada, e em valor nunca inferior à vantagem auferida, quando essa puder ser estimada; e publicação extraordinária da decisão administrativa condenatória.[82] As sanções podem ser aplicadas isoladamente ou de forma cumulativa, além disso, fica a pessoa jurídica responsável por reparar o dano causado. Em se tratando da multa, caso o faturamento bruto não possa ser usado como critério, a multa respeitará o valor mínimo de R$6.000,00 e o valor máximo de R$60.000.000,00.[83]

---

[81] A questão, como sinalizado, será analisada em capítulo próprio.

[82] A publicização se dá primordialmente por meio do Cadastro Nacional de Empresas Punidas – CNEP, vinculado à Controladoria-Geral da União, nos termos do art. 22 da Lei: "Art. 22. Fica criado no âmbito do Poder Executivo federal, o Cadastro Nacional de Empresas Punidas – CNEP, que reunirá e dará publicidade às sanções aplicadas pelos órgãos ou entidades dos Poderes Executivo, Legislativo e Judiciário de todas as esferas de governo, com base nesta Lei. §1º Os órgãos e entidades referidos no *caput* deverão informar e manter atualizados, no CNEP, os dados relativos às sanções por eles aplicadas. §2º O CNEP conterá, entre outras, as seguintes informações acerca das sanções aplicadas: I – razão social e número de inscrição da pessoa jurídica ou entidade no Cadastro Nacional da Pessoa Jurídica – CNPJ; II – tipo de sanção; e III – data de aplicação e data final da vigência do efeito limitador ou impeditivo da sanção, quando for o caso. §3º As autoridades competentes, para celebrarem acordos de leniência previstos nesta Lei, também deverão prestar e manter atualizadas no CNEP, após a efetivação do respectivo acordo, as informações acerca do acordo de leniência celebrado, salvo se esse procedimento vier a causar prejuízo às investigações e ao processo administrativo. §4º Caso a pessoa jurídica não cumpra os termos do acordo de leniência, além das informações previstas no §3º, deverá ser incluída no CNEP referência ao respectivo descumprimento. §5º Os registros das sanções e acordos de leniência serão excluídos depois de decorrido o prazo previamente estabelecido no ato sancionador ou do cumprimento integral do acordo de leniência e da reparação do eventual dano causado, mediante solicitação do órgão ou entidade sancionadora". (BRASIL. Lei nº 12.846, de 1º de agosto de 2013. Dispõe sobre a responsabilização administrativa e civil de pessoas jurídicas pela prática de atos contra a administração pública, nacional ou estrangeira, e dá outras providências. *Diário Oficial da União*, Brasília, 02 ago. 2013. Disponível em: http://www.planalto.gov.br/ccivil_03/_ato2011-2014/2013/lei/l12846.htm. Acesso em 16 jun. 2019).

[83] "Art. 6º. Na esfera administrativa, serão aplicadas às pessoas jurídicas consideradas responsáveis pelos atos lesivos previstos nesta Lei as seguintes sanções: I – multa, no valor de 0,1% (um décimo por cento) a 20% (vinte por cento) do faturamento bruto do último exercício anterior ao da instauração do processo administrativo, excluídos os tributos, a qual nunca será inferior à vantagem auferida, quando for possível sua estimação; e II – publicação extraordinária da decisão condenatória. §1º As sanções serão aplicadas

A calibração do percentual aplicado, dentro da margem legal, foi sensivelmente alterada pelo Decreto nº 11.129/2022. São sanções muito significativas e importantes do ponto de vista financeiro e, sobretudo, reputacional, o que justifica a preocupação sensível das empresas no País com a tarefa de conformidade, após a promulgação da Lei. Em outra perspectiva, essas mesmas sanções legais parecem representar, do ponto de vista prático, a mencionada transferência histórica, para o particular, da tarefa de evitar a ocorrência de ilícitos, sancionando-o em caso de falha nessa tarefa. As sanções representam, assim, a repressão estatal ao particular que não evita o ilícito. Para a Lei, as falhas nessa tarefa parecem ser justamente os atos lesivos à Administração Pública prevista na própria Lei.

Nesse ponto, surge com relevância o Decreto nº 11.129/2022, que substituiu o seu antecessor, Decreto nº 8.420/2015, e que regulamentou, em âmbito federal, a responsabilização administrativa posta na Lei nº 12.846/2013. Em linhas gerais, dispõe sobre o procedimento do Processo Administrativo de Responsabilização – PAR, com destaque para a atuação da Controladoria-Geral da União – CGU na instauração, apuração e julgamento do processo, sobre os critérios e cálculos atrelados à multa aplicável, sobre a sanção de publicação extraordinária da decisão sancionadora, sobre o acordo de leniência, sobre os programas de integridade e sobre o Cadastro Nacional de Empresas Inidôneas e Suspensas – CEIS e do Cadastro Nacional de Empresas Punidas – CNEP.[84][85]

---

fundamentadamente, isolada ou cumulativamente, de acordo com as peculiaridades do caso concreto e com a gravidade e natureza das infrações. §2º A aplicação das sanções previstas neste artigo será precedida da manifestação jurídica elaborada pela Advocacia Pública ou pelo órgão de assistência jurídica, ou equivalente, do ente público. §3º A aplicação das sanções previstas neste artigo não exclui, em qualquer hipótese, a obrigação da reparação integral do dano causado. §4º Na hipótese do inciso I do caput, caso não seja possível utilizar o critério do valor do faturamento bruto da pessoa jurídica, a multa será de R$6.000,00 (seis mil reais) a R$60.000.000,00 (sessenta milhões de reais). §5º A publicação extraordinária da decisão condenatória ocorrerá na forma de extrato de sentença, a expensas da pessoa jurídica, em meios de comunicação de grande circulação na área da prática da infração e de atuação da pessoa jurídica ou, na sua falta, em publicação de circulação nacional, bem como por meio de afixação de edital, pelo prazo mínimo de 30 (trinta) dias, no próprio estabelecimento ou no local de exercício da atividade", de modo visível ao público, e no sítio eletrônico na rede mundial de computadores". (BRASIL. Lei nº 12.846, de 1º de agosto de 2013. Dispõe sobre a responsabilização administrativa e civil de pessoas jurídicas pela prática de atos contra a administração pública, nacional ou estrangeira, e dá outras providências. *Diário Oficial da União*, Brasília, 02 ago. 2013. Disponível em: http://www.planalto.gov.br/ccivil_03/_ato2011-2014/2013/lei/l12846.htm. Acesso em 16 jun. 2019).

[84] BRASIL. Decreto nº 11.129, de 11 de julho de 2022. Regulamenta a Lei nº 12.846, de 1º de agosto de 2013, que dispõe sobre a responsabilização administrativa e civil de pessoas jurídicas pela prática de atos contra a administração pública, nacional ou estrangeira. *Diário Oficial da União*, Brasília, 12 jul. 2022, retificado em 13 jul. 2022. Disponível em:

Na sequência, o art. 7º da Lei nº 12.846/2013 traz os critérios que serão levados em consideração na aplicação das sanções: a gravidade da infração, a vantagem auferida ou pretendida, a consumação ou não da infração, o grau de lesão à Administração Pública ou o perigo gerado, o efeito negativo produzido, a situação econômica do responsável, a cooperação da pessoa jurídica para apuração das infrações, a existência de mecanismos e procedimentos internos de integridade, auditoria e incentivo de irregularidades e a aplicação efetiva de códigos de ética e de conduta no âmbito da pessoa jurídica – os chamados programas de *compliance* e a respectiva avaliação de efetividade concreta (na expressão estrita adotada) – e o valor dos contratos mantidos pela pessoa jurídica com a Administração Pública prejudicada ou ameaçada de prejuízo com o ato lesivo. Somam-se a esses critérios, aqueles previstos no Decreto nº 11.129/2022, relativos ao cálculo do próprio valor da multa.[86][87]

Parece ser possível classificar tais critérios em ao menos três grupos: um primeiro, formado pelas balizas relacionadas ao próprio

---

http://www.planalto.gov.br/ccivil_03/_ato2019-2022/2022/Decreto/D11129.htm. Acesso em 17 jul. 2022.

[85] É interessante notar como essa dinâmica tem sido replicada em outros modelos legislativos que prezam pela conformidade, demonstrando o quanto as tecnologias da informação propõem novos padrões de operacionalização. É o caso, por exemplo, da Lei nº 13.709/2018, b, ou Lei Geral de Proteção de Dados – LGPD, que em seu art. 52 relaciona sanções às pessoas jurídicas que violem os seus preceitos de proteção de dados pessoais, dentre elas, a multa de até 2% do faturamento no seu último exercício, limitada ao teto de R$50.000.000,00, por infração, e a publicização da violação legal. Apenas as falhas do particular na melhor gestão dos dados pessoais caracterizadas como violação dos preceitos da própria LGPD são as que justificam a sanção do Estado, seja pela participação do particular no ilícito ou por não tê-lo evitado. É o que se observa do próprio texto do art. 52, em relação clara de causa e consequência: "em razão das infrações cometidas às normas previstas nesta Lei, ficam sujeitos às seguintes sanções".

[86] BRASIL. Decreto nº 11.129, de 11 de julho de 2022. Regulamenta a Lei nº 12.846, de 1º de agosto de 2013, que dispõe sobre a responsabilização administrativa e civil de pessoas jurídicas pela prática de atos contra a administração pública, nacional ou estrangeira. *Diário Oficial da União*, Brasília, 12 jul. 2022, retificado em 13 jul. 2022. Disponível em: http://www.planalto.gov.br/ccivil_03/_ato2019-2022/2022/Decreto/D11129.htm. Acesso em 17 jul. 2022.

[87] Sobre o cálculo da multa, cumpre citar, também, a Instrução Normativa nº 1/2015 da CGU (CONTROLADORIA-GERAL DA UNIÃO. *Instrução normativa nº 1, de 7 de abril de 2015*. Estabelece metodologia para a apuração do faturamento bruto e dos tributos a serem excluídos para fins de cálculo da multa a que se refere o art. 6º da Lei nº 12.846, de 1º de agosto de 2013. Disponível em: http://www.cgu.gov.br/sobre/legislacao/arquivos/instrucoes-normativas/in_cgu_01_2015.pdf. Acesso em 03 jul. 2019) e o Manual Prático de Cálculo da Multa do mesmo órgão (CONTROLADORIA-GERAL DA UNIÃO. *Manual prático de cálculo da multa*. [s.d.]. Disponível em: https://www.cgu.gov.br/Publicacoes/responsabilizacao-de-empresas/manual-pratico-de-calculo-da-multa.pdf/@@download/file/Manual%20Pr%C3%A1tico%20de%20C%C3%A1lculo%20da%20Multa.pdf. Acesso em 03 jul. 2019).

ato lesivo (gravidade da infração, respectiva vantagem auferida ou pretendida, consumação ou não, lesão ou perigo provocados, efeitos negativos decorrentes e o valor dos contratos relacionados); um segundo, relativo à própria situação econômica da pessoa jurídica, que, em verdade, já é implicitamente observado, por exemplo, no momento em que a Lei associa a multa ao faturamento do infrator; e um terceiro, relacionado ao que pode ser entendido como uma postura positiva da organização, relacionada à tarefa de conformidade que lhe é transferida, seja em uma postura prévia (existência de programas de integridade efetivos), seja em uma postura posterior à identificação das possíveis infrações (admissão da pessoa jurídica, sua cooperação na apuração e celebração de acordo de leniência).[88]

É preciso dizer que não há classificações corretas ou incorretas, mas úteis e inúteis. Classificar um objeto de compreensão racional parece só ser interessante, sobretudo do ponto de vista acadêmico, se a tarefa de categorização justificar ou permitir a melhor compreensão do objeto. Nisso parece residir sua utilidade. Entender os critérios para a aplicação das sanções tem uma perspectiva verdadeiramente estratégica, destacadamente em relação ao último grupo. Quer-se dizer com isso que a existência de programas de integridade efetivos, em regra geral,[89] é verdadeiro ponto positivo e importante para a pessoa jurídica, não só para evitar de forma preventiva que as ilegalidades ocorram, mas para ser usado em seu benefício no momento da apuração e aplicação da sanção, em que tais programas serão avaliados. Destacadamente, o Decreto nº 11.129/2022, em seu art. 23, IV, indica a subtração de até

---

[88] Art. 16, §2º, da Lei nº 12.846/2013 e art. 32 do Decreto nº 11.129/2022.
[89] Fala-se em regra, pois, a depender da atividade desenvolvida pela pessoa jurídica, pode existir normas setoriais específicas que tratem da questão de forma diferente. É o caso da Resolução nº 4.595/2017 do Banco Central, aplicável às instituições financeiras e demais instituições autorizadas a funcionar pela entidade, com exceção às administradoras de consórcio e às instituições de pagamento. Segundo essa Resolução, implementar e manter uma política de conformidade ou *compliance* é verdadeiro dever das instituições: "Art. 2º As instituições mencionadas no art. 1º devem implementar e manter política de conformidade compatível com a natureza, o porte, a complexidade, a estrutura, o perfil de risco e o modelo de negócio da instituição, de forma a assegurar o efetivo gerenciamento do seu risco de conformidade. Parágrafo único. O risco de conformidade deve ser gerenciado de forma integrada com os demais riscos incorridos pela instituição, nos termos da regulamentação específica". Nesse caso, o programa de integridade, em vez de não obrigatório e benéfico no cálculo da sanção, é verdadeiramente obrigatório (BANCO CENTRAL DO BRASIL. Resolução nº 4.595, de 28 de agosto de 2017. Dispõe sobre a política de conformidade (*compliance*) das instituições financeiras e demais instituições autorizadas a funcionar pelo Banco Central do Brasil. *Diário Oficial da União*, 30 ago. 2017. Disponível em: https://www.bcb.gov.br/pre/normativos/busca/downloadNormativo.asp?arquivo=/Lists/Normativos/Attachments/50427/Res_4595_v1_O.pdf. Acesso em 03 jul. 2019).

5% do faturamento bruto para fins do cálculo da multa, se a "pessoa jurídica possuir e aplicar um programa de integridade".[90][91] Pretende-se estudar outras questões sobre o programa de *compliance* em ponto específico deste capítulo.

Procurou-se, assim, estudar os principais aspectos da Lei nº 12.846/2013 e do Decreto nº 11.129/2022, que são diplomas importantíssimos para a pesquisa desenvolvida, sem prejuízo da análise específica de outros pontos ao longo da obra, em especial, do programa de integridade.

1.4 O fenômeno do *compliance* nos países do MERCOSUL

Também na sequência da proposta de mapear a questão, parece ser igualmente importante para este primeiro capítulo da pesquisa fazer breve referência de como o *compliance* tem sido juridicamente tratado nos demais países do Mercado Comum do Sul – MERCOSUL.

Sem prejuízo das referências já feitas aos principais documentos internacionais,[92] também parece relevante a menção dos principais diplomas jurídicos dos demais países do Bloco em que o Brasil está inserido. Ora, se a temática envolve elementos de direcionamento econômico e a própria intervenção jurídica nessa seara, nada parece ser mais coerente do que analisar a questão em países de situações socioeconômicas similares, ainda que de forma bem genérica, até para entendimento do grau de evolução da matéria no Brasil. Nessa perspectiva, e com as comparações pertinentes, este tópico pretende analisar o

---

[90] BRASIL. Decreto nº 11.129, de 11 de julho de 2022. Regulamenta a Lei nº 12.846, de 1º de agosto de 2013, que dispõe sobre a responsabilização administrativa e civil de pessoas jurídicas pela prática de atos contra a administração pública, nacional ou estrangeira. *Diário Oficial da União*, Brasília, 12 jul. 2022, retificado em 13 jul. 2022. Disponível em: http://www.planalto.gov.br/ccivil_03/_ato2019-2022/2022/Decreto/D11129.htm. Acesso em 17 jul. 2022.

[91] Mais uma vez, a LGPD reflete, na ótica mais específica do *compliance* digital, o mesmo fenômeno de previsão e categorização de critérios que balizam a aplicação das sanções, sinalizando e reforçando o acolhimento de tal modelo pelo ordenamento jurídico brasileiro. Assim, tem-se um primeiro grupo relacionado à própria infração (gravidade e natureza da infração, vantagem auferida ou pretendida, a reincidência, grau do dano, a proporcionalidade entre a gravidade da infração e a intensidade da sanção), um segundo grupo relacionado à situação da pessoa que trata os dados pessoais, vinculada à infração legal (boa-fé do infrator e sua condição econômica) e um terceiro grupo caracterizado pela postura positiva de quem trata os dados, seja prévia (adoção reiterada e demonstrada de programas de *compliance* digital e de políticas de boas práticas e governança), sejam posteriores (cooperação e a pronta adoção de medidas corretivas).

[92] Ver item próprio da obra.

tema também na Argentina, no Uruguai e no Paraguai, considerando que a Venezuela está suspensa na sua condição de parte do Bloco e a Bolívia ainda se encontra em processo de adesão.

Na Argentina, as principais regulações relacionadas ao *compliance* dizem respeito às atividades bancárias, de lavagem de dinheiro, de financiamento ao terrorismo, do mercado de ações e de seguros.[93] Com relação à corrupção, destaca-se o Código Penal argentino, que veda, mediante tipificação penal, o ato de oferecer ou dar presentes a funcionários públicos, com a intenção de corromper, para que este faça, retarde ou deixe de fazer algo relacionado às suas funções públicas. A responsabilidade penal da pessoa jurídica por atos dessa natureza não é prevista.[94]

Também se destaca a Lei nº 25.246/2000, que versa sobre *Encubrimiento y Lavado de Activos*[95] *de Origen Delictivo y la Financiación del Terrorismo*,[96] alterou o Código Penal Argentino, criou a Unidad de Información Financeira – UIF[97] e elencou em seu texto (art. 20) quem seriam as pessoas obrigadas a informar à UIF, sobre as atividades potencialmente suspeitas de prática de lavagem de dinheiro. Importância para fins de *compliance*, é que essas mesmas pessoas deverão designar um *oficial de cumplimiento*, quer dizer, um *compliance officer* – CO (art. 20 bis)

---

[93] ESPELTA, Pedro H. Serrano et al. *Práctica de compliance en Latinoamérica*: estado actual de la legislación anticorrupción y otras. Bogotá: Brigard & Urrutia Abogados, 2015. p. 17.

[94] ESPELTA, Pedro H. Serrano et al. *Práctica de compliance en Latinoamérica*: estado actual de la legislación anticorrupción y otras. Bogotá: Brigard & Urrutia Abogados, 2015. p. 21.

[95] A ideia do ordenamento jurídico argentino sobre o *lavado de activos* pode ser extraída da tipificação penal do art. 303 do Código Penal do mesmo país, segundo o qual: "Será reprimido con prisión de tres (3) a diez (10) años y multa de dos (2) a diez (10) veces del monto de la operación, el que convirtiere, transfiriere, administrare, vendiere, gravare, disimulare o de cualquier otro modo pusiere en circulación en el mercado, bienes provenientes de un ilícito penal, con la consecuencia posible de que el origen de los bienes originarios o los subrogantes adquieran la apariencia de un origen lícito, y siempre que su valor supere la suma de pesos trescientos mil ($ 300.000), sea en un solo acto o por la reiteración de hechos diversos vinculados entre sí". (ARGENTINA. *Ley nº 11.179, de 1984*. Código Penal de La Nación Argentina. Disponível em: http://servicios.infoleg.gob.ar/infolegInternet/anexos/15000-19999/16546/texact.htm#27. Acesso em 04 ago. 2019).

[96] ARGENTINA. *Ley nº 25.246, de 5 de mayo de 2000*. Encubrimiento y Lavado de Activos de origen delictivo. Unidad de Información Financiera. Deber de informar. Sujetos obligados. Régimen Penal Administrativo. Ministerio Público Fiscal. Derógase el artículo 25 de la Ley 23.737. Disponível em: http://servicios.infoleg.gob.ar/infolegInternet/anexos/60000-64999/62977/texact.htm. Acesso em 04 ago. 2019.

[97] A Unidad de Informação Financeira – UIF tem por vocação legal a análise, o tratamento e a transmissão de informações que objetivem prevenir ou evitar os crimes de lavagem de dinheiro e de financiamento ao terrorismo (arts. 5º e 6º da Lei Argentina nº 25.246/2000). A UIF, a partir do recebimento das informações dos sujeitos elencados no art. 20, poderá identificar situação de movimentação financeira atípica, apta a configurar um fato ou operação suspeita, de lavagem de dinheiro ou de financiamento ao terrorismo (art. 20 bis).

e ficam sujeitas a uma série de obrigações em relação à identificação dos seus clientes e das respectivas atividades (art. 21 bis), cuja estruturação passa pela implementação de um programa de integridade,[98] podendo a pessoa jurídica ser sancionada em regime penal administrativo, pela ausência de efetividade na adoção de medidas aptas a evitar o ilícito ou por descumprir as obrigações em relação à UIF (arts. 23 e 24).

Destaca-se, também, na perspectiva da criminalidade econômica, a Lei nº 27.401/2017,[99] que versa sobre o regime de responsabilidade penal da pessoa jurídica, e apresenta um rol taxativo dos crimes em que a pessoa jurídica pode ser responsabilizada (art. 1º), desde que esses crimes tenham sido direta ou indiretamente realizados com sua intervenção ou em seu nome, interesse ou benefício (art. 2º). Interessa notar a previsão do art. 6º, segundo o qual a pessoa jurídica poderá ser responsabilizada mesmo se não for possível identificar ou julgar a pessoa natural responsável, em adoção ao modelo misto de responsabilização, penalizando o defeito de organização e a verificação concreta de um programa de integridade efetivo. Portanto, ao menos indiretamente, a existência de um programa de integridade pode ser considerada como uma exigência legal, sob pena de responsabilidade penal da pessoa jurídica. *A contrario sensu*, o que se quer dizer é que, aparentemente, na existência de um programa de integridade efetivo, salvo se identificada ou julgada a pessoa natural responsável em concurso com a pessoa jurídica, essa não poderá ser responsabilizada.

Na mesma lei, também é relevante notar a previsão de sanções penais às pessoas jurídicas (art. 7º), sendo a estruturação interna das empresas consideradas na gradação da sanção imposta (art. 8º). Ainda, em seu art. 9º, há a previsão da isenção de pena se a pessoa jurídica, simultaneamente, (i) tiver denunciado um dos crimes do art. 1º, após identificação e investigação interna; (ii) tiver implementado, antes da ocorrência do crime, um sistema de controle e supervisão adequado que, embora violado pelos autores do delito, esses só o fizeram em razão de considerável esforço para tanto; e (iii) tiver devolvido o benefício obtido com a prática criminosa. Observa-se que, semelhantemente à Lei

---

[98] ESPELTA, Pedro H. Serrano *et al*. *Práctica de compliance en Latinoamérica*: estado actual de la legislación anticorrupción y otras. Bogotá: Brigard & Urrutia Abogados, 2015. p. 23. Outros critérios para implementação do programa de integridade são apreendidos a partir de normas administrativas da própria UIF.

[99] ARGENTINA. *Ley nº 27.401 de 8 de novembro de 2017*. El Senado y Cámara de Diputados de la Navión Argentina reunidos en Congreso, etc. Sancionan con fuerza de Ley. Disponível em: http://servicios.infoleg.gob.ar/infolegInternet/anexos/295000-299999/296846/norma.htm. Acesso em 04 ago. 2019.

brasileira nº 12.846/2013, a existência de um programa de integridade aparece, nesse ponto, como benefício de isenção de pena. Desse modo, em leitura com o dito no parágrafo anterior, se identificada ou julgada a pessoa natural responsável, não se cogitando da responsabilidade penal da pessoa jurídica de forma isolada – da leitura do art. 6º da Lei –, mesmo assim é vantajosa a existência de um plano de integridade para fins de isenção da pena.

No mais, os arts. 22 e 23 disciplinam sobre a possibilidade de as pessoas jurídicas estabelecerem o referido programa de integridade e qual seria o seu conteúdo. Na sequência, apresenta outra faceta da previsão de tal programa na lei, agora de natureza puramente administrativa. Nos termos do art. 24, a existência de um programa de integridade é tida como condição necessária para que a empresa possa contratar com o Estado nacional.[100]

No Uruguai, semelhantemente à agenda do endereçamento da questão na Argentina, as regulações locais estão relacionadas à prevenção de lavagem de dinheiro e ao financiamento do terrorismo, ao sistema bancário, ao mercado de ações e à atividade securitária.[101]

Neste ponto, destaca-se a Lei nº 19.574/2018, que atualizou a legislação sobre lavagem de dinheiro naquele país.[102] Há a estruturação administrativa dos órgãos de controle (arts. 1º a 11), com destaque para a *Unidad de Información y Análisis Financiero – UIAF*, vinculada ao Banco Central do Uruguai, que receberá as informações relacionadas às movimentações financeiras atípicas ou suspeitas de ilicitude. São obrigadas a prestar tais informações, as pessoas naturais e jurídicas sujeitas ao referido controle e que estão elencadas no art. 13, tais como cassinos, imobiliárias, associações civis etc. Essas mesmas pessoas deverão definir e implementar políticas e procedimentos internos de integridade ou, na expressão muito interessante adotada pela Lei, de

---

[100] "Artículo 24 – Contrataciones con el Estado nacional. La existencia de un Programa de Integridad adecuado conforme los artículos 22 y 23, será condición necesaria para poder contratar con el Estado nacional, en el marco de los contratos que: a) Según la normativa vigente, por su monto, deberá ser aprobado por la autoridad competente con rango no menor a Ministro; y b) Se encuentren comprendidos en el artículo 4º del decreto delegado nº 1023/01 y/o regidos por las leyes 13.064, 17.520, 27.328 y los contratos de concesión o licencia de servicios públicos".

[101] ESPELTA, Pedro H. Serrano *et al*. *Práctica de compliance en Latinoamérica*: estado actual de la legislación anticorrupción y otras. Bogotá: Brigard & Urrutia Abogados, 2015. p. 299.

[102] URUGUAI. *Ley nº 19.574, de 10 de janero de 2018*. Actualización de la normativa vigente referida al lavado de activos. Ley integral contra el lavado de activos. Derogación de articulos del Decreto Ley 14.294 y Leyes 17.835, 18.494, 18.914, y 19.749. Disponível em: https://www.impo.com.uy/bases/leyes/19574-2017. Acesso em 05 ago. 2019.

debida deligencia em relação aos seus clientes e às atividades que prestam (arts. 14 a 22). No mesmo sentido, e com ainda mais detalhes, é o Decreto nº 379, de 2018, que regulamenta a própria Lei, define juridicamente os sujeitos obrigados a prestar informação, o cliente, o risco e a origem dos recursos, e detalha como devem se dar as diligências do programa de integridade.[103]

O Paraguai, por sua vez, não apresenta estruturação jurídica no nível dos demais países do Bloco, embora também tenha internalizado a Convenção Interamericana contra a Corrupção da Organização dos Estados Americanos – OEA.[104] Além disso, leis locais a respeito incluem medidas preventivas e aptas a identificar e a sancionar atos de corrupção, porém, não se exige do setor privado a existência de programas de integridade ou de profissionais vocacionados a dar cumprimento em relação à matéria.[105] Destaca-se, porém, a *Secretaría Nacional Anticorrupción – SENAC*, como órgão técnico e de gestão que lidera a aplicação das políticas de transparência e de prevenção aos atos de corrupção.[106]

---

[103] URUGUAI. *Decreto nº 379, de 20 de noviembre de 2018*. Reglamentacion de la Ley 19.574 contra el lavado de activos. Disponível em: https://www.impo.com.uy/bases/decretos/379-2018. Acesso em 06 ago. 2019.

[104] PARAGUAI. *Ley nº 977, de 1996*. Disponível em: http://www.senac.gov.py/archivos/documentos/Ley-977-1996-Que-Aprueba-la-Convencion-Interamericana-Contra-la-Corrupcion_wct0dltk.pdf. Acesso em 07 ago. 2019.

[105] ESPELTA, Pedro H. Serrano *et al*. *Práctica de compliance en Latinoamérica*: estado actual de la legislación anticorrupción y otras. Bogotá: Brigard & Urrutia Abogados, 2015. p. 268-269.

[106] PARAGUAI. *Decreto nº 10.144, de 28 de novimebre de 2012*. Disponível em: http://www.senac.gov.py/archivos/documentos/Decreto_N_101442012_Que%20crea%20la%20SENAC_zlxcxl93.pdf. Acesso em 07 ago. 2019. Tem como missão normativa: "Liderar la aplicación de políticas de transparencia de gestión y lucha contra la corrupción en todas las instituciones del Poder Ejecutivo, impulsando estrategias y mecanismos que garanticen la articulación de las instituciones del sector público t de actores sociales en el compromiso nacional de construir un país libre de corrupción. (art. 3º)".

CAPÍTULO 2

FUNDAMENTOS DO *COMPLIANCE*

Na busca da melhor compreensão do *compliance*, o estudo das principais ideias que fundamentam seu entendimento também parece importante neste capítulo. É preciso ressaltar, porém, que a ideia de *compliance* é um conceito polissêmico e em constante evolução, e que reflete, em enorme medida, os contextos de sua verificação, a partir dos fenômenos culturais e das peculiaridades econômicas e relacionais analisadas.

Dito isso, em uma análise contemporânea do fenômeno, podem, hoje, ser identificadas algumas ideias ou pilares principais de cognição que, ao lado da sua evolução histórica e da sua concepção de manutenção do estado de conformidade, auxiliam na compreensão de seu conteúdo. São eles: (i) autorregulação regulada; (ii) governança corporativa (e nela *accountability*; transparência; e *enforcement*); (iii) responsabilidade social e (iv) ética empresarial.

2.1 Autorregulação regulada

A ideia autorregulação regulada talvez seja a que mais concretize a noção, dita anteriormente, de transferência ao particular, por parte do Estado, da tarefa de auxiliá-lo na prevenção de ilegalidades ou de práticas em desconformidade com o ordenamento legal. Como instrumento dessa tarefa cooperativa ou colaborativa de prevenção, o Estado se socorre do particular, que o auxilia na elaboração de estruturas normativas.[107]

---

[107] "Surge, então, uma nova estratégia de regular a atividade empresarial por meio da autorregulação, em que o poder público delega parte de sua função regulatória às próprias

Também como já aventado anteriormente e bem ponderado por Ivó Coca Vila, essa transferência e a própria dinâmica de autorregulação tem por uma das razões a menor capacidade do Estado de regulamentar as complexas estruturas empresariais surgidas com o aumento da complexidade das estruturas sociais, com o desenvolvimento tecnológico, que propõe, repisa-se, novos comportamentos das estruturas sociais, e com o processo de globalização.[108] [109]

---

[108] empresas e se utiliza delas para intervir de forma mais rigorosa e eficaz. Com isso, o Estado pretende influir sobre as empresas e criar estímulos para que se comportem de maneira desejada, tornando-se mais regulador e propiciando uma efetiva prevenção. Através da autorregulação regulada, o Estado, titular do poder regulatório, recorre aos agentes particulares para que colaborem na elaboração de corpos normativos. O Estado reorienta sua atuação por meio de um intervencionismo à distância, valendo-se da empresa para cumprir os seus fins. Através da delegação de parte de sua função regulatória para as próprias empresas, o poder público não cede à titularidade dessa função, pois o ente privado age de forma subordinada aos interesses predeterminados pelo Estado. Porém, o fato de que as empresas conhecem melhor os particulares das técnicas e as especificidades da economia moderna, potencializa as devidas regulações jurídico-penais necessárias e torna esse sistema mais eficaz que a intervenção estatal". (FORIGO, Camila Rodrigues. O criminal *compliance* e a autorregulação regulada: privatização no controle à criminalidade econômica. *In*: GUARAGNI, Fábio André; BACH, Marion (Coords.). *Direito penal econômico* (versão eletrônica pdf): administração do direito penal, criminal *compliance* e outros temas contemporâneos. Londrina: Thoth, 2017. p. 31).

[108] VILA, Ivó Coca. ¿Programas de cumplimiento como forma de autorregulación regulada? *In*: SÁNCHEZ, Jesús-María Silva (Dir.); FERNÁNDEZ, Raquel Montaner (Coord.). *Criminalidad de empresa y compliance*: prevención y reacciones corporativas. Barcelona: Atelier Libros, 2013. p. 45-47. No mesmo sentido: "Más desde los años noventa del pasado siglo, tal como señala el título de una obra muy conocida de Ian Ayres y John Braithwaite, el debate 'trasciende' a la vieja polémica entre intervención y autorregulación. Ello se debe a un mundo luhmanianamente más complejo, en el que son ineficientes muchas de las técnicas clásicas de intervención. Aunque los términos globalización y sociedad del riesgo produzcan a estas alturas la sensación de cansancio que conllevan todos los tópicos, no puede desconocerse la existencia de un mundo tecnológicamente más complicado, en el que el saber se encuentra más en los centros de I+D de las empresas que en la administración que ha perdido, de este modo, su antigua autoridad técnica y con ella parte de su capacidad de regulación. E igualmente tampoco pude olvidarse que la globalización conlleva una disminución considerable de la eficacia de los ordenamientos jurídicos nacionales. De la empresa fordista, que realiza toda su producción en un único territorio, se ha pasado a la empresa que deslocaliza y que se vale del forum shopping, que le suministra la liberalización de los mercados. Estos dos fenómenos han contribuido al aumento del poder de las corporaciones frente al Estado en todos los rincones del mundo. En este sentido hay quien habla incluso de un neocorporativismo en el que las empresas y no los individuos ocuparían el papel hegemónico en la sociedad, lo que no debe extrañarnos cuando se repara que de las cien economías más potentes del mundo son corporaciones. Como consecuencia de esta situación, sumariamente descrita, en las últimas dos décadas ha surgido un nuevo modelo de intervencionismo público que utiliza una nueva estrategia reguladora, la denominada *self regulation* o autorregulación regulada. Se trata de un "intervencionismo a distancia" basado en la cooperación entre los poderes públicos, sujetos regulados y otros agentes sociales (sindicatos, ONGs…) con el fin no solo de generar o perfilar normas de comportamiento, sino también encargarse de su enforcement. Los ejemplos, como en seguida vamos a ver con más detenimiento, son muy numerosos, el moderno derecho del

São fenômenos que, nas palavras do autor, tornaram "absolutamente inviáveis sistemas gerais de heterorregulação", inclusive considerando a ausência de capacidade financeira do Estado para implementação de mecanismos eficientes de regulação, supervisão e sanção.[110][111] Assim, como também coloca, estando o Estado incapaz de regular de fora e de forma genérica as empresas, a única solução plausível seria se valer dessas para cumprir seus objetivos, de modo que o fenômeno da autorregulação não se apresenta como resposta a uma intenção de desregulamentação, mas como uma melhoria qualitativa e quantitativa na própria intervenção estatal no domínio econômico, mais rigorosa, específica e eficiente:

---

medio ambiente, el relativo a la protección de la salud de los trabajadores, consumidores, accionistas, inversores o las obligaciones administrativas del blanqueo de capitales y la financiación del terrorismo descansan en la *self regulation*". (NIETO, Adán. Responsabilidad social, gobierno corporativo y autorregulación: sus influencias en el derecho penal de la empresa. *In*: *Política Criminal*, n. 5, p. 1-18, 2008. p. 3-4. Disponível em: http://politcrim. com/wp-content/uploads/2019/04/A_3_5.pdf. Acesso em 17 ago. 2019).

[109] "As raízes da estratégia de autorregulação regulada, entretanto, são um pouco mais longas. A sua origem pode ir buscar-se já aos anos cinquenta do século anterior e à dificuldade evidenciada pelas agências reguladoras norte-americanas em fiscalizar a atividade das empresas, quer a nível interno quer no exterior. Deve-se a John Braithwaite ter desenvolvido o conceito de enforced-self-regulation, posteriormente aprofundado conjuntamente com Ian Ayres. É particularmente expressiva a imagem que aquele Autor utiliza, do barco e do seu piloto e remadores, para ilustrar a diferença entre a função do Estado liberal, keynesiano e regulador na sua feição mais recente, pelo que se refere ao controlo da atividade económica protagonizada pelas empresas: no novo Estado regulador, este dirige a embarcação e a sociedade rema, enquanto o Estado liberal deixava a esta as duas tarefas e o Estado interventor que se lhe seguiu se encarregava principalmente de remar, sendo menos eficiente a dirigir a embarcação". (RODRIGUES, Anabela Miranda. *Direito penal económico*: uma política criminal na era *compliance*, Coimbra: Almedina, 2019. p. 47-48).

[110] VILA, Ivó Coca. ¿Programas de cumplimiento como forma de autorregulación regulada? *In*: SÁNCHEZ, Jesús-María Silva (Dir.); FERNÁNDEZ, Raquel Montaner (Coord.). *Criminalidad de empresa y compliance*: prevención y reacciones corporativas. Barcelona: Atelier Libros, 2013. p. 45-47.

[111] Tal alerta, de certa forma, já era apresentado por Adolf Berle Jr. e Gardiner Means: "The rise of the modern corporation has brought a concentration of economic power which can compete on equal terms with the modern state – economic power versus political power, each strong in its own field. The state seeks in some aspects to regulate the corporation, while the corporation, steadily becoming more powerful, makes every effort to avoid such regulation. Where its own interests are concerned, it even attempts to dominate the state. The future may see the economic organism, now typified by the corporation, not only on an equal plane with the state, but possibly even superseding it as the dominant form of social organization. The law of corporations, accordingly, might well be considered as a potential constitutional law for the new economic state, while business practice is increasingly assuming the aspect od economic states meanship". (BERLE JR, Adolf A.; MEANS, Gardiner C. *The modern corporation and private property*. New York: The Macmillan Company, 1933. p. 357).

Si la autorregulación es el resultado impepinable de la necesaria evolución del modo el que el Estado regula el mundo empresarial, debemos preguntarnos entonces por qué razón se ha convenido que la pura heterorregulación no es suficiente ni adecuada, al menos con carácter general, para disciplinar de forma conveniente la actividad empresarial. La respuesta al uso es simple: el Estado ya no está en disposición de hacerlo, o al menos, de hacerlo en solitario. El progresivo y constante aumento de la complejidad social, de los niveles de tecnificación y desarrollo tecnológico, sumado al avasallador proceso de globalización habrían despojado al Estado de la capacidad de regular de forma adecuada las estructuras empresariales. La especialización y la profesionalización por sectores de actividad, así como la complejidad de las estructuras organizativas y los correspondientes modelos de gestión haría absolutamente inviable sistemas generales de heterorregulación. A esta incapacidad, si se quiere, fáctica, se uniría además una profunda crisis del Estado social, de modo que éste ya no dispondría tampoco de la capacidad financiera para asumir los altos costes que los procesos de regulación, supervisión y sanción en ámbitos extremadamente complejo acarrean. En resumidas cuentas, el Estado ni tendría los recursos suficientes, ni sabría cómo hacerlo. [...] Así, la autorregulación no supondría una retirada del Estado, ni la admisión de la incapacidad de regular el mundo empresarial, sino, simplemente un cambio de rumbo en la estrategia reguladora. Si el Estado es incapaz de regular desde fuera las empresas, la única solución posible sería valerse de ellas para conseguir sus objetivos. Por paradójico que pueda parecer, la autorregulación no respondería a un impulso desregulador, sino muy al contrario, supondría una mejoría cualitativa y cuantitativa en la intervención estatal, en la medida en que el Estado podría lograr una regulación más rigurosa, específica y eficaz. El Estado 'delegaría' en parte su función regulatoria en las propias empresas, que contribuirían decididamente al proceso general regulatorio, sin que, como en toda delegación, el Estado cediera la titularidad de la función. Delegación que, además, no sólo no supondría una merma en el grado de legitimidad de las normas resultantes, sino que, por el contrario, conseguiría implicar en mayor medida a los particulares en el cumplimiento de ciertos objetivos generales, garantizando así una mayor eficacia y cohesión en la actividad legislativa y en la aplicación del Derecho.[112]

---

[112] VILA, Ivó Coca. ¿Programas de cumplimiento como forma de autorregulación regulada? *In*: SÁNCHEZ, Jesús-María Silva (Dir.); FERNÁNDEZ, Raquel Montaner (Coord.). *Criminalidad de empresa y compliance*: prevención y reacciones corporativas. Barcelona: Atelier Libros, 2013. p. 45-47.

Essa autorregulação se apresenta em três modelos: autorregulação pura ou voluntária, meta-regulação e autorregulação regulada.[113] Assim, a primeira, a *autorregulação pura* ou *voluntária* é reconhecida pelo próprio exercício das liberdades jurídicas pelo particular, ou seja, são as relações jurídicas que este estabelece dentro de seu espaço legal de autonomia de vontade;[114] a segunda, a *meta-regulação*, caracteriza-se pela disposição de princípios e valores mais abstratos pelo Estado, com a colocação de agendas e pautas, no intuito de incentivar os particulares a se autorregularem do modo que acharem mais adequado. O Estado se limita a apresentar parâmetros meramente gerais, não regulando a atividade;[115] a terceira, por fim, a *autorregulação regulada* se dá com

---

[113] VILA, Ivó Coca. ¿Programas de cumplimiento como forma de autorregulación regulada? *In*: SÁNCHEZ, Jesús-María Silva (Dir.); FERNÁNDEZ, Raquel Montaner (Coord.). *Criminalidad de empresa y compliance*: prevención y reacciones corporativas. Barcelona: Atelier Libros, 2013. p. 48-52.

[114] "La autorregulación pura es el resultado de la capacidad de un sujeto de auto-someterse a reglas determinadas. En este sentido, los contratos, convenios colectivos o estatutos, así como todas aquellas normas internas de sujetos y organizaciones privadas seráin el resultado de procesos de autorregulación. Si se quiere, la noción de la autorregulación pura no hace sino entroncar directamente com el ejercicio de la 'liberdad negativa' individual del ser humano y con la idea de la 'auto-regulación' como núcleo de la autonomía política y de la soberanía. Al igual que el ser humano, las empresas en el ejercicio de su autonomía podrían regularse como creyeren más conveninete, sin verse condicionados a agentes externos, siempre y cuando de la concreta configuración adoptada no se produjeran injerencias en las esferas de liberdad ajenas. [...] La autorregulación pura hace referencia a aquellos supuestos en los que es la propia empresa la que se dota de un sistema de regulación interno, absolutamente al margen de los poderes públicos, esto es, sin que haya intervencióm publica alguna dirigida a fomentar, imponer o completar – directa o indirectamente – la autorregulación interna. La naturaleza de estos programas de autorregulación es diversa. Pueden consistir en meras catalogaciones de princiíos o estándares generales de actuación o contener concretos protocolos de actuación ante específicos riesgos propios de cada sector de actividad empresarial. En todo caso, el Estado permance al margen, no sólo en la elaboración, sino también en la supervisión, y dado el caso, en la sanción". (VILA, Ivó Coca. ¿Programas de cumplimiento como forma de autorregulación regulada? *In*: SÁNCHEZ, Jesús-María Silva (Dir.); FERNÁNDEZ, Raquel Montaner (Coord.). *Criminalidad de empresa y compliance*: prevención y reacciones corporativas. Barcelona: Atelier Libros, 2013. p. 48).

[115] "Cabría afirmar que por *meta-regulación* se alude el fenómeno normativo consistente en la determinación o condicionamiento, ya sea ex ante o ex post, de la actividad de autorregulación. Aquí, el Estado, condiciona lo normado internamente, ya sea estableciendo previamente una serie de pautas – generalmente a través de principios – a partir de las cuales será la propia empresa la que se autorregula, o bien otorgando incentivos a posteriori en aras a influir sobre lo interamente normado. [...] En procesos de *meta-regulación* es habitual recurrir a la fijación de parámetros mínimos mediante la enumeración de principios, de modo que el Estado presenta simplemente un marco general abstracto y ambiguo, respetando un amplio margen de discrición, para que cada empresa pueda concretarlos en el propio cuerpo normativo de la manera que estime más oportuna. En cualquier caso, lo interesante es aquí que el Estado no regula, sino que crea incentivos para que sean las propias empresas que lo hagan, siendo que, en ocasiones, además trata de condicionar

a incorporação do particular ao próprio processo de regulação da atividade, mas de forma subordinada às determinações concretas e normativas do Estado. O particular, portanto, contribui diretamente com o Estado na formatação das estruturas ou corpos normativos.[116] O particular se autorregula, ou seja, regula a sua própria atividade (autorregulação), mas não de qualquer forma, mas do modo endereçado e direcionado pelo Estado, como esse diz que tem de ser (regulada). Mais que incentivo (meta-regulação), estabelece-se uma verdadeira simbiose normativa entre a estrutura normativa e jurídica estatal e a estrutura normativa particular que, embora assim o seja, é igualmente jurídica, pois permitida, determinada e validada pelo Estado.

Observa-se, nessa perspectiva, que as formatações das três formas de autorregulação se dão em uma escala de inexistente participação estatal em relação ao que é regulado (autorregulação pura), à existência de dois formatos que contam com a participação do Estado, uma mais genérica, abstrata e incentivadora (meta-regulação) e uma mais decisiva, detalhada, específica e cooperativa (autorregulação regulada). Considerando a evolução histórica relativa à intervenção no domínio econômico – presente na pesquisa e referida em seu início –, parece ser possível construir um paralelo de modo que essas três formas também acompanhem tal linha evolutiva. Em um primeiro momento, o Estado permite, juridicamente, a circulação de mercadorias, mas nessa não imiscui. Na sequência, trabalha com normas incentivadoras e de ordem marcantemente programática ou sancionatória no desrespeito do programado (direito econômico e direito penal econômico, respectivamente). E, por fim, divide a regulação com o particular em um

---

esa normativa interna a través de parámetros generales". (VILA, Ivó Coca. ¿Programas de cumplimiento como forma de autorregulación regulada? *In*: SÁNCHEZ, Jesús-María Silva (Dir.); FERNÁNDEZ, Raquel Montaner (Coord.). *Criminalidad de empresa y compliance*: prevención y reacciones corporativas. Barcelona: Atelier Libros, 2013. p. 50-51).

[116] "El espectro de nuevos sistemas regulatórios se completaría con los modelos de autorregulación regulada (enforced self-regulation). La autorregulación regulada alude a la forma de regulación estatal del mundo empresarial caracterizada por la incorporación del ente privado en el proceso de regulación pero de forma subordinada a los concretos fines o intereses públicos predeterminados por el Estado. Prescindiendo de las múltiples subdivisiones que en el seno de la autorregulación regulada se llevan a cabo, básicamente en función de su grado de vinculación y del mayor o menor papel que juega el Estado en todo el proceso, lo relevante aquí es que el Estado, titular de la potestad regulatoria, recurre a las empresas para que colaboren con él en la elaboración de cuerpos normativos". (VILA, Ivó Coca. ¿Programas de cumplimiento como forma de autorregulación regulada? *In*: SÁNCHEZ, Jesús-María Silva (Dir.); FERNÁNDEZ, Raquel Montaner (Coord.). *Criminalidad de empresa y compliance*: prevención y reacciones corporativas. Barcelona: Atelier Libros, 2013. p. 51).

processo de transferência e aperfeiçoamento da intervenção, diante da complexidade social (*compliance*).

Aprimorando e especificando ainda mais a classificação, a própria autorregulação regulada se apresenta em três modelos possíveis: a autorregulação delegada, a autorregulação transferida e a corregulação ou autorregulação regulada cooperativa. A primeira, a autorregulação delegada, caracteriza-se pela transferência do Estado ao particular das faculdades de revisão, supervisão e sanção, ou o Estado fica com essas tarefas, mas transfere ao particular a atribuição de adotar as medidas de aplicação das sanções. A segunda, a autorregulação transferida, caracteriza-se pela possibilidade de transferência ao particular das referidas faculdades, mas conserva-se com si a adoção das medidas de aplicação das sanções. E a terceira, a corregulação, caracteriza-se pelo trabalho colaborativo entre o Estado e os particulares na elaboração de sistemas de regulação específicos.[117]

Também é interessante notar alguns elementos importantes por meio dos quais a ideia de autorregulação regulada se manifesta de forma mais concreta. Quer dizer, elementos a partir dos quais é possível vislumbrar, de forma prática, que as empresas regulam a si mesmas, mas com a regulação do Estado, o qual tem sua intervenção aperfeiçoada.

O primeiro deles, e que demonstra de forma muito clara e importante o processo de autorregulação, é o estabelecimento pela empresa de regulamentos e normas de condutas internas, como, por exemplo, a elaboração e implementação de códigos de conduta, códigos de ética,

---

[117] "Tres son los posibles modelos a los que reconducir las variantes dables de programas de autorregulación regulada. En primer lugar, puede suceder que el Estado delegue pontualmente la facultad de regulación pero mantenga la facultad de revisión, supervisión y sanción o a la inversa, esto es, que el Estado sea el que regule pero delegue en la propia empresa el *enforcement*. Se alude así al fenómeno de la autorregulación delegada o *delegated self-regulation*. En segundo lugar, el Estado puede transferir la potestad de regulación, supervisión y sanción, pero mantener la potestad de revisión de lo normado y de cómo se lleva a cabo el enforcement, se habla entonces de autorregulación transferida o *devolved self-regulation*. Finalmente, cabe hablar de procesos puros de co-regulación o *cooperative self-regulation*, esto es, procedimientos en los que el Estado trabaja 'codo con codo' con las empresas en la elaboración de sistemas específicos de regulación, de modo que, si bien es el Estado el que acaba aprobando el sistema de regulación, las empresas, así como todos aquellos terceros interesados, desde un buen comienzo se involucran en el proceso, poniendo a disposición del Estado toda aquella información de la que éste carece y permitiendo así la obtención de sistemas específicos e individualizados de regulación. Para ello se recurre a grupos de trabajo bilaterales o a la conformación de órganos administrativos integrados parcialmente por representantes de los sujetos regulados". (VILA, Ivó Coca. ¿Programas de cumplimiento como forma de autorregulación regulada? *In*: SÁNCHEZ, Jesús-María Silva (Dir.); FERNÁNDEZ, Raquel Montaner (Coord.). *Criminalidad de empresa y compliance*: prevención y reacciones corporativas. Barcelona: Atelier Libros, 2013. p. 51-52).

programas de governança e boas práticas etc. São regulamentações internas que aprimoram as chances de eficiência do particular na tarefa de conformidade que lhe é transferida e permitem uma espécie de ajuste normativo de maior precisão entre o que o Estado preconiza como ideal jurídico e a atividade realizada, o modelo de negócio da empresa e sua realidade concreta.[118] Por exemplo, basta imaginar as políticas internas relacionadas ao oferecimento de hospitalidade, brindes e presentes aos agentes públicos ou de recebimento das mesmas vantagens em relação a parceiros, políticas sobre patrocínios e doações, políticas de segurança da informação, de privacidade etc.

O segundo elemento, lembrando as alterações propostas pelas tecnologias da informação, diz respeito à melhoria ou aprimoramento dos sistemas de informação, tanto em relação à regulamentação da circulação interna da informação – grau de confidencialidade, armazenamento, transmissão, quem tem acesso etc. – como quanto ao trato da informação no relacionamento com o público externo, autoridades, consumidores, parceiros, acionistas etc.[119] Na sociedade da informação, em que o dado informacional tem valor econômico precioso, e considerando que a criminalidade econômica, por sua própria natureza, se apoia no compartilhamento de informações, a regulamentação desse ativo é de suma relevância. Exemplo do reconhecimento da importância da informação nessa dinâmica está no próprio acordo de leniência em que o agente criminoso, em troca de imunidade, oferece informações importantes para a persecução estatal.[120]

---

[118] Nesse sentido: "El primer elemento de la autorregulación es la necesidad de que las empresas establezcan normas de comportamiento que se plasman en instrumentos de muy diverso nombre: códigos de conducta, de buen gobierno, de buenas prácticas, técnicos o éticos etc. Debido a la complejidad técnica, legal o moral existente en muchas sectores la ley no esta hoy en condiciones de regular pormenorizadamente un buen número de situaciones. De ahí que la primera función de la autorregulación sea normalmente el concretar y especificar principios que solo han sido enunciados de forma genérica, y además hacerlo a la luz de las distintas peculiaridades de cada empresa". (NIETO, Adán. Responsabilidad social, gobierno corporativo y autorregulación: sus influencias en el derecho penal de la empresa. *In*: *Política Criminal*, n. 5, p. 1-18, 2008. p. 5-6. Disponível em: http://politcrim.com/wp-content/uploads/2019/04/A_3_5.pdf. Acesso em 17 ago. 2019).

[119] "El segundo de los elementos del sistema de organización empresarial es la mejora de los sistemas de información, tanto los que regulan la circulación de la información en el interior de la corporación, como los que establecen cauces de comunicación con el exterior – autoridades, consumidores, accionistas –. Con ello se contrarresta una de los factores criminógenos más conocidos del corporate crime, la compartimentación de la información". (NIETO, Adán. Responsabilidad social, gobierno corporativo y autorregulación: sus influencias en el derecho penal de la empresa. *In*: *Política Criminal*, n. 5, p. 1-18, 2008. p. 6. Disponível em: http://politcrim.com/wp-content/uploads/2019/04/A_3_5.pdf. Acesso em 17 ago. 2019. p. 6)."

[120] Assim, diz o art. 16, II, da Lei nº 12.846/2013: "Art. 16. A autoridade máxima de cada órgão ou entidade pública poderá celebrar acordo de leniência com as pessoas jurídicas

Não à toa, na tarefa de regulação da autorregulação do particular, o Estado determina a preservação e a reunião de informações, para facilitação da formatação probatória, no caso de investigações futuras. Em mais um exemplo pautado nas estruturas de tecnologia da informação, essa ideia parece estar presente de forma clara ao se pensar no Relatório de Impacto à Proteção de Dados Pessoais ou *Data Privacy Impact Assessment – DPIA*, definido, nos termos da LGPD, como a "documentação do controlador que contém a descrição dos processos de tratamento de dados pessoais que podem gerar riscos às liberdades civis e aos direitos fundamentais, bem como medidas, salvaguardas e mecanismos de mitigação de risco" (art. 5º, XVII). Por essa ótica, tal documento parece ter como um dos objetivos a determinação de que o agente de tratamento reúna as informações sobre sua atividade em relação aos dados pessoais, justamente no propósito de otimizar a fiscalização por parte do Estado. Inclusive, a LGPD prevê que a autoridade nacional de tutela da matéria determine que o controlador[121] "elabore relatório de impacto à proteção de dados pessoais, inclusive de dados sensíveis, referente a suas operações de tratamento de dados, nos termos de regulamento, observados os segredos comercial e industrial" (art. 38). Parece ser exemplo claro de autorregulação regulada em que a empresa regulamenta sua atividade (autorregulação) e concatena, de forma documentada, as informações pertinentes, aprimorando a fiscalização e a intervenção do Estado (regulada).

Como terceiro elemento, está a própria estruturação interna da empresa com a designação de áreas e profissionais vocacionados e dedicados especificamente a implementar os mecanismos de autorregulação, fiscalizar os comportamentos internos e buscar dedicadamente a tarefa de conformidade.[122] A ideia é otimizar a estrutura e permitir

---

responsáveis pela prática dos atos previstos nesta Lei que colaborem efetivamente com as investigações e o processo administrativo, sendo que dessa colaboração resulte: [...] II – a obtenção célere de informações e documentos que comprovem o ilícito sob apuração".

[121] "Art. 5º Para os fins desta Lei, considera-se: [...] VI – controlador: pessoa natural ou jurídica, de direito público ou privado, a quem competem as decisões referentes ao tratamento de dados pessoais".

[122] "Una característica ulterior de la normativa sobre *self regulation* es la tendencia a que la empresa refleje en su estructura estos nuevos cometidos, designando personas u órganos cuyo cometido específico sería el velar por la efectividad de la organización empresarial. [...] En la literatura norteamericana se habla, en este sentido, de que la *compliance* solo se toma en serio por la empresa, cuando los superiores se implican en ella, considerándola (*tone at the top*), por tanto, un objetivo empresarial similar a la obtención de beneficios". (NIETO, Adán. Responsabilidad social, gobierno corporativo y autorregulación: sus influencias en el derecho penal de la empresa. *In: Política Criminal*, n. 5, p. 1-18, 2008. p. 7. Disponível em: http://politcrim.com/wp-content/uploads/2019/04/A_3_5.pdf. Acesso em 17 ago. 2019).

autonomia e independência às referidas áreas e profissionais, a fim de assegurá-los condições necessárias para o desempenho efetivo de suas funções. Os maiores exemplos práticos dessa ideia é a estruturação da área de *compliance* e a designação de *compliance officers* – CO para condução dos respectivos trabalhos.

Tem-se, ainda, o quarto elemento que compõe a autorregulação regulada, que é a existência de um controle externo que audite, certifique e valide – de forma independente – a idoneidade do sistema de autorregulação.[123]

Além disso, nos temas pertinentes à relação existente entre o *compliance* e o Direito Penal Econômico, vale observar que a adoção prática dos mecanismos de autorregulação pode trazer consequências interessantes nessa seara.

A autorregulação, por exemplo, tem por vocação diminuir ou minimizar os riscos da atividade realizada, apresentando-se como importante instrumento de realização concreta do dever de cuidado. Como assinala Adán Nieto, isso reduz o espaço de avaliação judicial em relação à inobservância de deveres dessa natureza, trazendo maior

---

[123] "Cuarta nota común a los sistemas de autorregulación regulada es la exigencia de un control externo que certifique, evalúe o audite la idoneidad del sistema de autorregulación. Baste en este punto con señalar que al lado de la auditoria contable han aparecido otros diversos tipos de auditoria como la laboral, la ecológica e incluso se está desarrollando un sistema de auditoria social con el fin de comprobar en qué medida las empresas cumplen con los deberes que dimanan de su responsabilidad social. En cualquier caso debe señalarse que en este aspecto de la autorregulación existen diferencias que en una línea continua podríamos situar entre la técnica de la certificación de que la empresa dispone de normas técnicas y que las cumple, hasta la obligación de someterse a auditorias rigurosas, en las que además se busca la independencia del controlador externo, como son la auditoria contable y también la existente en material de prevención de riesgos laborales. A la par que la auditoria se extiende, las normas de auditoria clásica confieren cada vez con mayor claridad al auditor una función policial con el fin de descubrir las irregularidades que tienen lugar dentro de la empresa. Si de acuerdo con la concepción tradicional el auditor podía actuar bajo la creencia de que todo está en orden, y solo adquirir una obligación de denunciar o investigar cuando se encontraba con algún tipo de irregularidad, las nuevas normas de auditoria obligan a actuar con la obligación de investigar aquellos hechos delictivos que pueden tener reflejo en el balance. Esta tendencia de crear nuevos gatekeepers va en aumento imponiendo también a abogados o contables obligaciones de denuncia. Una técnica alternativa o adicional a la auditoria para garantizar la eficacia de la organización interna es la transparencia, esto es, la obligación de informar públicamente acerca del modo en que la empresa se organiza para cumplir un determinado objetivo. Esta es la función, por ejemplo, de los informes de buen gobierno corporativo en el mercado de valores". (NIETO, Adán. Responsabilidad social, gobierno corporativo y autorregulación: sus influencias en el derecho penal de la empresa. In: *Política Criminal*, n. 5, p. 1-18, 2008. p. 7-8. Disponível em: http://politcrim.com/wp-content/uploads/2019/04/A_3_5.pdf. Acesso em 17 ago. 2019).

segurança jurídica.[124] Como exemplo, é possível pensar na questão da responsabilidade por omissão dos dirigentes da pessoa jurídica ou dos *compliance officers*, que, inclusive, será tratado em capítulo próprio. Parece claro que se ausentes mecanismos de autorregulação – que esses, inclusive e *a priori*, seriam responsáveis por instituir –, a discussão sobre se deveriam e poderiam evitar a ocorrência do ilícito no caso concreto é muito mais ampla em comparação à avaliação do ilícito, considerando a existência de mecanismos de autorregulação. O segundo cenário é muito mais seguro juridicamente que o primeiro. Ao mesmo tempo, porém, uma melhor estruturação interna, com atribuições mais claras e delimitadas dos personagens que atuam na pessoa jurídica, potencializa a identificação de responsabilidades penais por comportamentos omissivos, justamente pela não atuação em cumprimento das atribuições de que eram cientes.[125]

---

[124] "La importancia de la autorregulación para el derecho penal es notoria a mi juicio en el marco de la imprudencia. La metodología esencial en la elaboración de un sistema de autoorganización es el denominado risk assesment, método a través del cual la empresa debe evaluar los sectores de su actividad que son más proclives a generar riesgos no permitidos para la lesión de determinados bienes jurídicos o de infracciones normativas (blanqueo de capitales). A partir de esta valoración del riesgo las empresas deben crear, precisamente, las normas de conducta y los sistemas internos de control con el fin de evitar la aparición de este tipo de riesgos o, al menos reducirlos de forma razonable. La normativa administrativa suele obligar además a una evaluación constante de los sistemas preventivos con el fin de detectar posibles deficiencias o nuevos riesgos. Creo que resulta evidente que la autoorganización resulta una caudalosa fuente de normas de cuidado, en cuanto que concreta de forma razonada los niveles de diligencia dentro de la empresa. Con ello se recorta el margen de discrecionalidad judicial dentro de la imprudencia, acomodando el delito imprudente al principio de determinación. Los empleados, sobre todo cuando no tienen una posición jerárquicamente relevante, deben poder confiar en que se establece el nivel de diligencia necesario cuando actúan conforme a los estándares establecidos en las normas internas de autoorganización, sobre todo si en su elaboración y supervisión ha intervenido, en la forma antes señalada, la administración". (NIETO, Adán. Responsabilidad social, gobierno corporativo y autorregulación: sus influencias en el derecho penal de la empresa. *In*: *Política Criminal*, n. 5, p. 1-18, 2008. p. 10-11. Disponível em: http://politcrim.com/wp-content/uploads/2019/04/A_3_5.pdf. Acesso em 17 ago. 2019).

[125] "Es posible también pensar en la aparición de un nuevo grupo de responsabilidades que tienen como base comportamientos omisivos. Algunos Códigos de buen gobierno señalan expresamente la obligación de los administradores de dirigir la empresa con el fin de evitar la comisión de hechos delictivos. [...] La progresiva clarificación de este tipo de obligación dentro del derecho de sociedades, merced a los códigos de buen gobierno, resulta un argumento muy fuerte para mantener la existencia de una posición de garantía en los administradores, que les obliga a impedir hechos delictivos de sus empleados, lo que implicaría, en los delitos dolosos la posibilidad de apreciar, al menos, la cooperación en comisión por omisión. Pero a mi juicio, el futuro del derecho penal de la empresa en lo tocante a la responsabilidad del superior va más allá que la de aportar nuevos argumentos a una discusión, como la del deber de garantía, en la que ya se han gastado demasiados esfuerzos con muy poca claridad. De la estructura de la autorregulación que examinábamos en un apartado anterior (III), se deduce la importancia que tienen los

Outro ponto é a capacidade da autorregulação de viabilizar a estruturação das normas penais de forma muito mais democrática. Ela se desenvolve em um terreno de maior participação, inclusive por parte de quem efetivamente participa do seu contexto de formatação e aplicação.[126] Mas não só. Por natureza, pauta-se e é pensada justamente no ajuste das normas jurídicas à realidade interna da empresa e aos próprios modelos de negócio – sendo estes variados e específicos na sociedade contemporânea, conforme já visto.[127]

Essas considerações não parecem só ser importantes para compreensão do próprio fenômeno do *compliance* e dos demais pontos desta obra, como também nelas parece residir a própria fundamentalidade da ideia de autorregulação regulada em relação a tal fenômeno, relação essa que parece se apresentar, portanto, em duas faces. Uma primeira, que identifica a autorregulação como a própria ferramenta de conformidade. Quer dizer, a pessoa jurídica utiliza dos elementos de autorregulação para se estruturar e organizar, potencializando as chances de evitar

---

deberes de documentación de aquellas actividades empresariales en la que exista riesgo de aparición de comportamientos delictivos. Igualmente se ha constatado una preocupación porque circule fluidamente, y sobre todo de abajo-arriba, la información empresarial relativa a la *compliance*, y no solo aquella que tiene que ver con el cumplimiento de los fines económicos. Esta situación no solo facilita la imputación subjetiva de los superiores, sino que también me parece relevante a la hora de discutir la legitimidad de la sanción por imprudencia dentro del derecho penal económico, con el fin de sancionar penalmente a los administradores que de forma grave se han apartado de su deber de conocer". (NIETO, Adán. Responsabilidad social, gobierno corporativo y autorregulación: sus influencias en el derecho penal de la empresa. *In: Política Criminal*, n. 5, p. 1-18, 2008. p. 12. Disponível em: http://politcrim.com/wp-content/uploads/2019/04/A_3_5.pdf. Acesso em 17 ago. 2019).

[126] Os instrumentos normativos internos das empresas são desenvolvidos, em regra, por seus próprios integrantes, que, como ideal, podem estruturá-los de acordo com a cultura empresarial existente e o modelo de negócio próprio, logicamente respeitando as parametrizações postas pelo Estado. São pessoas, portanto, que têm o melhor conhecimento da realidade empresarial em que se inserem e os riscos inerentes, democratizando o processo de regulação.

[127] "Pero la autoorganización no solo contribuye a la seguridad jurídica, sino que también permite un derecho penal más democrático, allí donde se permite que representantes de intereses públicos como ONGs, sindicatos, asociaciones de defensa de los consumidores o del medio ambiente participen, a través de lo que se ha dado en llamar Tripartism, en la confección del sistema de prevención de la empresa. La elaboración de una norma de cuidado implica, en la mayoría de los casos, una ponderación entre utilidad social y riesgos socialmente útiles, que el legislador parlamentario, en el momento de promulgar la norma, solo puede hacer de forma muy vaga. Permitir que los propios afectados y las víctimas potenciales de los riesgos de la actividad empresarial participen activamente en la determinación de las normas de cuidado implica un modo de legislar mucho más democrático que el tradicional". (NIETO, Adán. Responsabilidad social, gobierno corporativo y autorregulación: sus influencias en el derecho penal de la empresa. *In: Política Criminal*, n. 5, p. 1-18, 2008. p. 11. Disponível em: http://politcrim.com/wp-content/uploads/2019/04/A_3_5.pdf. Acesso em 17 ago. 2019).

situações de ilicitude. E uma segunda, em que a autorregulação, em si considerada, é o próprio estar em conformidade, ao passo que assim o faz o Estado com determinações específicas nesse sentido, otimizando sua vocação de regulação. As previsões da Lei Anticorrupção parecem ser os grandes exemplos legislativos dessa segunda manifestação do fenômeno.

2.2 Governança corporativa

Outro fundamento muito relevante no estudo do *compliance*, e, em verdade para a ideia de *compliance* de forma ampla, é a governança corporativa. Ora, se o *compliance* implica a tarefa de conformidade das pessoas jurídicas particulares, nada parece mais coerente do que estudar o sistema que, por meio dos seus mecanismos e princípios, estrutura e orienta a gestão e as atividades das organizações.

A governança corporativa é pautada, sobretudo e como se verá, na necessidade de melhor gestão das expectativas e resultados da chamada relação de agência.[128] Apresenta-se de forma cada vez mais ampla como ferramenta imprescindível ao desenvolvimento saudável das atividades e, por isso, de potencialização das chances de sucesso

---

[128] "Desta breviíssima sumarização de alguns fatos relevantes, apesar de momentos de estagnação e retrocessos pontuais, observa-se um processo de amadurecimento da governança corporativa, especialmente das suas práticas como meio para superação dos conflitos nas relações de agência. As relações de agência são caracterizadas por um contrato onde uma ou mais pessoas (principal) contratam com outra pessoa (o agente) para que esta realize serviços que envolvem a delegação de parte das decisões a serem tomadas. Em termos práticos, os acionistas, sócios ou associados contratam um terceiro e outorgam poderes para que este terceiro tome decisões de gestão e conduza os negócios. Há uma segregação entre a propriedade e a gestão". (ALMEIDA, Luiz Eduardo de. Governança corporativa. *In*: CARVALHO, André Castro *et al.* (Coords.). *Manual de Compliance*. Rio de Janeiro: Forense, 2019. p. 7). Também explicando essa relação: "No modelo de gestão das grandes corporações do moderno capitalismo, os acionistas, como agentes principais e outorgantes, estão focados em decisões financeiras, em alocação eficaz de recursos, em carteiras de máximo retorno, em riscos e em diversificação de aplicações. E, como outorgados e agentes executores, os gestores estão focados em decisões empresariais, no domínio do negócio, em conhecimentos de gestão, em estratégias e em operações. Aos gestores os acionistas fornecem os recursos para a capitalização dos empreendimentos e as remunerações pelos serviços de gestão; em contrapartida, os gestores fornecem serviços que maximizam o retorno dos acionistas, com o compromisso de prestarem informações precisas, oportunas, confiáveis e abrangentes sobre a condução dos negócios, sobre os riscos e vulnerabilidades da empresa e sobre suas perspectivas futuras. [...] Estabelece-se, assim, entre os dois agentes, os outorgantes e os outorgados, uma relação de agência, fundamentada na contratação de decisões que maximizam o valor do empreendimento, a riqueza dos acionistas e o retorno de seus investimentos". (ANDRADE, Adriana; ROSSETTI, José Paschoal. *Governança corporativa*: fundamentos, desenvolvimento e tendências. São Paulo: Atlas, 2004. p. 100).

do particular na tarefa de conformidade. Igualmente, considerando que a ideia de autorregulação regulada, como visto, significa a própria tentativa de especialização e otimização da fiscalização das atividades pelo próprio Estado, o sistema de governança corporativa, em si, também contribui nessa tarefa.

Historicamente, a primeira noção da necessidade de melhor estruturação das organizações se dá em 1933, com a publicação do trabalho *The modern corporation and private property*, por Adolf Berle Jr. e Gardiner Means, no qual sustentam a necessidade de maior transparência e prestação de contas pelos administradores aos acionistas ou efetivos proprietários (relação de agência).[129] [130]

Como primeiro documento codificado sobre o tema, destaca-se o chamado *Cadbury Report* ou *Report of the Committee on The Financial Aspects of Corporate Governance*, de 1992. A comissão liderada por Adrian Cardbury teve por principal objetivo indicar práticas vocacionadas a recuperar a confiança dos investidores nas companhias de capital aberto, em especial após os escândalos envolvendo o grupo Coloroll, o consórcio Asil Nadir's Polly Peck, e o grupo Maxweel.[131] [132]

---

[129] ALMEIDA, Luiz Eduardo de. Governança corporativa. *In*: CARVALHO, André Castro *et al.* (Coords.). *Manual de Compliance*. Rio de Janeiro: Forense, 2019. p. 5.

[130] BERLE JR, Adolf A.; MEANS, Gardiner C. *The modern corporation and private property*. New York: The Macmillan Company, 1933.

[131] "O principal objetivo da comissão de notáveis liderada por Sir Adrian Cadbury foi recomendar práticas capazes de resgatar a confiança dos investidores na honestidade e na accountability das companhias listadas, ou seja, das companhias de capital aberto, e seu trabalhos estavam focados nas demonstrações financeiras. A criação da comissão teve como grandes motivadores os escândalos envolvendo o grupo Coloroll, o consórcio Asil Nadir's Polly Peck, e o grupo Maxweel. O produto dos trabalhos da comissão foi um relatório: Report of the comitt on the aspects of corporate governance. O relatório ficou conhecido como o primeiro código de boas práticas e governança corporativa no mundo e influenciou profundamente as práticas brasileiras, na medida em que o IBGC desenvolveu código similar e, inclusive, recebeu a visita do Sir Adrian Cadbury para esclarecer conceitos de boa governança". (ALMEIDA, Luiz Eduardo de. Governança corporativa. *In*: CARVALHO, André Castro *et al.* (Coords.). *Manual de Compliance*. Rio de Janeiro: Forense, 2019. p. 10-11).

[132] Segundo o próprio relatório: "The Committee was set up in May 1991 by the Financial Reporting Council, the London Stock Exchange and the accountancy profession to address the financial aspects of corporate governance. The Committee's membership and terms of reference are set out in *Appendix I*. Its sponsors were concerned at the perceived low level of confidence both in financial reporting and in the ability of auditors to provide the safeguards which the users of company reports sought an expected. The underlying factors were seen as the looseness of accounting standards, the absence of clear framework for ensuring tha directors kept under review the controls in their business, and competitive pressures both on companies and on auditors which made it difficult for auditors to stand up to demanding boards". (INGLATERRA. The committee on the financial aspects of corporate Governance and gee and co. Ltd. *Report of the Committee on The Financial Aspects of Corporate Governance*. London: Gee, 1992. p. 4).

Em 1999, a OCDE também confere contribuição destacada ao tema, ao publicar o documento *OECD Principles of Corporate Governance*, que passou pela segunda revisão mais recente, em 2015 (*G20/OECD Principles of Corporate Governance*). Sua contribuição se deve, especialmente, pela análise detalhada feita, pela apresentação de definições e princípios que melhor delimitaram a ideia de governança corporativa e, sobretudo, pelo endereçamento destacado da questão em cenário internacional.[133]

Também vale destacar o chamado Sarbanes-Oxley Act – SOX de 2002, grande marco normativo em relação à governança corporativa

---

[133] "A OCDE também contribuiu significativamente com o tema. Com a primeira manifestação de uma entidade internacional e intergovernamental sobre a governança corporativa, em 1999, oferece uma publicação gratuita: OECD Principles of Corporate Governance. Essa publicação é um grande marco, na medida de seu pioneirismo, riqueza de análise e fortíssima influência que exerce até os correntes dias. Ela propõe uma primeira contribuição a ser construída a partir das profundas alterações econômicas e sociais da década de 1990, da necessidade de que as corporações utilizem o seu capital de modo eficiente, e de uma visão contextualizada da governança corporativa, ou seja, a governança corporativa como uma parte de um contexto econômico muito maior, incluído e dependente de políticas macroeconômicas e do grau de competitividade dos produtos e dos fatores de mercado. Também ressalta a sua dependência da produção de normas, de aspectos regulatórios, institucionais e de meio ambiente, sem perder de vista uma responsabilidade social abrangendo a ética empresarial, observado o cuidado com o meio ambiente e com os interesses sociais de cada comunidade na qual as operações ocorram e, ressaltando, ainda, a importância do impacto reputacional. [...] "Em 2015, os princípios da OCDE sofreram a sua segunda revisão, materializada na publicação do G20/OECD Principles of Corporate Governance. As premissas da primeira publicação foram mantidas, porém, dentre vários novos pontos trazidos, foi enfatizado que 'a governança corporativa envolve um conjunto de relações entre a administração de uma empresa, seu conselho, seus acionistas e outras partes interessadas. A governança corporativa também fornece a estrutura através da qual os objetivos da empresa são definidos, são determinados os meios para que esses objetivos sejam atingidos, bem como é determinado o monitoramento do desempenho'. [...] Ocorreu o reconhecimento de uma ampliação do campo de atuação da governança corporativa, especialmente em razão de fatos e escândalos que ocorreram após 1999". (ALMEIDA, Luiz Eduardo de. Governança corporativa. *In*: CARVALHO, André Castro et al. (Coords.). *Manual de Compliance*. Rio de Janeiro: Forense, 2019. p. 12-13). "O terceiro grande marco histórico da governança corporativa foi estabelecido por uma organização multilateral, a Organisation for Economic Co-operation and Development, ou, com a sigla em português, OCDE. [...] É o marco mais recente e o de maior alcance, tanto pela abrangência dos aspectos tratados, quanto pela difusão internacional dos princípios da boa governança, quanto ainda pela sua reconhecida influência na definição de códigos de melhores práticas em crescente número de países. [...] "A missão do grupo criado pela OCDE foi a de desenvolver princípios que ajudassem os países-membros em seus esforços de avaliação e de aperfeiçoamento institucional de boa governança corporativa. Voltados para as corporações de capital aberto, mas também aplicáveis a empresas não negociadas em bolsa, os princípios foram concisos, compreensíveis e acessíveis – e, o quanto foi possível, formaram uma base comum aplicável pelos países-membros e não membros também voltados para o desenvolvimento de melhores práticas". (ANDRADE, Adriana; ROSSETTI, José Paschoal. *Governança corporativa*: fundamentos, desenvolvimento e tendências. São Paulo: Atlas, 2004. p. 72 e 74).

nos Estados Unidos. De uma forma geral, regula a responsabilidade corporativa e a necessidade de institucionalização de controles internos pelas empresas.[134] [135]

Em cenário estrangeiro ainda mais recente, vale citar o Código de Governança Corporativa Alemão ou *Deutscher Corporate Governance Kodex* de 2019. Este contém princípios, recomendações e sugestões para os órgãos de gestão e fiscalização, com o objetivo de assegurar que as organizações serão administradas para seus melhores interesses, de modo a equilibrar todas as forças motrizes de desenvolvimento empresarial e a garantir a existência contínua e sustentável da própria atividade, com responsabilidade social e ética empresarial.[136]

---

[134] "A sua elaboração se deu como rápida reação a graves casos de fraudes contábeis ocorridos principalmente na Enron e na Worldcom. A importância da SOx é tamanha que o estudo da governança corporativa nos Estados Unidos pode ser didaticamente dividido em dois momentos: antes e pós 2003". (ALMEIDA, Luiz Eduardo de. Governança corporativa. *In*: CARVALHO, André Castro *et al*. (Coords.). *Manual de Compliance*. Rio de Janeiro: Forense, 2019. p. 14).

[135] "O conjunto de leis ou seções que envolvem a SOX impacta as organizações como um todo. A SOX regulamenta, como exemplo, as Operações 'Off-balance', a necessidade de criar e manter controles internos na organização, a obrigatoriedade de um código de ética na empresa e também de reportar qualquer alteração relevante na mesma". (HEROLD, Anderson. *Contribuição de compliance da Sarbanes-Oxley (SOX) como inovação em instituições financeiras*: um estudo de caso. 80f. Dissertação de Mestrado, Centro de Ciências Sociais e Aplicadas, Universidade Presbiteriana Mackenzie, São Paulo, Brasil, 2013. p. 28).

[136] "Corporate Governance is understood as the legal and factual regulatory framework for the management and supervision of an enterprise. The German Corporate Governance Code (the 'Code') contains principles, recommendations and suggestions for the Management Board and the Supervisory Board that are intended to ensure that the company is managed in the enterprise's best interests. The Code highlights the obligation of Management Boards and Supervisory Boards – in line with the principles of the social market economy – to take into account the interests of the share-holders, the enterprise's workforce and the other groups related to the enterprise (stakeholders), to ensure the continued existence of the enterprise and its sustainable value creation (the enterprise's best interests). These principles not only require *compliance* with the law, but also ethically sound and responsible behaviour (the 'reputable business-person' concept, *Leitbild des Ehrbaren Kaufmanns*). By their actions, the company and its governing bodies must be aware of the enterprise's role in the community and its societal responsibility. Social and environmental factors influence the enterprise's success. In the enterprise's best interests, Management Board and Supervisory Board ensure that the potential impact from these factors on company strategy and operating decisions is identified and addressed. The objective of the Code is to make the dual German corporate govern- ance system transparent and understandable. The Code includes princi- ples, recommendations and suggestions governing the management and monitoring of German listed companies that are accepted nationally and internationally as standards of good and responsible corporate governance. It aims to promote confidence in the management and supervision of German listed companies by investors, customers, employees and the general public. The principles reflect material legal requirements for responsible governance, and are used here to inform investors and other stakeholders. Recommendations of the Code are indicated in the text by using the word 'shall'. Companies may depart from recommendations, but in

No Brasil, destacam-se o Código de Melhores Práticas de Governança Corporativa do Instituto Brasileiro de Governança Corporativa – IBGC, de 2015;[137] o Código Brasileiro de Governança Corporativa – Companhias Abertas;[138] a Instrução nº 480, de 2009, da Comissão de Valores Mobiliários – CVM;[139] e o documento do Banco Central intitulado Governança Cooperativa, sobre os mecanismos de governança nas cooperativas de crédito.[140]

Como ideia, e sem prejuízo da diversidade de definições que em verdade conferem um campo aberto de compreensão do tema, a governança corporativa, nos termos do Código do IBGC, é "o sistema pelo qual as empresas e demais organizações são dirigidas, monitoradas e incentivadas, envolvendo relacionamentos entre sócios, conselho de administração, diretoria, órgãos de fiscalização e controle e demais partes interessadas".[141] No mesmo sentido, conforme prefácio do Secretário-Geral da OCDE no documento *G20/OECD Principles of Corporate Governance*, a governança corporativa tem por objetivo ajudar a construir um ambiente de confiança, transparência e prestação de contas necessários para fomentar os investimentos consistentes de longo-prazo, a estabilidade financeira e a integridade das atividades

---

this case they are obliged to disclose and explain any departures each year ('comply or explain'). This enables companies to take into account sector or company-specific special characteristics. Well-justified departures from recommendations of the Code may be in the best interests of good cor- porate governance. Finally, the Code contains suggestions from which companies may depart without disclosure; suggestions are indicated in the text by using the word 'should'". (ALEMANHA. Regierungskommission. *Deutscher Corporate Governance Kodex*. 2019. Disponível em: https://www.dcgk.de/en/code/code-2019.html. Acesso em 01 set. 2019).

[137] INSTITUTO BRASILEIRO DE GOVERNANÇA CORPORATIVA. *Código das melhores práticas de governança corporativa*. 5. ed. São Paulo: IBGC, 2015. Disponível em: https://conhecimento.ibgc.org.br/Lists/Publicacoes/Attachments/21138/Publicacao-IBGCCodigo-CodigodasMelhoresPraticasdeGC-5aEdicao.pdf. Acesso em 01 set. 2019.

[138] INSTITUTO BRASILEIRO DE GOVERNANÇA CORPORATIVA. Grupo de Trabalho interagentes. *Código brasileiro de governança corporativa*: companhias abertas. São Paulo: IBGC, 2016. Disponível em: https://www.anbima.com.br/data/files/F8/D2/98/00/02D8851 04D66888568A80AC2/Codigo-Brasileiro-de-Governanca-Corporativa_1_.pdf. Acesso em 01 set. 2019.

[139] COMISSÃO DE VALORES MOBILIÁRIOS. *Instrução nº 480*, de 7 de dezembro de 2009. Dispõe sobre o registro de emissores de valores mobiliários admitidos à negociação em mercados regulamentados de valores mobiliários. Disponível em: http://www.cvm.gov.br/export/sites/cvm/legislacao/instrucoes/anexos/400/inst480consolid.pdf. Acesso em 01 set. 2019.

[140] VENTURA, Elvira Cruvinel Ferreira (Coord.). *Governança cooperativa*: diretrizes e mecanismos para fortalecimento da governança em cooperativas de crédito. Brasília: BCB, 2009.

[141] INSTITUTO BRASILEIRO DE GOVERNANÇA CORPORATIVA. *Código das melhores práticas de governança corporativa*. 5. ed. São Paulo: IBGC, 2015. p. 20.

empresariais, em apoio ao crescimento econômico e ao desenvolvimento de sociedades mais inclusivas.[142] Também, como coloca Marcelo Zenkner, a governança corporativa pode ser compreendida como "o conjunto de disposições que permitem assegurar que os objetivos pretendidos pelos dirigentes são legítimos e que os meios escolhidos para atingir esses objetivos são adequados".[143] [144]

Tem por objetivo originário, por assim dizer, sanar ou mitigar cinco questões presentes nas grandes organizações: (i) os chamados conflitos de agência; (ii) os chamados custos de agência; (iii) o problema dos direitos assimétricos; (iv) a necessidade do tratamento equilibrado de todos os atores envolvidos na atividade econômica desenvolvida; e (v) as chamadas forças de controle. São questões, aliás, que também tocam ao próprio *compliance*.

O primeiro dos problemas, e talvez o mais amplo deles, se dá nos chamados conflitos de agência, decorrentes da relação dessa natureza. Como referido em linhas anteriores, as relações de agência se caracterizam por um fenômeno de separação entre quem detém a propriedade da pessoa jurídica (agenciado ou outorgante) e quem efetivamente exerce sua gestão ou administração (agenciado ou outorgado). Esse fenômeno é observado de forma mais clara com a pulverização do controle acionário,[145] lembrando também a questão contemporânea

---

[142] OECD. G20/OECD Principles of Corporate Governance. Paris: OECD Publishing, 2015. p. 7. Disponível em: https://www.oecd-ilibrary.org/docserver/9789264236882-en.pdf?expires=1 567383828&id=id&accname=guest&checksum=B9203F5A9775846A3560EBE2F73CAD0A. Acesso em 01 set. 2019.

[143] ZENKNER, Marcelo. *Integridade governamental e empresarial*: um espectro da repressão e da prevenção à corrupção no Brasil e em Portugal. Belo Horizonte: Fórum, 2019. p. 364.

[144] "Ainda, enquanto conceito, podemos definir a governança corporativa como o conjunto de mecanismos que visa ao monitoramento da administração das companhias, tendo por diretrizes, conforme o IBGC, a transparência, a prestação de contas (accountability) e a equidade". (KASHIO, Gaudêncio Mitsuo. *O conselho de administração como mecanismo de governança corporativa*. 121f. Dissertação de Mestrado, Faculdade de Direito, Universidade Presbiteriana Mackenzie, São Paulo, 2007. p. 25); e "A governança corporativa é um sistema que orienta, monitora e incentiva as organizações, visando à preservação do valor econômico da organização no longo prazo, na medida em que busca alinhar os interesses dos gestores e acionistas, tendo em vista a supressão do que se denomina conflito de agência. Tal conflito é visto como um confronto de interesses entre os acionistas (principal) e os gestores (agentes) de uma organização". (CESAR, Ana Maria Roux Valentini Coelho; LEVORATO, Danielle Cristine da Silva. O papel da cultura organizacional na implantação do programa de *compliance* na área de infraestrutura da odebrecht engenharia e construção. In: NOHARA, Irene Patrícia; PEREIRA, Flávio de Leão Bastos. *Governança, compliance e cidadania* (Coords.). São Paulo: Thomson Reuters Brasil, 2018. p. 357).

[145] "No modelo de gestão das grandes corporações do moderno capitalismo, os acionistas, como agentes principais e outorgantes, estão focados em decisões financeiras, em alocação eficaz de recursos, em carteiras de máximo retorno, em riscos e em diversificação de aplicações. E, como outorgados e agentes executores, os gestores estão focados em decisões

e potencializada pela realidade digital dos chamados proprietários ausentes,[146] vista anteriormente. Como consequência desses fenômenos e da não coincidência entre os personagens que figuram como proprietários e aqueles que figuram como gestores, por vezes interesses conflitantes entre os dois lados geram dificuldade de gestão e prejudicam o desenvolvimento da organização e de sua própria atividade. A governança corporativa tenta evitar ou mitigar tais questões, com a estruturação de atores (*v.g.* instituição do conselho fiscal) e princípios vocacionados a reequilibrar a relação e potencializar melhores resultados de administração (*v.g.* princípios da transparência e da prestação de contas).

Decorre, ainda, desse primeiro problema, o segundo: custos de agência. São custos consequentes do próprio desajuste entre os interesses dos acionistas e dos gestores, como, por exemplo, a busca de *status* e prestígio pelos acionistas *versus* a busca por perfeição ou excelência profissional por parte dos gestores.[147][148]

---

empresariais, no domínio do negócio, em conhecimentos de gestão, em estratégias e em operações. Aos gestores os acionistas fornecem os recursos para a capitalização dos empreendimentos e as remunerações pelos serviços de gestão; em contrapartida, os gestores fornecem serviços que maximizam o retorno dos acionistas, com o compromisso de prestarem informações precisas, oportunas, confiáveis e abrangentes sobre a condução dos negócios, sobre os riscos e vulnerabilidades da empresa e sobre suas perspectivas futuras. [...] Estabelece-se, assim, entre os dois agentes, os outorgantes e os outorgados, uma relação de agência, fundamentada na contratação de decisões que maximizem o valor do empreendimento, a riqueza dos acionistas e o retorno de seus investimentos". (ANDRADE, Adriana; ROSSETTI, José Paschoal. *Governança corporativa*: fundamentos, desenvolvimento e tendências. São Paulo: Atlas, 2004. p. 100).

[146] "Contrapartida das políticas económicas neoliberais e da desregulação, a que se ligaram os escândalos financeiros que a supervisão não conseguiu evitar, foram propostas de autorregulação regulada, que se vieram a consubstanciar nas orientações de corporate governance e de *compliance*. O imperativo desregulador aliado à escalada de desenvolvimento tecnológico, que permite um fluxo de informação em tempo real num espaço sem fronteiras, criou o que Zigmunt Bauman chamou de 'proprietários ausentes': os reais proprietários das empresas (acionistas), que investem os seus recursos em atividades económicas sobre as quais 'não têm controlo administrativo e operacional direto e localizado'. O conflito de interesses e a separação jurídicas entre 'propriedade' e 'gestão' da empresa gerou os primeiros debates sobre corporate governance, isto é, 'o sistema mediante o qual as empresas dever ser dirigidas e controladas'. E que tem no recurso ao mecanismo de *compliance* um seu pilar garantidor". (RODRIGUES, Anabela Miranda. *Direito penal económico*: uma política criminal na era *compliance*, Coimbra: Almedina, 2019. p. 45).

[147] "As abordagens mais recentes da microeconomia já haviam contraposto às hipóteses ortodoxas de maximização do lucro um conjunto de objetivos alternativos assumidos pelas modernas corporações. Uma lista não exaustiva incluiria pelo menos os seguintes: Busca de status, poder e prestígio por parte dos que exercem o poder, resultando em condutas incompatíveis com a obstinação do lucro máximo. Busca por perfeição e por excelência profissional por parte dos gestores, levando-os a desviar recursos para atividades-meio, em detrimento de atividades-fim. Preferência por segurança, gerando conflitos entre oportunidades de retornos sob altos riscos e sustentação de *status quo* mais conservador. Preferência por crescimento e por maior participação nos mercados, com o sacrifício, ainda que temporário, das margens operacionais e dos resultados de balanço. Conciliação de

Esses custos não necessariamente são diretamente financeiros. Os prejuízos dessa ordem podem ser consequenciais e indiretos, como exemplo, cita-se, nesse ponto, a relação com o *compliance* criminal e a discussão de eventual desconformidade à norma. Basta imaginar a existência de pressão de acionistas de empresa mineradora para crescimento dos lucros, ainda que isso implique a violação de normas ambientais. O conflito é iminente. Caso a gestão anua, o risco de conformidade e responsabilização penal da pessoa jurídica e de seus gestores está posto de forma concreta. Caso a gestão resista, seus atores correm o risco de desligamento. As normas de governança têm por escopo também diminuir as chances de situações como esta serem verificadas na prática.

Além dessas duas questões, existe, também, a assimetria entre os direitos que prejudicam o desenvolvimento das atividades;[149] a

---

interesses de vários grupos, internos e externos, todos buscando simultaneamente a máxima satisfação dos seus propósitos. Decisões da direção executiva mais voltadas para os seus próprios interesses do que para a geração de riqueza para os acionistas. Todos estes objetivos alternativos conduziram à revisão crítica dos propósitos e dos mecanismos de gestão corporativa. E todos significam diferentes tipos de custos que contrariam os interesses dos acionistas. O último, porém, é o que mais claramente tipifica o que a teoria da governança corporativa define como custos de agência atribuíveis aos propósitos imperfeitamente simétricos de gestores e acionistas. [...] Outra categoria de custos de agência atribuível aos gestores é a orientação para o crescimento, em detrimento da maximização do retorno. [...] Finalmente, existem também custos resultantes de assimetrias entre proprietários e gestores quanto ao seu poder efetivo de influência e de acesso a informações". (BREDESON, Lance William Lineker. *A change in canadian corporate governance philosophy*: the importation of the Sarbanes-Oxley Act into canadian corporate governance. 52f. Thesis for the Degree of LL.M. Graduate, School of Law, University of Toronto, Toronto, Canada, 2007. p. 16-17).

[148] "Agency costs arise in all firms that have a separation between ownershp and control. Firm agency costs begin to arise when investors supply another person with their money. How can investors be sure that their investment dollars will not be expropriated or invested in bad projects? Heightening this concern is the plethora of ways in which managers can expropriate corporate money. As was seen in the case of WorldCom, no or low interest loans can be given from the company to management. Management can also consume perquisites, such as choosing to fly on company jets instead of opting for commercial flights or decorating their offices with expensive artwork that does little to enhance shareholder value". (ANDRADE, Adriana; ROSSETTI, José Paschoal. *Governança corporativa*: fundamentos, desenvolvimento e tendências. São Paulo: Atlas, 2004. p. 105-106).

[149] "Esta terceira questão-chave difere formalmente das decorrentes dos problemas de agência, que são centrados em conflitos e custos. Ela tem a ver com a assimetria de direitos entre acionistas, que resultam da existência de mais de uma classe de votos ou do uso discricionário do poder exercido pelos majoritários em detrimento dos interesses dos minoritários. A origem desta questão é a permissão legal para a emissão de classes de ações com direitos diferenciados, por exemplo, ações com e sem direito a voto, atribuindo-se a estas últimas um dado conjunto de benefícios não necessariamente compensáveis pelo impedimento de atuação efetiva em assembleias e outros colegiados da corporação. A possibilidade de emissão de dois tipos de ações permite que acionistas com ações que têm direito a voto controlem a companhia com menos de metade do capital acionário. [...] E à medida que as ações com direito a voto sejam cada vez menos expressivas em relação ao capital total, re-

necessidade de alinhamento dos interesses envolvendo todos os stakeholders[150] e o estabelecimento das chamadas forças de controle

---

duz-se a relação entre a posse dessas ações e o capital total para o exercício efetivo do controle corporativo. [...] As situações potencialmente mais problemáticas combinam dispersa concentração da propriedade com alta concentração dos votos, entendendo-se por votos concentrados os casos em que pequena posse do capital seja capaz de deter alto ou pleno poder de controle. Este tipo de assimetria permite que os acionistas controladores definam diretrizes estratégicas ou operacionais que contrariem os interesses dos alijados do controle. A atuação do grupo dominante pode levar, assim, a diferentes formas de expropriação de direitos. Destacam-se como exemplos: 1. Sobreposição do controle e da gestão, com objetivos de privilegiar interesses próprios. 2. Pagamentos excessivos de salários ou de outros benefícios, diretos e indiretos, aos controladores dirigentes. 3. Autonomeações ou nepotismos para cargos nos conselhos e outros órgãos corporativos, desconsiderando-se qualificações e méritos requeridos. 4. Transações a preços privilegiados (altos para aquisições e baixos para vendas) com outras empresas pertencentes ao grupo controlador. 5. Uso fechado de informações privilegiadas. 6. Acesso a empréstimos tomados da corporação, em condições privilegiadas. 7. Acesso a benefícios em transações pessoais, com uso do alto poder de barganha ou do prestígio da corporação no ambiente de negócios. Esta situação, desde que externamente percebida e generalizadamente praticada, pode levar a um custo sistêmico elevado, o de desestimular o desenvolvimento do mercado de capitais e, por esta via, o potencial de crescimento da economia como um todo". (ANDRADE, Adriana; ROSSETTI, José Paschoal. *Governança corporativa*: fundamentos, desenvolvimento e tendências. São Paulo: Atlas, 2004. p. 107-108).

[150] "Dependendo, porém, de como se considerem as fronteiras da responsabilidade corporativa, os objetivos da empresa poderão ir além dos que dizem respeito aos interesses dos acionistas. Se se aceita que a função das modernas corporações também tem a ver com outros públicos internos e externos e, mais até, com o entorno em que a corporação opera, a governança ampliará o seu raio de ação. Isto implica migrar do estágio que chamamos de stakeholder limitado para as fronteiras do modelo que chamamos de stakeholder avançado. Em um primeiro estágio, as práticas de governança são voltadas para a melhor equilíbrio entre os interesses de proprietários e gestores. [...] Além destes, o envolvimento da corporação e de seu processo de governança poderá ainda se estender para públicos externos, como credores, partes interessadas a jusante e a montante, abrangendo assim fornecedores, clientes e consumidores. E pode-se ir além, na direção do que seria o estágio mais avançado da concepção stakeholder: o alongamento do processo de governança com a comunidade em que a corporação atua, com objetivos sociais e governamentais e com compromissos ambientais. Estas diferentes abordagens não são unanimemente aceitas, embora as tendências que envolvem a governança corporativa pareçam apontar na direção de modelos mais abrangentes. [...] E mais: os mais recentes códigos de boa governança enfatizam questões relacionadas às responsabilidades corporativas ampliadas. [...] o objetivo essencial das empresas é a geração de valor para os acionistas e este é o propósito fundamental a que a boa governança deve servir. Prevalecendo a abordagem do equilíbrio de interesses dos acionistas com os de outras partes interessadas, os propósitos corporativos tornam-se menos claros, menos focados, podendo levar a consequências não satisfatórias. Entre estas podem ser apontadas pelo menos quatro, sendo a última corolário das três primeiras: 1. Menor compromisso dos gestores com a maximização do retorno dos ativos corporativos. 2. Dificuldades para aferição da performance da corporação, dada a diluição das suas funções e das suas responsabilidades. 3. Destruição do valor de mercado da empresa, não obstante possa expandir-se outro atributo de difícil mensuração, o seu valor social. 4. Desencorajamento do interesse privado em alocar recursos para o crescimento do sistema corporativo, com a redução do bem-estar social a longo prazo". (ANDRADE, Adriana; ROSSETTI, José Paschoal. *Governança corporativa*: fundamentos, desenvolvimento e tendências. São Paulo: Atlas, 2004. p. 110-112).

(externas ou internas) que são configuradas a partir da implementação de medidas concretizadoras dos pilares da governança corporativa e reativas em relação aos problemas decorrentes da relação de agência. Como forças externas, tem-se, por exemplo, marcos legislativos regulatórios, como a própria Lei Anticorrupção. Paralelamente, como forças internas, podem ser mencionadas as políticas internas de estruturação e modelos diferenciados de remuneração de gestores.[151] A área de *compliance*, por vezes, avoca esse papel de comandar as forças de controle internas. As chamadas medidas de *enforcement* são identificadas na aplicação prática e transparente das sanções decorrentes dessas forças externas e internas. As sanções legais (responsabilização civil, penal ou administrativa) são, assim, exemplos de medidas de *enforcement* externas. As consequências decorrentes de inobservância das normas internas de governança e *compliance* (*v.g.* não promoção do colaborador, aplicação de multas etc.) são medidas de *enforcement* internas.

Ao lado dessas questões, hoje é possível dizer que as finalidades da governança corporativa transcendem esses objetivos primários, de modo que suas diretrizes alcançam também as menores organizações. Além disso, há propósitos que extrapolam a estruturação interna da empresa e os direitos de seus atores, mas que também consideram as finalidades da organização enquanto pessoa jurídica socialmente atuante ou, em outras palavras, na sua função social.[152] [153]

---

[151] "Diante dos conflitos e custos de agência e de assimetria de direitos, coloca-se a questão de se estabelecerem forças de controle para que o processo de governança se estabeleça de forma a harmonizar os interesses das partes envolvidas com as operações do mundo corporativo. As forças de controle estabelecidas sintetizam os resultados de todas as formas de ativismo por boas práticas de governança. E são uma reação de agentes que se consideram traídos em seus direitos por conflitos de interesse, por oportunismos perversos, por juízos gerenciais orientados para objetivos dos próprios gestores, pelas mais variadas formas de expropriação e pela inexistência de monitoramento eficazes. Estas forças se estabelecem tanto internamente, quanto no ambiente externo às corporações. [...] Forças externas: definição de mecanismos regulatórios, padrões contábeis exigidos, controle pelo mercado de capitais, pressões de mercados competitivos, ativismo de investidores institucionais, ativismo de acionistas. Forças internas: concentração da propriedade acionária, constituição de conselhos guardiões, modelos de remuneração de gestores, monitoramento compartilhado, estruturas multidivisionais de negócios". (ANDRADE, Adriana; ROSSETTI, José Paschoal. *Governança corporativa*: fundamentos, desenvolvimento e tendências. São Paulo: Atlas, 2004. p. 113-114).

[152] "Observa-se que as preocupações relacionadas às práticas de governança corporativa estavam direcionadas, de modo geral, às grandes companhias listadas em bolsa de valores, em razão de os riscos estarem relacionados ao potencial grande impacto na economia em geral, aos investidores, às comunidades envolvidas, em alguns casos ao mercado financeiro, aos muitos trabalhadores, e a toda a cadeia produtiva relacionada. Atualmente, contudo, a amplitude da governança corporativa aumentou significativamente, também abrangendo sociedades que não estão listadas na bolsa de valores, empresas estatais, pequenas e

É importante assinalar, ainda, que não há uma fórmula ou um modelo estanque de governança, mas sim, a ideia de que o aperfeiçoamento da estrutura e da gestão estarão alinhados ao próprio modelo de negócio e à atividade desenvolvida.[154] [155]

---

médias empresas, entidades do terceiro setor, empresas familiares, entre outras. Do ponto de vista social, governança corporativa visa a preservar o interesse de todos, na medida em que a sua ausência ou falhas de gestão podem causar grandes impactos e prejuízos econômicos, sociais e ambientais. [...] Os princípios de governança corporativa encartam e sintetizam valores construídos como reações a inúmeros escândalos. Buscam criar, manter e incentivar as condições de boas práticas de governança, de modo a que a pessoa jurídica cumpra sua função social colaborando com o desenvolvimento econômico, com a geração de empregos, o desenvolvimento regional, a utilização racional de recursos naturais e, também, agregando valor e gerando resultados positivos aos associados, sócios ou acionistas (shareholders) e oferecendo incentivos adequados a todas as partes interessadas (stakeholders)". (ALMEIDA, Luiz Eduardo de. Governança corporativa. In: CARVALHO, André Castro et al. (Coords.). Manual de Compliance. Rio de Janeiro: Forense, 2019. p. 9 e 15).

[153] "The Principles are developed with an understanding that corporate governance policies have an important role to play in achieving broader economic objectives with respect to investor confidence, capital formation and allocation. The quality of corporate governance affects the cost for corporations to access capital for growth and the confidence with which those that provide capital – directly or indirectly – can participate and share in their value-creation on fair and equitable terms. Together, the body of corporate governance rules and practices therefore provides a framework that helps to bridge the gap between household savings and investment in the real economy. As a consequence, good corporate governance will reassure shareholders and other stakeholders that their rights are protected and make it possible for corporations to decrease the cost of capital and to facilitate their access to the capital market". (OECD. G20/OECD Principles of Corporate Governance. Paris: OECD Publishing, 2015. p. 10. Disponível em: https://www.oecd-ilibrary.org/docserver/9789264236882-en.pdf?expires=1567383828&id=id&accname=guest&checksum=B9203F5A9775846A3560EBE2F73CAD0A. Acesso em 01 set. 2019).

[154] Sobre a diversidade de conceitos: "A governança corporativa, como conjunto de princípios e práticas que têm sido incorporados aos modelos de gestão das empresas, tem atraído a atenção de diferentes partes interessadas – e, em sentido mais amplo, o próprio interesse público. [...] Pela diversidade das partes interessadas, fica evidente que, embora em sentido restrito, a governança responde aos interesses dos acionistas e dos agentes mais diretamente envolvidos com as operações corporativas; em sentido amplo ela pode abranger um conjunto maior de relações de uma corporação de negócios com todos os agentes direta ou indiretamente alcançados por suas ações. Não há, assim, fronteiras rigidamente estabelecidas e estanques. Em princípio, a governança é um campo aberto – e os graus dessa abertura são diretamente relacionados aos da abertura das próprias corporações. As empresas fechadas e familiares podem optar por modelos mais restritos; as companhias abertas de capital privado responderão a um leque mais aberto de interesses; as empresas estatais de capital aberto geralmente se envolvem com interesses ainda mais expandidos. [...] Pela extensão e pela diversidade de seus impactos, há, em contrapartida, também diversas tentativas de definição em torno do significado e do alcance da governança corporativa. O mesmo ocorre com os modelos que podem ser adotados em sua operacionalização. E tanto conceitos como modelos têm a ver com a amplitude que se dá aos processos de governança e aos seus impactos efetivos. Não surpreende, portanto, que, sob diferentes perspectivas, há diferentes conceitos de governança". (ANDRADE, Adriana; ROSSETTI, José Paschoal. Governança corporativa: fundamentos, desenvolvimento e tendências. São Paulo: Atlas, 2004. p. 21-23).

Aliás, isso parece ser aferível do próprio raciocínio da governança enquanto sistema. Se essa diz respeito à melhor estrutura e gestão, por lógica, o aprimoramento desses dois pilares passa pela compreensão de como eles se apresentam na atividade desenvolvida. A exemplo, por certo guardam diferenças as estruturas e as gestões de empresas do setor financeiro e da área de tecnologia. E se são diferentes na essência, suas versões aprimoradas também o devem ser, até porque seria ilusão demais ter a pretensão de melhorar aquilo que não se conhece.

Nessa perspectiva, as ideias relacionadas à governança corporativa têm natureza eminentemente principiológica.[156] Os princípios, como visto, são normas que preconizam a busca pelo estado ideal das coisas. Além disso, contribuem, de forma diferente, com a tomada de decisão, em comparação às regras e procedimentos em si considerados,[157] lembrando que procedimentos, a grosso modo, se apresentam como regras postas em sequência.

Os princípios de governança corporativa, por preconizarem um fim a ser atingido, orientam a formação, utilização e interpretação das

---

[155] Nesse sentido, na ótica da governança digital, também são as conclusões da pesquisa empírica de investigação de Chi-Yun Hua a respeito das organizações da indústria de alta tecnologia de Taiwan: "We don't think there's any particular agency, regulatory group, or shareholder group that can define good governance for all companies, because it varies from company to company in terms of the processes they employ to get to their end points. Our study could not wholly answer the question what good governance is for all firms in Taiwan so mainly offers different perspective for studying corporate governance". (HUA, Chi-Yun. *Corporate governance, board compensation and firm performance*: an investigation of corporate governance in Taiwan's high tech industry. 146f. Dissertation for the Degree of Doctor of Business Administration, Golden Gate University, San Francisco, United States, 2003. p. 90).

[156] Nesse sentido é a seção *About the Principles* da G20/OECD *Principles of Corporate Governance*: "There is no single model of good corporate governance. However, some common elements underlie good corporate governance. The Principles build on these common elements and are formulated to embrace the different models that exist. For example, they do not advocate any particular board structure and the term 'board' as used in the Principles is meant to embrace the different national models of board structures. In the typical two-tier system, found in some countries, 'board' as used in the Principles refers to the 'supervisory board' while 'key executives' refers to the 'management board'. In systems where the unitary board is overseen by an internal auditor's body, the principles applicable to the board are also, mutatis mutandis, applicable. As the definition of the term 'key executive' may vary among jurisdictions and depending on context, for example remuneration or related party transactions, the Principles leave it to individual jurisdictions to define this term in a functional manner that meets the intended outcome of the Principles. The terms 'corporation' and 'company' are used interchangeably in the text. (OECD. *G20/OECD Principles of Corporate Governance*. Paris: OECD Publishing, 2015. p. 10-11. Disponível em: https://www.oecd-ilibrary.org/docserver/9789264236882-en.pdf?expires=1567383828&id=id&accname=guest&checksum=B9203F5A9775846A3560EBE2F73CAD0A. Acesso em 01 set. 2019).

[157] ÁVILA, Humberto. *Teoria dos princípios da definição à aplicação dos princípios jurídicos*. 15. ed. rev. atual. e ampl. São Paulo: Malheiros Editores, 2014. p. 95-102.

regras e procedimentos das pessoas jurídicas. É essa aptidão normativa, portanto, que permite a maleabilidade ou o ajuste das estruturas de governança de acordo com o modelo de negócio e a atividade desenvolvidos. Não por outra razão, os principais documentos que versam sobre o tema assim o fazem mediante a previsão de princípios que devem ser observados pelas organizações. A ideia é dispor de normas abertas, relevantes, mais abstratas e cujo conteúdo apresenta superioridade material em relação às regras e procedimentos,[158] como verdadeiros mandados de otimização,[159] mandamentos nucleares[160] ou verdades fundantes[161] de um sistema, de modo a direcionar a estruturação e a gestão das pessoas jurídicas rumo ao estado ideal e determinado das coisas. Esse último, a variar de acordo com o conteúdo do próprio princípio.

Assim, para entender a governança corporativa e sua própria relação de contribuição com o *compliance*, é preciso estudar e compreender os seus princípios mais relevantes, que são vocacionados à formação estrutural e administrativa das pessoas jurídicas.[162]

---

[158] "Não há distinção entre princípios e normas, os princípios são dotados de normatividade, as normas compreendem regras e princípios, a distinção relevante não é, como nos primórdios da doutrina, entre princípios e normas, mas entre regras e princípios, sendo as normas o gênero, e as regras e os princípios a espécie. Daqui já se caminha para o passo final da incursão teórica: a demonstração do reconhecimento da superioridade e hegemonia dos princípios na pirâmide normativa: supremacia que não é unicamente formal, mas sobretudo material, e apenas possível na medida em que os princípios são compreendidos e equiparados e até mesmo confundidos com os valores, sendo, na ordem constitucional dos ordenamentos jurídicos, a expressão mais alta da normatividade que fundamenta a organização do poder [...]. A importância vital que os princípios assumem para os ordenamentos jurídicos se torna cada vez mais evidente, sobretudo se lhes examinarmos a função e presença no corpo das Constituições contemporâneas, onde aparecem como pontos axiológicos de mais alto destaque e prestígio com que fundamentar na hermenêutica dos tribunais a legitimidade dos preceitos da ordem constitucional". (BONAVIDES, Paulo. *Curso de direito constitucional*. 28. ed. atual. São Paulo: Malheiros Editores, 2013. p. 298-299).

[159] NERY JÚNIOR, Nelson. *Princípios do processo na Constituição Federal*: (processo civil, penal e administrativo). 11. ed. rev. ampl. e atual. São Paulo: Editora Revista dos Tribunais, 2013. p. 29.

[160] "Princípio é, pois, por definição, mandamento nuclear de um sistema, verdadeiro alicerce dele, disposição fundamental que se irradia sobre diferentes normas, compondo-lhes o espírito e servindo de critério para a exata compreensão e inteligência delas, exatamente porque define a lógica e a racionalidade do sistema normativo, conferindo-lhe a tônica que lhe dá sentido harmônico". (MELLO, Celso Antônio Bandeira de. *Curso de direito administrativo*. 30. ed. rev. e atual. São Paulo: Malheiros Editores, 2013. p. 54).

[161] Miguel Reale atribui caráter de fundamentalidade aos princípios e os define como *verdades fundantes* de um sistema de conhecimento, como "enunciações normativas de valor genérico, que condicionam e orientam a compreensão do ordenamento jurídico, quer para sua aplicação e integração, quer para a elaboração de novas normas". (REALE, Miguel. *Lições preliminares de direito*. 27. ed. ajustada ao novo código civil. São Paulo: Saraiva, 2007. p. 303-304).

[162] "The Principles are intended to help policymakers evaluate and improve the legal, regulatory, and institutional framework for corporate governance, with a view to support

Esses princípios são identificados a partir da leitura dos principais documentos internacionais e nacionais sobre o tema, e que já foram mencionados anteriormente neste tópico. Observa-se, inclusive, que tais documentos estão alinhados nesse sentido.

No primeiro documento da OCDE sobre o tema, de 1999, (*OECD Principles of Corporate Governance*)[163] são relacionados os seguintes princípios: (i) a garantia dos direitos dos acionistas; (ii) o tratamento equitativo dos acionistas; (iii) a estruturação dos papéis dos principais atores da organização, a fim de que suas atividades potencializem o crescimento da riqueza, criação de empregos e a manutenção de empresas financeiramente sólidas; (iv) a transparência; e (v) a prestação de contas.[164]

A revisão mais recente do documento, também já mencionada em ocasião passada, (*G20/OECD Principles of Corporate Governance*)[165] aprimora a relação de princípios anteriores, preconizando: (i) a promoção de mercados justos e transparentes, com a eficiente alocação de recursos

---

economic efficiency, sustainable growth and financial stability. [...] The Principles do not intend to prejudice or second-guess the business judgment of individual market participants, board members and company officials. What works in one company or for one group of investors may not necessarily be generally applicable to all of business or of systemic economic importance". (OECD. *G20/OECD Principles of Corporate Governance*. Paris: OECD Publishing, 2015. p. 9. Disponível em: https://www.oecd-ilibrary.org/docserver/9789264236882-en.pdf?expires=1567383828&id=id&accname=guest&checksum=B9203F5A9775846A3560EBE2F73CAD0A. Acesso em 01 set. 2019).

[163] OECD. *OECD Principles of Corporate Governance*. Paris: OECD Publishing, 1999. Disponível em: https://read.oecd-ilibrary.org/governance/oecd-principles-of-corporate-governance_9789264173705-en#page2. Acesso em 02 set. 2019.

[164] "I. The rights of shareholders. The governance framework should protect shareholders' rights. [...] II. The equitable treatment of shareholders. The corporate governance framework should ensure the equitable treatment of all shareholders, including minority and foreing shareholders. All shareholders should have the opportunity to obtain effective redress for violation of their rights. [...] III. The role of stakeholders in corporate governance. The corporate governance framework shpuld recognise the rights of stakeholders as established by law and encourage active co-operation between corporations and stakeholder in creating wealth, jobs, and the sustainability of financially sound enterprises. [...] IV. Disclosure and transparency. The corporate governance framework should ensure that timely and accurate disclosure is made on all material matters regarding the corporation, including the financial situartion, performance, ownership, and governance of the company. [...] V. The responsbilities of the board. The corporate governance framework should ensure the strategic guidance of the company, the effective monitoring of management by the board, and the board's accountability to the company and the shareholders". (OECD. *OECD Principles of Corporate Governance*. Paris: OECD Publishing, 1999. Disponível em: https://read.oecd-ilibrary.org/governance/oecd-principles-of-corporate-governance_9789264173705-en#page2. Acesso em 02 set. 2019.

[165] OECD. *G20/OECD Principles of Corporate Governance*. Paris: OECD Publishing, 2015. Disponível em: https://www.oecd-ilibrary.org/docserver/9789264236882-en.pdf?expires=1567383828&id=id&accname=guest&checksum=B9203F5A9775846A3560EBE2F73CAD0A. Acesso em 01 set. 2019.

e a adoção de medidas efetivas de supervisão e aplicação normativa (*enforcement*); (ii) a proteção aos direitos e ao tratamento equitativo dos acionistas; (iii) a previsão de incentivos sólidos em toda cadeia de investimentos e nos mercados de ações a contribuir com as estruturas de governança; (iv) a estruturação do papéis dos principais atores da organização, a fim de que suas atividades potencializem o crescimento da riqueza, criação de empregos e a manutenção de empresas financeiramente sólidas; (v) a transparência; e (vi) a prestação de contas.

Ainda em cenário internacional, o mencionado Código de Governança Corporativa Alemão, de 2019, prevê uma lista de 25 princípios,[166] destacando-se: (i) a administração da organização em seu melhor interesse (Princípio 1); (ii) a necessidade da implementação de controles internos apropriados e efetivos em relação aos riscos criados pela atividade desenvolvida (Princípio 4); (iii) a garantia pela alta administração de que todas as disposições legais e políticas internas serão cumpridas, no esforço de assegurar a existência de efetivo *compliance* (Princípio 5); (iv) a estruturação independente do conselho fiscal ou *supervisory board* (Princípios 9 a 16); (v) a existência de auditorias externas aptas a revisar a prestação de contas e os sistemas de riscos administrativos (Princípio 17); (vi) a prevalência dos interesses da organização aos interesses particulares dos seus atores; (vii) a transparência (Princípios 20 a 22).

No Brasil, o também referido Código de Melhores Práticas de Governança do IBGC traz os seguintes princípios: (i) transparência; (ii) equidade; (iii) prestação de contas (*accountability*) e (iv) a responsabilidade corporativa.[167]

---

[166] ALEMANHA. Regierungskommission. *Deutscher Corporate Governance Kodex*. 2019. Disponível em: https://www.dcgk.de/en/code/code-2019.html. Acesso em 01 set. 2019.

[167] "Transparência. Consiste no desejo de disponibilizar para as partes interessadas as informações que sejam do seu interesse e não apenas aquelas impostas por disposições de leis ou regulamentos. Não deve restringir-se ao desempenho econômico-financeiro, contemplando também os demais fatores (inclusive intangíveis) que norteiam a ação gerencial e que conduzem à preservação e à otimização do valor da organização. Equidade. Caracteriza-se pelo tratamento justo e isonômico de todos os sócios e demais partes interessadas (*stakeholders*), levando em consideração seus direitos, deveres, necessidades, interesses e expectativas. Prestação de contas (*accountability*). Os agentes de governança devem prestar contas de sua atuação de modo claro, conciso, compreensível e tempestivo, assumindo integralmente as consequências de seus atos e omissões e atuando com diligência e responsabilidade no âmbito dos seus papéis. Responsabilidade corporativa. Os agentes de governança devem zelar pela viabilidade econômico-financeira das organizações, reduzir as externalidades negativas de seus negócios e suas operações e aumentar as positivas, levando em consideração, no seu modelo de negócios, os diversos capitais (financeiro, manufaturado, intelectual, humano, social, ambiental, reputacional etc.) no curto, médio e longo prazo)". (INSTITUTO BRASILEIRO DE GOVERNANÇA CORPORATIVA. *Código das melhores práticas de governança corporativa*. 5. ed. São Paulo: IBGC, 2015. p. 20-21.

Nesse quadro geral, percebe-se a previsão de normas programáticas e de orientação que preconizam uma melhor estruturação e gestão das pessoas jurídicas, não só para resolver os problemas anteriormente indicados, mas também para estabelecer o desenvolvimento sólido, ético e responsável da atividade econômica realizada, no intuito de obter melhores resultados para a própria organização e, por consequência direta ou indireta, para a própria sociedade. As chamadas boas práticas de governança são, dentro dessa perspectiva, a conversão concreta de todos esses princípios em documentos, políticas internas, códigos de ética e recomendações objetivas, "alinhando interesses com a finalidade de preservar e otimizar o valor econômico de longo prazo da organização, facilitando seu acesso a recursos e contribuindo para a qualidade da gestão da organização, sua longevidade e o bem comum".[168]

Merecem especial destaque os princípios da *accountability* ou prestação de contas e da transparência.[169] É por meio deles, e de forma conjunta, que se viabiliza o controle e a fiscalização das atividades realizadas e se verifica se estas estão alinhadas não só com os princípios de governança corporativa, mas também se estão em *compliance* ou em conformidade.

Embora caminhem juntas, são ideias diferentes. Com a transparência tiram-se os véus de sobre a atividade exercida, permitindo o

---

Disponível em: https://conhecimento.ibgc.org.br/Lists/Publicacoes/Attachments/21138/Publicacao-IBGCCodigo-CodigodasMelhoresPraticasdeGC-5aEdicao.pdf. Acesso em 01 set. 2019).

[168] INSTITUTO BRASILEIRO DE GOVERNANÇA CORPORATIVA. *Código das melhores práticas de governança corporativa*. 5. ed. São Paulo: IBGC, 2015. p. 20. Disponível em: https://conhecimento.ibgc.org.br/Lists/Publicacoes/Attachments/21138/Publicacao-IBGCCodigo-CodigodasMelhoresPraticasdeGC-5aEdicao.pdf. Acesso em 01 set. 2019.

[169] A exemplo, tais princípios ganham especial destaque na INTOSAI – Organização Internacional de Entidades Fiscalizadoras Superiores. De forma importante, vale citar a ISSAI (Normas Internacionais das Entidades Fiscalizadoras Superiores) nº 20, que dispõe especificamente sobre os princípios da *accountability* e da transparência. *In verbis*: "O Estado de direito e a democracia são fundamentos essenciais de auditoria independente e responsável do governo e são pilares da Declaração de Lima. A independência, *accountability* e transparência das EFS são pré-requisitos essenciais para uma democracia baseada no Estado de direito e permitem que as EFS liderem pelo exemplo e aumentem sua credibilidade. *Accountability* e transparência são dois elementos importantes de boa governança. A transparência é uma força poderosa que, quando aplicada de forma consistente, pode ajudar a combater a corrupção, melhorar a governança e promover a *accountability*. É difícil separar *accountability* de transparência: ambas englobam muitas das mesmas ações, como, por exemplo, a comunicação pública". (INTOSAI – ORGANIZAÇÃO INTERNACIONAL DE ENTIDADES FISCALIZADORAS SUPERIORES. *ISSAI nº 20*. Vienna, Austria, 2010. (Trad. pelo TCU – Tribunal de Contas da União em 2016). Disponível em: https://portal.tcu.gov.br/lumis/portal/file/fileDownload.jsp?fileId=8A8182A2561DF3F501562329409F78D5. Acesso em 08 set. 2019).

conhecimento acerca de sua estruturação e exercício. Pela *accountability* há a auditabilidade da própria atividade transparente, viabilizando o controle e a fiscalização das tarefas internas de conformidade. A *accountability* se dá, concretamente, por meio da auditabilidade das informações inerentes à atividade. As auditorias, nessa perspectiva, representam a revisão ou o *double check* das atividades – abertas pelos mecanismos de transparência – por parte de terceiro imparcial e revestido de credibilidade. A própria *accountability* tem por vocação, assim, fiscalizar o próprio cumprimento normativo.

Como assinala Adán Nieto, a *accountability* ou a auditabilidade se perfaz, portanto, no controle externo da própria autorregulação regulada das organizações:

> Cuarta nota común a los sistemas de autorregulación regulada es la exigencia de un control externo que certifique, evalúe o audite la idoneidad del sistema de autorregulación. Baste en este punto con señalar que al lado de la auditoria contable han aparecido otros diversos tipos de auditoria como la laboral, la ecológica e incluso se está desarrollando un sistema de auditoria social con el fin de comprobar en qué medida las empresas cumplen con los deberes que dimanan de su responsabilidad social.[170]

Em outra leitura, obviamente conexa à primeira, a *accountability* tem por fim assegurar que a disputa de mercado se dê em regras equânimes. A ideia é que, por meio da fiscalização das atividades, sendo todas auditáveis, haja condições iguais para o jogo da competitividade. Isso é aferível a partir de uma simples pergunta exemplificativa: como assegurar que a disputa é justa e está sobre bases iguais de competitividade, se não são conhecidas as atividades de organizações diferentes em disputa? Muito facilmente, em razão dos grandes investimentos na tarefa de conformidade, uma delas não conseguirá praticar o mesmo preço que sua concorrente em desconformidade. Apenas a *accountability* sobre as atividades transparentes permitirá o conhecimento das raízes práticas de tal discrepância, permitindo a correção.

Outro exemplo posto nessa dinâmica e que especificamente toca ao *compliance* criminal pode ser apreendido do crime de *inside trading*, sobre o qual falaremos mais a respeito em outro momento da obra.

---

[170] NIETO, Adán. Responsabilidad social, gobierno corporativo y autorregulación: sus influencias en el derecho penal de la empresa. *In: Política Criminal*, n. 5, p. 1-18, 2008. p. 7. Disponível em: http://politcrim.com/wp-content/uploads/2019/04/A_3_5.pdf. Acesso em 17 ago. 2019.

O que faz o art. 27-D da Lei nº 6.385, de 1976,[171] ao criminalizar a utilização de informação relevante, ainda não aberta para o mercado, é tentar evitar e sancionar quem contorna a ideia de *accountability*. Criminaliza quem se aproveita de informação não auditável para obter espaço no mercado de forma ilícita. É o Estado, por meio do Direito Penal Econômico, imiscuindo na atividade econômica, a fim de assegurar a livre concorrência posta enquanto premissa constitucional de intervenção.

Somam-se aos princípios da *accountability* e transparência, as medidas de *enforcement* de forças de controle externas e internas, já referidas anteriormente. Elas, em última análise, conferem seriedade às práticas de governança e *compliance* adotadas, bem como concretizam bem tais princípios na prática.

Por parte das organizações (forças de controle internas ou pela contribuição na aplicação de forças de controle externas), estas dão recados muito transparentes acerca do compromisso dos altos comandos da organização, de que essa busca pela conformidade, de forma séria e efetiva, afasta qualquer percepção de que os planos de governança e *compliance* estabelecidos poderiam ser meras estruturas formais de conformidade tão somente aparente.

Por parte do Estado (forças de controle externas ou no respaldo da ação de forças de controle internas pelo particular),[172] este reforça seu papel de intervenção e indica, com clareza, a necessidade de as organizações estarem respaldadas nas melhores práticas de governança e no *compliance*. Não se pode ignorar, portanto, que a aplicação das medidas de *enforcement* pelo Estado tem por fim assegurar que toda a dinâmica histórica de transferência ao particular da tarefa de prevenir

---

[171] "Art. 27-D. Utilizar informação relevante de que tenha conhecimento, ainda não divulgada ao mercado, que seja capaz de propiciar, para si ou para outrem, vantagem indevida, mediante negociação, em nome próprio ou de terceiros, de valores mobiliários: Pena – reclusão, de 1 (um) a 5 (cinco) anos, e multa de até 3 (três) vezes o montante da vantagem ilícita obtida em decorrência do crime". (BRASIL. Lei nº 6.385, de 7 de dezembro de 1976. Dispõe sobre o mercado de valores mobiliários e cria a Comissão de Valores Mobiliários. *Diário Oficial da União*, Brasília, 09 dez. 1976. Disponível em: http://www.planalto.gov.br/ccivil_03/LEIS/L6385.htm. Acesso em 02 mar. 2019).

[172] Exemplo desse compromisso, por assim dizer, por parte do Estado, no respaldo das medidas de *enforcement* adotadas pelo particular, pode ser aferido nas situações de demissão por justa causa na esfera trabalhista, em função de desvio ilícito de informação. É comum e lícito que, em casos em que colaborador, mesmo com ciência inequívoca de todas as políticas de segurança da informação e dos limites de sua atribuição, este seja demitido por justa causa (força de controle interna). Perfeitas as configurações legais que justificam a adoção de tal medida de *enforcement*, cumpre nessa lógica o Poder Judiciário, caso provocado, validar a demissão nos moldes feitos, respaldando o particular e indicando a efetividade das medidas de governança e conformidade praticadas.

os ilícitos e o aperfeiçoamento da intervenção na atividade econômica pela autorregulação regulada tenham sua eficácia potencializada.

Muito bem. Do que foi visto, dentro do que se pretende nesta obra, é possível observar que a governança corporativa tem como vocação o aperfeiçoamento da estrutura e da gestão da própria organização, podendo ser conceituada como o sistema de administração, monitoramento e incentivo das pessoas jurídicas, ajustado aos modelos de negócios e atividades destas, que têm por objetivos a continuidade sadia, responsável e crescente de suas atividades, o equilíbrio entre os interesses de seus diversos atores (sócios, acionistas, diretores, órgãos de fiscalização, colaboradores etc.), o desenvolvimento econômico e a verificação de conformidade jurídica.

A governança corporativa tem, portanto, verdadeira relação instrumental com o *compliance*, em uma relação de influência simbiótica. Justamente por isso, pode ser considerada, com seus princípios e pilares, como fundamento do *compliance*.

Seus princípios e pilares, destacadamente a *accountability*, a transparência e as medidas de *enforcement*, conferem efetividade e seriedade à tarefa de conformidade, seja porque tais pilares são, em si, os deveres legais a serem observados, seja porque seus princípios e pilares viabilizam o aperfeiçoamento estrutural e de gestão das organizações, aprimorando, por consequência, a própria busca pela conformidade jurídica. Ao mesmo tempo, as estruturas de *compliance* e conformidade concretizam na prática e no modelo de atividade negocial posto os princípios de governança corporativa delineados. Assim, a governança corporativa e o *compliance*, embora diferentes, se retroalimentam em um ciclo virtuoso material de aperfeiçoamento.

2.3 Responsabilidade social

Ao lado das ideias de autorregulação regulada e governança corporativa, o *compliance* tem ainda outros dois fundamentos: a responsabilidade social e a ética empresarial das organizações.

A ideia de responsabilidade social das organizações não tem origem determinada ou um marco histórico ou legislativo preciso. Aliás, parece ser natural que assim seja, sendo muito difícil determinar em qual ponto da história da humanidade, em primeira vez, se pensou que uma organização deveria se atentar também para o papel que representava no seio da comunidade. Ganha especial destaque, porém, durante as revoluções industriais, inclusive na atual quarta revolução industrial, com o desenvolvimento das tecnologias.[173] São justamente esses momentos que apresentam novos processos industriais capazes de alterar as estruturas de mercado pré-estabelecidas, alterando a forma como os bens são produzidos e quais bens o são, assim como a forma como as pessoas vêm o mundo e com este interagem.[174] De todo modo, é possível identificar uma evolução consistente na primeira metade do século XX, nos Estados Unidos, seja pelo protagonismo exercido por aquele país no cenário capitalista, seja pelo fato de que, com o desenvolvimento das grandes corporações, foram proporcionalmente crescentes as reivindicações sociais por um melhor e mais participativo papel dessas corporações no desenvolvimento social. O contexto posto naquele país passou a refletir em escala global.[175]

---

[173] "Few issues in business excite more interest today than emerging topic of corporate responsibility. In North America, Europe and Asia, in particular, the responsibilities of corporations to their communities are under intense security. In part, this reflects growing awareness of the impact of their actions on society, the environment, culture and different communities. Elsewhere, the discussion reflects widespread recognition of the changing relationship between companies and communities. [...] New technologies, developments in markets and new ideas are providing insights into the influence of corporate actions and their potential on issues which extend far beyond the conventional remit of firms and their managers. The rolling back of the state especially in the 1970s, 1980s and early 2000s created new opportunities and imposes new responsibilities on firms". (CANNON, Tom. *Corporate responsibility*: governante, *compliance* and ethics in a sustainable environment. 2. ed. Harlow: Pearson, 2012. p. 1).

[174] "Discussion of the role and responsibility of the corporate entity in society is not new. The comment in the Bible that it is "easier for a camel to pass through the eye of a needle than a rich man to pass through the gates of heaven' touches on the problems of wedding morality and wealth accumulation. [...] It was, however, the industrial revolution which brought the issue of corporate responsibility into sharp focus. In part, this was a reflection of the power of the new industrial processes to reshape age-old relationships. Feudal, clan, tribe or family based systems of authority and responsibility were dismantled. Simultaneously, new techniques and technologies gave 'corporations' vast power and wealth and created the first billionaires. The landscape could be rechaped, cities built. [...] the power of the machine over man raised major issues of responsibility and morality. The wealth which was accumulated by the new industrial classes gave added emphasis to the debate". (CANNON, Tom. *Corporate responsibility*: governante, *compliance* and ethics in a sustainable environment. 2. ed. Harlow: Pearson, 2012. p. 2).

[175] "Os questionamentos éticos da atividade empresarial que deram impulso original ao debate sobre a RSE tiveram início nos EUA, durante a primeira metade do século XX, motivados pelos conflitos emergentes que opunham as empresas de grande dimensão e alguns setores da sociedade civil. Embora possa ser explicado também por outros fatores de ordem histórica e cultural, a importância central dos EUA no desenvolvimento do campo teórico da RSE [Responsabilidade Social da Empresa] deve-se, essencialmente, à sua posição dominante enquanto país onde o capitalismo forjou os seus alicerces e a partir de onde ele se impôs ao mundo como modelo socioeconômico hegemônico. Ali, à medida que as empresas privadas cresciam em dimensão e influência, aumentava igualmente a exigência das reivindicações da sociedade por melhores condições de trabalho, remunerações mais elevadas e relações laborais mais transparentes. O incomparável poder alcançado por algumas corporações monopolistas contribuiu para transformar gradualmente

Como consequência dessa evolução, o papel das organizações nas sociedades em que estão inseridas passa a ser foco de atenção e estudo. A ideia é que as organizações deixem de ser meros agentes executores de suas próprias atividades, e passem a ser, também, agentes atuantes no desenvolvimento econômico, jurídico e social coletivo. É a ideia das organizações socialmente participativas, isto é, organizações preocupadas com o desenvolvimento coletivo e que demonstram concretamente essa preocupação.[176] [177] No essencial,

---

[176] o papel da empresa privada na sociedade, conferindo-lhe um protagonismo decisivo no êxito do ambicionado desenvolvimento econômico e social. Com esse poder, emergiram os conflitos de classes. É precisamente no âmbito destes conflitos que se desenvolveram as primeiras críticas à atividade de algumas empresas organizadas em monopólio e se começou a questionar a ética de alguns negócios e de alguns comportamentos gerenciais. A apreciação crítica da ação empresarial que na primeira metade do século XX reivindicava a filantropia das grandes empresas e combatia a alegada injustiça social gerada pelo processo de acumulação aparentemente ilimitada que o capitalismo permitia, daria mais tarde lugar ao desenvolvimento do campo de discussão sistemática sobre ética empresarial e sobre as responsabilidades sociais que vinculam as empresas à sociedade. Portanto, na origem e subjacente ao debate sobre a RSE, está uma crítica à empresa, ao seu papel e à sua intervenção como agente social relevante. Esta crítica tem alimentado o desenvolvimento do campo desde o início, permitindo a renovação de ideias e o aprofundamento da discussão em torno da RSE". (ALMEIDA, Filipe Jorge Ribeiro. *Responsabilidade social das empresas e valores humanos*: um estudo sobre a atitude dos gestores brasileiros. 466f. Tese de Doutorado, Escola Brasileira de Administração Pública e de Empresas – EBAPE, Fundação Getúlio Vargas, Rio de Janeiro, 2007. p. 75-76. Disponível em: https://bibliotecadigital.fgv.br/dspace/bitstream/handle/10438/3272/ACF123.pdf. Acesso em 14 set. 2019).

[176] O conteúdo das expectativas sociais em relação ao papel das organizações também evoluiu ao longo do tempo, de uma organização que realiza filantropia, evolui para um verdadeiro agente moral e passa a ser cobrado como um agente que preza pelo desenvolvimento sustentável: "De 1900 a 1960. [...] A empresa socialmente responsável é aquela que realiza filantropia – concretizada em donativos financeiros e apoio a causas sociais – e que tem um bom sistema de governança corporativa. De 1960 a 1980. [...] A empresa ascende à condição de "agente moral", evoluindo a responsabilização estritamente individual de quem toma decisões para uma responsabilização da empresa, no plano organizacional, como entidade moral sujeita à apreciação e condenação. De 1980 até à atualidade. [...] O conceito de "desenvolvimento sustentável" passa a integrar o discurso sobre RSE e a teoria dos *stakeholders* alarga o quadro de responsabilidades da empresa a todos os grupos que afetam ou são afetados pela ação empresarial". (ALMEIDA, Filipe Jorge Ribeiro. *Responsabilidade social das empresas e valores humanos*: um estudo sobre a atitude dos gestores brasileiros. 466f. Tese de Doutorado, Escola Brasileira de Administração Pública e de Empresas – EBAPE, Fundação Getúlio Vargas, Rio de Janeiro, 2007. p. 75-76. Disponível em: https://bibliotecadigital.fgv.br/dspace/bitstream/handle/10438/3272/ACF123.pdf. Acesso em 14 set. 2019).

[177] Exemplo dessa preocupação de assumir o compromisso público de responsabilidade social é a iniciativa do Instituto Ethos de Empresas e Responsabilidade Social "Pacto Empresarial pela Integridade e contra a Corrupção". (INSTITUTO ETHOS. *Pacto empresarial pela integridade e contra corrupção*. [s.d.]. Disponível em: https://empresalimpa.ethos.org.br/index.php/empresa-limpa/pacto-contra-a-corrupcao/termo-de-adesao. Acesso em 15 set. 2019). Nele, as organizações aderentes se comprometem a "adotar, ou reforçar, todas as ações e procedimentos necessários para que as pessoas que integram as suas estruturas conheçam as leis a que estão vinculadas, ao atuarem em nome de cada uma das Signatárias

esta concepção de RSE [responsabilidade social da empresa] enfatiza a necessidade de as empresas cumprirem os seus objetivos econômicos, respeitando a lei e assumindo, simultaneamente, compromissos que envolvam a adoção de um comportamento ético e de um papel interventivo na melhoria da qualidade de vida da sociedade ou, pelo menos, de parte dela.[178]

Muitas são as formas de visualizar o tema e os compromissos assumidos ou que devem assumir as organizações que desejam ser consideradas socialmente responsáveis. Uma delas, que apresenta muita consistência e coerência, é a ideia da Pirâmide da Responsabilidade Social da Organização, desenvolvida por Archie Carrol.[179] Segundo o autor, são quatro os principais compromissos das organizações: as responsabilidades econômicas, as responsabilidades legais, as responsabilidades éticas e as responsabilidades filantrópicas.[180]

Esses compromissos estão entrelaçados e, ao mesmo tempo, dispostos na visualização de uma pirâmide, estando as responsabilidades econômicas na base da estrutura, as legais em segundo nível, as éticas em terceiro e, no topo, as responsabilidades filantrópicas. Essa organização se justifica com base na ordem das expectativas sociais em relação aos papéis, objetivos e responsabilidades das organizações.[181]

---

ou em seu benefício, para que possam cumpri-las integralmente, especialmente nos relacionamentos com agentes públicos: no exercício da cidadania; na qualidade de integrante da coletividade e, portanto, constitucionalmente, agente do desenvolvimento sustentável; como contribuinte; na condição de fornecedor ou adquirente de bens ou serviços para ou do governo; como postulante a ou no exercício de concessão, autorização, permissão ou vínculo equivalente com o governo; em qualquer outra condição ou com qualquer outro objetivo".

[178] INSTITUTO ETHOS. *Pacto empresarial pela integridade e contra corrupção*. [s.d.]. Disponível em: https://empresalimpa.ethos.org.br/index.php/empresa-limpa/pacto-contra-a-corrupcao/termo-de-adesao. Acesso em: 15 set. 2019. p. 84.

[179] CARROL, Archie B. The pyramid of corporate social responsibility: toward the moral management of organizational stakeholders. *In*: *Business Horizons*, Kelly School of Business, Indiana University, Indiana, United States, p. 39-48, july./aug. 1991.

[180] "For CSR [Corporate social responsibility] to be accepted by a conscientious business person, it should be framed insuch a way that the entire range of business responsibilities are embraced. It is suggested here that four kinds of social responsibilities constitute total CSR: economic, legal, ethical, and philanthropic. Furthermore, these four categories or components of CSR might be depicted as a pyramid. To be sure, all of these kinds of responsibilities have always exited to some extent, but it has only been in recent years that ethical and philanthropic functions have taken a significant place". (CARROL, Archie B. The pyramid of corporate social responsibility: toward the moral management of organizational stakeholders. *In*: *Business Horizons*, Kelly School of Business, Indiana University, Indiana, United States, p. 39-48, july./aug. 1991, p. 40).

[181] CARROL, Archie B. The pyramid of corporate social responsibility: toward the moral management of organizational stakeholders. *In*: *Business Horizons*, Kelly School of Business, Indiana University, Indiana, United States, p. 39-48, july./aug. 1991, p. 40-43.

A ideia da responsabilidade social da organização é justamente o compromisso desta na implementação e manutenção perene de todas essas responsabilidades reunidas e equilibradas entre si.[182]

As responsabilidades econômicas são identificadas a partir da função social-econômica das organizações de atuar na produção de bens e/ou na prestação de serviços, fomentando o desenvolvimento socioeconômico. As responsabilidades legais – e nesse ponto o tema toca ainda mais ao *compliance* – diz respeito ao cumprimento, pela organização, dos deveres legais, seja na sua estruturação jurídica, seja no exercício de sua própria atividade. As responsabilidades éticas, por sua vez, correspondem à observância, pela organização e pelos colaboradores que a personificam, dos valores éticos e morais do seio social em que estão inseridos e que não decorrem do cenário econômico ou jurídico.[183] Por fim, as responsabilidades filantrópicas correspondem às ações da

---

[182] "A partir da proposta de Carroll, propõe-se uma reinterpretação da RSE. Segundo o novo modelo, a RSE consiste no conjunto de obrigações sociais que decorrem do compromisso econômico, legal e ético da empresa perante a sociedade. Os vértices do triângulo representam as três fontes de responsabilidade social que se estabelecem como princípios orientadores da ação da empresa. A RSE implica um esforço permanente de articulação de políticas, estratégias e ações, a fim de cumprir os deveres positivos (de ação) e negativos (de omissão) sugeridos pela finalidade econômica, pelos princípios éticos e pela exigência de cumprimento da lei. Tal como apresentada, a designação destas responsabilidades identifica o motivo das obrigações que as caracterizam, remetendo a filantropia para o plano da ação". (ALMEIDA, Filipe Jorge Ribeiro. *Responsabilidade social das empresas e valores humanos*: um estudo sobre a atitude dos gestores brasileiros. 466f. Tese de Doutorado, Escola Brasileira de Administração Pública e de Empresas – EBAPE, Fundação Getúlio Vargas, Rio de Janeiro, 2007. p. 86-87. Disponível em: https://bibliotecadigital.fgv.br/dspace/bitstream/handle/10438/3272/ACF123.pdf. Acesso em 14 set. 2019).

[183] "A Responsabilidade Econômica está relacionada com o objeto principal da atividade empresarial, o qual justifica a sua existência e assegura a sua sobrevivência e sustentabilidade. Esta responsabilidade corresponde à obrigação de fornecer à sociedade produtos e serviços de boa qualidade, investindo na inovação e buscando ao lucro que permita o crescimento da empresa e a satisfação das legítimas expectativas dos acionistas. A Responsabilidade Legal implica a obrigação social de cumprir a legislação. Tratando-se de uma norma obrigatória imposta pelo Direito, a lei resulta, nas sociedades democráticas, de um desejo de regulação ratificado pela sociedade. A existência desta lei, no entanto, não é garantia do seu cumprimento. Os mecanismos sancionatórios geralmente inibem a sua transgressão, porém, a empresa mantém liberdade de escolha sobre a adesão à lei em inúmeras circunstâncias da sua atividade. Por fim, a Responsabilidade Ética respeita o dever de agir segundo princípios morais sintonizados com os valores sociais. Esta responsabilidade implica a adoção de um comportamento eticamente aceitável que, não sendo imposto pela lei ou pela finalidade econômica, decorre de uma disposição para integrar na definição de políticas e de estratégias elementos e pretensões que previnam o eventual dano provocado pela ação empresarial e considerem positivamente a contribuição para o bem-estar social e para o desenvolvimento humano". (ALMEIDA, Filipe Jorge Ribeiro. *Responsabilidade social das empresas e valores humanos*: um estudo sobre a atitude dos gestores brasileiros. 466f. Tese de Doutorado, Escola Brasileira de Administração Pública e de Empresas – EBAPE, Fundação Getúlio Vargas, Rio de Janeiro, 2007. p. 86-87. Disponível em: https://bibliotecadigital.fgv.br/dspace/bitstream/handle/10438/3272/ACF123.pdf. Acesso em 14 set. 2019).

organização em resposta às expectativas sociais de que essa atuará como uma boa participante social, promovendo ações que potencializem o estado de bem-estar da pessoa humana, *v.g.* programas de promoção de igualdade de gênero, de inclusão das pessoas com deficiência, de proteção ao meio ambiente, de fomento à arte etc.[184]

2.4 Ética empresarial

Ao raciocínio se agrega a ideia de ética empresarial, não só como parte integrante e compromisso da própria responsabilidade social, mas também em si considerada e como fundamento do *compliance*. Por ética empresarial, em termos gerais, pode ser entendido, inclusive na linha do que já foi dito, o comportamento da própria organização e dos agentes que ela presentam e representam, pautado pelos valores morais e éticos esperados ou desejados pela coletividade. A organização ética é aquela cuja atuação está ajustada aos níveis éticos esperados pela sociedade em que ela está inserida. A ética empresarial, portanto, se perfaz na conformidade não jurídica da organização, no ajuste com os sistemas de normas éticas e morais socialmente postos, como *v.g.* a ideia de não oportunismo[185] e no respeito à pessoa humana. Balizará, portanto, as tomadas de decisão e as condutas dos agentes da organização de acordo com os padrões éticos e morais desejados socialmente. Em linhas gerais e sem precisão terminológica, mas apenas para facilitação do que se pretende dizer: a ética empresarial corresponde ao *compliance* moral.

Nessa perspectiva, é preciso dizer que os sistemas morais ou éticos e jurídicos são distintos, mas há momentos em que o próprio sistema jurídico confere abertura para que o conteúdo de suas normas

---

[184] "Philanthropy encompasses those corporate actions that are in response to society's expectation that businesses be good corporate citizens. This includes actively engaging in acts or programs to promote human welfare or goodwill. Examples of philanthropy include business contributions of financial resources r executive time, such as contributions to the arts, education, or the community". (CARROL, Archie B. The pyramid of corporate social responsibility: toward the moral management of organizational stakeholders. *In*: *Business Horizons*, Kelly School of Business, Indiana University, Indiana, United States, p. 39-48, july./aug. 1991. p. 42).

[185] "A moral do oportunismo justifica as ações daqueles que magnificam as próprias conveniências, destituídos de consciência social e de ideais coletivos; maximizam a própria utilidade na linguagem dos economistas e glorificam o proveito pessoal acima de qualquer outra consideração; valorizam o enriquecimento fácil e célere, numa visão imediatista e predadora; cultivam a histeria do 'salve-se quem puder'; consideram que todos os trambiques são válidos, desde que o propósito seja alcançado, não importa a licitude dos meios". (SROUR, Robert Henry. *Ética empresarial*. 4. ed. Rio de Janeiro: Elsevier, 2013. p. 77).

seja compreendido a partir do conteúdo de normas morais (*v.g.* princípio da moralidade da Administração Pública ou mesmo a partir da interpretação concreta do dever de agir na omissão penalmente relevante). Em outros momentos, os sistemas agregam-se mutuamente em adição. Em relação ao *compliance* e à tarefa de conformidade, parece ser o que ocorre, dada a expectativa social contemporânea de que as organizações estarão de forma efetiva, transparente e, ao mesmo tempo, em conformidade jurídica e moral ou ética.[186]

Isso posto e assim como os dois primeiros fundamentos para entendimento do *compliance* (autorregulação regulada e governança corporativa), os conteúdos semânticos das ideias de responsabilidade social e ética empresarial são fundamentos do *compliance* justamente porque não só contribuem para a melhor compreensão de suas razões de existência e conteúdo, como também para sua maior efetividade prática, sobretudo a partir de seus compromissos estruturantes.

Há, portanto, uma relação de retroalimentação intelectiva em que umas ideias permitem a compreensão das outras e vice-versa. O *compliance* ou a conformidade com as normas postas contribui para uma visão de que a organização é uma boa participante social comprometida com os interesses da coletividade. Em contrapartida, as ideias de responsabilidade social e ética empresarial parecem se pressupor e clamam pela adoção de um *compliance* efetivo pela organização, para alcançarem os seus objetivos.

---

[186] Nesse sentido: "The law could be considered to be the minimum norms and standards of conduct of a society. It describes what behavior is accepted and which actions violate the law and are punished. Ethics are a set of moral principles and standards of con duct. Hence there is an overlap between what is legal and what is ethical. Still, what is considered legal is not always ethical. Some actions might be within the law, but generally considered unethical by society or by the rules defined by an organization. Thus there is a field of ethics that includes the law but also extends beyond it to incorporate the ethical standards and issues that the law does not ad dress. For example, racial discrimination used to be legal in the United States, but it was absolutely not ethical. Another example would be corporations doing business in developing countries which have no or only very limited laws to protect the environment and prevent pollution. Even though it is legal to operate in such countries, an organization needs to ask itself whether it is within the ethical standards the organization has set for itself. Even if ethics and the law have a large area of overlap, this overlap is certainly not complete. Organizations must therefore pay attention to the actions that are legal but perhaps not ethical and that do not comply with the ethical standards they have set for themselves". (WULF, Katharina. *Ethics and compliance programs in multinational organizations*. Springer: Berlin, 2011. p. 10).

2.5 Sistemas de Gestão de *Compliance*: compliance formal *versus* compliance real

Na perspectiva legal, o Decreto nº 11.129 de 2022, usa a expressão programa de integridade, que consiste

> no conjunto de mecanismos e procedimentos internos de integridade, auditoria e incentivo à denúncia de irregularidades e na aplicação efetiva de códigos de ética e de conduta, políticas e diretrizes, com objetivo de: I – prevenir, detectar e sanar desvios, fraudes, irregularidades e atos ilícitos praticados contra a administração pública, nacional ou estrangeira; e II – fomentar e manter uma cultura de integridade no ambiente organizacional.[187]

Quatro pontos sobre esse conceito legal parecem merecer maior destaque. Vejamos:

O primeiro deles é observar que o decreto entende que um programa de integridade passa pela aplicação efetiva – ou seja, que mostre resultados concretos[188] – de códigos de ética pelas pessoas jurídicas, é exemplo, portanto, de intersecção normativa entre os sistemas moral e ético e jurídico. O Decreto produz, assim, verdadeira janela de abertura, para que o ordenamento jurídico e a aplicação de suas consequências sejam interpretados a partir de concepções éticas e morais da sociedade e do contexto em que será aplicado. Além disso, parece reconhecer juridicamente a ética empresarial como fundamento.

O segundo ponto é que a definição está associada à própria finalidade do Decreto de regulamentar a Lei nº 12.846/2013 e à responsabilidade administrativa das pessoas jurídicas pela prática de atos contra a Administração Pública. Relaciona, assim, a definição do programa de integridade ao objetivo de evitar desvios, fraudes, irregularidades e atos dessa natureza.[189] No entanto, para fins da presente obra, de

---

[187] BRASIL. Decreto nº 11.129, de 11 de julho de 2022. Regulamenta a Lei nº 12.846, de 1º de agosto de 2013, que dispõe sobre a responsabilização administrativa e civil de pessoas jurídicas pela prática de atos contra a administração pública, nacional ou estrangeira. *Diário Oficial da União*, Brasília, 12 jul. 2022, retificado em 13 jul. 2022. Disponível em: http://www.planalto.gov.br/ccivil_03/_ato2019-2022/2022/Decreto/D11129.htm. Acesso em 17 jul. 2022.
[188] Nesse ponto se lembra da diferença entre um ato jurídico eficaz e um ato jurídico efetivo. O primeiro é aquele vocacionado e capaz juridicamente de produzir efeitos. O segundo é aquele a partir do qual, de fato, são observados efeitos práticos. Essa classificação é muito útil, por exemplo, em relação aos atos processuais.
[189] A Controladoria-Geral da União – CGU, também por sua vocação administrativa, segue o caminho semelhante de conceituação, mas sinaliza uma maior amplitude de possibilidades

entendimento mais amplo e sem apontar qualquer incorreção na definição legal referida, que cumpre com o seu papel, o programa de integridade seria mais do que algo vocacionado a tais objetivos específicos, podendo ser entendido como o conjunto de mecanismos dedicados à tarefa de conformidade como um todo e não somente em relação aos prejuízos à Administração Pública.

Chegando ao terceiro ponto, é muito interessante notar a definição de que o programa seria um conjunto de mecanismos, não se perfazendo, portanto, em apenas um ato, designação de área, estrutura ou ato normativo interno da pessoa jurídica. A ideia, como se verá de forma mais detalhada na sequência, é justamente que as organizações adotem uma série de mecanismos e posturas que, em conjunto, contribuam com a tarefa de conformidade.[190]

Como quarto ponto, vale dizer que o Decreto adota a denominação mais restrita de "programa de integridade". Embora comumente essa expressão seja utilizada na prática como sinônimo de "programa de *compliance*", vale dizer que a ideia de integridade está mais associada ao conjunto de práticas com o objetivo de evitar desvios, fraudes, irregularidades e atos contra a Administração Pública.

Nesta obra, porém, adotaremos a definição mais recente, a já mencionada ISO 37301, incorporada pela ABNT no País: Sistemas de Gestão de *Compliance*.[191] Em termos práticos, porém, as expressões

---

pelo uso do termo "especialmente": "O Programa de Integridade tem como foco medidas anticorrupção adotadas pela empresa, especialmente aquelas que visem à prevenção, detecção e remediação dos atos lesivos contra a administração pública nacional e estrangeira". (CONTROLADORIA-GERAL DA UNIÃO. *Programa de integridade*: diretrizes para empresas privadas. [s.d.]. p. 6. Disponível em: http://cgu.gov.br/Publicacoes/etica-e-integridade/arquivos/programa-de-integridade-diretrizes-para-empresas-privadas.pdf. Acesso em 23 set. 2019).

[190] "An effective ethics and *compliance* program consists of more than the sum of its basic instruments. An organization's code of conduct builds the foundation of the ethics and *compliance* program. In its code, an organization explains its core values and policies, describes what behavior is expected of employees, and explains the consequences for not complying. Through appropriate training programs, organizations reinforce the message of their code and ensure that employees understand what is expected of them. An ethics and *compliance* program will only be effective if employees know what the expected behavior is. In addition to training, organizations inform their employees through communication campaigns, such as newsletters, website postings, brochures, posters, etc., on ethics and *compliance* issues. Ethics and *compliance* training and communication are a major factor for developing and sustaining an organizational culture that promotes and demonstrates ethical and compliant behavior. Training programs, communication campaigns, and the code of conduct help to ensure that a commitment to ethical behavior is taken seriously at all levels of an organization". (WULF, Katharina. *Ethics and compliance programs in multinational organizations*. Springer: Berlin, 2011. p. 57-58).

[191] INTERNATIONAL ORGANIZATION FOR STANDARDIZATION. *ISO37301*: Compliance management systems – Guidelines. Genebra, 2021.

trazem pouca diferença aos objetivos endereçados. O texto apresenta os requisitos e diretrizes para estabelecer, desenvolver, aplicar, avaliar, manter e melhorar um sistema eficaz de *compliance* dentro de uma organização.

Na ideia da ISO, um Sistema de Gestão de *Compliance* possibilita uma organização a demonstrar seu comprometimento com o cumprimento de textos legais relevantes, requisitos regulatórios, códigos de mercado e padrões organizacionais, assim como padrões de boa governança, melhores práticas, éticas e expectativas da comunidade.[192] Interessante, observar, nessa ideia, a incorporação, ainda que indireta, dos fundamentos mencionados nos itens precedentes.

Em suas definições, a ISO define um "Sistema de Gestão" como um conjunto de elementos inter-relacionados ou que interagem entre si, em uma organização, para estabelecer políticas (suas intenções e direcionamentos, assim expressados pela alta administração) e objetivos (resultados a serem buscados), assim como as atividades ou práticas adotadas para atingir tais objetivos e traduzir em termos concretos as políticas previstas.[193]

Desse modo, o Sistema de Gestão de *Compliance*, a partir dos conceitos identificados no documento,[194] pode ser considerado como o conjunto de elementos inter-relacionados ou que interagem entre si ("Sistema de Gestão"), voltado para que a organização cumpra todas as obrigações que a organização precisa cumprir e aquelas que a organização voluntariamente opta por cumprir ("*Compliance*").

É o instrumento que instrumentaliza de forma concreta e prática a ideia de autorregulação regulada, ou seja, a ideia de que as organizações regulam a si mesmas, mas com a regulação do Estado, ainda que não haja essa obrigatoriedade de forma expressa em texto legal. É por meio do Sistema de Gestão de *Compliance* que a organização implementa padrões que são significantes para sua própria existência e sucesso,[195] [196]

---

[192] INTERNATIONAL ORGANIZATION FOR STANDARDIZATION. *ISO37301*: Compliance management systems – Guidelines. Genebra, 2021.
[193] INTERNATIONAL ORGANIZATION FOR STANDARDIZATION. *ISO37301*: Compliance management systems – Guidelines. Genebra, 2021.
[194] INTERNATIONAL ORGANIZATION FOR STANDARDIZATION. *ISO37301*: Compliance management systems – Guidelines. Genebra, 2021.
[195] INTERNATIONAL ORGANIZATION FOR STANDARDIZATION. *ISO37301*: Compliance management systems – Guidelines. Genebra, 2021. p. 73.
[196] "O objectivo do estabelecimento de medidas de organização interna de uma empresa não é o de criar um programa normativo que favoreça a sua atividade 'no fio da navalha' e lhe permita fugir à responsabilidade penal, mas sim delimitar o perímetro dos comportamentos proibidos, de forma que possam ser prevenidas e reprimidas práticas contrárias às

se autorregulando a partir desses padrões (autorregulação), bem como estabelece e adota os mecanismos que, de forma coerente, contínua e integrada, se retroalimentam com vistas à criação e manutenção de um ecossistema virtuoso e próprio da organização em prol da tarefa de conformidade (regulada). Como diz a ISO 37301, as organizações estabelecerão, aplicarão, avaliarão, manterão e melhorarão continuamente o Sistema de Gestão de *Compliance*, incluindo os procedimentos necessários e suas inter-relações, de modo a refletir seus valores, objetivos, estratégias e riscos de *compliance*, levando em conta o contexto em que estão inseridas.[197]

Nesse sentido, e na perspectiva de prevenção à criminalidade econômica – o que poderia, em uma leitura, levar a uma discussão profícua sobre as finalidades preventivas da pena, inclusive da autorregulação regulada como aperfeiçoamento da própria tarefa fiscalizatória e preventiva do Estado –,

> a finalidade do *compliance* é a aplicação de normas jurídicas e outras diretivas definidas para a empresa e, através delas, cumprir o direito vigente e evitar prejuízos para a empresa, seus órgãos e empregados. Assim, sendo praticado algum crime no ambiente empresarial, programas de *compliance* efetivos aumentarão as chances de que a própria empresa o detecte, possibilitando a investigação e a remediação interna do dano eventualmente causado. [...] Esse mecanismo parte do pressuposto de que a causa essencial da criminalidade empresarial é a falta de valores éticos e sociais e considera que, por isso, a modificação na forma de gestão da empresa com a introdução de diretrizes éticas de comportamento e o fomento desses valores no mundo empresarial é a forma mais eficaz de luta contra essa classe de delinquência. Em geral, tais diretrizes reproduzem praticamente as normas de comportamento penais e, assim, conforme Pastor Munoz, funcionam como verdadeiros "alto-falantes" da legislação penal atinente. Esses programas são naturalmente orientados ao controle interno e possuem um conteúdo específico de prevenção, buscando compensar os efeitos criminógenos característicos das organizações empresariais. O controle interno da própria organização se expressa como uma verdadeira estratégia político-criminal cujo fim é controlar aquele delito próprio do âmbito empresarial. Nesse sentido, esses programas se tornam necessários ao se considerar a ineficácia preventiva das normativas jurídicas em geral

---

normas definidas". (RODRIGUES, Anabela Miranda. *Direito penal econômico*: uma política criminal na era *compliance*, Coimbra: Almedina, 2019. p. 47).

[197] RODRIGUES, Anabela Miranda. *Direito penal econômico*: uma política criminal na era *compliance*, Coimbra: Almedina, 2019, p. 47.

e da ineficiência da persecução estatal (considerando além dos fatores já expostos, também o seu orçamento e suas estruturas burocráticas).[198]

Da mesma forma, o Sistema tem relação direta com a governança corporativa e com seus pilares, em especial os de *accountability*, transparência e *enforcement*. É recomendável, na ideia de coerência funcional de estruturação interna de autorregulação, e até natural que os valores e princípios de uma governança corporativa eficaz integrem o programa de integridade. São pilares que, ao mesmo tempo, potencializam as chances de resultados frutíferos ao desenvolvimento íntegro das atividades da organização e das relações entre os diversos agentes que a ela pertencem. Além disso, o histórico de desenvolvimento de estruturas internas derivado dos princípios de governança não só melhora a gestão da própria pessoa jurídica, como também é experiência altamente aproveitável para estruturação e separação de funções das áreas internas relacionadas ao desenvolvimento do programa de integridade (área de *compliance*, recursos humanos, segurança da informação etc.).

Guarda, ainda, relação com a responsabilidade social e ética, que, ao fim e ao cabo, possuem intersecção de objetivos e princípios. Tanto as ideias de responsabilidade social e ética empresarial quanto um programa de integridade têm como uma de suas vocações a proteção reputacional da organização, com a construção de uma imagem positiva de participante social e manutenção da conformidade, o que passa pela adoção formal e material de padrões sérios de *compliance* e integridade.

Em suma, o Sistema de Gestão de *Compliance* é o mecanismo por meio do qual todos os principais fundamentos do *compliance* são concretizados. Quer dizer, é por meio dos seus fundamentos que o *compliance* é melhor observado intrinsecamente, o que, ao lado da sua ideia de tarefa de conformidade – em intervenção estatal transferida e aperfeiçoada – permite a melhor compreensão de seu próprio conceito. Logo, entender os fundamentos do *compliance* é importante não só para a tarefa de conformidade em si considerada, mas também para entender quais as principais funções do próprio programa de integridade: materializar de forma consistente a tarefa de conformidade, conforme e coerente à autorregulação regulada; apoiar o desenvolvimento da

---

[198] FORIGO, Camila Rodrigues. O criminal *compliance* e a autorregulação regulada: privatização no controle à criminalidade econômica. *In*: GUARAGNI, Fábio André; BACH, Marion (Coords.). *Direito penal econômico (versão eletrônica pdf)*: administração do direito penal, criminal *compliance* e outros temas contemporâneos. Londrina: Thoth, 2017. p. 35-36.

governança corporativa; e fomentar a responsabilidade social e a ética empresarial da organização.[199] Extremamente sensível é o risco que se tem de desenvolvimento de um Sistema de Gestão meramente formal, inefetivo e não comprometido com a potencialização da integridade e conformidade no exercício das atividades da organização. Em outras palavras, há chances concretas de se desenvolver um sistema que se diz vocacionado a criar e a manter um ecossistema de integridade e pró *compliance*, inclusive com textos normativos internos altamente trabalhados, detalhistas e rebuscados, mas que, na prática, não passa de mera estrutura formal, aparente, recheada de promessas utópicas. Um verdadeiro corpo errante em busca de sua alma. Em vez de contribuir com o *compliance*, um sistema com essas características trabalha de forma contrária, promovendo o distanciamento dos objetivos pensados e gerando um ecossistema viciado, sobretudo em razão da descrença de sua inefetividade gerada no corpo da organização a partir da sua ausência de resultados práticos.

É em função disso que há o desenvolvimento de uma série de ideias e instrumentos que devem integrar um sistema de gestão para que exista um *compliance* real e não um *compliance* meramente formal, que, ao final, significará a ausência prática de *compliance*. Um verdadeiro *compliance* líquido, por assim dizer, de eficácia e efetividade irradiantes, que permeie todas as áreas da organização, sua cultura interna e em relação a seus parceiros.[200]

---

[199] "These programs aim to avoid unethical behavior on the part of management and employees with measures that are in addition to existing corporate governance and accounting standards. Corporations can optimize their economic success and sustainability if their business activities satisfy not only the interests of relevant stakeholders (such as employees, customers, investors, suppliers, etc.) but also the interests of society as a whole. Businesses are most successful if they are in harmony with society, government, and the economy. An ethics and *compliance* program can merely fulfill basic needs such as the appointment of an ethics and *compliance* officer who is responsible for ensuring that required paperwork is complete and submitted in a timely manner. Alternatively, an organization can develop a sophisticated ethics and *compliance* program with an officer, training and communication programs, reporting mechanisms, audit and evaluations functions, and a system for tracking legal requirements and *compliance*. Organizations have developed programs on both ends of the spectrum and in between, all depending on the type of company". (INTERNATIONAL ORGANIZATION FOR STANDARDIZATION. *ISO37301: Compliance* management systems – Guidelines. Genebra, 2021. p. 41).

[200] "Em geral, os programas de cumprimento têm componentes de regulação, prevenção, investigação e sancionamento. É muito difundido o modelo de sua elaboração em três colunas (modelo das três colunas) – formulação, implementação e consolidação e sancionamento. A formulação do programa – de acordo com o trinómio detectar, definir, estruturar – tem a ver com a identificação e análise de riscos, com a adoção de códigos de ética ou de conduta, que definem as medidas de prevenção adequadas em face dos riscos, e ainda com o desenvolvimento de mecanismos – canais de denúncia – que permitem a identificação

São pontos internos ou intrínsecos do próprio programa ou pontos externos ou extrínsecos ao programa, mas pertencentes à própria organização.[201] Por isso, inclusive, são estabelecidos requisitos padronizados, sobretudo na referida ISO 37301:2021.

---

de condutas desviantes na empresa, tendo em vista, na última etapa de construção da coluna, a estruturação concreta do programa, aí inclusa a definição das competências dos diversos agentes de *compliance*. Com a implementação, trata-se de assegurar os vetores de comunicação-promoção-organização dos programas, desde logo garantindo, em cada segmento de atuação de administradores e empregados, o conhecimento dos códigos e dos procedimentos a adotar em conformidade, avultando aqui a importância da formação; e, para além disso, assegurando a promoção da cultura de cumprimento, através da consagração de medidas internas, que podem dizer respeito à documentação dos atos praticados ou à instituição de controlos internos (não enunciados) ou externos (auditorias). Já tendo em vista a consolidação e o aperfeiçoamento dos programas – que passa por reagir, sancionar e aperfeiçoar – é necessário que estes incluam mecanismos de reação perante práticas ilícitas cometidas na, contra ou através da empresam designadamente, medidas de investigação internas, e que prevejam sanções a serem aplicadas. O aperfeiçoamento dos programas implica, finalmente, a sua avaliação contínua, tendo em vista a atualização, revisão regular e assegurar a sua efetividade". (RODRIGUES, Anabela Miranda. *Direito penal econômico*: uma política criminal na era *compliance*, Coimbra: Almedina, 2019. p. 58-59).

[201] O Decreto nº 8.420/2015 organiza, de certa forma, esses pontos, em seu art. 42: "Art. 42. Para fins do disposto no §4º do art. 5º, o programa de integridade será avaliado, quanto à sua existência e aplicação, de acordo com os seguintes parâmetros: I – comprometimento da alta direção da pessoa jurídica, incluídos os conselhos, evidenciado pelo apoio visível e inequívoco ao programa; II – padrões de conduta, código de ética, políticas e procedimentos de integridade, aplicáveis a todos os empregados e administradores, independentemente de cargo ou função exercidos; III – padrões de conduta, código de ética e políticas de integridade estendidas, quando necessário, a terceiros, tais como, fornecedores, prestadores de serviço, agentes intermediários e associados; IV – treinamentos periódicos sobre o programa de integridade; V – análise periódica de riscos para realizar adaptações necessárias ao programa de integridade; VI – registros contábeis que reflitam de forma completa e precisa as transações da pessoa jurídica; VII – controles internos que assegurem a pronta elaboração e confiabilidade de relatórios e demonstrações financeiras da pessoa jurídica; VIII – procedimentos específicos para prevenir fraudes e ilícitos no âmbito de processos licitatórios, na execução de contratos administrativos ou em qualquer interação com o setor público, ainda que intermediada por terceiros, tal como pagamento de tributos, sujeição a fiscalizações, ou obtenção de autorizações, licenças, permissões e certidões; IX – independência, estrutura e autoridade da instância interna responsável pela aplicação do programa de integridade e fiscalização de seu cumprimento; X – canais de denúncia de irregularidades, abertos e amplamente divulgados a funcionários e terceiros, e de mecanismos destinados à proteção de denunciantes de boa-fé; XI – medidas disciplinares em caso de violação do programa de integridade; XII – procedimentos que assegurem a pronta interrupção de irregularidades ou infrações detectadas e a tempestiva remediação dos danos gerados; XIII – diligências apropriadas para contratação e, conforme o caso, supervisão, de terceiros, tais como, fornecedores, prestadores de serviço, agentes intermediários e associados; XIV – verificação, durante os processos de fusões, aquisições e reestruturações societárias, do cometimento de irregularidades ou ilícitos ou da existência de vulnerabilidades nas pessoas jurídicas envolvidas; XV – monitoramento contínuo do programa de integridade visando seu aperfeiçoamento na prevenção, detecção e combate à ocorrência dos atos lesivos previstos no art. 5º da Lei nº 12.846, de 2013 ; e XVI – transparência da pessoa jurídica quanto a doações para candidatos e partidos políticos"[...] No caso das instituições financeiras, por exemplo, a Resolução nº 4.595 de 2017, do Banco Central do Brasil, que fala das políticas de conformidade no âmbito dessas instituições, dispõe o que a política de conformidade deve definir. (BANCO CENTRAL DO BRASIL.

Em primeiro lugar, é imprescindível que o Sistema de Gestão de *Compliance* seja devidamente situado, contextualizado e específico para realidade da organização, com o mapeamento de riscos (interno/ intrínseco).²⁰² Isso não só é fundamental para as chances de sucesso na tarefa de conformidade, como para a própria utilidade do programa. Basta imaginar, por exemplo, o desenvolvimento de um programa genérico que indique o respeito a normas jurídicas setoriais que não são aplicáveis à atividade (*v.g.* normas de regulamentação sanitária em um programa de uma empresa de tecnologia da informação). Também é importante entender as práticas culturais consolidadas na organização, a fim de entender quais padrões de não integridade devem ser desconstruídos, quais enfoques devem ser dados, como as abordagens

---

Resolução nº 4.595, de 28 de agosto de 2017. Dispõe sobre a política de conformidade (*compliance*) das instituições financeiras e demais instituições autorizadas a funcionar pelo Banco Central do Brasil. *Diário Oficial da União*, 30 ago. 2017. Disponível em: https://www. bcb.gov.br/pre/normativos/busca/downloadNormativo.asp?arquivo=/Lists/Normativos/ Attachments/50427/Res_4595_v1_O.pdf. Acesso em 03 jul. 2019).

[202] "As a first step, organizations must identify the risk they are facing due to the legal areas relevant to their industry and business and evaluate their criminal and civil exposure arising from them. Typically these areas include antitrust, anti-corruption, security, conflicts of interest, government contracting, environment, and labor and employment [...] To determine which additional risk areas exist, organi zations should analyze their litigation, regulatory, and *compliance* history as well as their competitors' history. To define the standards, organizations should consult with their legal advisors and functional managers. [...] However, it is not sufficient to just identify the legal risk areas and publish them in a code of conduct. Organizations must develop, communicate, distribute, and train their employees on their policies and procedures. Additionally, organi zations need to update their policies and procedures to take into account changes in laws and regulations and then communicate and train their employees on the changes. In a code of conduct, organizations usually provide an overview of their *compliance* program, applicable standards, and training requirements, establish disciplinary measures for violations of the code, and assign responsibility for the program to certain individuals. The code summarizes the organization's commitment to *compliance*. Even though there are similar elements in every code, they will vary depending on the organization's industry, business, identified ex posure to risks, and culture. A code should always be given to the board of directors and the senior man agement for approval. It is absolutely essential that the executive team, in partic ular the CEO, supports the code and sends the right message from the top. However, the *compliance* standards should not only be 'followed by its employees' but also by 'other agents'". (INTERNATIONAL ORGANIZATION FOR STANDARDIZATION. *ISO37301: Compliance* management systems – Guidelines. Genebra, 2021. p. 88); "Se alude a la necesidad de llevar a cabo una identificación y evaluación de todos y cada uno de los riesgos que cabe esperar a tenor de la concreta actividad empresarial (*Gap analysis*). Sería indispensable, ante todo, proceder a un inventariado de los riesgos de infracción de normas. A continuación, los riesgos detectados debieran ser valorados, estimación que se obtendría a partir de la probabilidad de que se materialixe en un concreto daño y el valor concreto de dicho daño". (VILA, Ivó Coca. ¿Programas de cumplimiento como forma de autorregulación regulada? *In*: SÁNCHEZ, Jesús-María Silva (Dir.); FERNÁNDEZ, Raquel Montaner (Coord.). *Criminalidad de empresa y compliance*: prevención y reacciones corporativas. Barcelona: Atelier Libros, 2013. p. 57)."

de comunicação e treinamento devem ser feitas etc.[203] Por essa razão é de todo inútil o estabelecimento de um programa de integridade modelo a ser replicado ou o aproveitamento de documentos feitos em outras organizações. Inclusive, se a organização optar por contar com empresa terceira na estruturação do programa, é muito proveitoso que o profissional dedicado ao diagnóstico de todos esses riscos e cenários esteja presencialmente, por um período, dentro da própria organização, realizando os mapeamentos na prática.

Em segundo lugar, é fundamental que o programa de *compliance* conte com o comprometimento e o apoio da alta administração da organização (*"tone at the top"*) (externo/extrínseco). Os líderes, nos topos da pirâmide organizacional, devem efetivamente exercer sua liderança com integridade, apresentando-se como verdadeiros exemplos de comprometimento com os princípios do programa e sua plena efetividade. Líderes não comprometidos ou, pior, com limites de integridade, moral e ética frágeis não só prejudicam a tarefa de conformidade e o desenvolvimento da atividade da organização, como também desmotivam o corpo de colaboradores a cumprir com o programa.[204] Esse

---

[203] Sobre a importância do conhecimento da cultura organizacional: "A cultura organizacional é vista como um facilitador da convivência entre os integrantes da organização, estabelecendo o conceito do que é certo ou errado, próprio ou impróprio, facilitando a comunicação e a realização dos objetivos organizacionais, e, inclusive, gerando segurança emocional para aqueles que vivem nos ambientes organizacionais, na medida em que as pessoas sabem o que delas é esperado. Além disso, a cultura é um instrumento que modela as formas de gestão e os relacionamentos internos organizacionais, na medida em que as pessoas sabem o que delas é esperado". (CESAR, Ana Maria Roux Valentini Coelho; LEVORATO, Danielle Cristine da Silva. O papel da cultura organizacional na implantação do programa de *compliance* na área de infraestrutura da odebrecht engenharia e construção. *In*: NOHARA, Irene Patrícia; PEREIRA, Flávio de Leão Bastos. *Governança, compliance e cidadania* (Coords.). São Paulo: Thomson Reuters Brasil, 2018. p. 356).

[204] "Once organizations have established *compliance* standards and procedures for their employees to follow, they are asked to appoint '[s]pecific individual(s) within high-level personnel of the organization' that are responsible for 'over see[ing] *compliance* with such standards and procedures' (USSG 1994, §8A1.2, cmt. n.3 (k)(2)). A *compliance* officer should be a high-level manager who has access to and the support of the board and senior management. This position is necessary in order to have one individual responsible for overseeing and implementing the program on a company-wide basis. However, even if the *compliance* officer is a high-level manager, he or she needs the support of the board and senior management. It must be visible to all employees that the executive team is committed to its *compliance* program. The members of the executive team must play an active role in the program and thereby establish a culture of respect for *compliance* in the company. *Compliance* should extend from the highest level through middle management down to employees at the lowest level of the organization. There are many different options for structuring the *compliance* officer posi tion. Centralized organizations often have one *compliance* officer who coordinates the program. In decentralized companies it might be better to have each subsidiary or division have its own *compliance* representative who is part of a *compliance* committee or have a combination of one or more *compliance* officers and a committee.

comprometimento deve ficar claro nos vários momentos que perfazem a concepção e a execução do programa: na instituição dos mecanismos de *compliance*, inclusive, com a participação direta da alta administração na comunicação e treinamento dos demais colaboradores; na atualização contínua dos instrumentos de integridade; na aplicação das medidas de *enforcement*, inclusive em relação aos titulares de cargos e funções elevadas etc. Para servir de exemplo e provocar alterações na cultura organizacional, a participação da alta administração precisa ser concreta e transparente, a narrativa meramente formal do compromisso não cumpre tal função. Os líderes da organização se apresentam, assim, como verdadeiros garantes do programa de *compliance*.[205]

Sometimes the *compliance* representatives are managers of key functions such as legal, audit, or human resources". (WULF, Katharina. *Ethics and compliance programs in multinational organizations*. Springer: Berlin, 2011. p. 89); No mesmo sentido: CONTROLADORIA-GERAL DA UNIÃO. *Programa de integridade*: diretrizes para empresas privadas. [s.d.]. Disponível em: http://cgu.gov.br/Publicacoes/etica-e-integridade/arquivos/programa-de-integridade-diretrizes-para-empresas-privadas.pdf. Acesso em 23 set. 2019. p. 8-9); e "As establishing an effective *compliance* program is an important decision that must be made by the management of a company, the concern of top managers about corruption issues is an important step for such a decision". (MACHADO, Felipe C. *Compliance policies, training, and monitoring as effective tools to prevention of corruption*. 35f. Master of Sciente in Economic Crime Management. Faculty of Utica College. Utica, United States, 2015. Disponível em: https://search.proquest.com/docview/1654779408/fulltextPDF/CA8D5942C504406FPQ/39?accountid=12217. Acesso em 23 set. 2019); "A fim de dar uma maior efetividade ao programa de integridade organizacional envolto nessa sociedade contemporânea, ou seja, complexa e de risco, é que se indica o modelo de melhoria contínua. Será, a partir de um programa próprio e em constante qualificação que será possível entender uma contínua redução dos perigos e um aumento gradual dos riscos. Ou seja, em se tratando os perigos dos riscos a partir da sua consequência de decisões, o aprofundamento do grau de aprendizagem vai estar relacionado aos riscos que a organização está disposta a aceitar. Trata-se do que foi referido como apetite ao risco, e, não apetite ao perigo. O grau de incerteza vai depender dos riscos que são originários da decisão, complexa e madura, a partir dos agentes com competência para decidir nessa organização. Por isso o programa deve estar alinhado a toda cultura organizacional, especialmente no cotidiano dos gestores que ocupam os cargos mais relevantes. Por isso que a doutrina é unânime [ao afirmar] que um programa de integridade começa no topo, ou seja, na gestão superior da organização. A nomenclatura de tone from the top, ou seja, o tom da importância do programa surge do apoio e do engajamento pessoal da alta administração". (WITTMANN, Cristian Ricardo. *Programas de integridade (compliance programs) e o direito na sociedade global*: a concepção de um campo autônomo de regulação das nanotecnologias em usos militares. 275f. Tese de Doutorado, Universidade do Vale do Rio dos Sinos, São Leopoldo, 2016. p. 245-246); e "Em uma empresa, o *compliance* deve ter início na diretoria e nos executivos de alto nível, os quais são responsáveis, de certa forma, por dar para a empresa as diretrizes que serão seguidas pelos gerentes e demais funcionários. Prova disso é que tanto as agências americanas quanto a norma brasileira iniciam a análise da efetividade de um programa de *compliance* pelo respeito empregado a ele pelos dirigentes". (SORÉ, Raphael Rodrigues. *A lei anticorrupção em contexto*: estratégias para a prevenção e o combate à corrupção corporativa. Belo Horizonte: Fórum, 2019. p. 125).

[205] "É natural que haja uma tendência dos funcionários de uma organização de seguirem os exemplos de seus líderes, o que se torna especialmente problemático com o envolvimento

Nesse sentido, a ISO 37301:2021[206] entende que a liderança e o compromisso da alta administração são demonstrados se (i) assegurarem que as políticas e objetivos de cumprimento são estabelecidos e compatíveis com o direcionamento estratégico da organização; (ii) assegurarem a integração dos requisitos do sistema de gestão com os procedimentos comerciais da organização; (iii) garantirem que são disponíveis os recursos necessários para cumprimento do sistema de gestão; (iv) comunicarem a importância da gestão eficaz do *compliance* com os requisitos do sistema de gestão; (v) assegurarem que o sistema vai trazer os resultados esperados; (vi) orientarem e apoiarem as pessoas que contribuam com o sistema de gestão; (vii) promoverem a melhoria contínua do sistema; e (viii) apoiarem as outras funções de gestão pertinentes.

Em terceiro, as qualificações relacionadas a quem ficará responsável mais diretamente pela formatação e execução do sistema é igualmente importante (externo/extrínseco).[207] Cumpre à organização e, sobretudo, à alta administração, como demonstração concreta de seu comprometimento, realizar o efetivo *due diligence* ou a verificação prévia e cuidadosa em relação ao(s) profissional(is) ou parceiro(s) responsável(eis), a fim de garantir sua idoneidade.

---

daqueles que ocupam os cargos mais altos da empresa com práticas ilícitas. [...] Se os líderes destinam tempo de suas agendas no convencimento sobre a observância das regras de *compliance*, é natural que os liderados, que muitas vezes se espelham naquele que está no topo para orientar suas próprias carreiras, entendam como adequadas as mesmas prioridades. O exemplo deve vir de cima e, exatamente por isso, não basta apenas apoiar, participar das reuniões e declarar entusiasmo nas comunicações de *compliance* – o líder máximo da organização deve incorporar os princípios éticos que sustentam o programa e praticá-los no cotidiano, não apenas para dar o exemplo aos demais, mas também para consolidar valores na companhia que dirige. A liderança ocupa posição de destaque desde a introdução do programa e assume a responsabilidade de dizer para toda a organização que a lei deve ser cumprida incondicionalmente, ainda que isso custe boas oportunidades de negócios ou impeça o atingimento de metas. [...] Uma organização pode até possuir um programa de *compliance* bem elaborado, mas, se os seus altos executivos, principalmente em situações críticas, não moldarem suas condutas à mensagem que repetidamente é repassada aos demais funcionários, o programa jamais será efetivo. A situação fica ainda pior quando a liderança da corporação possui atributos éticos frágeis ou apresenta comportamentos inadequados, o que pode gerar consequências que vão desde a desmotivação da equipe e perda de talentos profissionais até a desvalorização real de mercado e a redução do faturamento da própria empresa". (ZENKNER, Marcelo. *Integridade governamental e empresarial*: um espectro da repressão e da prevenção à corrupção no Brasil e em Portugal. Belo Horizonte: Fórum, 2019. p. 373-374).

[206] INTERNATIONAL ORGANIZATION FOR STANDARDIZATION. ISO37301: *Compliance management systems* – Guidelines. Genebra, 2021.

[207] "It is the organization's responsibility to exercise due diligence in selecting individuals in functions not related to *compliance* as well as for individuals responsible for administration and enforcement of the *compliance* program". (WULF, Katharina. *Ethics and compliance programs in multinational organizations*. Springer: Berlin, 2011. p. 90).

Em quarto, também é imprescindível a execução de verificações prévias ou *due diligences* em relação a todos os potenciais parceiros da organização e nos casos de fusão ou aquisição (externo/extrínseco). Isso não só para a própria sustentabilidade do sistema, dado que o contato com parceiros em não *compliance* pode fragilizar a busca pela manutenção de um ecossistema de *compliance*, mas também pelo fato de a Lei nº 12.846/2013 prever a responsabilidade objetiva da organização em relação aos seus parceiros e respectivos prepostos.[208]

Em quinto, é absolutamente fundamental a existência de um código de conduta que, embora não resolva todos os problemas de não cumprimento da organização[209] e sequer pode ser a primeira

---

[208] "Uma das principais consequências da responsabilidade objetiva estabelecida na Lei Federal brasileira nº 12.846/2013 envolve o relacionamento com terceiros, quais sejam, empresas que prestam serviços, advogados, despachantes aduaneiros, contadores, representantes comerciais, etc. Isso significa, em outras palavras, que, se um preposto da empresa contratada se envolver com corrupção, a empresa contratante será responsabilizada. Exatamente por isso é que as grandes empresas estão se preocupando também em trabalhar a cadeia de valor: se antes os terceiros eram utilizados para a prática de atos ilícitos, a fim de mascarar responsabilidades, atualmente, por força da legislação vigente, os terceiros precisam passar uma tranquilidade mínima em relação às atividades que desempenham. Vêm daí as siglas da língua inglesa para parceiros '*KYP*' (*Know Yur Partners*) e fornecedores '*KYS*' (*Know Your Suppliers*). Antes de estabelecer relações de negócio, cabe à diretoria de *compliance* a responsabilidade pela avaliação do perfil de risco dos pretensos parceiros estratégicos, assim como sua participação e reputação nos mercados que atuam. Assim, para evitar a responsabilização da empresa por atos ilícitos eventualmente praticados por terceiros, é importante pesquisar o passado dos parceiros, verificar se esses terceiros possuem um programa de *compliance* efetivo implementado, realizar auditorias de *compliance* e até oferecer treinamentos a seus funcionários. [...] Na gestão de riscos, due diligences para fins anticorrupção têm sido o primeiro elemento a ser considerado antes de uma possível fusão ou aquisição". (ZENKNER, Marcelo. *Integridade governamental e empresarial*: um espectro da repressão e da prevenção à corrupção no Brasil e em Portugal. Belo Horizonte: Fórum, 2019. p. 384-385); e "A utilização de terceiros nas relações entre a empresa e o setor público é fonte de grande risco para sua integridade, pois eles representam o interesse da empresa, ainda que não façam parte dos seus quadros ou não estejam diretamente subordinados a ela. De acordo com a Lei nº 12.846/2013, as empresas podem ser responsabilizadas por todos os atos lesivos praticados em seu interesse. Desta forma, contínuo monitoramento deve ser voltado para o controle das ações daqueles que podem praticar atos em benefício ou interesse da empresa, pouco importante a natureza de seu vínculo. [...] As fusões, aquisições e reestruturações societárias podem representar situações de risco, pois há possibilidade de a empresa herdar passivos de atos ilícitos praticados anteriormente à operação. Dessa forma, é importante que a empresa que não contribuiu para a ocorrência desses ilícitos esteja atenta a esse risco e adote bons procedimentos de verificação prévia". (CONTROLADORIA-GERAL DA UNIÃO. *Programa de integridade*: diretrizes para empresas privadas. [s.d.]. Disponível em: http://cgu.gov.br/Publicacoes/etica-e-integridade/arquivos/programa-de-integridade-diretrizes-para-empresas-privadas.pdf. Acesso em 23 set. 2019. p. 13)."

[209] "The mere development of a code of conduct does not alone lead to improvements in the ethical and moral behavior of employees and management. In fact, experiences gained in the United States in recent decades confirm that strategies need to be developed to

providência do sistema,[210] pode ser tido como seu verdadeiro coração (interno/intrínseco):

> Company-specific codes are a way of setting and communicating standards of conduct and constitute a core instrument of any ethics and *compliance* program. Academics as well as practitioners use different terms for codes of conduct, including code of ethics, code of business conduct, code of business standards, ethics guide, ethics code, employee manual, mission statement or value statement. The purpose is to make known what behavior is expected in respect to organizational norms. Codes of conduct are outlines of behavior that is expected to be followed by all individuals within the organization. They are a set of fundamental principles that can be used as a basis for operational requirements (things employees are required to do) as well as operational prohibitions (things employees are not supposed to do). Moreover, they provide methods for getting help or advice and procedures employees can follow to re port violations. Employees should be guided towards the right ethical behavior in such a way that they know how to behave in ambiguous situations. The purpose of these sets of guidelines is to support employees and managers in their day-to day decision-making process and to formulate rules that incorporate the organization's values and beliefs and apply to everyone within the organization irrespective of position.[211]

Podem ser definidos como documentos das organizações que perfazem os principais valores, os padrões morais e os comportamentos éticos esperados pelos colaboradores, bem como traduzem teorias mais

---

successfully implement codes of conduct in such a way that the behavior of all members of an organization changes". (WULF, Katharina. *Ethics and compliance programs in multinational organizations*. Springer: Berlin, 2011. p. 35).

[210] "Deve ser elaborado, após essas diligências preliminares e específicas, o código de conduta da empresa, o qual deve não apenas definir uma série de regras de comportamentos, a serem exigidos de todos os colaboradores, inclusive gerentes e diretores da empresa, mas também refletir os princípios e valores da organização de modo claro e inequívoco. [...] Fica evidente, assim, que a elaboração do código de conduta nunca poderá ser a primeira providência na implementação de um mecanismo de *compliance*, eis que ele depende sempre de um estudo preliminar, minucioso e bem elaborado, que leva em conta as características do negócio que é realizado por aquela organização, a quantidade de funcionários, a região onde a empresa está geograficamente localizada etc. É de nenhum valor um código de conduta que simplesmente reproduz o documento já adotado por outra corporação ou utiliza um modelo geral colocado à disposição para cópia, até porque cada empresa possui suas próprias particularidades". (ZENKNER, Marcelo. *Integridade governamental e empresarial*: um espectro da repressão e da prevenção à corrupção no Brasil e em Portugal. Belo Horizonte: Fórum, 2019. p. 375).

[211] WULF, Katharina. *Ethics and compliance programs in multinational organizations*. Springer: Berlin, 2011. p. 19-20.

formais em diretrizes a serem adotadas pelos funcionários e pelos diretores nos processos diários de decisão em que interagem entre si, com parceiros, acionistas ou entidades estatais.[212] Ainda nessa perspectiva, um código de conduta efetivo é aquele que ajuda os agentes atuantes da organização e seus parceiros a compreenderem melhor todas as normas aplicáveis e em relação às quais se busca a conformidade, devendo ser escrito no difícil equilíbrio entre um conteúdo completo e uma linguagem simples e de fácil intelecção. Mesmo os colaboradores com mais alto grau de instrução e até com conhecimento específico nas áreas jurídicas e setoriais podem se deparar com situações concretas ambíguas ou em que os limites entre integridade e não integridade ou legalidade e ilegalidade são muito próximos. Os códigos de conduta podem servir de importante norte nessas situações.[213] Além disso, há um ganho consistente em relação aos comportamentos observados no seio da organização, com o estabelecimento de padrões comportamentais mais confiáveis e previsíveis.[214] Em síntese, é possível dizer

---

[212] "Codes of conduct can be defined as commitments voluntarily made by organizations, industries, or professions to specific beliefs, values, and action and/or set out appropriate ethical behavior for employees. They are a written, distinct, and formal document which consists of moral standards used to guide employee and corporate behavior. Codes should translate formal theories of ethics into guidelines for employees and managers which they can implement and apply in their day-to-day decision-making processes when dealing with each other, with shareholders, or with stakeholders". (WULF, Katharina. *Ethics and compliance programs in multinational organizations*. Springer: Berlin, 2011. p. 20).

[213] "Existing laws, regulations, and policies are often complex and difficult to understand and apply to a large range of industrial fields. Codes of conduct are supposed to help individuals related all applicable laws and policies to the specific areas relevant to an organization. If the "jungle" of laws and regulations is reduced to a single document, employees can easily obtain the information that is most important for their daily work. However, organizations must ensure that their code is written in plain and simple language so that employees of any level can understand it (Schwartz et al. 2000: 12). Employees cannot be expected to know all the laws and regulations pertaining to their work. They also cannot be expected to be aware of all ethical ambiguities they might face in their position. But if employees are informed of relevant ethical and legal issues, they will more likely question unethical or illegal behavior and ultimately do the right thing in an ambiguous situation (Trevino et al. 1999: 133f). Even if individuals have a good sense of which behaviors are ethical and which are dishonorable or illegal in society, they may still sometimes be confronted with a situation in which they do not know how to behave correctly. Occasionally individuals are pushed into a situation in which they are uncertain how to distinguish between ethical and legal conduct and unethical and illegal conduct. Organizations use codes to prescribe rules of conduct that they expect their employees to observe. These rules may guide employees in ambiguous situations to do the right thing, i.e. to behave in an ethical correct manner in the interest of the organization". (WULF, Katharina. *Ethics and compliance programs in multinational organizations*. Springer: Berlin, 2011. p. 72).

[214] "Implementing codes of conduct may lead to the establishment of reliable or predictable behavior within an organization. Behavioral norms for problems that often arise become

que os códigos de conduta possuem três principais funções: (i) reduzir as ambiguidades de comportamento e a complexidade da tarefa de conformidade; (ii) estabelecer padrões íntegros de comportamento;[215] e (iii) implementar padrões que sejam significantes para a organização.

Em sexto, é muito importante que a organização dedique esforços à comunicação e ao treinamento frequente dos seus colaboradores (externo/extrínseco). A ideia não é só demonstrar, na prática e de forma efetiva, o comprometimento próximo da organização com o *compliance*, mas esclarecer aos colaboradores, de forma simples e sintetizada, em especial, (i) quais são as normas e procedimentos internos, (ii) quais são os principais pontos normativos que a tarefa de conformidade está associada (*v.g.* leis, regulamentações setoriais, precedentes judiciais pertinentes etc.), (iii) como devem agir diante de situações ambíguas ou em que os limites entre posturas íntegras e não íntegras forem muito sensíveis (*v.g.* a quem devem buscar para validação da decisão etc.), (iv) quais são os canais para reportar uma situação de violação de integridade e como fazê-lo, e (v) quais são as consequências práticas para a organização em caso de uma postura em desconformidade.[216] Mais

---

generally accepted, and the need to control the behavior in conflict situations is reduced. If the members of an organization agree on a standardized code of conduct, they can adjust their behavior according to it. Certain behavioral patterns thus become representative for the members of an organization. These members tend to imitate the behavior that is characteristic of the organization to which they belong (even if they are uncertain about the correctness of their behavior)". (WULF, Katharina. *Ethics and compliance programs in multinational organizations*. Springer: Berlin, 2011. p. 73).

[215] Na ótica do *compliance* e responsabilidade criminal, em especial no tocante à omissão penalmente relevante, parece interessante notar o quão relevante o conteúdo de um código de conduta da organização pode ser, sobretudo se o imputado tiver ciência inequívoca de suas responsabilidades internas e sobre o que podia e devia agir.

[216] "The fourth element requires that organizations have 'taken steps to communicate effectively its standards and procedures to all employees and other agents, e.g., by requiring participation in training programs or by disseminating publications that explain in a practical manner what is required' [...] The goal is to sensitize employees to the organization's commitment to lawful conduct. The basic element of employee training is the development of a code of conduct in which organizations can define their policies and procedures. Additionally, organizations have training programs and publications such as newsletters, posters, or dedicated websites for *compliance* matters. Training programs help organizations make employees familiar with the content of the code of conduct and other applicable policies. Furthermore, they give employees tools to apply in ambiguous situations and provide them with guidance for when they encounter a violation of law or the code. Training programs also provide all personnel with contact information or available reporting channels in case they want to report a concern or observation. Additionally, they should explain to employees the consequences of violating the code or laws and sensitize them to the organization's commitment to lawful behavior". (WULF, Katharina. *Ethics and compliance programs in multinational organizations*. Springer: Berlin, 2011. p. 90); "Diante do inventário de todas as leis e regulamentos a serem seguidos, da elaboração e publicização do código de conduta e da padronização das normas e procedimentos internos da empresa,

uma vez, em referência exemplificativa à ISO 37301:2021, o documento diz que as organizações devem promover a capacitação das pessoas pertinentes ao sistema de gestão, de modo adequado às funções e riscos de *compliance* que estão relacionadas, com a avaliação de sua eficácia e sua revisão periódica.[217]

Em sétimo, ainda em relação aos colaboradores, é de suma importância a criação dos chamados canais de denúncia, canais abertos com o *compliance* ou *hotlines* (interno/intrínseco). Também nesse aspecto é muito importante o estudo da figura do *whistleblower*.[218] São mecanismos voltados a possibilitar que os colaboradores relatem a ocorrência de irregularidades ou riscos à conformidade, fazendo com que eles próprios auxiliem na tarefa de fiscalização e sintam-se participantes da própria busca pelo *compliance*. Para efetividade desses mecanismos, é imprescindível que a identidade do colaborador que relata o problema seja preservada ou anonimizada e que as informações sejam tratadas como confidenciais, de modo que o colaborador denunciante não tema qualquer risco de retaliação. Além disso, é importante, como dito, que os colaboradores sejam devidamente treinados e encorajados em relação a esses canais. Por fim, devem receber o retorno das providências adotadas após a denúncia, a fim de garantir a sensação que de fato o canal

---

faz-se necessário o constante treinamento dos funcionários, devidamente documentado, a fim de que ninguém possa alegar desconhecimento quanto ao devido cumprimento. Muito mais importante do que a quantidade é a qualidade do treinamento, pois, em verdade, o que realmente importa é o seu conteúdo e os seus efeitos, os quais devem ser avaliados na percepção do comportamento ético e nas relações de causalidade entre aquilo que consta no código de conduta e o comprometimento dos dirigentes e empregados da respectiva empresa". (ZENKNER, Marcelo. *Integridade governamental e empresarial*: um espectro da repressão e da prevenção à corrupção no Brasil e em Portugal. Belo Horizonte: Fórum, 2019. p. 377); e "O investimento em comunicação e treinamento é essencial para que o Programa de Integridade da empresa seja efetivo. Os valores e as linhas gerais sobre as principais políticas de integridade adotadas pela empresa, geralmente externalizados no código de ética ou conduta, devem estar acessíveis a todos os interessados e ser amplamente divulgados. Dirigentes, funcionários, e até mesmo, em casos apropriados, terceiros responsáveis pela aplicação das políticas, devem ser devidamente treinados". (CONTROLADORIA-GERAL DA UNIÃO. *Programa de integridade*: diretrizes para empresas privadas. [s.d.]. Disponível em: http://cgu.gov.br/Publicacoes/etica-e-integridade/arquivos/programa-de-integridade-diretrizes-para-empresas-privadas.pdf. Acesso em 23 set. 2019. p. 20).

[217] INTERNATIONAL ORGANIZATION FOR STANDARDIZATION. *ISO37301: Compliance management systems* – Guidelines. Genebra, 2021.

[218] "Whistleblowing is when a current or former member of the organization discloses illegal, immoral, or illegitimate practices under the control of their employer to persons, organizations, or other parties that may be able to stop it. [...] It is often someone with courage and conviction who sometimes even puts his or her job on the line to stand up for what they believe in and do their ethical duty". (WULF, Katharina. *Ethics and compliance programs in multinational organizations*. Springer: Berlin, 2011. p. 52).

é efetivo e que sua contribuição na fiscalização foi de alguma forma importante para a organização e para o programa de *compliance* em si.[219]

Em oitavo lugar, além da comunicação e dos treinamentos frequentes, é fundamental que o próprio sistema de gestão seja constantemente revisitado e aprimorado (interno/intrínseco). Isso passa (i) pela

---

[219] "For an ethics and *compliance* program to be successful, employees must understand how they are to react if they are confronted with misconduct. Organizations must establish clear policies for employees on how to report misbehavior and who to contact if they observe a violation of law or if they have a question regarding an ethics and *compliance* issue. Employees should first use traditional channels to report suspected violations and contact their direct supervisor. However, employees might face a situation in which they need to report misconduct committed by their supervisor. To address this situation, organizations should implement reporting systems that allow employees to anonymously – or at least confidentially – report a violation of law. A reporting system helps employees report an observation or violation without fear of retaliation. [...] Organizations are required to implement appropriate reporting mechanisms that employees (and agents or independent contractors) can use to report criminal conduct without fear of retaliation. These reporting systems include helplines, online reporting systems, fax numbers or e-mail addresses. Organizations should first encourage employees to report misbehavior or violations of the code to their direct supervisor. To report misconduct, employees should be given the option to remain anonymous. It is the organization's responsibility to ensure that all inquiries are kept confidential and followed up on. Regardless of the outcome, the reporter should always receive a feedback on his or her reporting. [...] to assess their *compliance* program's effectiveness. It is functioning well if all employees are aware of the code of conduct, the reporting mechanisms, do not fear retaliation, have received training, and are aware of all disciplinary measures, and if any violations that may have occurred have been addressed properly". (WULF, Katharina. *Ethics and compliance programs in multinational organizations*. Springer: Berlin, 2011. p. 49-50 e 91-92); "É muito importante que os funcionários recebam o devido treinamento para que funcionem, também, na fiscalização dos colegas no que tange à observância e cumprimento dos regulamentos adotados, até porque, principalmente nas grandes empresas, é completamente impossível que cada funcionário seja vigiado durante todo o dia. Nessa linha, os canais de denúncias de irregularidades, também chamados de canais de comunicação, canais abertos com o *compliance* ou hotlines, constituem o instrumento próprio para que os próprios funcionários da empresa ou terceiros envolvidos na consecução de sua atividade possam fiscalizar (ou vigiar) a atuação dos demais atores e, assim, alertar sobre violações ou potenciais violações à lei ou a políticas internas da empresa constatadas no dia a dia da respectiva organização. [...] É importante que, para tanto, seja resguardada a identidade do comunicante e o conteúdo da denúncia seja recepcionado como dado confidencial. Denúncias anônimas devem ser admitidas pelo canal de denúncias e encaminhadas para o setor de *compliance*, o qual avaliará a verossimilhança para, se for o caso, deflagrar uma investigação". (ZENKNER, Marcelo. *Integridade governamental e empresarial*: um espectro da repressão e da prevenção à corrupção no Brasil e em Portugal. Belo Horizonte: Fórum, 2019. p. 377-378); e "Uma empresa com um Programa de Integridade bem estruturado deve contar com canais que permitam o recebimento de denúncias, aumentando, assim, as possibilidades de ter ciência sobre irregularidades. [...] Para garantir a efetividade de seus canais, é necessário que a empresa tenha políticas que garantam a proteção ao denunciante de boa-fé como, por exemplo, o recebimento de denúncias anônimas e a proibição de retaliação de denunciantes. A empresa pode também prever regras de confidencialidade, para proteger aqueles que, apesar de se identificarem à empresa, não queiram ser conhecidos publicamente". (CONTROLADORIA-GERAL DA UNIÃO. *Programa de integridade*: diretrizes para empresas privadas. [s.d.]. Disponível em: http://cgu.gov.br/Publicacoes/etica-e-integridade/arquivos/programa-de-integridade-diretrizes-para-empresas-privadas.pdf. Acesso em 23 set. 2019. p. 21).

atualização das normas jurídicas, de governança e ética em relação às quais a conformidade se impõe; (ii) passa pela identificação das irregularidades apuradas para aperfeiçoamento dos possíveis pontos de falha, adequando procedimentos, políticas e treinamentos dos colaboradores e mitigando os riscos de que tais irregularidades ocorram novamente no futuro; e (iii) passa pela incorporação de novos métodos e melhores práticas, dentro do estado da técnica mais recente.[220]

---

[220] "The *compliance* program must be renewed and updated on a regular basis. Organizations cannot expect ongoing *compliance* and reductions in punishment in court if they simply develop a code of conduct, put up posters, and implement a *compliance* program. The program must be further developed and improved by taking them into account wrongdoing that has occurred. If, for example, organizations have noticeable violations of corporate policies such as a rash of employees downloading pornography and sending it around, they must include new policies in their code and have additional training for employees on the private use of company assets, i.e., the work computer. When misconduct occurs, organizations must conduct an investigation and modify their *compliance* program to prevent similar future violations". (WULF, Katharina. *Ethics and compliance programs in multinational organizations*. Springer: Berlin, 2011. p. 93); "São necessários procedimentos afetos à revisão periódica dos processos e procedimentos, o acompanhamento de planos de ação para a correção de desvios, a participação em reuniões dos funcionários das áreas de governança e a revisão dos resultados das análises de riscos. Deve-se, para tanto, estabelecer o plano anual de testes, inclusive com a indicação da metodologia a ser utilizada, a verificação da aderência dos procedimentos às políticas, a análise quanto à existência de aprovações necessárias, entrevistas e confirmação das informações prestadas e a validação de testes realizados em outras áreas. [...] Pelo monitoramento constante que é realizado naturalmente acabam sendo detectadas falhas e lacunas no programa do *compliance*. A partir daí deve ser investigada a origem do problema constatado, o que pode ser feito interna ou externamente. [...] Uma vez finalizada a análise da ocorrência e adotadas as providências disciplinares cabíveis, faz-se necessária a revisão dos controles internos e, eventualmente, a implementação de novos procedimentos mais rígidos para assegurar que aquela falha não se repita. Da mesma forma, uma vez detectada uma nova lei em vigor, o setor jurídico deve analisar sua incidência na organização, e o setor de *compliance*, por sua vez, deve verificar se os controles existentes já são suficientes para garantir o cumprimento da nova legislação ou se haverá a necessidade de adaptações ou de criação de novos sistemas de controle". (ZENKNER, Marcelo. *Integridade governamental e empresarial*: um espectro da repressão e da prevenção à corrupção no Brasil e em Portugal. Belo Horizonte: Fórum, 2019. p. 386); "A empresa deve elaborar um plano de monitoramento para verificar a efetiva implementação do Programa de Integridade e possibilitar a identificação de pontos falhos que possam ensejar correções e aprimoramentos. Um monitoramento contínuo do Programa também permite que a empresa responda tempestivamente a quaisquer riscos novos que tenham surgido. O monitoramento pode ser feito mediante a coleta e análise de informações de diversas fontes, tais como: relatórios regulares sobre as rotinas do Programa de Integridade ou sobre investigações relacionadas; tendências verificadas nas reclamações dos clientes da empresa; informações obtidas do canal de denúncias; relatórios de agências governamentais regulatórias ou fiscalizadoras. Além da análise de informações existentes, a empresa pode, por exemplo, testar por meio de entrevistas, se os funcionários estão cientes dos valores e políticas da empresa, se seguem os procedimentos estipulados e se os treinamentos têm trazido resultados práticos". (CONTROLADORIA-GERAL DA UNIÃO. *Programa de integridade*: diretrizes para empresas privadas. [s.d.]. Disponível em: http://cgu.gov.br/Publicacoes/etica-e-integridade/arquivos/programa-de-integridade-diretrizes-para-empresas-privadas.pdf. Acesso em 23 set. 2019. p. 23-24); e "Pode-se inferir que um programa de integridade condizente com a complexidade deve possibilitar que

Em nono lugar, uma vez sendo constatadas falhas de conformidade, desvios de condutas, posturas desajustadas aos mecanismos do programa ou irregularidades, é imprescindível que sejam aplicadas as sanções disciplinares e legais (civis, trabalhistas e criminais) cabíveis (interno/intrínseco). Nesse aspecto, o apoio do corpo jurídico interno ou de escritórios parceiros especializados é muito importante. A aplicação de sanções também é importante instrumento de demonstração da seriedade do programa e do verdadeiro comprometimento da organização com o *compliance*. Representam verdadeira prova positiva (i) para recado institucional interno, servindo de exemplo, e (ii) para benefício e mitigação de sanções à pessoa jurídica. Por exemplo, no caso da Lei nº 12.846/2013, como mencionado em tópico próprio neste primeiro capítulo, a aplicação efetiva do programa de integridade é critério a ser considerado na responsabilidade administrativa da pessoa jurídica (art. 7º, VIII). Também, como exemplo extraído do ordenamento jurídico brasileiro, no contexto das tecnologias da informação, a LGPD coloca o programa de *compliance* efetivo como critério de aplicação das sanções nela previstas (art. 52, §1º). Tais medidas devem ser aplicadas de forma proporcional e sem critérios de privilégio em razão da função ou cargo exercido. Qualquer processo de blindagem ou discriminação ou ainda qualquer tentativa de esconder as irregularidades praticadas prejudicará a efetividade do programa, resultando na sensação de falta de seriedade tanto internamente quanto para as autoridades de fiscalização do sistema.[221]

---

ele mesmo traga novos insumos que, por melhorias contínuas fundadas no aprendizado, permitam a sua qualificação. Uma etapa alimenta a outra. Observando-se o programa a partir de qualquer um dos processos permite ter uma visão do conjunto de interações, onde os princípios e valores de integridade organizacional alimentam as melhores práticas do negócio que, por sua vez, farão parte de todos os sistemas e processos de gestão organizacionais que, por órgãos e instrumentos de avaliação e monitoramento contínuos será possível verificar o sistema associado às ferramentas de comunicação e denúncia que retornam para o programa como novas irritações em um sistema já sensibilizado". (WITTMANN, Cristian Ricardo. *Programas de integridade (compliance programs) e o direito na sociedade global*: a concepção de um campo autônomo de regulação das nanotecnologias em usos militares. 275f. Tese de Doutorado, Universidade do Vale do Rio dos Sinos, São Leopoldo, 2016. p. 247-248); "Por último, dicho proceso de gestión de riesgos deve llevarse a cabo de forma continuada, pues la empresa debe poder conocer lo antes posible de la existencia de nuevos riegos o la intensificación de los ya existentes para poder responder convenientemente". (VILA, Ivó Coca. ¿Programas de cumplimiento como forma de autorregulación regulada? In: SÁNCHEZ, Jesús-María Silva (Dir.); FERNÁNDEZ, Raquel Montaner (Coord.). *Criminalidad de empresa y compliance*: prevención y reacciones corporativas. Barcelona: Atelier Libros, 2013. p. 57).

[221] "Organizations must implement adequate disciplinary measures for violations of laws, regulations, and the code of conduct. Adequate discipline of the personnel responsible for an offense is a crucial component of enforcement. To implement this consistently across

Sobre o ponto de aplicação de sanções, ainda dois pontos são importantes: em primeiro lugar, considerando que na realidade contemporânea são altamente prováveis as chances de que as irregularidades

> the company, organizations usually have at least one function or department to which they report all violations so there is comprehensive oversight across all functions. The *compliance* office should col lect all violations and then inform the board of directors and senior management. Since wrongdoings differ in type, circumstances, and impact on the business, or ganizations must adjust their actions depending on the case. Nevertheless, it is important to apply the same disciplinary procedures across the company regard less of the individuals' status or hierarchy within the company. Not holding all individuals to the same high ethical and legal standards will undermine any com pliance program. To have an effective program that is generally accepted, all employees – from highly educated professionals to blue-collar workers – must be treated the same way and disciplined with the same actions". (WULF, Katharina. *Ethics and compliance programs in multinational organizations*. Springer: Berlin, 2011. p. 92); também Marcelo Zenkner, com referência a Michel Foucault, diz: "Ainda segundo Michel Foucault, um outro instrumento a ser utilizado para alcançar o 'bom adestramento' é a chamada 'sanção normalizadora', pela qual se estabelece um sistema de punição para aqueles que, mesmo vigiados, praticam desvios de conduta. O objetivo da técnica seria duplo: não apenas moldar aqueles que são sancionados a determinado padrão de comportamento, mas também os demais no sentido de fazer com que todos observem e sigam o mesmo modelo. Assim, diante da ilicitude ou mera irregularidade devidamente comprovada, é fundamental que sejam sugeridas pelo setor de *compliance* as providências cabíveis, incluindo-se as disciplinares previstas na Consolidação das Leis do Trabalho e no próprio contrato de trabalho. Essa indicação sugestiva deve ser reportada à alta administração da empresa, pois é esta que tem a responsabilidade de adotar, sem sigilo, as medidas adequadas que o caso concreto exige, mas, ao mesmo tempo, com a necessária cautela em evitar constrangimentos para o funcionário, a fim de que seja demonstrada a seriedade do mecanismo e o caso sirva de exemplo aos demais colaboradores da organização". (ZENKNER, Marcelo. *Integridade governamental e empresarial*: um espectro da repressão e da prevenção à corrupção no Brasil e em Portugal. Belo Horizonte: Fórum, 2019. p; 382); e "A previsão de aplicação de medidas disciplinares em decorrência da violação de regras de integridade é importante para garantir a seriedade do Programa, não se limitando a um conjunto de regras 'no papel'. Ainda mais importante é a certeza da aplicação das medidas previstas em caso de comprovação da ocorrência de irregularidades. [...] As punições previstas devem ser proporcionais ao tipo de violação e ao nível de responsabilidade dos envolvidos. Deve existir também possibilidade de adoção de medidas cautelares, como o afastamento preventivo de dirigentes e funcionários que possam atrapalhar ou influenciar o adequado transcurso da apuração da denúncia. Deve-se garantir que nenhum dirigente ou funcionário deixará de sofrer sanções disciplinares por sua posição na empresa. Isso é essencial para manter a credibilidade do Programa de Integridade e o comprometimento dos funcionários. É preciso que se perceba que as normas valem para todos e que todos estão sujeitos a medidas disciplinares em caso de descumprimento". (CONTROLADORIA-GERAL DA UNIÃO. *Programa de integridade*: diretrizes para empresas privadas. [s.d.]. Disponível em: http://cgu.gov.br/Publicacoes/etica-e-integridade/arquivos/programa-de-integridade-diretrizes-para-empresas-privadas.pdf. Acesso em 23 set. 2019. p. 22); "Toda adequada organización en *Compliance* precisa de la configuración de un sistema de supervisión y sanción. La infracción de una norma no queda solventada con la detección del infractor y su sanción, sino que además, es obligada la revisión del sistema hasta detectar el error y establecer las medidas oportunas para solventarlo". (VILA, Ivó Coca. ¿Programas de cumplimiento como forma de autorregulación regulada? *In*: SÁNCHEZ, Jesús-María Silva (Dir.); FERNÁNDEZ, Raquel Montaner (Coord.). *Criminalidad de empresa y compliance*: prevención y reacciones corporativas. Barcelona: Atelier Libros, 2013. p. 59).

ocorram por meios digitais ou que estes sirvam como instrumento de demonstração das falhas de conformidade, é imprescindível que as áreas responsáveis pelas investigações internas atuem de forma consciente na preservação da autenticidade, da integridade e da cadeia de custódia da prova; em segundo lugar, é preciso ter em mente que na aplicação das sanções deve ser observado o devido processo legal, dentro da ideia de eficácia horizontal dos direitos fundamentais, com respeito à ampla defesa e ao contraditório, desde que isso não prejudique as próprias investigações.[222]

Ainda, como décimo ponto, é muito importante a estruturação de área interna da organização vocacionada ao desenvolvimento dos mecanismos do sistema de gestão, em especial sua institucionalização e atualização, direcionamento de comunicação e treinamento, instauração das apurações necessárias, endereçamento da aplicação de sanções, se for o caso, etc. (externo/extrínseco). Normalmente essa área é comandada pela figura do Chief *Compliance Officer* – CCO. Para seu melhor

---

[222] Se inicialmente os direitos fundamentais foram concebidos como instrumentos de defesa dos particulares frente ao Estado, perfazendo limites jurídicos à atuação do Estado (*eficácia vertical*), os mesmos direitos fundamentais, e entre eles o devido processo legal, o contraditório e a ampla defesa, passaram a ser reconhecidos como de observância necessária nas relações entre particulares (*eficácia horizontal*). Um dos casos mais relevantes reconhecidos por resultar nessa aplicação é o conhecido caso *Lüth*, da Alemanha. O caso tem o nome de Eric Lüth, ex-presidente do clube de imprensa de Hamburgo que iniciou defesa pública de que fosse feito um boicote ao filme *Unsterbiliche Gelibte*. A empresa responsável pela produção do filme recorreu ao Tribunal de Hamburgo para que cessassem as manifestações, o que foi acolhido. Eric Lüth recorreu à Corte Constitucional Alemã, que reformou a decisão sob o fundamento de que a sentença não observou, em eficácia horizontal, o direito fundamental de Lüth à liberdade de expressão (FERNANDES, Bernardo Gonçalves. *Curso de direito constitucional*. 6. ed. rev. ampl. e atual. Salvador: Editora JusPodivm, 2014. p. 346). No Brasil, assim reconhece a jurisprudência do STF e do STJ: STF, RE nº 158.215/RS, 2ª T., Rel. Min. Marco Aurélio, Segunda Turma, j. 30.04.1996, *DJ* 7.06.1996; STF, RE nº 201.819/RJ, 2ª T., Rel. Min. Ellen Gracie, j. 11.10.2005, *DJ* 27.10.2006; "As normas definidoras dos direitos e garantias fundamentais têm aplicação imediata, não havendo bloqueio constitucional quanto à irradiação de efeitos dos direitos fundamentais às relações jurídicas de direito privado, tem-se que as normas definidoras de direitos e garantias fundamentais têm campo de incidência em qualquer relação jurídica, seja ela pública, mista ou privada, donde os direitos fundamentais assegurados pela Carta Política vinculam não apenas os poderes públicos, alcançando também as relações privadas". (STF, Ag no RE com Agravo nº 1.008.625/SP, 1ª T., Rel. Min. Luiz Fux, j. 17.03.2017, *DJe* 18.04.2017); STJ, REsp nº 1.280.871/SP e REsp nº 1.439.163/SP Repetitivos, 2ª S., Rel. Min. Ricardo Villas Bôas Cueva, Rel. para acórdão Min. Marco Buzzi, j. 11.03.2015, *DJe* 22.05.2015, Informativo nº 562; STJ, REsp nº 1.365.279/SP, 4ª T., Rel. Min. Luis Felipe Salomão, j. 25.08.2015, *DJe* 29.09.2015, Informativo nº 570; STJ, REsp nº 1.330.919/MT, Rel. Min. Luis Felipe Salomão, j. 02.08.2016, *DJe* 18.08.2016, Informativo nº 588; STJ, REsp nº 1.713.426/PR, Rel. Min. Ricardo Villas Bôas Cueva, 3ª T., j. 04.06.2019, *DJe* 07.06.2019; STJ, REsp nº 1.699.022/SP, 4ª T, Rel. Min. Luis Felipe Salomão, j. 28.05.2019, *DJe* 01.07.2019; STJ, EDcl no REsp nº 1.630.659/DF, 3ª T., Rel. Min. Nancy Andrigui, j. 27.11.2018.

funcionamento, e a fim de que exista a possibilidade efetiva de que a área atenda às suas funções, fomentando o ecossistema de manutenção de integridade, é fundamental que essa área goze de autonomia suficiente para que possa direcionar as questões com o compromisso com o qual precisam ser direcionadas. Como pondera Marcelo Zenkner: "Isso é fundamental para assegurar a liberdade e a imparcialidade na investigação dos assuntos que cheguem ao seu conhecimento pelo canal de denúncias ou por outros meios de informação".[223]

Por fim, o ordenamento jurídico brasileiro também demonstra a preocupação com a existência de um sistema de gestão de *compliance* efetivo e não meramente formal, incorporando todos esses elementos. Destacadamente, o Decreto nº 8.420/2015, em seu art. 42, traz esses elementos como parâmetros de avaliação de existência e aplicação do programa de integridade, conforme denominação de lógica estrita que o texto normativo adota.[224]

---

[223] ZENKNER, Marcelo. *Integridade governamental e empresarial*: um espectro da repressão e da prevenção à corrupção no Brasil e em Portugal. Belo Horizonte: Fórum, 2019. p. 374.

[224] "Art. 42. Para fins do disposto no §4º do art. 5º, o programa de integridade será avaliado, quanto a sua existência e aplicação, de acordo com os seguintes parâmetros: I – comprometimento da alta direção da pessoa jurídica, incluídos os conselhos, evidenciado pelo apoio visível e inequívoco ao programa; II – padrões de conduta, código de ética, políticas e procedimentos de integridade, aplicáveis a todos os empregados e administradores, independentemente de cargo ou função exercidos; III – padrões de conduta, código de ética e políticas de integridade estendidas, quando necessário, a terceiros, tais como, fornecedores, prestadores de serviço, agentes intermediários e associados; IV – treinamentos periódicos sobre o programa de integridade; V – análise periódica de riscos para realizar adaptações necessárias ao programa de integridade; VI – registros contábeis que reflitam de forma completa e precisa as transações da pessoa jurídica; VII – controles internos que assegurem a pronta elaboração e confiabilidade de relatórios e demonstrações financeiros da pessoa jurídica; VIII – procedimentos específicos para prevenir fraudes e ilícitos no âmbito de processos licitatórios, na execução de contratos administrativos ou em qualquer interação com o setor público, ainda que intermediada por terceiros, tal como pagamento de tributos, sujeição a fiscalizações, ou obtenção de autorizações, licenças, permissões e certidões; IX – independência, estrutura e autoridade da instância interna responsável pela aplicação do programa de integridade e fiscalização de seu cumprimento; X – canais de denúncia de irregularidades, abertos e amplamente divulgados a funcionários e terceiros, e de mecanismos destinados à proteção de denunciantes de boa-fé; XI – medidas disciplinares em caso de violação do programa de integridade; XII – procedimentos que assegurem a pronta interrupção de irregularidades ou infrações detectadas e a tempestiva remediação dos danos gerados; XIII – diligências apropriadas para contratação e, conforme o caso, supervisão, de terceiros, tais como, fornecedores, prestadores de serviço, agentes intermediários e associados; XIV – verificação, durante os processos de fusões, aquisições e reestruturações societárias, do cometimento de irregularidades ou ilícitos ou da existência de vulnerabilidades nas pessoas jurídicas envolvidas; XV – monitoramento contínuo do programa de integridade visando seu aperfeiçoamento na prevenção, detecção e combate à ocorrência dos atos lesivos previstos no art. 5º da Lei nº 12.846, de 2013; e XVI – transparência da pessoa jurídica quanto a doações para candidatos e partidos políticos".

2.6 Resultados parciais

A proposta dos dois primeiros capítulos desta obra foi estabelecer as bases mais relevantes para o raciocínio proposto sobre o *compliance*. Nessa perspectiva, este segundo capítulo teve por escopo estudar conceitos e definições fundamentais sobre o *compliance*, suas bases mais fundamentais e algumas questões a elas associadas.

Assim, em nota conclusiva deste segundo capítulo, parece ser possível concluir que o *compliance* surge e tem sua tendência de crescimento a partir de uma evolução histórica da relação entre o Estado e o capital, com a percepção e o reconhecimento por parte daquele da insuficiência e inefetividade de normas jurídicas programáticas e de responsabilização do direcionamento econômico, assim como do próprio Direito Penal Econômico, com a transferência para o particular da tarefa de evitar a ocorrência de ilícitos. Caminhando junto a essa evolução, o *compliance* também ganha destaque a partir de um direcionamento em cenário internacional pautado, principalmente, pelas agendas de busca pela manutenção da saúde dos sistemas econômico-financeiros e de combate às práticas de corrupção. Agrega-se, ainda, a essa dinâmica, a formatação da sociedade contemporânea caracterizada como a sociedade do risco, da informação e constantemente transformada pela quarta revolução industrial.

Por *compliance*, cujo termo advém da locução verbal de língua inglesa *to comply*, é possível compreender a ideia ou o conjunto de atos em procedimento vocacionados a promover constantemente o pleno ajuste de comportamento das pessoas jurídicas e seus colaboradores aos deveres normativos, prevenindo riscos de responsabilização administrativa, civil e criminal, bem como de prejuízos à imagem, marca e nome dos envolvidos na atividade.

Seguindo na proposta de mapear a questão no Brasil, foram estudadas a Lei nº 12.846/2013 e o Decreto Regulamentador nº 11.129/2022. Destacadamente, foi possível verificar que a Lei estabelece a responsabilização objetiva da pessoa jurídica por ato lesivo à Administração Pública. E embora ela apresente alguns elementos estruturantes similares à estrutura dogmaticamente utilizada em leis penais, essa responsabilidade é de ordem civil e administrativa. Estabelece sanções muito significativas e importantes do ponto de vista financeiro e, sobretudo, reputacional, que justificam a preocupação sensível das organizações no País com a tarefa de conformidade de sua promulgação. O Decreto nº 11.129/2022, que regulamenta em âmbito federal a responsabilização administrativa, e a Controladoria-Geral da União – responsável pelo Processo Administrativo de Responsabilização – PAR em âmbito federal – têm papel fundamental nesse processo.

Para aplicação das sanções, uma série de critérios é levada em consideração, destacando-se que a existência de um sistema de gestão efetivo não é dever legal, mas critério a ser positivamente considerado nessa dinâmica. Além disso, parece ser possível classificar os critérios em ao menos três grupos: um primeiro formado pelos parâmetros relacionados ao próprio ato lesivo; um segundo relativo à própria situação econômica da pessoa jurídica; e um terceiro relacionado ao que pode ser entendido como uma postura positiva da organização em relação à tarefa de conformidade.

Após, tendo em vista que a temática envolve elementos de direcionamento econômico e a própria intervenção jurídica nessa seara, para coerência do estudo, foram estudados os principais diplomas jurídicos dos demais países do MERCOSUL, no caso, Argentina, Uruguai e Paraguai.

Na sequência, na busca do melhor entendimento do *compliance*, também foi importante o estudo das principais ideias que lhe dão fundamento: (i) autorregulação regulada; (ii) governança corporativa (e nela *accountability*; transparência; e *enforcement*); e (iii) responsabilidade social e ética empresarial.

Quanto à autorregulação regulada, não se trata de uma resposta a alguma intenção de desregulamentação, mas de um aperfeiçoamento qualitativo e quantitativo na própria intervenção do Estado no domínio econômico, com a participação direta do particular nessa tarefa, sobretudo porque a complexidade das estruturas sociais e o desenvolvimento tecnológico tornaram ineficientes modelos e sistemas gerais de heterorregulamentação. Concretamente, o mecanismo de autorregulação regulada se manifesta, especialmente: (i) pelo estabelecimento pela empresa de regulamentos e normas de condutas internas; (ii) pela melhoria ou aprimoramento dos sistemas de informação; (iii) pela própria estruturação interna da empresa com a designação de áreas e profissionais vocacionados e dedicados especificamente a implementar os mecanismos de autorregulação, fiscalizar os comportamentos internos e buscar dedicadamente a tarefa de conformidade; e (iv) pela existência de um controle externo que audite, certifique e valide – de forma independente – a idoneidade do sistema de autorregulação. Nessa perspectiva, e como já visto, ora a autorregulação regulada se apresenta como ferramenta de potencialização das chances de manutenção da organização em conformidade, ora se apresenta como o próprio estar em conformidade, ao passo que assim o faz o Estado com determinações específicas nesse sentido.

Em relação à governança corporativa, esta foi desenvolvida historicamente para sanar ou mitigar ao menos cinco problemas presentes nas grandes organizações: (i) os conflitos de agência, relacionados às divergências decorrentes da separação entre quem detém a propriedade da pessoa jurídica e quem efetivamente a administra; (ii) os custos de agência, que são os custos decorrentes dessa mesma separação; (iii) o problema dos direitos assimétricos dos agentes atuantes; (iv) a necessidade de alinhamento dos interesses envolvendo todos os stakeholders; e (v) o estabelecimento das chamadas forças de controle (externas ou internas).

Viu-se que não há uma fórmula ou um modelo estanque de governança, mas sim a ideia de que o aperfeiçoamento da estrutura e da gestão estarão alinhados ao próprio modelo de negócio e à atividade desenvolvida. Nessa perspectiva, as ideias relacionadas à governança têm natureza principiológica e os principais documentos internacionais e nacionais trazem normas com essa característica. Os princípios permitem a maleabilidade e o ajuste das estruturas de governança às configurações de cada organização. As chamadas boas práticas de governança são, dentro dessa ideia, a conversão concreta de todos esses princípios em documentos, políticas internas, códigos de ética e recomendações objetivas pela organização.

Nesse contexto, destacam-se, sobretudo, os princípios da transparência e da prestação de contas (*accountability*). Com a transparência tiram-se os véus sobre a atividade exercida, permitindo o conhecimento sobre sua estruturação e exercício. Pela *accountability* há a auditabilidade da própria atividade transparente, viabilizando o controle e a fiscalização das tarefas internas de conformidade. A *accountability* se dá, concretamente, por meio da auditabilidade das informações inerentes à atividade. As auditorias, nessa perspectiva, representam a revisão ou *double check* das atividades – abertas pelos mecanismos de transparência – por parte de terceiro imparcial e revestido de credibilidade. Também tem por vocação assegurar que a disputa se dê em regras equânimes. A ideia é que, por meio da fiscalização das atividades, sendo todas auditáveis, haja condições iguais para o jogo da competitividade. De igual importância, ainda, as medidas de *enforcement* relacionadas às forças de controle externas e internas.

A governança corporativa e seus princípios têm, assim, a vocação de aperfeiçoar a estrutura e a gestão das organizações, de modo que, a partir dessa ideia, tem verdadeira relação instrumental com o *compliance*.

Seus princípios e pilares conferem efetividade e seriedade à tarefa de conformidade, seja porque tais pilares são, em si, os deveres legais a serem observados, seja porque seus princípios e pilares viabilizam o aperfeiçoamento estrutural e de gestão das organizações, aprimorando, por consequência, a própria busca pela conformidade jurídica. Em paralelo, manifestando-se o fenômeno em uma via de mão dupla, as estruturas de *compliance* e conformidade concretizam, na prática e no modelo de atividade negocial posto, os princípios de governança corporativa delineados.

Também como fundamentos do *compliance*, foram verificadas as ideias de responsabilidade social e ética empresarial. A primeira atrelada à percepção de que as organizações devem deixar de ser meros agentes executores de suas próprias atividades para também serem agentes atuantes no desenvolvimento econômico, jurídico e social coletivo. A segunda, ao seu turno, está atrelada à ideia de que o comportamento da própria organização e dos agentes que ela presentam e representam deve ser pautado pelos valores morais e éticos esperados ou desejados pela coletividade. Quanto ao *compliance*, também há em relação a essas duas ideias fundamentais uma relação de retroalimentação intelectiva em que ideias permitem a compreensão das outras e vice-versa. O *compliance* ou a conformidade com as normas postas contribui para uma visão de que a organização é uma boa participante social, comprometida com os interesses da coletividade. Em contrapartida, as ideias de responsabilidade social e ética empresarial parecem pressupor e clamam pela adoção de um *compliance* efetivo pela organização para alcançarem seus objetivos.

Por fim, como instrumento ou mecanismo que concretiza todas as ideias que se procurou difundir ao longo do segundo capítulo, tem-se o Sistema de Gestão de *Compliance*. É por meio dele que a organização implementa padrões que são significantes para sua própria existência e sucesso, bem como estabelece e adota os mecanismos que, de forma coerente, contínua e integrada, se retroalimentam em prol da criação e manutenção de um ecossistema virtuoso e próprio da organização em prol da tarefa de conformidade.

Faz-se necessário que o desenvolvimento de um sistema dessa natureza não seja meramente formal, inefetivo e não comprometido com a potencialização da integridade e conformidade para o exercício das atividades pela organização. Para evitar essa situação ou sensação de que isso ocorre, com a ideia de que a organização não está de fato e efeito comprometida com a tarefa de conformidade, foram desenvolvidos ao menos dez instrumentos ou grupos de práticas que devem ser observados por toda pessoa jurídica, para que se tenha um *compliance* efetivo: (i) o desenvolvimento do sistema deve ser contextualizado e específico para a realidade da organização, com o mapeamento de todos os riscos e das práticas culturais existentes – deve, nessa perspectiva, ser personalizado e artesanal; (ii) o sistema deve contar com o comprometimento e o apoio da alta administração da organização; (iii) é importante que quem ficará responsável mais diretamente pela formatação e execução do sistema tenha a qualificação devida para tanto; (iv) também é relevante a execução de verificações prévias ou due diligences em relação a todos os potenciais parceiros da organização, nos casos de fusão ou aquisição; (v) a existência de um código de conduta que reduza as ambiguidades de comportamento e a complexidade da tarefa de conformidade, que estabeleça padrões íntegros de comportamento e estabeleça padrões que sejam significantes para a organização; (vi) devem ser dedicados esforços à comunicação e ao treinamento de colaboradores; (vii) a criação dos canais de denúncia ou hotlines com a preservação da identidade do noticiante e o devido retorno das providências adotadas; (viii) o sistema deve ser constantemente revisitado e aprimorado; (ix) que haja aplicação de sanções disciplinares e legais, se devidas; e (x) a estruturação de área interna da organização vocacionada ao desenvolvimento dos mecanismos do sistema de gestão, devendo ser dotada de autonomia e estar respaldada pela alta administração.

CAPÍTULO 3

UMA TEORIA JURÍDICA DE DIREITO PENAL ECONÔMICO AUTÔNOMA E SEU PERFIL

3.1 Nota introdutória

Nos dois primeiros capítulos, a pesquisa procurou se dedicar às ideias mais relevantes para entendimento do *compliance* como produto histórico, seus principais fundamentos (autorregulação regulada, governança corporativa, reponsabilidade social e ética empresarial) e o estudo de um sistema de gestão de *compliance* que apresente um *compliance* funcional, real, e não apenas formal.

O ponto de partida deste terceiro capítulo, que dá sequência à pesquisa e às buscas das respostas apresentadas inicialmente, está associado a três principais premissas que parecem poder ser extraídas da primeira parte da obra: (i) parece haver relação histórica entre o *compliance* e a criminalização de atividades econômicas; (ii) o *compliance* e o chamado Direito Penal Econômico estão sustentados, destacadamente, no seio das atividades econômicas, daí porque parece ser possível dizer que ambas as ideias representam, cada uma no seu escopo, uma manifestação da intervenção do Estado na economia; e (iii) o *compliance* tem dinâmica e fundamentos que lhes são peculiares e que apresentam instrumentos e complexidades próprios.

A partir dessas premissas, no terceiro e o quarto capítulos, a obra passará a propor a discussão se a teoria jurídica de Direito Penal basta por si só, com os elementos dogmáticos da forma como são tradicionalmente conhecidos, ou se as complexidades próprias da criminalidade econômica e do *compliance* impõem a necessidade de reconhecimento de uma Teoria Jurídica própria de Direito Penal Econômico. Em sendo necessária tal teoria jurídica, a pesquisa proporá o entendimento de seu perfil, sua formatação, se essas mesmas complexidades influenciam seu conteúdo e como isso ocorreria.

Em outras palavras, buscar-se-á entender se o Direito Penal e seus elementos dogmáticos, em seus perfis tradicionais, confortam ou não juridicamente as complexidades próprias do *compliance* e da criminalidade econômica. Em caso negativo, entender como esse conforto dogmático e jurídico poderia se estruturar e se operacionalizar a partir de uma teoria jurídica própria que goze de autonomia para tanto.

Conforme preocupação tratada na introdução, poderia parecer desajustado estudar algo com tamanho viés prático (*compliance*) com elementos de uma teoria (abstração do conhecimento). Porém, também como indicado inicialmente, a proposta desta obra é tentar responder aos problemas científicos de sua origem em uma abordagem teórico-prática, sobretudo considerando que ambos os fenômenos, como dito, coexistem na contemporaneidade.

Inclusive, nesse sentido, considerando que a prática do *compliance* se desenvolve de forma contextual e destacadamente no exercício das atividades econômicas, tendo sido as premissas identificadas nos dois primeiros capítulos, as práticas criminais nelas desenvolvidas não parecem, *a priori*, poder ser entendidas dentro do que pode ser chamado, para fins desta obra, de Direito Penal Geral. Parece ser necessário reconhecer que alguns temas e elementos dogmáticos de Direito Penal assumem feição de certa forma distinta, a partir das condutas e comportamentos praticados no bojo das atividades econômicas e propostos pelo *compliance*. Este terceiro capítulo tem também o objetivo de confirmar essa impressão.

Confirmação da autonomia, aliás, que pode refletir na esperada compreensão diferente dos elementos de Direito Penal, seja em relação à própria técnica legislativa,[225] como *v.g.* na adoção mais comum de leis

---

[225] É o que reconhece Heloísa Estellita: "A vetorialidade e instabilidade das normas econômicas recomenda a criação de tipos penais aptos a acompanhar a agilidade da vida econômica. Recomenda-se, preferencialmente, o emprego das normas penais em branco, dos tipos de perigo, dos elementos normativos e das cláusulas gerais, da supressão de qualificadoras do elemento subjetivo do tipo". (SALOMÃO, Heloísa Estellita. Tipicidade no direito penal econômico. *In*: PRADO, Luis Regis; DOTTI, René Ariel (Orgs.). *Direito penal econômico*. São Paulo: Editora Revista dos Tribunais, 2011. (Coleção doutrinas essenciais: Direito Penal Econômico e da Empresa). v. 1, p. 170). Também em certa medida o que explica Vicente Bagnoli ao discorrer sobre a autonomia científica do Direito Econômico, que passa por normas de mobilidade e dinâmica especiais: "As *normas* de Direito Econômico caracterizam-se por uma mobilidade e dinâmica especiais para a realização

penais em branco, seja em relação à aplicabilidade da norma penal, como *v.g.* nas dificuldades de compreensão concreta da responsabilidade penal,[226] ou mesmo, ainda e como será proposto adiante, na própria responsabilização penal de alguns personagens dessa dinâmica, como no caso do *compliance officer*.

Posto isso, se o entendimento do *compliance* ou da tarefa de conformidade jurídica passa também pela melhor compreensão jurídica penal das práticas que se desenvolvem nessa seara, e se a obra tem por objetivo também possibilitar a percepção ampla do cenário em que as principais questões de *compliance* se desenvolvem – notadamente em um repositório social de criminalidade econômica – parece mais uma vez se justificar o estudo sobre o desenvolvimento ou reconhecimento de uma Teoria Jurídica de Direito Penal Econômico, inclusive sendo tratado em capítulo autônomo, pois, de forma relevante, contribui, indissociavelmente, com a inteligência do objeto de estudo.[227]

---

de fins socioeconômicos que as afastam da imobilidade institucional da concepção clássica do Direito Positivo. As *normas* em Direito Econômico possuem conteúdo econômico, são *normas*: programáticas, que enunciam e orientam; premiais, que estimulam e incentivam; e objetivas, que definem políticas públicas". (BAGNOLI, Vicente. *Direito econômico e concorrencial*. 7. ed. rev. atual. e ampl. São Paulo: Revista dos Tribunais, 2017. p. 56).

No Direito Penal Econômico, a fim de compatibilizar essa mobilidade e dinâmica próprias do Direito Econômico com o princípio da legalidade indissociável do Direito Penal, adota-se, comumente, a técnica das normas penais em branco, a respeito da quais ainda se tratará neste tópico.

[226] A exemplo, é o que identifica Jesus María Silva Sanchez, sobre a dificuldade dogmática de responsabilização de agentes envolvidos em estruturas hierárquicas: "El paradigma de la teoria clásica del delito ha sido el delito doloso de acción. Es decir, el comportamiento individual de una persona (o, como máximo, de una limitada pluralidad coyuntural de personas) que con dolo directo de primer grado (intención) ejecuta de modo directo (mediante causación físico-natural inmediata) e incluso de propia mano un delito de resultado. Si se parte de este modelo, la concurrencia de varios sujetos en el marco de una estructura organizada produce algunas distorciones. [...] La disociación entre 'acción y responsabilidad'. En la estructura jerárquica el ejecutor directo es normalmente un subordinado de último nivel, que se encuentra muchas veces en situación de error o coacción o, en todo caso, en un estado de falta de autonomia decisoria. La pretensión de atribuir responsabilidad a sujetos situados en la cúpula obliga a construir nuevas categorias". (SÁNCHEZ, Jesús-Maria Silva. *Fundamentos del Derecho penal de la Empresa*. 2. ed. ampl. e actual. Madrid: Edisofer S. L., 2016. p. 7).

[227] Assim, para fins metodológicos, qualquer estudo passa pela compreensão da própria atividade estudada: "A metodologia de uma ciência é a sua reflexão sobre a própria actividade. Ela não pretende somente, porém, descrever os métodos aplicados na ciência, mas também compreendê-los, isto é, conhecia a sua necessidade, a sua justificação e os seus limites. A necessidade e a justificação de um método decorrem do significado, da especificidade estrutural do objecto que por meio dele deve ser elucidado". (LORENZ, Karl. *Metodologia da ciência do direito*. 3. ed. (Trad. osé Lamego). Lisboa: Fundação Calouste Gulbernkian, 1997. Prefácio XXII. E, se as principais práticas atreladas ao *compliance* criminal e digital se dão no exercício da atividade econômica, parece natural a contribuição do Direito Penal Econômico, enquanto teoria, para o estudo.

3.2 Uma teoria a ser construída a partir da lógica orbital de seus elementos: a definição histórica e conceitual do direito penal econômico e a identificação do bem jurídico tutelado

A identificação da existência de uma Teoria Jurídica de Direito Penal Econômico, inclusive como começo de resposta aos problemas científicos indicados, parece passar pela necessária identificação ou reconhecimento se há autonomia desta em relação aos elementos de Direito Penal – ou se esses elementos assumem certa feição própria no contexto do *compliance* e da criminalidade econômica.[228] Esses parecem ser os instantes em que uma teoria se descola de outra e passa a se manifestar com autonomia. Restaria saber, então, se em relação à Teoria Jurídica de Direito Penal Econômico esse é um fenômeno que se manifesta para confirmar a hipótese científica levantada.

Neste caso, a resposta parece ser positiva,[229] e o presente tópico será dedicado a tentar estabelecer como essa autonomia se manifesta,

---

[228] Inclusive, como oportunidade para, se não resolver, reviver questões que o Direito Penal Econômico traz consigo: "El Derecho Penal Económico trae consigo una serie de dificuldades en las que hay que hurgar profusamente y con sumo cuidado, dada la delicadeza del tema: la dañosidad de los delitos económicos, los tipos penales en blanco, los delitos de peligro (concreto y abstracto), ineficaz represión, la 'cifra negra'en esta clase de delitos, el poder económico de los potenciales delicuentes económicos, la cuestión procesal (y el famoso requisito de procesabilidad), e, sobre todo, el bien jurídico que se tutela". (CABRERA, Raul Peña. El bien juridico en los delitos económicos. *In*: PRADO, Luis Regis; DOTTI, René Ariel (Orgs.). *Direito penal econômico*. São Paulo: Editora Revista dos Tribunais, 2011. (Coleção doutrinas essenciais: direito penal econômico e da empresa. v. 2, p. 545).

[229] Essa importância e autonomia já é há muito identificada, em razão das características próprias e inerentes do contexto e cenário onde as condutas penais se desenvolvem: no contexto da atividade econômica. A exemplo, é o relato de Klaus Tiedemann sobre a evolução da matéria na Alemanha: "Por 'Derecho penal económico' se entendía en la doctrina (completamente dominante) de Alemania, hasta hace pocas décadas, solamente aquella estrecha parte del Derecho penal que refuerza con amenazas penales el Derecho administrativo económico. Es decir, el Derecho de la dirección estatal y del control de la economía. Aquí se trataba de una prequeña materia especializada fuera del StGB, Después de que el Derecho económico se convirtiera en una disciplina independiente, separada ampliamente del Derecho administrativo, el Derecho penal económico en Alemania comenzó a entenderse en un sentido más amplio: se consideraron como delitos económicos a la evasión fiscal y al fraude de subvenciones, a los delitos contra los bancos y las empresa de seguros, a los delitos de quebra y falsificación de balances, así como a los delitos de adulteración de productos alimenticios y de vinos, a los delitos contra la competencia y a las violaciones contra embargos de comercio exterior. Esta ampliación del entendimiento conceptual se ha visto impulsada, por un lado, por la primera Ley de lucha contra la criminalidad económica de 1976 y la segunda Ley de lucha contra la criminalidad económica de 1986 [...]. Por otro lado, la ampliación sigue el criterio tan criminológico como penal de que la ejecución de los hechos ocurre mediante una *empresa económica* o a favor de una empresa económica ('corporate crime', 'Derecho penal de la empresa')". (TIEDEMANN, Klaus. *Derecho penal y nuevas formas de criminalidad*. 2. ed. Lima: Editora Jurídica Grijley, 2007. p. 2-3).

especialmente com uma possível definição histórica e conceitual de Direito Penal Econômico e o entendimento sobre bem jurídico penalmente tutelado, o que, aliás, parecem ser conceitos interligados de forma embrionária.

Desde logo, cumpre dizer que essa autonomia parece se manifestar de forma parcial. Isso porque, logicamente, embora elementos do Direito Penal assumam outra feição ou aplicabilidade,[230] por assim dizer, ou mesmo que algumas técnicas sejam utilizadas com mais frequência (como, por exemplo, a utilização de leis penais em branco ou a previsão de crimes de perigo, como se verá), o Direito Penal Econômico ainda tem, e não poderia ser diferente, sua raiz no Direito Penal.[231]

A autonomia parece se dar, portanto, na formatação, interpretação e aplicação dos elementos, e não, propriamente, na existência de elementos diferentes.[232] Nesse sentido, em conferência realizada em 1984

---

[230] "El carácter económico – en sentido estricto – del comportamiento socialmente dañoso no permite afirmar que una conducta ilícita se encuentra dentro del ámbito de estudio del Derecho penal económico. No se trata, por tanto, de delimitar un sector de la Parte especial del Derecho penal con el factor común de protección de un interés que pueda ser abarcado en um único concepto, sino del estudio de un sector de la criminalidad en el que concurren aspectos especiales que pueden justificar un tratamiento jurídico-penal específico". (PÉREZ DEL VALLE, Carlos. Introducción al derecho penal económico. In: BACIGALUPO, Enrique. Curso de derecho penal económico. 2. ed. Madrid: Marcial Pons, 2005. p. 24); "Por la razones indicadas, los casos de Derecho penal económico-empresarial no hallan unas instituciones de la teoría del delito refractarias al cambio. Por el contrario, en general encuentran instituciones en trane de revisión. Así, tales casos no han hecho sino intensificar ese proceso de revisión. Por ello, en general, su resolución no está provocando fracturas relevantes en el seno de las instituciones del sistema". (SÁNCHEZ, Jesús-Maria Silva. Fundamentos del Derecho penal de la Empresa. 2. ed. ampl. e actual. Madrid: Edisofer S. L., 2016. p. 13).

[231] É o que entende Enrique Aftalión sobre a autonomia do Direito Econômico que aqui se aplica: "Si, no obstante lo expuesto, se considera oportuno conceder ciudadanía independiente al Derecho económico, será posible hacerlo, siempre que se tenga presente que nunca podrá ser insertada esta rama, en una clasificación, al lafo de los fundamentals derechos civil, penal y administrativo, por la sencilla razón de que responde a otro 'principium divisionis': el Derecho económico no puede ser contrapuesto a esas mentadas ramas, sino, en todo caso, a un Derecho no-económico. En esta forma resulta patente la razón de nuestra tesis: El Derecho económico no puede ser parangonado con las ramas tradicionales de la enciclopedia jurídica, porque sólo puede tener autonomía de un plano transversal a ellas, o como una especialización de las mismas. En suma, a guida de conclusión podemos decir, teniendo en cuenta todas las reservas efectuadas, que el agrupamiento de una serie de instituciones jurídicas bajo el marbete de Derecho económico nos es nada más que un recurso técnico – perfectamente legitimo – de que echa mano la ciencia jurídica contemporánea para suas tareas sistemáticas, expositivas y didácticas". (AFTALIÓN, Enrique R. Derecho penal económico. Buenos Aires: Abeledo Perrot, 1959. p. 22).

[232] Reconhece Manoel Pimentel, que embora defenda a ausência de qualquer autonomia do Direito Penal Econômico, há ainda vinculação intrínseca com os elementos dogmáticos de Direito Penal, com o que se concorda neste trabalho: "Estamos convencidos, também, de que o Direito penal econômico, sem embargo da especialidade de que se revestem as leis que o organizam, não é autônomo. Trata-se, simplesmente, de um dos ramos do Direito

na Faculdade de Direito da Universidade de Santiago de Compostela, que discutiu sobre a autonomia dogmática do direito penal econômico, Jorge de Figueiredo Dias também identificou a autonomia do Direito Penal Econômico:

> Comecei por perguntar se haveria, no actual direito penal económico, algo que o contradistinguisse do direito penal geral. Esforcei-me por demonstrar que, a cada um dos níveis a que a distinção pode relevar, existem muitos pontos de apoio para uma resposta afirmativa: 1) o ilícito penal económico apresenta apreciáveis especificidades face ao ilícito penal geral, baseado como está numa específica ordem legal e jurídico-constitucional dos bens jurídicos que protege e promove; 2) especificidades se dão, depois, ao nível do fundamento e do sentido das sanções em direito penal económico, derivadas da acrescida intensidade com que aqui se fazem sentir as exigências de prevenção geral positiva ou de integração e de retribuição da culpabilidade, bem como da luz particularmente favorável a que surgem e a estratégia de ressocialização; 3) especificidades existem, finalmente, ao nível da determinação concreta das sanções, derivadas das circunstâncias de a preferência pela pena de prisão – mesmo que se trata de uma pena curta –, em confronto com a pena de multa, se impor numa gama mais larga de hipóteses, bem como de serem maiores as expectativas de evitar o efeito de- socializador e criminógeno de privação da liberdade. São tais diferenças suficientes para se concluir pela autonomização do direito penal económico face ao direito penal geral? Se pensarmos uma tal autonomização em termos absolutos, capazes de fazer do direito penal económico um *tertium genus* entre o direito penal e o direito de mera ordenação, então a resposta terá de ser negativa. Mas já deverá ser positiva se pensarmos a autonomização em termos relativos, legitimada à luz da dupla função, pessoal e comunitária, desempenhada pela personalidade do homem no contexto do Estado de Direito e traduzida numa ordem legal dos bens jurídicos de índole específica. Numa ordem legal que tem por critério a ordem axiológica constitucional que preside os direitos sociais e à organização económica e que, no plano das sanções, impõe critérios mais estritos – e, em certos casos, mesmo mais severos – à sua determinação.[233]

---

penal comum e, como tal, sujeito aos mesmos princípios fundamentais deste. Não há como negar que se trata de um conjunto de leis especiais, necessariamente editadas sob a pressão de necessidades novas, objetivando a defesa dos bens e interesses ligados à política econômica do Estado. Mas, inegável é, igualmente, que tais leis de caráter penal não podem fugir às exigências que se colocam em volta de todos os preceitos penais. Não se trata, portanto, de um Direito desligado dos compromissos dogmáticos próprios do Direito penal comum, que toma emprestado apenas a sanção mais severa, que é a pena". (PIMENTEL, Manoel Pedro. Direito penal econômico. São Paulo: Revista dos Tribunais, 1973. p. 15).

[233] DIAS, Jorge de Figueiredo. Sobre a autonomia dogmática do direito penal econômico: uma reflexão à luz do novo direito penal econômico português. *In*: *Estudios penales y criminológicos*, Santiago de Compostela, Espanha, n. 9, p. 37-70, 1984-1985. p. 68-69.

Fala-se, assim, sem sombra de dúvidas, na compreensão funcional limitadora do poder de punir do Estado, no necessário respeito ao princípio da legalidade, na premissa da *nulla poena sine praevia lege*, da intervenção mínima, na lógica de responsabilização e culpabilidade, entre outros.

Assim, visualmente, propõe-se a visualização da autonomia na formatação da teoria dos conjuntos. Na imagem, dois círculos, um primeiro de Direito Penal e um outro de Direito Penal Econômico. Entre eles, uma faixa notável de intersecção onde repousam os elementos comuns e as mesmas bases dogmáticas. A autonomia de ambos restaria nas partes dos círculos que não coincidem, e tal não coincidência se daria pela interpretação e aplicação diferentes – em certa qualidade e em quantidade (maior abundância de aplicação das técnicas) – dos elementos entre o Direito Penal e o Direito Penal Econômico.[234]

---

[234] Isso é reconhecido por Carlos Perez del Valle, ao ponderar, em situações concretas, ora preceitos dogmáticos de Direito Penal Geral, ora elementos próprios do Direito Penal Econômico. Essa é a ideia que aqui se fala de intersecção de parte dos elementos, e autonomia de outra: "Ciertamente, existen problemas dericados de la estructura de la organización empresarial que tienen especiales repercusiones para el Derecho penal económico cuando se trata de la búsqueda de responsabilidad individual; pero esto no hace sino confirmar que el Derecho penal económico ocupa una parcela de la criminalidad con problemas especiales que merece un estudio diferenciado de la reacción penal frente a ellos, pese a que en muchos casos esta reacción supone la utilización de instrumentos propios del Derecho penal tradicional (p. ej., la responsabilidad en las acciones en nombre de otro, o la aplicación del delito de estafa en la actividad económica). Y también existen parcelas que inequivocamente pertenecen al ámbito del Derecho penal económico, aunque sus autores no lo son en cuanto empresarios o partes de una empresa, como sucede, por ejemplo, en el delito fiscal en relación con impuestos que no están vinculados a la actividad empresarial, como el impuesto sobre la renta de las personas físicas; pero, en estos casos, la administración trata al obligado a tributar como una unidad económica y no como un mero individuo (de tal modo que la obligación tributaria puede ir referida a la unidad familiar), de forma análoga al modo en que se considera a la empresa". (PÉREZ DEL VALLE, Carlos. Introducción al derecho penal económico. *In*: BACIGALUPO, Enrique. *Curso de derecho penal económico*. 2. ed. Madrid: Marcial Pons. p. 20). No mesmo sentido, Francisco Muñoz Conde: "Hay, todavia algunas cuestiones puntuales que por su aparición relativamente frecuente en la delincuencia relacionada con la actividad económica, tanto em sentido amplio, como estricto, merecen ser tratadas con alguna mayor precisión. Me refiero concretamenre al problema de la irresponsabilidad de las personas jurídicas y el actuar en nomnre de outro y al error del autor del delito sobre los elementos que configuran el correspondiente tipo penal cuando éstos provienen de una normativa jurídica extrapenal a la que se remite expresamente la propria regulación penal. Estas cuestiones, sin duda generales del Derecho Penal, plantean en este sector algunas particularidades hasta el punto de haberse pedido una regulación específica de las mismas, distinta incluso de la que existe para el resto del Derecho Penal". (CONDE, Francisco Muñoz. Principios politico criminales que inspiran el tratamiento de los delitos contra el orden socioeconomico en el proyecto de codigo penal español de 1994. *In*: PRADO, Luis Regis; DOTTI, René Ariel (Orgs.). *Direito penal econômico*. São Paulo: Editora Revista dos Tribunais, 2011. (Coleção doutrinas essenciais: direito penal econômico e da empresa). v. 1, p. 105).

Dito isso, a outra face dessa autonomia, como uma *moeda*, apresenta-se na lógica orbital dos elementos cuja feição, aplicabilidade ou diferença na frequência de utilização se apresentam, por tais razões, fora da área de intersecção dos conjuntos (de Direito Penal e de Direito Penal Econômico). Como em movimento e visualização de órbita, tais elementos gravitam entre si, influenciando uns aos outros, trazendo ao seu centro a identificação da Teoria Jurídica de Direito Penal Econômico formada justamente pela compreensão dogmática, prática e até semântica de cada um desses elementos. Ao *compliance* e à sua relação com o Direito Penal Econômico reservam-se, aparentemente, os exemplos em que essas influências de mão dupla ocorrem ou se operacionalizam – como se verá adiante, em capítulo próprio – em muitos momentos, em uma ordem de comunicação preventiva entre os fenômenos.

Pretende-se trabalhar na sequência, sem obviamente esgotá-los, alguns desses elementos e referidos exemplos de operacionalização e confirmação, que parecem em movimento orbital fomentar a formação concêntrica do conteúdo da Teoria Jurídica de Direito Penal Econômico e confirmar sua autonomia, pautada, entre outras razões, na sustentação simbiótica com o próprio *compliance*. Ao final, espera-se não só ter apresentado bases minimamente sólidas sobre cada um desses pontos – permitindo até, se for o caso, uma leitura isolada de cada fenômeno – como se pretende demonstrar a mencionada autonomia da teoria e o cenário jurídico onde repousam grande parte dos questionamentos relacionados ao *compliance*, sem prejuízo, logicamente, de tentar possibilitar a quem procura apenas o tema da Teoria Jurídica de Direito Penal Econômico uma base de pesquisa conceitual e bibliográfica ao menos interessante.

Dito isso, lembra-se o visto no primeiro capítulo desta obra, que o Direito Penal Econômico pode ser compreendido como uma terceira fase dessa relação entre o Estado e o capital nos últimos dois séculos. Quer dizer, uma primeira fase de ausência de intervenção; uma segunda de intervenção por direcionamento programático pelo Direito Econômico, notadamente após a verificação de que o capital, por si só, não é capaz de se organizar; uma terceira, representada pela adoção de normas de índole penal para também exercer essa função de corrigir as falhas da economia de mercado e controlar o capital, ou seja, o Direito Penal Econômico; e uma quarta fase, representada pelo reconhecimento de que o direcionamento programático e a correção penal *a posteriori* não são suficientes. Transfere-se a atuação preventiva do Estado ao próprio particular, mediante a possível sanção deste, caso falhe nessa tarefa. A ideia é que o particular auxilie no papel de evitar a existência de práticas contrárias ao direcionamento jurídico da economia e da tutela dos bens jurídicos constitucionalmente eleitos. É o surgimento do *compliance*.

Em específico, a implementação do Direito Penal Econômico está, nas palavras de Heloísa Estellita, atrelada à função de corrigir a anormalidade econômica, a qual só é compreendida a partir do que é a normalidade econômica.[235] Por lógica, só se sabe o que é anormal, se se sabe o que é o normal. E a normalidade econômica é aquela apreendida pelo que se espera de normal para determinado sistema econômico, sendo isso definido, com o Direito como técnica historicamente determinada, na ordem econômica constitucional.

Fala-se, então, nessa ordem de ideias, no que pode ser chamado de legitimação constitucional do Direito Penal Econômico, isto é, o respaldo jurídico-constitucional para a tutela penal da atividade econômica ou a autorização por parte da ordem constitucional para que condutas, posturas ou comportamentos sejam criminalizados e sancionados penalmente, se forem de encontro ao direcionamento ou encaminhamento da atividade econômica ou do capital estabelecidos na Constituição Federal, enquanto técnica especializada de intervenção do Estado na economia.[236] [237]

---

[235] "Enfim, é preciso saber da ideal normalidade econômica para se chegar ao conhecimento dos desvios causadores da anormalidade econômica. Enfim, o que se quer evitar e/ou corrigir com a proteção penal neste campo? Ocorre que esta normalidade ideal é contingente, historicamente determinada. Trata-se de um valor, uma aspiração, que sofre contínua mutação influenciada pelos valores de cada sociedade: o que é bom economicamente num momento não o é em outro. Desta forma, não há como falar em proteção penal da normalidade econômica dissociada na configuração específica de determinada sociedade. Os sistemas econômicos é que determinam o que se deve fazer e quais os objetivos a serem alcançados pela sociedade, determinaram o que seja, dentro daquele modelo, a normalidade". (SALOMÃO, Heloísa Estellita. Tipicidade no direito penal econômico. *In*: PRADO, Luis Regis; DOTTI, René Ariel (Orgs.). *Direito penal econômico*. São Paulo: Editora Revista dos Tribunais, 2011. (Coleção doutrinas essenciais: direito penal econômico e da empresa). v. 2, p. 154).

[236] "A legitimidade do direito penal econômico, portanto, será tão maior quanto mais próximo e ajustado for o tratamento legislativo e judicial conferido a normas e supostos fáticos materialmente ofensivos à *ordem econômica*. Uma eventual incompatibilidade pode apresentar-se fatal à unidade sistemática do tema: a tutela pena de condutas *realmente* violadoras da *ordem econômica* através de tipos penais que exigem uma ofensa individual para a consumação submete o fato, por força do princípio da legalidade, a pressupostos de adequação típica incompatíveis com a lógica da tutela de um crime econômico". (SCHMIDT, Andrei Zenkner. *Direito penal econômico*: parte geral. 2. ed. rev. e ampl. Porto Alegre: Livraria do Advogado, 2018. p. 84).

[237] "A ordem socioeconômica afigura-se, notadamente, como o interesse supraindividual penalmente tutelado pelo Direito Penal Econômico, focando-se a confiança, ou a expectativa normativa, socialmente depositada no tráfico econômico, capaz de lesionar ou pôr em perigo a vida econômica no geral, ou seja, a estrutura econômica da sociedade,

Exemplo dessa dinâmica é a previsão dos crimes concorrenciais tipificados no art. 4º da Lei nº 8.137/1990, em que se tutela penalmente a livre concorrência e a livre iniciativa no mercado, pois são criminalizados o abuso do poder econômico que implique o domínio do mercado ou a eliminação da concorrência e a formação da prática conhecida como *cartel*.[238] No caso, a livre iniciativa e a livre concorrência são ideias constitucionais fundamentais de como deve ser direcionada a atividade econômica nacional (arts. 1º, IV, e 170, IV, da CF, respectivamente). Identifica-se, assim, um estado de normalidade constitucional em que o capital é direcionado com a iniciativa livre e os competidores ou *players* em determinado mercado competem em condições de igualdade substancial. A Constituição Federal confere legitimação ao Direito Penal Econômico para que os responsáveis pelas condutas ou comportamentos que violam tais preceitos – anormalidade econômica – sejam sancionados criminalmente. É o Estado intervindo na economia em situações que, por meio da legalidade, reputam serem de alta gravidade, a justificar a sanção além da administrativa e civil.

As grandes e mais sensíveis questões parecem estar justamente no melhor entendimento do alcance ou dos limites desse respaldo constitucional, sobretudo porque ele é posto frente a frente com os outros preceitos constitucionais de limitação da criminalização e do sancionamento penal de condutas, conflito esse que se pretende explorar mais concretamente nos tópicos seguintes e que não passa desapercebido nas preocupações de conformidade, como os temas da legalidade e da culpabilidade.

Toda essa discussão leva ao passo seguinte de compreensão do Direito Penal Econômico, que é inerente de sua própria conceituação

---

representativa de um valor decorrente da vida individual e social, indispensável à sua manutenção e ao seu livre desenvolvimento". (SOUZA, Luciano Anderson de. *Análise da legitimidade da proteção penal da ordem econômica*. 202f. Tese de Doutorado, Faculdade de Direito, Universidade de São Paulo, São Paulo, Brasil, 2011. p. 56).

[238] "Art. 4º Constitui crime contra a ordem econômica: I – abusar do poder econômico, dominando o mercado ou eliminando, total ou parcialmente, a concorrência mediante qualquer forma de ajuste ou acordo de empresas; II – formar acordo, convênio, ajuste ou aliança entre ofertantes, visando: a) à fixação artificial de preços ou quantidades vendidas ou produzidas; b) ao controle regionalizado do mercado por empresa ou grupo de empresas; c) ao controle, em detrimento da concorrência, de rede de distribuição ou de fornecedores. Pena – reclusão, de 2 (dois) a 5 (cinco) anos e multa". (BRASIL. Lei nº 8.137, de 27 de dezembro de 1990. Define crimes contra a ordem tributária, econômica e contra as relações de consumo, e dá outras providências. *Diário Oficial da União*, Brasília, 28 dez. 1990. Disponível em: http://www.planalto.gov.br/ccivil_03/LEIS/L8137.htm. Acesso em 13 fev. 2019).

enquanto campo da dogmática penal[239] e que vai exercer influência direta na configuração normativa dos crimes econômicos:[240] a compreensão de seu bem jurídico tutelado.[241] [242] Como sinaliza Raul Peña Cabrera, a identificação do bem jurídico tutelado pela norma penal é de fundamental relevância:

> En toda norma juridico-penal subyacen juicios de valor positivos sobre bienes vitales indispensables para la convivencia humana, que son por ello, merecedores de protección mediante el poder coactivo del Estado representado por la pena. La ilicitud, no se agota en la relación

---

[239] "Para la cabalidad de la comprensión de los distintos tipos penales contra el orden económico hay que abordar necesariamente la tarea de precisar el concepto de bien jurídico no solamente como guía en la construcción jurídico-dogmática sino como ideai trascendental de política criminal. [...] Pocos son los conceptos tan caros a la política criminal como a ala dogmática que el bien jurídoco. Ocurre que en un Estado Social e Democrático de Derechom la noción de bien jurídico desempeña un rol preponderante. Decididamente define la función del Derecho Penal y por conseguiente, calrifica los límites del ius puniendi, confiriendo, por lo demás, la legitimación del mismo Derecho Penal". (CABRERA, Raul Peña. El bien juridico en los delitos econômicos. *In*: PRADO, Luis Regis; DOTTI, René Ariel (Orgs.). *Direito penal econômico*. São Paulo: Editora Revista dos Tribunais, 2011. (Coleção doutrinas essenciais: direito penal econômico e da empresa. v. 2, p. 546). Além disso, a própria dificuldade de regulamentar de forma unitária ou codificada a criminalidade econômica tem também origem nas diculdades de identificar o bem jurídico tutelado: "Lo primero que hay que destacar es la ausencia de uma regulación jurídica unitaria sistemáticamente de este sector que se há dado em llamar 'delicuencia econômica'. Ello se debe sobre todo a la imprecisión y vaguedad de su objeto jurídico, que algunos reconducem a un vago interés en el equilibrio del sistema econômico: a un genérico orden público econômico". (CONDE, Francisco Muñoz. Principios politico criminales que inspiran el tratamiento de los delitos contra el orden socioeconomico en el proyecto de codigo penal español de 1994. *In*: PRADO, Luis Regis; DOTTI, René Ariel (Orgs.). *Direito penal econômico*. São Paulo: Editora Revista dos Tribunais, 2011. (Coleção doutrinas essenciais: direito penal econômico e da empresa). v. 1, p. 95).

[240] "Las características propias de la vida económica (y del Derecho económico) condicionan uma serie de particularidades en la configuración técnica del Derecho penal económico, el cual se distingue a través de esto, en forma bastante clara, del Derecho penal general". (TIEDEMANN, Klaus. *Derecho penal y nuevas formas de criminalidad*. 2. ed. Lima: Editora Jurídica Grijley, 2007. p. 75).

[241] "Vinculación entre concepto y bien jurídico. Debemos empezar por consignar que concepto y bien jurídico en el Derecho Penal Económico son temas estructural y funcionalmente se encuentran muy estrechamente vinculados. También em este caso la postura que se adopte sobre uno de ellos incidirá en el otro. Es, por lo tanto, posible identificar o delimitar el derecho penal económico a partir de la identificación del bien jurídico que esta supuesta rama dela derecho penal". (CERVINI, Raúl. La perspectiva integrada del derecho penal económico. *In*: CAIROLI, Milton *et al*. *Nuevos desafios em derecho penal económico*. Buenos Aires: Editorial B de F, 2012. p. 107).

[242] Como define Franz Von Liszt: "Bem jurídico ê, pois, o interesse juridicamente protegido. Todos os bens jurídicos são interesses humanos, ou do indivíduo ou da collectividade. É a vida, e não o direito, que produz o interesse; mas só a protecção jurídica converte o interesse em bem jurídico". (LISZT, Franz Von. *Tratado de direito penal alemão*. (Trad. José Hygino Duarte Pereira). Rio de Janeiro: F. Briguiet & C., 1899. t. I, p. 93-94).

existente entre la acción y la norma, pues, posee también un significado material (ilícito material). Una acción es materialmente ilícita en función de la infracción que se supone al bien jurídico protegido por la norma correpondiente. El bien jurídico constituye el punto de partida y la idea que preside la formación del tipo. [...] El bien jurídico es pues, el 'ojo de la aguja' por el que tiene que pasar los valores de la acción: ninguna reforma del Derecho Penal puede ser aceptable si no va dirigida a la protección de un bien jurídico por más que esté orientado a valores de la acción. La intervención del Derecho Penal es cernir determinados valores éticos- sociales del fuero interno y tratarlos dentro de los marcos compatibles que son justamente los principios de legalidad y de protección de bienes jurídicos. El respeto reverente por estos límites torna permisible la natural justificación de las prohibiciones y de la prevención general positivia y la explicación de la formalización del control social. [...] El bien juridico como lo hemos señalado, constituye un principio garantizador de carácter informativo. La sociedad en general y cada miembro de ella, en particular, debe saber lo que realmente se está amparando, y, sobre las cuales se asienta dicha protección o amparo. En consecuencia, el inusto y todo el delito en sí, giran en torno al bien jurídico. El corpus legal tiene la virtud de haber construido bienes jurídicos que constituyen los intereses y aspiraciones de las grandes mayorías nacionales que siempre han sido siempre del pueblo. El etiquetamento del delito y delicuente se ha orientado siempre a los sectores de la comunidad. A partir de la criminalización penal se dirige también hacia los sectores de la capa dominante.[243]

---

[243] CABRERA, Raul Peña. El bien juridico en los delitos econômicos. *In*: PRADO, Luis Regis; DOTTI, René Ariel (Orgs.). *Direito penal econômico*. São Paulo: Editora Revista dos Tribunais, 2011. (Coleção doutrinas essenciais: direito penal econômico e da empresa. v. 2, p. 546-547. No mesmo sentido: "A importância do estudo do bem jurídico, no campo da ciência do direito penal, hodiernamente, é fato indiscutível: a intervenção penal só se justifica para tutelar bens jurídicos. [...] Nesse passo, é de concluir que é justamente na Lei Mater de cada Estado que se encontrarão os devidos limites à punição estatal do indivíduo, e também o plexo valorativo inspirador da definição dos tipos, onde ingressará a ciência da política criminal". (NEVES, Sheilla Maria da Graça Coitinho das. A criminalidade na sociedade pós-moderna. *In*: PRADO, Luis Regis; DOTTI, René Ariel (Orgs.). *Teoria geral da tutela penal transindividual*, São Paulo: Editora Revista dos Tribunais, 2011. (Coleção doutrinas essenciais: direito penal econômico e da empresa. v. 1, p. 733-736). Igualmente: "As noções gerais ora expostas possibilitam a compreensão de que o bem jurídico *ordem econômica*, com o adensamento e as ramificações que vimos propondo, é um parâmetro excelente de (i) *fundamentação* do direito penal econômico em relação a desvios reconhecidos como dignos de proteção; (ii) *crítica* da definição de tipos de ilícito econômicos em relação a práticas econômicas que, sequer em abstrato, detenham aptidão para lesar ou colocar em perigo condições existenciais humanas; e (iii) *delimitação* do âmbito de incidência da norma apenas em relação a supostos fáticos ofensivos ao objeto de proteção". (SCHMIDT, Andrei Zenkner. *Direito penal econômico*: parte geral. 2. ed. rev. e ampl. Porto Alegre: Livraria do Advogado, 2018. p. 84).

Por certo e pelo dito até este ponto, a identificação dessa resposta é muito mais difícil do que em relação ao que pode ser chamado de crimes clássicos, como homicídio ou furto, em que o bem jurídico tutelado é facilmente e historicamente delimitado (vida e patrimônio, respectivamente).[244]

Essa dificuldade, aliás, parece se dever, marcantemente, à própria seara de atuação do Direito Penal Econômico: a atividade econômica, dinâmica, fluída e contextual por natureza, o que, inclusive, na leitura de Enrique Aftalión, resulta na quase impossibilidade de elencar em rol exaustivo os bens jurídicos tutelados.[245]

O preenchimento e a interpretação normativa de conceitos como livre concorrência, livre iniciativa, ordem tributária, credibilidade e estabilidade do sistema financeiro nacional é tarefa bem mais complexa que compreender o que é vida e patrimônio em si considerados. Isso, por certo, reflete na própria definição do Direito Penal Econômico e nas técnicas legislativas que são adotadas. Ao passo que o bem jurídico tutelado não só legitima a criação e aplicação da norma penal[246] – *o que*

---

[244] Por essa razão, há quem atribua um certo caráter de artificialidade aos bens jurídicos tutelados pelo Direito Penal Econômico: "Se afirma – con cierta insistencia – la naturaleza 'artifical' en la construcción de esto bienes jurídicos. Efectivamente son bienes jurídicos sin pasado histórico, más estrictamente, com ausencia referncial ontológica, diferente, v.g., con la vida, la propiedad, el honor etc.; asimismo no es producto de una de captación o filtro cultural que piede ayudar a una adecuada identificación de objetivos, y lo que, por supuesto, torna difícil el consenso; [...] Así, por lo menos desde el punto de vista cognoscitivo, el bien jurídico en el Derecho Penal Econômico puede ser posterior a la identificación del respectivo ámbito de tutela". (CABRERA, Raul Peña. El bien juridico en los delitos económicos. *In*: PRADO, Luis Regis; DOTTI, René Ariel (Orgs.). *Direito penal econômico*. São Paulo: Editora Revista dos Tribunais, 2011. (Coleção doutrinas essenciais: direito penal econômico e da empresa. v. 2, p. 557).

[245] "Enumerar esos medios o procedimientos en foma exhaustiva es tarea cais imposible, atento a la fecundidad con que la infinita diversidad de circunstancias acució la imaginación de los legisladores, en su afán por encarrijar el curso de la vida económica dentro de los cauces por ellos previstos. A título puramente ejemplificativo cabe enunciar, como principales, las regulaciones sobre: a) precios. b) racionamientos; c) abastecimiento y comercialización de materias primas y productos industrializados; d) importación y exportación, no sólo de mercaderías sino tambíen de las divisas (control de cambios); e) establecimiento de nuevas empresas; f) credito bancario; g) transportes; h) contratos colectivos de trabajo, etcétera". (AFTALIÓN, Enrique R. *Derecho penal económico*. Buenos Aires: Abeledo Perrot, 1959. p. 21).

[246] A identificação é fundamental: "El problema entonces, pasa por delimitar ese bien jurídico, delimitación imprescindible para la seguridad jurídica, que a su vez nos proporcionará los márgenes legitimantes de esta nueva disciplina o rama del derecho penal sin que con ello se pretenda propugnar su autonomía científica respecto de éste, en tanto la autonomía no sea metodológica y no se traduzca en admitir como regla técnicas de imputación y tipificación contradictórias com el derecho penal convencional de corte garantizador". (CERVINI, Raúl. La perspectiva integrada del derecho penal económico. *In*: CAIROLI, Milton *et al*. *Nuevos desafios em derecho penal económico*. Buenos Aires: Editorial B de F, 2012. p. 108).

será criminalizado, como baliza constitucional garantidora –o bem jurídico tutelado também influencia a própria confecção de tipicidade (*v.g.* com destaque para a utilização de leis penais em branco e os crimes de perigo, que serão melhor trabalhados nos tópicos subsequentes) – *como* será criminalizado.

Os bens jurídicos envoltos na criminalidade econômica são de natureza muito mais dinâmica e complexa que aqueles relacionados, por assim dizer, à criminalidade comum.[247][248] Do ponto de vista racional, é muito mais simples, *v.g.*, compreender se existiu ou não o resultado morte, do que entender se a concorrência ou a credibilidade do sistema financeiro foram ou não abaladas. Da mesma forma, apurar a inversão da posse de determinado patrimônio é tarefa mais tranquila que identificar o abalo concreto ou, no mínimo, em potencial do interesse patrimonial da previdência social, dilema esse posto em extrema proximidade pela leitura dos crimes previstos nos arts. 168 (apropriação indébita) e 168-A (apropriação indébita previdenciária) ambos do Código Penal.[249][250]

---

[247] Nesse ponto, é fundamental a leitura da obra de Andrei Schmidt, segundo o qual o bem jurídico tutelado pelo direito penal econômico assume as características de supraindividualidade, promocional, de mutabilidade e instrumental. (SCHMIDT, Andrei Zenkner. *Direito penal econômico*: parte geral. 2. ed. rev. e ampl. Porto Alegre: Livraria do Advogado, 2018. p. 88-98).

[248] "Ora, se vejo exactamente a situação das coisas, a pretendida autonomização, para que possa ser aceite em definitivo, haverá de impôr-se a três níveis diferentes: 1º, ao nível da especificidade do ilícito e da consequente possibilidade da sua delimitação, face, por uma parte, ao ilícito penal geral, e face, por outra parte, ao ilícito de mera ordenaão; 2º, ao nível da especificidade das sanções, dos seus fundamentos, do seu sentido e dos seus limites; 3º, ao nível da concreta aplicação ou determinação das sanções, da sua escolha e da sua medida. [...] Uma tal autonomia relativa só é pensável, em meu entender, no quadro de um Estado de Direito material, de cariz social e democrático. Só nele, com efeito, se compreende bem a existência de duas zonas relativamente autónomas na actividade do Estado: uma que visa proteger a esfera de actuação especificamnte pessoal (embora não 'individual') do homem e que é conformada em primeira linha através dos direitos fundamentais da pessoa; outra que visa proteger a sua esfera de actuação comunitária e é conformada sobretudo através dos seus direitos e deveres fundamentais de carácter económoco, social e cultural (numa palavra, através dos seus direitos sociais fundamentais). De que maneira, porém, se traduz esta específica juridicidade do Estado de Direito material em termos jurídico-penais. Dela resulta, desde logo, que função de todo o direito penal só pode ser a protecção de bens jurídicos, considerados como interesses socialmente relevantes cuja defesa e promoção é condição indispensável do livre desenvolvimento da personalidade de cada homem. [...] Só que, no âmbito do direito penal administrativo, a actuação da personalidade do homem verifica-se como fenómeno social, em comunidade e em dependência recíproca desta. Expressão desta relação são, a nível jurídico-constitucional, as partes da Constituição em que consignam os direitos sociais fundamentais e a organização econômica". (DIAS, Jorge de Figueiredo. Sobre a autonomia dogmática do direito penal econômico: uma reflexão à luz do novo direito penal econômico português. *In*: *Estudios penales y criminológicos*, Santiago de Compostela, Espanha, n. 9, p. 37-70, 1984-1985. p. 45, 53-54).

[249] Fala-se em *normalmente*, porque não se ignora a possível motivação econômica para a prática do crime de homicídio, por exemplo, mas essa não parece ser a *motivação padrão*.

Essas peculiaridades, embora importantes, sobretudo em razão de suas consequências normativas, não impedem a identificação de ao menos uma linha comum característica de todos os bens jurídicos tutelados pelo Direito Penal Econômico, em especial a partir das considerações históricas feitas anteriormente: os bens jurídicos tutelados pelo Direito Penal Econômico são aqueles que simbolizam ou objetificam os principais elementos das políticas econômicas do Estado, assim identificados constitucionalmente.

Em etapas de raciocínio, conforme a dinâmica da maioria das constituições do ocidente: (i) primeiro e historicamente, o Estado identifica as contradições do capital e as falhas da economia de mercado; (ii) em segundo, reconhece que a manutenção da segurança social passa por sua intervenção na economia; (iii) em terceiro, utiliza-se de uma técnica refinada para exercer essa intervenção, qual seja, a indicação das políticas econômicas de intervenção pelo Direito e principalmente pela estruturação normativa constitucional; e (iii) em quarto, são criminalizadas condutas e comportamentos contrários a essas políticas, sendo essa contrariedade identificada na vulneração ou ameaça aos bens jurídicos tutelados, quais sejam: os principais elementos dessas próprias políticas.

Paralelamente, e até mesmo pelas próprias características do meio onde a criminalidade econômica está inserida – dentro das atividades econômicas, repisa-se dinâmicas, fluídas e contextuais histórica e socialmente – esses bens jurídicos tutelados são marcados pela supraindividualidade ou transindividualidade. Como afirma Klaus Tiedemann:

> Según esto, ambos, el delito económico y el Derecho penal económico, se caracterizan por que el hecho no se dirige (solamente) contra intereses individuales, sino contra intereses sociales y supraindividuales del acontecer económico, es decir, son lesionados bienes jurídicos sociales y supraindividuales de la vida económica o se abusa de instrumentos de la via económica actual. Con ello cl bien de protección está constituido, en primer lugar, no por el interés individual del individuo que actúa en la economia, sino por el ordenamiento económico estatal en su totalidad, el decurso de la economía en su organización; en resumen: por la economía del país con cada una de sus ramas (sistema financiero, sistema crediticio, etc.).[251] [252]

---

[250] BRASIL. Decreto-Lei nº 2.848, de 7 de dezembro de 1940. Código Penal Brasileiro. *Diário Oficial da União*, Rio de Janeiro, 31 dez. 1940, retificado em 03 jan. 1941. Disponível em: http://www.planalto.gov.br/ccivil_03/decreto-lei/Del2848compilado.htm. Acesso em 15 fev. 2019.
[251] TIEDEMANN, Klaus. *Derecho penal y nuevas formas de criminalidad*. 2. ed. Lima: Editora Jurídica Grijley, 2007. p. 8-9). No mesmo sentido: "La naturaleza supraindividual de estos

Aliás, essa é uma das características que se explica pelo próprio paralelo histórico entre o Direito Econômico e o Direito Penal Econômico, em que ambos, com graus e formas diferentes de intervenção,

---

bienes jurídicos amparados por el Derecho penal Económico se caracterizan por el respaldo económico que otorgan al sistema económico imperante, hacién dolo funcional e, inclusive implementan dolo. Ello permite establecer una frontera entre dos órdenes de valores o intereses: de un lado, los que destacan la vida comunitaria como sistema económico con sus conflictos reales; de otro, las que se agotan en el interior de la propia administración, como los intereses específicos, destinados a garantizar una cierta transparencia de la vida económica a través de acciones de registro, comunicación, información etc., impuestos a los operadores económicos. Esta distinción debe verse no en términos absolutos, en el sentido de que la violación de los primeros postulan siempre responsabilidad criminal, en tanto, que los segundos, mera contravención. Significa, pues, que cuando la norma incriminadora cubre los valores del primer tipo, ello implica que no debe referirse a conductas que apenas sacrifican intereses del segundo grupo, que por razones más de técnica o formulación legislativa pueden aparentemente subsumirse". (CABRERA, Raul Peña. El bien juridico en los delitos económicos. *In*: PRADO, Luis Regis; DOTTI, René Ariel (Orgs.). *Direito penal econômico*. São Paulo: Editora Revista dos Tribunais, 2011. (Coleção doutrinas essenciais: direito penal econômico e da empresa. v. 2, p. 556); "A distinção mais marcante entre os novos bens jurídicos, dentre os quais os bens jurídico-econômicos, e os bens jurídicos tradicionais reside, sem dúvida, em seu caráter supraindividual e permanente, o que remete tanto à impossibilidade de identificação de uma vítima individualizável, quanto à impossibilidade de precisar o momento da consumação dos ilícitos" (CORACINI, Celso Eduardo Faria. Contexto e conceito de direito penal econômico. *In*: PRADO, Luis Regis; DOTTI, René Ariel (Orgs.). *Teoria geral da tutela penal transindividual*. São Paulo: Editora Revista dos Tribunais, 2011. (Coleção doutrinas essenciais: direito penal econômico e da empresa). v. 1, p. 429); "O Direito Penal Econômico caracteriza-se por tutelar bens supraindividuais e pela amplitude da potencialidade lesiva das suas formas delitivas". (SALOMÃO, Heloísa Estellita. Tipicidade no direito penal econômico. *In*: PRADO, Luis Regis; DOTTI, René Ariel (Orgs.). *Direito penal econômico*. São Paulo: Editora Revista dos Tribunais, 2011. (Coleção doutrinas essenciais: direito penal econômico e da empresa). v. 2, p. 170); ""Sin embargo, los delitos económicos no se dirigen únicamente contra individuos o contra empresas. A menudo ponen en peligro instituciones y funciones de la vida económica, en última instancia, a veces, al Estado". (VOLK, Klaus. Criminalidad económica. *In*: AMBOS, Kai; BÖHM, María Laura; ZULUAGA, John. *Desarrollos actuals*. Göttingen: Göttingen University Press, 2016. p. 140).

[252] "Os bens jurídicos pessoais possuem como titular o indivíduo, o particular que controla e ele dispõe, conforme sua vontade, possuindo caráter estritamente pessoal. Já os bens jurídicos metaindividuais são característicos de uma titularidade de caráter não pessoal, de massa ou universal (coletiva ou difusa) e estão para além do indivíduo, afetando um grupo de pessoas ou toda a coletividade. [...] Os bens jurídicos metaindividuais são autônomos e têm conteúdo material próprio e são classificados em: bens jurídicos institucionais (públicos ou estatais), nos quais a tutela supraindividual aparece intermediada por uma pessoa jurídica de direito público (Administração Pública, administração da justiça); bens jurídicos coletivos são aqueles que afetam um número mais ou menos determinável de pessoas (saúde pública, relação de consumo); e bens jurídicos difusos, que têm caráter plural e indeterminado e dizem respeito à coletividade como um todo (ambiente)". (NEVES, Sheilla Maria da Graça Coitinho das. A criminalidade na sociedade pós-moderna. *In*: PRADO, Luis Regis; DOTTI, René Ariel (Orgs.). *Teoria geral da tutela penal transindividual*, São Paulo: Editora Revista dos Tribunais, 2011. (Coleção doutrinas essenciais: direito penal econômico e da empresa). v. 1, p. 735-736).

acabam por tutelar os mesmos bens coletivos de caráter econômico,[253] [254] o que confere maior danosidade social às condutas que contra eles atentem.[255] Não é possível a individualização de quem é atingido ou ameaçado pela conduta criminosa, pois são bens jurídicos com indeterminação absoluta ou relativa de seus titulares, quer dizer, ou não é possível identificar qualquer titular (indeterminação absoluta) ou se identifica apenas um grupo, mas não é possível identificar indivíduos (indeterminação relativa).[256]

Alguns exemplos parecem ajudar no entendimento. Ao se falar nos crimes de furto, homicídio ou estupro, *v.g.*, que normalmente não estão inseridos na criminalidade econômica, é possível a identificação dos indivíduos atingidos ou ameaçados: quem teve o patrimônio

---

[253] "Un criterio racional comienza a distinguir bienes juridicos individuales de bienes juridicos supraindividuales. Este criterio de la supraindividualidad no difiere mayormente de aquel que habla de bienes 'colectivos de carácter económico', identificando como tales, por ejemplo, el crédito público, los intereses de los consumidores, de los ahorristas, etc. [...] Así, entonces, podemos reconocer en la existencia de ese tipo de bienes juridicos supraindividuales un concepto delimitador del âmbito de acción del derecho penal económico, y por lo tanto, la aptitud de los tipos penales clásicos para catalogarlos como pluriofensivos en tanto la acción típica concrta tine la potencialidad suficiente como para afectar esos bienes juridicos de naturaleza coletiva". (CERVINI, Raúl. La perspectiva integrada del derecho penal econômico. *In*: CAIROLI, Milton *et al*. *Nuevos desafios em derecho penal económico*. Buenos Aires: Editorial B de F, 2012. p. 110-111).

[254] "Nessa variedade de opiniões, percebe-se um traço comum e saliente, que coloca em relevo a finalidade de proteger os bens e os interesses humanos relacionados com a economia". (PIMENTEL, Manoel Pedro. *Direito penal econômico*. São Paulo: Revista dos Tribunais, 1973. p. 11).

[255] "A enorme danosidade social, ou a magnitude da lesão ao bem jurídico, (aliada às evidentes dificuldades de quantificação do montante dos danos) é um traço distintivo dos crimes econômicos, o que traz à tona o debate sobre a inclusão de crimes patrimoniais tradicionais entre os crimes econômicos, quando atingirem grandes proporções". (CORACINI, Celso Eduardo Faria. Contexto e conceito de direito penal econômico. *In*: PRADO, Luis Regis; DOTTI, René Ariel (Orgs.). *Teoria geral da tutela penal transindividual*. São Paulo: Editora Revista dos Tribunais, 2011. (Coleção doutrinas essenciais: direito penal econômico e da empresa). v. 1, p. 428).

[256] Neste ponto parece ser possível traçar um paralelo histórico com o surgimento dos direitos transindividuais, não penais, no caso, que advêm também da formatação do Estado Social, os chamados direitos difusos e coletivos *stricto sensu*. De fato, tais categorias passam a ser objeto de direito e assim são identificadas histórica e juridicamente, a partir do momento em que o Estado também passa a intervir na correção dos rumos do capital, tutelando bens não antes tutelados (meio ambiente, patrimônio histórico-cultural, ordem econômica, ordem urbanística). Os direitos difusos caracterizados pela indeterminação absoluta de seus titulares e os coletivos *stricto sensu* pela indeterminação relativa. Não se ignora ainda a existência de uma terceira categoria, os individuais homogêneos, mas nesse último há outro fenômeno, mais particularmente, o trato processual coletivo de direitos individuais em nome da inafastabilidade da função jurisdicional consagrada constitucionalmente (art. 5º, XXXV, CF). Sobre o tema, ver: ZAVASCKI, Teori Albino. *Processo coletivo*: tutela de direitos coletivos e tutela coletiva de direitos. 7. ed. rev. atual. e ampl. São Paulo: Revista dos Tribunais, 2017. p. 39-43.

subtraído, quem perdeu a vida ou teve sua dignidade sexual violada. Diferentemente, *v.g.*, essa determinação absoluta não é possível nos crimes contra a livre concorrência, contra a credibilidade do sistema financeiro nacional, contra o interesse patrimonial da previdência social, contra as relações de consumo etc. No máximo, é possível identificar um grupo atingido (indeterminação relativa das vítimas), como a identificação genérica do grupo de *players* de determinado mercado relevante em que a livre concorrência foi abalada pela conduta ou a identificação genérica de todos os segurados da previdência social, mas não um indivíduo em si atingido ou ameaçado, sendo o mais normal a indeterminação absoluta das vítimas (sequer a identificação de um grupo). Aliás, isso tudo gera uma situação curiosa, em que o agente do crime é, por vezes, autor e vítima do delito ao mesmo tempo. A exemplo, em um crime concorrencial de formação de cartel, ao mesmo tempo em que o agente é sujeito ativo do delito, é, ainda que indiretamente, vítima da ilicitude ou da falha na economia de mercado que ele mesmo provocou.

Dito isso, e sem qualquer pretensão de esgotar o tema, parece ser possível conceituar o Direito Penal Econômico como o conjunto de normas jurídicas, autônomo, do ponto de vista dogmático, vocacionado, em *ultima ratio*, a direcionar a sanção penal Estatal (legitimando a violência estatal e a limitando) em relação a condutas, comportamentos ou posturas que vão de encontro a bens jurídicos penais econômicos, sendo esses identificados na política econômica do Estado, quer dizer, a partir do direcionamento ou encaminhamento da atividade econômica ou do capital estabelecidos na Constituição Federal. É o instrumento técnico especializado de *ultima ratio* que o Estado se utiliza para que a política econômica por ele pretendida seja de fato observada.

Nesse sentido, define Raul Cabrera:

> El Derecho Penal Económico es un derecho interdisciplinario punitivo que protege el orden económico como última ratio, es decir, el último recurso ha utilizar por el Estado y luego de haber echado mano de todos los demás instrumentos de política económica o de control de que dispone, para una eficaz lucha contra las diversas formas de criminalidad económica. Las graves disfunciones y crisis socioeconomicas justifican la intevención del Estado en materia económica y recurrir al Derecho Penal para resolverlos y asegurar el bienestar común.[257]

---

[257] CABRERA, Raul Peña. El bien juridico en los delitos econômicos. *In*: PRADO, Luis Regis; DOTTI, René Ariel (Orgs.). *Direito penal econômico*. São Paulo: Editora Revista dos Tribunais, 2011. (Coleção doutrinas essenciais: direito penal econômico e da empresa. v. 2, p. 554.

Celso Coracini:

É possível afirmar, das observações já feitas, que o direito penal econômico é a disciplina especial do direito penal que, em último grau, protege bens jurídico-penais (econômicos), com alcance meta ou supraindividual, de condutas que os lesionem ou sejam capazes de lesioná-los, perturbando, ou desestabilizando, a ordem econômica desse Estado, compreendida ela como a confluência dos elementos da economia nacional, a apresentar uma dada organização (em que mercado e Estado são os principais atores e os fatores de produção e de oferta de bens são os principais objetos), cabendo ao Estado a histórica missão de, em maior ou menor grau, intervir sobre essa realidade, com o fim de preservar sua estabilidade e bem-estar social.[258]

Manoel Pimentel:

Torna-se mais fácil conceituar o Direito penal econômico como o conjunto de normas que tem por objeto sancionar, com as penas que lhe são próprias, as condutas que, no âmbito das relações econômicas, ofendam ou ponham em perigo bens ou interesses juridicamente relevantes.[259]

Ou, ainda, Heloísa Estellita:

O Direito Penal Econômico pode ser entendido, restritivamente, com o conjunto de normas penais que tutelam a economia nacional. Poder ser também entendido, extensivamente, como o conjunto de normas penais que tutelam a regulação da produção, da fabricação e da distribuição de bens.[260]

Com isso, parece ser possível entender o principal cenário onde o *compliance* repousa e as razões pelas quais há a criminalização de certas condutas e comportamentos decorrentes da atividade econômica,

---

[258] CORACINI, Celso Eduardo Faria. Contexto e conceito de direito penal econômico. *In*: PRADO, Luis Regis; DOTTI, René Ariel (Orgs.). *Teoria geral da tutela penal transindividual*. São Paulo: Editora Revista dos Tribunais, 2011. (Coleção doutrinas essenciais: direito penal econômico e da empresa). v. 1, p. 425.

[259] PIMENTEL, Manoel Pedro. *Direito penal econômico*. São Paulo: Revista dos Tribunais, 1973. p. 10.

[260] SALOMÃO, Heloísa Estellita. Tipicidade no direito penal econômico. *In*: PRADO, Luis Regis; DOTTI, René Ariel (Orgs.). *Direito penal econômico*. São Paulo: Editora Revista dos Tribunais, 2011. (Coleção doutrinas essenciais: direito penal econômico e da empresa). v. 2, p. 169.

que, a rigor, em diálogo com o primeiro capítulo desta obra, têm base histórica comum ao surgimento do próprio *compliance*: a intervenção do Estado na economia. Quer dizer, tentou-se mostrar os *porquês* que até aqui – e muito provavelmente daqui por diante – o Direito Penal Econômico e seus contornos são e, muito provavelmente, sempre serão parte das maiores preocupações do *compliance*.

E mais do que isso, acredita-se que foi possível começar a delinear o que vem a ser a Teoria Jurídica de Direito Penal Econômico, a partir da lógica orbital de seus elementos, de suas raízes históricas e de seus bens jurídicos tutelados. Com isso, parece que será mais fácil entender não só *o que* é tutelado penalmente no âmbito da atividade empresarial econômica, mas *como* ocorre esta tutela, a fim de orientar a melhor compreensão dogmática das práticas criminais a serem estudadas nos capítulos subsequentes, bem como direcionar e respaldar juridicamente, do ponto de vista criminal, um programa de integridade funcional a ser proposto ao final.

E falar em *como*, é entender como essa técnica especializada chamada Direito se desenvolve, ou seja, como, tecnicamente, seus elementos dogmáticos se operacionalizam. É entender como o Direito Penal Econômico se apresenta efetivamente, na transição do estudo teórico para aspectos mais práticos. E falar isso, em obra que se defende a relação do tema com o *compliance*, também é explorar exemplos que essa última matéria pode municiar à pesquisa.

Além disso, o desenvolvimento e a operacionalização de elementos dogmáticos também passam por compreender, principalmente, como a técnica legislativa se desenvolve. É o que se pretende nos dois próximos tópicos: entender as principais características da técnica legislativa de Direito Penal Econômico e compreender, ou minimamente levantar, os problemas dogmáticos e concretos delas decorrentes, que em última análise, estarão presentes no dia a dia do *compliance*.

3.3 A técnica legislativa diferenciada

3.3.1 A utilização das leis penais em branco: um desafio diante do princípio da legalidade e um problema à ideia de presunção absoluta do conhecimento da lei penal

Logicamente, a técnica legislativa de Direito Penal Econômico segue – ou se pressupõe que seguiria – as principais bases técnicas do Direito Penal Geral. Mas, como já indicado anteriormente, as próprias características da atividade econômica com a qual a tutela penal se relaciona, bem como a própria natureza do bem jurídico tutelado, resultam em uma técnica legislativa diferenciada. Especialmente, porque se vale de dois instrumentos com maior frequência, se comparado com o Direito Penal fora, por assim dizer, da atividade econômica, o que mais uma vez parece levar à conclusão de autonomia da Teoria Jurídica de Direito Penal Econômico: a utilização das leis penais em branco[261] e a tipificação dos chamados crimes de perigo.[262] Neste tópico, tratar-se-á das leis penais em branco e das questões que lhe são decorrentes, especialmente aquelas que mais tocam ao *compliance*, ficando os crimes de perigo para o próximo tópico.

Muito bem. Como se sabe, a lei penal criminalizadora ou o tipo penal é integrado por duas partes: um preceito chamado de *primário*, em que consta o verbo ou os verbos que exprimem a ação ou a omissão a ser sancionada e o respectivo objeto de direito a ser atingido, "é por definição a fórmula descritiva das circunstâncias objetivas do crime. Os seus elementos são essencialmente descritivos e objetivos. Essencialmente, mas não exclusivamente".[263] Isso, porque tais elementos podem apresentar certo grau de incompletude de compreensão, seja porque seu entendimento depende da identificação de outra norma, seja porque

---

[261] "Uma técnica utilizada de forma crescente pelo legislador, sob a justificativa de sua necessidade excepcional em matérias situadas fora do núcleo clássico do Direito Penal, tal como a esfera econômica, é a da formulação de normas penais em branco, consistentes na proibição penal de condutas a partir de uma descrição típica incompleta. Nessas hipóteses, o tipo penal não descreve totalmente a conduta proibida, remetendo a outra norma para definição do conteúdo do dever geral imposto e, assim, da proibição". (BECHARA, Ana Elisa Liberatore Siva. *Valor, norma e injusto penal*: considerações sobre os elementos normativos do tipo objetivo no Direito Penal contemporâneo. Belo Horizonte: Editora D'Plácido, 2018. p. 252-253).

[262] Sobre as peculiaridades da redação legislativa em Direito Penal Econômico, pontua Manoel Pedro Pimentel: "O problema da tipicidade nos delitos econômicos aparece, então, em toda sua complexidade. O legislador não se comporta como o sociólogo, estabelecendo apenas conexões entre fatos. Sua atitude, no ato de legislar, não é a de mero observador da realidade. Deve ir além, buscando nessa realidade fática o substancial *dever ser* para tornar efetiva a tutela dos bens e interesses considerados relevantes. Ora, o *modelo normativo* implica uma descrição de condutas axiológica e teleologicamente consideradas, e não o produto do mero arbítrio ou de elocubrações abstratas O risco que corre o legislador, no campo do Direito penal econômico, é exatamente este: ao delinear as figuras típicas, perder-se em conceituações lógico-formais, diante da dificuldade de escolher a via certa, reclamada pela realidade socioeconômica. Além disso, há reiterada insistência em redigir-se imprecisamente a lei, tornando-se bastante vagos os conceitos verbais, o que torna difícil precisar os contornos do fato tipificado". (PIMENTEL, Manoel Pedro. Direito penal econômico. São Paulo: Revista dos Tribunais, 1973. p. 37-38).

[263] BRUNO, Aníbal. *Direito penal, parte geral, tomo I*: introdução, norma penal, fato punível. 5. ed. rev. e atual. por Raphael Cirigliano Filho. Rio de Janeiro: Forense, 2003. p. 215.

depende de valoração pelo operador do Direito.[264] É do preceito *primário* do tipo penal que se extrai a ação ou omissão incriminadora, sobre o qual se realiza o raciocínio de hipótese de incidência do fato à norma. A ação ou a omissão de fato será crime, portanto, se se enquadrar perfeitamente na descrição do preceito primário. Paralelamente, há o preceito *secundário*, em que é posta a sanção correspondente à ação ou à omissão descrita no primário.

A problemática das chamadas leis penais em branco[265] está atrelada, em regra, à compreensão do preceito primário do tipo penal,[266] e foi originalmente na teoria de Karl Binding[267] que pela primeira vez se cunhou a expressão *Blankettstrafgesetzen* ou, em português, *leis penais em branco*. Leis penais cujos elementos gozavam de abrangência, estando a proibição, cuja transgressão é punível, baseada na delimitação por outra autoridade ou na legislação específica. Em suas palavras, uma "lei penal que busca sua alma como um corpo errante".[268]

---

[264] Já em antecipação ao que será dito na sequência, é possível identificar um gênero de normas penais incriminadoras incompletas, em que são espécies as leis penais em branco e os tipos abertos. (GUARAGNI, Fábio André; BACH, Marion. *Norma penal em branco e outras técnicas de reenvio em direito penal*. São Paulo: Almedina, 2014. p. 27).

[265] Aliás, desde logo, e sem qualquer pretensão de esgotar o tema, prefere-se, nesta obra, o uso da expressão "leis penais em branco" em vez de "normas penais em branco", pela compreensão – a partir muito do visto no primeiro capítulo – de que norma jurídica e lei não se confunde, sendo a norma aquela extraída a partir dos muitos elementos de interpretação, cuja imperatividade decorre de sua fonte estatal, seja legislativa ou jurisprudencial. Nesse sentido: "As leis penais em branco são aquelas que possuem uma sanção determinada e um preceito incompleto. A conduta proibida é imprecisa se observada a lei penal. Essa incompletude desaparece quando se integra à lei penal uma norma de complementação. A integração da norma de complementação à lei penal nos permite conhecer a norma penal. É com a integração da norma de complementação ao preceito da lei penal que se pode conhecer a conduta proibida e, via de consequência, o comando prescrito pela norma. A norma penal, portanto, nunca será em branco. O branco está sempre contido no preceito da lei. A norma penal é o comando que se extrai a contrário senso do preceito da lei penal já integrado pela norma de complementação". (MENDONÇA, Tarcísio Maciel Chaves de. *Lei penal em branco*: um confronto com o princípio da legalidade e análise dos crimes ambientais e econômicos. Rio de Janeiro: Lumen Juris, 2016. p. 22).

[266] Fala-se em regra, porque seria presunçoso demais ignorar que nas inúmeras leis penais não possa haver a utilização de técnica de remissão para definição da sanção penal do preceito secundário.

[267] BINDING, Karl. *Die normen und ihre übertretung*. Leipzig: Verlag von Wilhelm Engelmann, 1872.

[268] "Wie weit partikulire Normen durch gemeinrechtliche Strafgesetze Schutz finden können? Im deutschen Strafgesetzbuche findet sich nemlich eine Reihe von Blankettstrafgesetzen, die sich dadurch charakterisiren, dass das Verbot, dessen Uebertretung mit Strafe belegt wird, ausgeht von der Landes- oder Ortspolizeibehörde oder einer sonstigen Behörde oder von der Partikulargesetzgebung; dass das Partikularrecht entscheidet, welche Behörden behufs Aufstellung der Norm ins Auge gefasst sind; dass ferner dieses Verbot dem Erlass des Strafgesetzes erst nachfolgen kann, wo denn das Strafgesetz einstweilen

As leis penais em branco, nessa perspectiva e sem qualquer pretensão de esgotar o tema, são leis penais cuja compreensão dos elementos de seu preceito primário depende de uma técnica de remissão ou reenvio específico.[269] Se valem de outras normas (leis, decretos, regulamentações *lato sensu* etc.) para compreensão de seus elementos incriminadores. Como diz Aníbal Bruno:

> São normas de tipo incompleto, normas em que a descrição das circunstâncias elementares do fato tem de ser completada por outra disposição legal, já existente ou futura. Nelas, a enunciação do tipo mantém deliberadamente uma lacuna, que outra disposição legal virá integrar. Nessas leis existe sempre um comando ou uma proibição, mas enunciados, em geral, de maneira genérica, a que só a disposição integradora dará a configuração específica. A norma integradora estabelece, então, as condições ou circunstâncias que completam o enunciado do tipo da lei em branco. Traz para a lei em branco um complemento necessário, mas na lei penal é que se encontra, embora insuficientemente definido, o preceito principal. A norma complementar resulta numa fonte subsidiária do Direito Penal, mas fonte importante, porque as condições que ela estabelece irão constituir elementos integrantes do tipo da lei em branco e determinar a aplicação da sanção. [...] O dispositivo que completa a lei em branco pode estar contido na mesma lei penal, ou provir do mesmo órgão legislativo ou de ato de autoridade diferente. Pode ser de outra lei da mesma fonte donde emanou a lei penal, ou leis ou regulamentos originários de outros poderes.[270]

---

wie ein irrender Kúrper seine Seele sucht". (BINDING, Karl. *Die normen und ihre übertretung*. Leipzig: Verlag von Wilhelm Engelmann, 1872. p. 74).

[269] Nessa perspectiva, "la necesidad de recurrir a otros artículos de la misma u otra ley para la interpretación de ciertos tipos y elementos del tipo no constituye propiamente una técnica legislativa singular,; en este sentido puede hablarse de remisiones expresas y concluyentes". (TIEDEMANN, Klaus. La ley penal en blanco: concepto y cuestiones conexas. In: *Revista Brasileira de Ciências Criminais*, São Paulo, v. 37, a 10, p. 73-97, jan./mar.2002. p. 73-74).

[270] BRUNO, Aníbal. *Direito penal, parte geral, tomo I*: introdução, norma penal, fato punível. 5. ed. rev. e atual. por Raphael Cirigliano Filho. Rio de Janeiro: Forense, 2003. p. 122. Da mesma forma, também, "consisten en conminaciones penales (que se encuentran sobre todo en el Derecho penal accesorio o especial) que remiten a otros preceptos en cuanto a los presupuestos de la punibilidad; y en ellas rige también la prohibición de analogía respecto de la regulación complementadora, que constituye el tipo propiamente dicho". (ROXIN, Claus. *Derecho penal*: parte geral, Tomo I, Fundamentos. La estructura de la toeria del delito. (Trad. de la 2. ed. de Diego-Manuel Luzón Peña, Miguel Díaz y Garcia Conlledo e Javier de Vicente Remesal). Madrid: Editorial Civitas, S.A., 1997. p. 156); "Norma penal em branco é aquela cujo preceito primário é completado por outra norma, 'no todo ou em parte'. Cumpre ao operador do direito identificar esta norma e integrá-la ao tipo, na exata medida em que este a reclama". (GUARAGNI, Fábio André; BACH, Marion. *Norma penal em branco e outras técnicas de reenvio em direito penal*. São Paulo: Almedina, 2014. p. 30).

Foi Edmund Mezger que, por assim dizer, aperfeiçoou ou evoluiu a identificação feita por Binding, reconhecendo que os elementos normativos de completude da lei penal incriminadora podem estar contidos na mesma lei ou em outra lei emanada da mesma fonte legislativa (*leis penais em sentido amplo*) ou estar contidos em outra norma originada de outra autoridade (*leis penais em sentido estrito*).[271] [272]

---

[271] "Por leys penales en blanco, entendemos, en cambio, aquellos tipos que en a forma externa (y no, por lo tanto, por necesitar una valoración como ocurre en el caso previsto en el N. I, 2b) remitem a complementos que se encuentran fuera de ellos. Esta técnica legal es frecuente en las leys jurídico-penales accesorias. [...] Las leyes penales en blanco en sentido amplio, en las cuales el necesario complemento está contenidp en la misma ley o, por lo menos, en otra ley emanada de la misma autoridad legislativa. [...] Las leyes penales en blanco en sentido estricto, en las cuales el necesario complemento está contenido en una ley emanada de otra autoridad legislativa, por ejemplo, una sanción penal establecida en una ley del Reich contra una infracción a normas del derecho de los Estados". (MEZGER, Edmund. *Derecho penal*. (Trad. Ricardo C. Núñez). Buenos Aires: Editorial Bibliografica Argentina, 1958. p. 154). No mesmo sentido: "Assim, nas leis penais em branco em sentido amplo, o tipo e a sanção encontram-se separados externamente, sendo que a sanção vincula-se apenas a um tipo que necessita ser complementado, podendo distinguir-se duas hipóteses: a) a complementação necessária está contida na mesma lei, o que, conforme Mezger, implica tão só em um problema de pura técnica legislativa; e b) o complemento está contido em outra lei, embora da mesma instância legislativa. Já nas leis penais em branco em sentido estrito, a complementação necessária está incluída em uma lei de outra instância legislativa". (ALFLEN, Pablo. O risco da técnica de remissão das leis penais em branco no Direito Penal da Sociedade de Risco. *In: Politica Criminal*, Talca, Chile, n. 3, p. 1-21, 2007. p. 4); "La verdadera ley penal en blanco se caracteriza por exigir que la integración del precepto penal o contravencional proceda del acto de una instancia distinta de la que establece la conminación penal". (TIEDEMANN, Klaus. La ley penal en blanco: concepto y cuestiones conexas. *In: Revista Brasileira de Ciências Criminais*, São Paulo, v. 37, a 10, p. 73-97, jan./mar. 2002. p. 74).

[272] Inclusive, muitas são as classificações possíveis, porém, a fim de manter a coesão e o foco do texto, prefere- se não se estender no tema. Porém, a exemplo, vale citar o que discorre Andrei Schmidt: "São diversas as classificações apresentadas pela doutrina em relação às formas como essa abertura normativa se opera: leis penais em branco próprias (quando o comportamento normativo é dado por instância não legislativa) e impróprias (quando o complemento provém da mesma lei ou de lei de igual hierarquia); leis penais em branco em sentido estrito (quando o pressuposto normativo se encontra em instância não legislativa, a quem competiria, em definitivo, exercer a ameaça legal) e elementares normativas de conteúdo jurídico (quando o pressuposto normativo é dado pelo próprio legislador); remissão em bloco (quando a infração da norma administrativa é pressuposto de adequação típica) e remissões interpretativas (quando a norma extrapenal é necessária para interpretar ou integrar um elemento típico); remissão integral em bloco (quando a lei penal se limita a estabelecer a sanção, delegando a integralidade da proibição a outra competência) e remissão parcial em bloco (quando apenas um dos aspectos do tipo sofre reenvio); remissão expressa (a lei estabelece com clareza o preceito que deverá ser complementado) e remissão tácita (a integração da norma advém de uma valoração jurídica não exigida expressamente pelo tipo penal); leis penais em branco dinâmicas (o conteúdo da remissão é dado por círculos profissionais competentes) e leis penais em branco estáticas (regulação técnica concretamente determinada e com conteúdo vigente no momento da remissão)". (SCHMIDT, Andrei Zenkner. *Direito penal econômico*: parte geral. 2. ed. rev. e ampl. Porto Alegre: Livraria do Advogado, 2018. p. 137).

Há, ainda, as chamadas *leis penais em branco de remissão sucessiva* ou *de regulamentação em cascata,* em que a completude do elemento do tipo penal não se dá em uma remissão de primeiro grau, mas sim, em segundo ou terceiro. Identifica-se uma norma que deve completar o entendimento do elemento do tipo penal, mas essa norma, a seu turno, faz remissão à outra, e assim sucessivamente.[273]

Por sua vez, as leis penais em branco diferem-se dos chamados *tipos penais abertos.* Enquanto nas leis penais em branco a completude se dá por outras normas, nos tipos penais abertos a completude se dá pelo próprio intérprete. A diferença crucial, portanto, está em *como* se dá o entendimento do preceito primário. Naquelas, o operador do Direito deve identificar a norma ou as normas responsáveis por completar o preceito primário; nos tipos penais abertos, ao seu turno, não há essa identificação, mas a valoração e compreensão pelo próprio intérprete.[274]

---

[273] Esse fenômeno leva Andrei Schimidt a questionar, por exemplo, a própria utilidade das classificações, lembrando que esse que vos escreve é também adepto da ideia de que não há classificação certa ou errada, mas útil ou inútil: "A relevância da distinção entre elementares normativas (de interpretação conceitual – quando o complemento é dado por norma de igual hierarquia – ou de valoração de conduta – quando a complementação baseia-se exclusivamente numa valoração judicial) e normas penais em branco assume, especialmente nos delitos econômicos, uma missão meramente classificatória: as técnicas de reenvio em cascata seguidamente impossibilitam uma distinção de categorias que, ao fim e ao cabo, se submetem aos mesmos parâmetros de eficácia intertemporal. Entendemos por regulamentação em cascata os casos, muito comuns no direito penal econômico, em que o complemento da elementar normativa tem suas diretrizes gerais definidas por outra instância legislativa que, de seu turno, delega a outras instâncias o poder de melhor explicitar os termos do ilícito". (SCHMIDT, Andrei Zenkner. *Direito penal econômico*: parte geral. 2. ed. rev. e ampl. Porto Alegre: Livraria do Advogado, 2018. p. 138). Também sobre esse fenômeno: "Quanto à norma complementadora: é possível que a norma penal em branco remeta a uma norma e esta, a seu turno, faça remissão a uma terceira. Tem-se, então, norma penal em branco em remissão sucessiva ou em segundo grau. Reportada situação torna mais aguda a tensão entre as normas penais em branco e reserva legal. Por outro lado, a norma complementadora pode fazer alusão expressa ao fato de que integra o preceito primário de um tipo penal. Quando isto ocorre, tem-se uma cláusula de remissão inversa, reduzindo a incerteza inerente à norma penal em branco e minimizando o atrito entre esta e o princípio da taxatividade da norma penal, vertente do princípio da reserva legal no que exigente de *lex certa*". (GUARAGNI, Fábio André; BACH, Marion. *Norma penal em branco e outras técnicas de reenvio em direito penal.* São Paulo: Almedina, 2014. p. 31).

[274] "A incompletude de ambas reside no preceito primário. Enquanto o preceito primário dos tipos nas normas penais em branco é completado por outras normas, os tipos abertos são completados pelo operador do direito, que realiza o 'fechamento do ripo no caso concreto', na corrente expressão brasileira de salas de aula. [...] Na suma, normas penais em branco e tipos penais abertos são iguais no fato de apresentarem preceitos primários incompletos; a diferença é o modo de completar. Desde logo, a incompletude de ambas denuncia que são dependentes de integração, efetuada de maneiras diversas". (GUARAGNI, Fábio André; BACH, Marion. *Norma penal em branco e outras técnicas de reenvio em direito penal.* São Paulo: Almedina, 2014. p. 28).

O Código de Defesa do Consumidor parece trazer um exemplo interessante dessa distinção, a partir da análise comparativa dos crimes previstos nos seus artigos 65 e 66. O primeiro dispõe ser crime "[e]xecutar serviço de alto grau de periculosidade, contrariando determinação de autoridade competente"; e o segundo diz ser crime "[f]azer afirmação falsa ou enganosa, ou omitir informação relevante sobre a natureza, característica, qualidade, quantidade, segurança, desempenho, durabilidade, preço ou garantia de produtos ou serviços". O primeiro parece ser uma lei penal em branco, o segundo um tipo penal aberto. Enquanto no crime do artigo 65 cumpre ao operador do Direito buscar e identificar a norma ou as normas que perfazem a "determinação de autoridade competente", a fim de avaliar se o serviço de alto grau de periculosidade foi executado em contrariedade e, assim, de forma criminosa; no artigo 66 não parece haver essa remissão, cumprindo ao intérprete, no caso em concreto, dar sentido para os elementos normativos "afirmação falsa ou enganosa" e "informação relevante".[275]

Outro exemplo que parece frutífero nessa tarefa de compreensão da diferença entre leis penais em branco e tipos penais abertos é comparar os crimes dos artigos 4º e 16 da Lei nº 7.492/1976. Enquanto o primeiro dispõe ser crime "[g]erir fraudulentamente instituição financeira", o segundo dispõe ser crime "[f]azer operar, sem a devida autorização, ou com autorização obtida mediante declaração falsa, instituição financeira, inclusive de distribuição de valores mobiliários ou de câmbio. O primeiro se apresenta como tipo penal aberto (interpretação do elemento normativo "gerir fraudulentamente") o segundo como lei penal em branco, dependente da leitura da Lei nº 9.069 de 1995 e da Circular nº 3.691 de 2013 do Banco Central do Brasil.

Duas perguntas sobre essa distinção surgem neste ponto: por que diferenciá-los e por que mencionar a ideia de tipo penal aberto nesta obra? A resposta para ambas as questões parece estar no fato de que o Direito Penal Econômico também muito se utiliza dos tipos penais abertos para criminalizar condutas, justificando sua menção. Basta se ver os exemplos: o já mencionado art. 65 do Código de Defesa do Consumidor, em relação aos elementos normativos "afirmação falsa ou enganosa" e "informação relevante"; o art. 4º da Lei nº 8.137/1990, em relação aos elementos "abusar do poder econômico", "dominando o mercado" e

---

[275] BRASIL. Lei nº 8.078, de 11 de setembro de 1990. Código de Defesa do Consumidor. *Diário Oficial da União*, Brasília, 12 set. 1990, retificado 10 jan. 2007. Disponível em: http://www.planalto.gov.br/ccivil_03/LEIS/L8078.htm. Acesso em 02 mar. 2019.

"eliminando, total ou parcialmente, a concorrência";[276]os arts. 3º e 4º da Lei nº 7.492/1986, em relação aos elementos normativo "informação falsa ou prejudicialmente incompleta" e "gerir fraudulentamente";[277] ou, então, o art. 27-C da Lei nº 6.385/1976, em relação aos elementos "operações simuladas" e "manobras fraudulentas destinadas a elevar, manter ou baixar a cotação".[278]

Porém, não parece, *a priori*, que isso lhe seja uma peculiaridade própria, nem mesmo parece que os tipos penais abertos sejam mais utilizados no Direito Penal Econômico que no Direito Penal Geral, basta ver neste, a presença de vários exemplos, como os elementos normativos "motivo torpe" e "motivo fútil" do crime de homicídio qualificado (art. 121, §2º, do CP); "fato ofensivo à sua reputação" do crime de difamação (art. 139 do CP); "mal injusto e grave" do crime de ameaça (art. 147 do CP); "violação indevida de mecanismo de segurança" do crime de invasão de dispositivo informático (art. 154-A do CP); "coisa alheia móvel" do crime de furto (art. 155, *caput*, do CP); "vantagem ilícita" do crime de estelionato (art. 171 do CP); "ato libidinoso" do crime de estupro etc. São todos elementos normativos cujo conteúdo e criminalização do agente depende diretamente da interpretação do operador do Direito.

A técnica do *tipo penal aberto* parece, assim, caracterizar-se mais como uma técnica legislativa do Direito Penal como um todo, do que uma *diferença* própria dos delitos econômicos, razão pela qual não parece, aprioristicamente, representar um elemento de distinção rumo à autonomia da Teoria Jurídica de Direito Penal Econômico.

A legislação brasileira é abundante em exemplos de leis penais em branco. Talvez o mais mencionado seja o crime de tráfico previsto no art. 33 da Lei nº 11.343 de 2006, segundo o qual constitui crime

> Importar, exportar, remeter, preparar, produzir, fabricar, adquirir, vender, expor à venda, oferecer, ter em depósito, transportar, trazer consigo, guardar, prescrever, ministrar, entregar a consumo ou fornecer drogas, ainda que gratuitamente, sem autorização ou em desacordo com determinação legal ou regulamentar.

---

[276] "Art. 4º Constitui crime contra a ordem econômica: I – abusar do poder econômico, dominando o mercado ou eliminando, total ou parcialmente, a concorrência mediante qualquer forma de ajuste ou acordo de empresas".

[277] "Art. 3º Divulgar informação falsa ou prejudicialmente incompleta sobre instituição financeira. [...] Art. 4º Gerir fraudulentamente instituição financeira".

[278] "Art. 27-C. Realizar operações simuladas ou executar outras manobras fraudulentas destinadas a elevar, manter ou baixar a cotação, o preço ou o volume negociado de um valor mobiliário, com o fim de obter vantagem indevida ou lucro, para si ou para outrem, ou causar dano a terceiros".

Justamente, a incompletude reside na expressão *sem autorização ou em desacordo com determinação legal ou regulamentar*, que só é preenchida pela análise da Portaria nº 344/98 da Agência Nacional de Vigilância Sanitária. Uma lei penal em branco *stricto sensu*, portanto.

Outra dessa espécie é o art. 29 da Lei nº 9.605/1998, segundo o qual é crime "[m]atar, perseguir, caçar, apanhar, utilizar espécimes da fauna silvestre, nativos ou em rota migratória, sem a devida permissão, licença ou autorização da autoridade competente, ou em desacordo com a obtida", devendo a expressão *sem a devida permissão, licença ou autorização da autoridade competente, ou em desacordo com a obtida* ser preenchida pelas normas administrativas de direito ambiental pertinente, a depender da espécime da fauna objeto do ilícito.

Já como exemplos de leis penais em branco *lato sensu*, é possível citar o crime previsto no art. 237 do Código Penal, segundo o qual comete o delito quem "[c]ontrair casamento, conhecendo a existência de impedimento que lhe cause a nulidade absoluta", sendo as causas de impedimento compreendidas em outra lei de mesma fonte legislativa, qual seja, a partir do art. 1.521 do Código Civil. Da mesma forma, o crime de peculato, previsto no art. 312 do CP, segundo o qual é crime "[a]propriar-se o funcionário público de dinheiro, valor ou qualquer outro bem móvel, público ou particular, de que tem a posse em razão do cargo, ou desviá-lo, em proveito próprio ou alheio", sendo a definição de *funcionário público* apresentada pelo próprio Código Penal, em seu art. 327, que apresenta norma penal explicativa: "Considera-se funcionário público, para os efeitos penais, quem, embora transitoriamente ou sem remuneração, exerce cargo, emprego ou função pública".

No contexto do Direito Penal Econômico, o fenômeno das leis penais em branco é ainda mais notado, elevando de forma consistente o grau de preocupação do *compliance*, sobretudo, como se verá, com o necessário e recomendável mapeamento constantes de todas as normas pertinentes e a respectiva informação aos colaboradores a esse respeito. Os exemplos são muitos e vários deles poderiam figurar nesta obra, a título ilustrativo.

O primeiro deles, em que o fenômeno da *regulamentação em cascata* ou de *remissão sucessiva* se apresenta, é o crime de evasão de divisas, previsto no art. 22 da Lei nº 7.492/1976, segundo o qual comete o delito quem "[e]fetuar operação de câmbio não autorizada, com o fim de promover evasão de divisas do País". A *pedra de toque* de compreensão do preceito primário é justamente entender o que é uma *operação de câmbio não autorizada*. Embora se saiba que a "operação de câmbio" pode ser interpretada como *a compra e venda de moeda estrangeira*,[279] saber se ela é ou não autorizada depende necessariamente do conhecimento do art. 65 da Lei nº 9.069/1995, ou seja, por meio de instituição autorizada a operar no mercado de câmbio, à qual cabe a perfeita identificação do cliente ou beneficiário. No seu §1º, são excetuadas as situações do porte de moeda que fogem a essa regra, quais sejam: o porte, em espécie, dos valores: quando em moeda nacional, até R$10.000,00; quando em moeda estrangeira, o equivalente a R$10.000,00; e quando comprovada a sua entrada no País ou sua saída do País, na forma prevista na regulamentação pertinente. Há, ao final, outra remissão à norma regulamentar, no caso à Circular nº 3.691 de 2013 do Banco Central do Brasil.

Na mesma lei, como já mencionado anteriormente, tem-se um outro bom exemplo contido no art. 16, segundo o qual é crime "[f]azer operar, sem a devida autorização, ou com autorização obtida mediante declaração falsa, instituição financeira, inclusive de distribuição de valores mobiliários ou de câmbio". A existência ou não de autorização para operar passa também pelo entendimento da Lei nº 9.069/1995 e da Circular nº 3.691 de 2013 do BACEN.

Outro exemplo é o delito de uso de informação privilegiada, previsto no art. 27-D da Lei nº 6.385/1976, que criminaliza, dentre outras, a prática conhecida como *insider trading* e sobre o qual já se falou no primeiro capítulo. Em linhas bem gerais, criminaliza a conduta daquele que, portador antecipadamente de informação relevante, utiliza dessa para negociar no mercado mobiliário, obtendo vantagem indevida para si ou para outrem. Diz o dispositivo: "Utilizar informação relevante de que tenha conhecimento, ainda não divulgada ao mercado, que seja capaz de propiciar, para si ou para outrem, vantagem indevida, mediante negociação, em nome próprio ou de terceiros, de valores mobiliários". A definição de *informação relevante* está prevista no art. 2º da Instrução nº 358 de 2002 da Comissão de Valores Mobiliários.[280]

---

[279] BITENCOURT, Cezar Roberto. *Tratado de direito penal econômico*. São Paulo: Saraiva, 2006. v. 1, p. 443.
[280] "DEFINIÇÃO DE ATO OU FATO RELEVANTE. Art. 2º Considera-se relevante, para os efeitos desta Instrução, qualquer decisão de acionista controlador, deliberação da assembleia geral ou dos órgãos de administração da companhia aberta, ou qualquer outro ato ou fato de caráter político-administrativo, técnico, negocial ou econômico-financeiro ocorrido ou relacionado aos seus negócios que possa influir de modo ponderável: I – na cotação dos valores mobiliários de emissão da companhia aberta ou a eles referenciados; II – na decisão dos investidores de comprar, vender ou manter aqueles valores mobiliários; III – na decisão dos investidores de exercer quaisquer direitos inerentes à condição de titular de valores mobiliários emitidos pela companhia ou a eles referenciados. Parágrafo único. Observada a definição do caput, são exemplos de ato ou fato potencialmente

Como quarto exemplo, os crimes ambientais previstos no arts. 38, 40, 45, 50-A, 55 e 56 da Lei nº 9.605/1998.[281] Todos, de alguma forma, adotam a técnica de remissão para outras leis ou normas, devendo o

---

relevante, dentre outros, os seguintes: I – assinatura de acordo ou contrato de transferência do controle acionário da companhia, ainda que sob condição suspensiva ou resolutiva; II – mudança no controle da companhia, inclusive através de celebração, alteração ou rescisão de acordo de acionistas; III – celebração, alteração ou rescisão de acordo de acionistas em que a companhia seja parte ou interveniente, ou que tenha sido averbado no livro próprio da companhia; IV – ingresso ou saída de sócio que mantenha, com a companhia, contrato ou colaboração operacional, financeira, tecnológica ou administrativa; V – autorização para negociação dos valores mobiliários de emissão da companhia em qualquer mercado, nacional ou estrangeiro; VI – decisão de promover o cancelamento de registro da companhia aberta; VII – incorporação, fusão ou cisão envolvendo a companhia ou empresas ligadas; VIII – transformação ou dissolução da companhia; IX – mudança na composição do patrimônio da companhia; X – mudança de critérios contábeis; XI – renegociação de dívidas; XII – aprovação de plano de outorga de opção de compra de ações; XIII – alteração nos direitos e vantagens dos valores mobiliários emitidos pela companhia; XIV – desdobramento ou grupamento de ações ou atribuição de bonificação; XV – aquisição de ações da companhia para permanência em tesouraria ou cancelamento, e alienação de ações assim adquiridas; XVI – lucro ou prejuízo da companhia e a atribuição de proventos em dinheiro; XVII – celebração ou extinção de contrato, ou o insucesso na sua realização, quando a expectativa de concretização for de conhecimento público; XVIII – aprovação, alteração ou desistência de projeto ou atraso em sua implantação; XIX – início, retomada ou paralisação da fabricação ou comercialização de produto ou da prestação de serviço; XX – descoberta, mudança ou desenvolvimento de tecnologia ou de recursos da companhia XXI – modificação de projeções divulgadas pela companhia; XXII – pedido de recuperação judicial ou extrajudicial, requerimento de falência ou propositura de ação judicial, de procedimento administrativo ou arbitral que possa vir a afetar a situação econômico-financeira da companhia".

[281] "Art. 38. Destruir ou danificar floresta considerada de preservação permanente, mesmo que em formação, ou utilizá-la com infringência das normas de proteção; Art. 40. Causar dano direto ou indireto às Unidades de Conservação e às áreas de que trata o art. 27 do Decreto nº 99.274, de 6 de junho de 1990, independentemente de sua localização; Art. 45. Cortar ou transformar em carvão madeira de lei, assim classificada por ato do Poder Público, para fins industriais, energéticos ou para qualquer outra exploração, econômica ou não, em desacordo com as determinações legais; Art. 50-A. Desmatar, explorar economicamente ou degradar floresta, plantada ou nativa, em terras de domínio público ou devolutas, sem autorização do órgão competente; Art. 55. Executar pesquisa, lavra ou extração de recursos minerais sem a competente autorização, permissão, concessão ou licença, ou em desacordo com a obtida"; Art. 56. Produzir, processar, embalar, importar, exportar, comercializar, fornecer, transportar, armazenar, guardar, ter em depósito ou usar produto ou substância tóxica, perigosa ou nociva à saúde humana ou ao meio ambiente, em desacordo com as exigências estabelecidas em leis ou nos seus regulamentos. Sobre esse art. 56, inclusive, é de se conferir o já pronunciado pela Sexta Turma do Superior Tribunal de Justiça: "É de se ponderar que a conduta ilícita prevista no dispositivo supracitado é norma penal em branco, cuja complementação depende da edição de outras normas, que definam o que venha a ser o elemento normativo do tipo 'produto ou substância tóxica, perigosa ou nociva à saúde pública ou ao meio ambiente'. No caso específico de transporte de tais produtos ou substâncias, o Regulamento para o Transporte Rodoviário de Produtos Perigosos (Decreto n. 96.044/1988) e a Resolução nº 420/2004 da Agência Nacional de Transportes Terrestres – ANTT, constituem a referida norma integradora, por inequivocamente indicar os produtos e substâncias cujo transporte rodoviário é considerado perigoso. (STJ. REsp nº 1.439.150/RS, 6ª T., Rel. Min. Rogério Schietti Cruz, j. 05.10.2017, DJe 16.10.2017, Inf. de Jurisprudência nº 613).

operador do Direito identificar quais são tais normas, a fim de trazer completude às leis penais em branco.

O mesmo se diga, como quinto exemplo, sobre os crimes previstos nos artigos 89 e 92 da Lei nº 8.666/1993. O primeiro faz remissão à própria Lei de Licitações, segundo o qual constitui crime "[d]ispensar ou inexigir licitação fora das hipóteses previstas em lei, ou deixar de observar as formalidades pertinentes à dispensa ou à inexigibilidade"; o segundo faz remissão não só à lei, mas também a atos administrativos concretos:

> Admitir, possibilitar ou dar causa a qualquer modificação ou vantagem, inclusive prorrogação contratual, em favor do adjudicatário, durante a execução dos contratos celebrados com o Poder Público, sem autorização em lei, no ato convocatório da licitação ou nos respectivos instrumentos contratuais, ou, ainda, pagar fatura com preterição da ordem cronológica de sua exigibilidade, observado o disposto no art. 121 desta Lei.

Ainda dentro do exercício da atividade econômica, também no Código Penal são localizados exemplos. São os casos do chamado crime de apropriação indébita previdenciária outrora referido (art. 168-A do CP), em que a definição do *prazo legal* cujo desrespeito perfaz o delito depende diretamente da legislação e dos atos administrativos previdenciários pertinentes; e dos crimes de descaminho e contrabando (arts. 334 e 334-A do CP), ficando, respectivamente, os elementos normativos de "pagamento de direito ou imposto devido" e "mercadoria proibida" a cargo das regulamentações legais e administrativas pertinentes.

Com efeito, ao se falar em Direito Penal Econômico, o uso das leis penais em branco se dá de forma pródiga, sendo possível que muitas outras páginas desta obra fossem dedicadas a exemplos. Há uma justificativa para isso, uma justificativa para que de fato o Direito Penal Econômico se valha dessa técnica legislativa penal diferenciada em maior quantidade.

De acordo com o dito até este ponto, lembra-se que o Direito Penal Econômico está intrinsicamente ligado à atividade econômica, devendo funcionar como *ultima ratio* enquanto instrumento estatal das políticas econômicas constitucionalmente previstas. Nessa perspectiva, também como visto, os bens jurídicos tutelados pelos crimes econômicos estão intrinsecamente postos nessa atividade, que é dinâmica, fluída e contextual por natureza.

As leis penais em branco surgem, portanto, como técnica legislativa diferenciada, vocacionada ou ao menos intentada a assegurar que a norma penal criminalizadora esteja efetivamente atualizada e espelhada em relação a esses bens jurídicos tutelados, que por sua vez são formatados contextualmente, de acordo com o direcionamento contemporâneo do Estado, com o momento histórico e com as necessidades sociais contemporâneas.[282] Como diz Andrei Schmidt:

> A transferência de poder das instâncias legislativas para as executivas, facilmente identificada em Estado de raiz democrática pautados por uma economia de mercado, conquanto seguidamente criticável, é um instrumento útil para repostas rápidas a demandas variáveis de controle institucional que mal se acomodam à densa estrutura imanente ao processo legislativo. [...] O tipo de ilícito econômico é genuinamente predisposto a se abrir para cláusulas de reenvio que repercutem significativamente na noção de tipicidade do crime econômico, de modo a ajustar a estaticidade da norma penal às frequentes variações da política econômica.[283]

E ainda, Klaus Tiedemann:

> La razón del empleo de la técnica del "espacio en blanco" radica fundamentalmente en que al establecer un marco de prohibición penal deben ser tenidas en cuenta necesidades de la regulación y circunstancias cambiantes en el espacio y en el tempo.[284]

---

[282] Nesse sentido: "Al abordar emplios aspectos de la actvidad empresarial, el Derecho penal se introduce en contextos de gran densidad regulatoria extrapenal. Surgen delitos que se constituyen como mala quia prohibita. Así se genra una accesoriedad, más fuerte o más débil, frente al Derecho público o privado, que se manifiesta en la conformació de tipos abiertos (leyes penales en blanco, elementos normativos de contenido jurídico, en especial elementos de valoración globl del hecho)". (SÁNCHEZ, Jesús-Maria Silva. *Fundamentos del Derecho penal de la Empresa*. 2. ed. ampl. e actual. Madrid: Edisofer S. L., 2016. p. 8-10); "En el campo del tipo, en el Derecho penal económico es característico el empleo de leyes penales en blanco; que son totalmente «abiertas» o lo están en parte, es decir, que remiten a otras normas jurídicas (dadas por un productor de normas, jerárquicamente inferior, o a actos administrativos) para que las llenen y completen". (TIEDEMANN, Klaus. *Derecho penal y nuevas formas de criminalidad*. 2. ed. Lima: Editora Jurídica Grijley, 2007. p. 23); e "Dada a já aludida vetorialidade e instabilidade das normas econômicas, é que se tem recomendado a criação de tipos legais de crimes que sejam aptos a acompanhar essa agilidade da vida econômica. [...] Propugna-se por um tratamento diferenciado relativamente aos delitos econômicos. As técnicas empregadas na sua tipificação prefeririam o emprego de normas penais em branco, de tipos de perigo (concreto ou abstrato), de elementos normativos, de cláusulas gerais e da supressão de qualificadores do elemento subjetivo do tipo". (SALOMÃO, Heloísa Estellita. Tipicidade no direito penal econômico. *In*: PRADO, Luis Regis; DOTTI, René Ariel (Orgs.). *Direito penal econômico*. São Paulo: Editora Revista dos Tribunais, 2011. (Coleção doutrinas essenciais: direito penal econômico e da empresa). v. 2, p. 161).

[283] SCHMIDT, Andrei Zenkner. *Direito penal econômico*: parte geral. 2. ed. rev. e ampl. Porto Alegre: Livraria do Advogado, 2018. p. 136-137.

[284] TIEDEMANN, Klaus. La ley penal en blanco: concepto y cuestiones conexas. *In*: *Revista Brasileira de Ciências Criminais*, São Paulo, v. 37, a 10, p. 73-97, jan./mar.2002. p. 75-76.

Em outras palavras, a ausência da utilização da lei penal em branco, somada às características inerentes do processo legislativo penal, informado pelo necessário debate democrático – porém demorado e repleto de amarras inerentes ao próprio processo, resultaria em uma desatualização e desconexão da lei penal com os bens econômicos juridicamente tutelados, implicando, ao fim e ao cabo, a limitação do Direito Penal Econômico em sua função e a insegurança jurídica. Como sinaliza Manoel Pimentel, "claro está que a principal vantagem da norma penal em branco é a estabilidade do dispositivo principal, emanado de autoridade legislativa de maior categoria, através do moroso e complicado processo".[285]

No entanto, embora tenha essa enorme vantagem do ponto de vista da técnica legislativa, assegurando que o Direito Penal Econômico siga mais próximo do sucesso de sua missão, conferindo maior estabilidade à lei incriminadora diante da mutabilidade da atividade econômica, o uso corrente de leis penais em branco apresenta dois problemas delicados: um primeiro, relacionado ao próprio princípio da legalidade que orienta todo o Direito Penal; e um segundo, relacionado à presunção absoluta de conhecimento da lei penal e à figura do erro de proibição, problema esse que é particularmente sensível ao ajuste de conformidade do *compliance*. Vale citar, aqui, a observação de Ana Elisa Bechara:

---

[285] E continua: "As mutações impostas em razão do tempo e do lugar se fazem por meio de atos legislativos mais simples, de fácil maneabilidade, como é o caso da alteração da tabela de preços, dependente de mero ato administrativo e não do laborioso sistema de edição de lei ordinária". (PIMENTEL, Manoel Pedro. *Direito penal econômico*. São Paulo: Revista dos Tribunais, 1973. p. 50). Também sobre as vantagens político-criminais do uso das leis penais em branco: "De fato, as normas penais em branco têm dupla utilidade político-criminal: a) a remissão a complementos cuja edição exige menos formalidades que a lei penal permite uma constante atualização do tipo incriminador, sem que tenha que ser revisada mediante sucessivos projetos de lei; b) numa sociedade detentora de conhecimentos técnicos profundos, montada sobre o avanço tecnológico produzido pelo cogito e pela Revolução Industrial, na qual um homem 'especialista' passa a vida estudando, v.g. um concreto fenômeno da física, o conhecimento técnico é absolutamente necessário para a edição de normas penais tangentes às áreas da vida mais sofisticadas. O direito penal, ao assumir a função de redução de patamares de risco, regulamenta setores que envolvem medicina sanitária, fármacos, atividades nucleares, biogenética, trato com agrotóxicos e respectivas embalagens, dentre outros. Em todas as áreas, abre-se a necessidade de preservar a confiança nos 'sistemas peritos', enquanto conhecimentos técnicos, repetida e publicamente testados, viabilizadores de produtos e serviços, como bens de consumo. Para tanto, necessita de dados técnicos cujo conhecimento, de regra, não é encontrado no âmbito do Poder Legislativo. Usualmente, o Estado conta com técnicos detentores destes conhecimentos no âmbito do Poder Executivo". (GUARAGNI, Fábio André; BACH, Marion. *Norma penal em branco e outras técnicas de reenvio em direito penal*. São Paulo: Almedina, 2014. p. 33-34).

Sob a perspectiva material, porém, a utilização crescente das normas penais em branco, de modo a vincular o tipo penal a normas extrapenais, gera diversas dificuldades, especialmente quando ocorre a remissão a âmbitos jurídicos de menor hierarquia, conforme o conceito estrito de BINDING, e pouco conhecido pelo Direito Penal, dotados de princípios e lógica sistêmica distintos e, por isso, potencialmente contraditórios em relação aos parâmetros de limitação da intervenção penal. Nessa linha, inclusive, observa-se que as normas complementadoras extrapenais não raras vezes apresentam deficiências de clareza e determinação, as quais passam a afetar o tipo penal complementado, tornando-o ilegítimo, por ofensa ao princípio da legalidade. Ainda mais problemáticas se revelam as normas penais em branco, quando são utilizadas para além da remissão de aspectos meramente complementares à esfera extrapenal, configurando uma cessão encoberta de competência legislativa a instâncias desprovidas de legitimidade constitucional como fontes de poder punitivo e, assim, uma violação ao princípio da divisão de poderes.[286]

Muito bem. Em relação ao princípio da legalidade, esse é um dos postulados mais caros, senão o mais caro, do Direito Penal brasileiro[287] e, por absoluto, do Direito Penal Econômico, sendo inclusive um dos pilares dogmáticos,[288] como já referido, que bem inviabilizam

---

[286] BECHARA, Ana Elisa Liberatore Siva. *Valor, norma e injusto penal*: considerações sobre os elementos normativos do tipo objetivo no Direito Penal contemporâneo. Belo Horizonte: Editora D'Plácido, 2018. p. 255-256.

[287] "Un Estado de Derecho debe proteger al individuo no sólo mediante el Derecho penal, sino también del Derecho penal. Es decir, que el ordenamiento jurídico no sólo ha de disponer de métodos y medios adecuados para la prevención del delito, sino que también ha de imponer límites al empleo de la potestad punitiva, para que el ciudadano no quede desprotegido y a merced de una intervención arbitraria o excesiva. [...] Frente a esto, el principio de legalidad, que ahora vamos a exponer, sirve para evitar una punición arbitraria y no calculable sin ley o basada en una ley imprecisa o retroactiva". (ROXIN, Claus. *Derecho penal*: parte geral, Tomo I, Fundamentos. La estructura de la toeria del delito. (Trad. de la 2. ed. de Diego-Manuel Luzón Peña, Miguel Díaz y Garcia Conlledo e Javier de Vicente Remesal). Madrid: Editorial Civitas, S.A., 1997. p. 137); "Podem-se visualizar três significados, a abordar o princípio da legalidade. No prisma político implica uma garantia individual contra eventuais abusos do Estado. Na ótica jurídica subdivide-se em dois sentidos, um lato e outro estrito. Em sentido amplo, significa que ninguém será obrigado a fazer ou deixar de fazer alguma coisa, senão em virtude de lei (art. 5º, II, da CF). Quanto ao sentido estrito (ou penal), quer dizer que não há crime sem lei que o defina, nem tampouco pena sem lei que a comine". (GUIMARÃES, Claudio Alberto Gabriel; REGO, Davi Uruçu. Funções dogmáticas e legitimidade dos tipos penais na sociedade do risco. *In*: PRADO, Luis Regis; DOTTI, René Ariel (Orgs.). *Teoria geral da tutela penal transindividual*. São Paulo: Editora Revista dos Tribunais, 2011. (Coleção doutrinas essenciais: direito penal econômico e da empresa). v. 1, p. 488).

[288] "O Direito Penal distingue-se, no quadro do Direito positivo, pela importância dos bens jurídicos que tutela e pela gravidade da sua sanção. Tem por isso de revestir-se, mais que qualquer outro, de condições de certeza e precisão, que a lei em particular é que lhe pode assegurar. A fonte imediata do Direito Penal é a lei, a sua fonte formal, em que

racionalmente a autonomia total da matéria. Como outrora identificado por Franz Von Liszt, "a lei é a única fonte do direito penal. Todas as disposições penais pertencem, pois, ao direito estatuído".[289] Está consagrado na Constituição Federal de 1988, artigo 5º, XXXIX, segundo o qual "não há crime sem lei anterior que o defina, nem pena sem prévia cominação legal"; e no Código Penal, em seu artigo inaugural, que afirma que "[n]ão há crime sem lei anterior que o defina. Não há pena sem prévia cominação legal". Na essência, portanto, a lei é a fonte imediata do Direito Penal, inexistindo a caracterização de crime sem que a ação ou omissão esteja prevista em lei – quer dizer, o texto oriundo de um processo legislativo regular.

Porém, no caso das leis penais em branco, como visto, as leis incriminadoras carecem de completude, remanescendo os elementos aptos a conferi-la em outras leis (leis penais em branco *lato sensu*) ou em outras regulamentações que não leis (leis penais em branco *stricto sensu*), resultando em questionamentos sobre a inconstitucionalidade de tais leis, especialmente, por afronta ao "art. 22, I, da Constituição Federal, que estabelece a reserva legal da matéria penal, constituindo a lei penal em branco uma delegação legislativa constitucionalmente proibida".[290] Na ótica do Direito Penal Econômico, identifica-se a acentuação dos questionamentos a esse respeito.[291] [292]

---

se fundamenta o seu sistema, que é, assim, muito mais rígido e fechado do que o dos outros ramos do Direito". (BRUNO, Aníbal. *Direito penal, parte geral, tomo I*: introdução, norma penal, fato punível. 5. ed. rev. e atual. por Raphael Cirigliano Filho. Rio de Janeiro: Forense, 2003. p. 121).

[289] E segue: "A legislação penal moderna parte da hypothese de que ella é completa e sobre esta hypothese funda o principio do seu *exclusivismo*. Tal é o preceito formulado nesta proposição que desde o período philosophico (Constituição franceza de 3 de setembro de 1791) encontra-se regularmente nos códigos". (LISZT, Franz Von. *Tratado de direito penal alemão*. (Trad. José Hygino Duarte Pereira). Rio de Janeiro: F. Briguiet & C., 1899. t. I, p. 132).

[290] GUARAGNI, Fábio André; BACH, Marion. *Norma penal em branco e outras técnicas de reenvio em direito penal*. São Paulo: Almedina, 2014. p. 211.

[291] "En relación con el principio de legalidad, no parece discutible que determinados problemas se manifiestan con una incidencia muy particular, como es el caso de las leyes penales en blanco, pues esta técnica de configuración de los tipos no es infrecuente cuando se aborda la descripción de los comportamientos que inciden especialmente en este ámbito". (PÉREZ DEL VALLE, Carlos. Introducción al derecho penal económico. *In*: BACIGALUPO, Enrique. *Curso de derecho penal económico*. 2. ed. Madrid: Marcial Pons, 2005. p. 29).

[292] A esse respeito, inclusive, recomenda-se a leitura de item pertinente constante nas páginas 41 a 58 da obra: MENDONÇA, Tarcísio Maciel Chaves de. *Lei penal em branco*: um confronto com o princípio da legalidade e análise dos crimes ambientais e econômicos. Rio de Janeiro: Lumen Juris, 2016.

E, sem se estender muito no estudo do tema, que foi e é digno de estudos acadêmicos a ele dedicados exclusivamente, fato é que o uso das leis penais em branco nessa ordem de ideias tem sido aceito.[293] Porém, ainda que aceito, é necessário o estudo dos pressupostos de tal aceitação, a fim de entender os limites possíveis de delegação a normas extrapenais, ou seja, o que essas podem ou não versar, a ponto de poder resultar na responsabilização penal (ainda que na justificada dinâmica da criminalidade econômica). A esse respeito, vale citar mais uma vez, a exposição de Ana Elisa Bechara:

> Em razão dos mencionados questionamentos relacionados à legitimidade da utilização das normas penais em branco, sua admissibilidade foi condicionada a alguns requisitos elaborados pela jurisprudência. Assim, no âmbito alemão, opõe-se como limite absoluto o cumprimento, pelo tipo penal, das exigências qualitativas de conteúdo, objeto, fim e extensão, de fora que para o cidadão os limites da intervenção penal restam previsíveis e calculáveis. A norma penal deve expressar ao menos a finalidade de proteção legal de forma clara, impondo barreiras a uma extensão arbitrária da interpretação. Além disso, exige-se que a técnica seja a única da qual dispunha o legislador para regular a matéria no âmbito penal. Caso se verifique que era possível evitar a utilização de determinada norma penal em branco por meio do emprego de outras técnicas menos imprecisas, tal norma penal será considerada ilegítima, por violar o princípio da legalidade, em seu requisito de determinação. Também a jurisprudência espanhola reconheceu a necessidade de imposição de limites às normas penais em branco, sob a terminologia "núcleo essencial", significando que o tipo penal deve conter os elementos básicos do delito, constituindo a norma complementar somente uma "colaboração regulamentadora", com o fim de tornar mais preciso o injusto penal já previamente definido.

---

[293] Como exemplos da admissão da técnica, dentre muitos, é a posição das 1ª e 2ª Turmas do Supremo Tribunal Federal, respectivamente, sobre os crimes previstos no art. 89 da Lei nº 8.666 de 1993 (STF. Inq. nº 3.962, 1ª T., Rel. Min. Rosa Weber, j. 20.02.2019, *DJe* 11.09.2018) e nos arts. 33 da Lei nº 11.343/2006 e 290 do Código Penal Militar (STF. HC nº 128.894, 2ª T., Rel. Min. Dias Toffoli, j. 23.08.2016, *DJe* 27.09.2016), bem como a posição do Superior Tribunal de Justiça em relação ao crime do art. 56 da Lei nº 9.605 de 1998 (STJ. REsp nº 1.439.150/RS, 6ª T., Rel. Min. Rogério Schietti Cruz, j. 05.10.2017, *DJe* 16.10.2017, Inf. de Jurisprudência nº 613); em relação ao referido art. 33 da Lei nº 11.343 de 2006 – tráfico de drogas (STJ. REsp nº 1.537.773/SC, 6ª T., Rel. Min. Sebastião Reis Júnior, j. 16.08.2016, *DJe* 19.09.2016, Inf. de Jurisprudência nº 590); em relação ao art. 282 do Código Penal – exercício ilegal da medicina, arte dentária ou farmacêutica (STJ. RHC nº 66.641/SP, 6ª T., Rel. Min. Nefi Cordeiro, j. 03.03.2016, *DJe* 10.03.2016, Inf. de Jurisprudência nº 578); e em relação ao crime do art. 16 da Lei nº 10.826 de 2003 – guarda de munição de arma de uso restrito (STJ. APn nº 657/PB, Corte Especial, Rel. Min. João Otávio de Noronha, j. 21.10.2015, *DJe* 29.10.205, Inf. de Jurisprudência nº 572). BRASIL. Superior Tribunal de Justiça. Disponível em: http://www.stj.jus.br/sites/STJ. Acesso em 02 mar. 2019.

[...] De qualquer forma, conforme adverte Helena Regina Lobo da Costa, não raras vezes parece difícil diferenciar elementos essenciais e complementares do tipo penal, podendo essa falta de precisão esvaziar as garantias estabelecidas no âmbito jurisprudencial para a utilização legítima das normas penais em branco. Com efeito, em grande parte das normas penais em branco presentes no ordenamento jurídico-penal, a infração administrativa prevista no tipo é tão imprescindível para a configuração do injusto quanto os demais elementos típicos descritos pelo legislador, podendo-se concluir que "sem infração administrativa, não há delito". Nessa linha, todos os elementos previstos no tipo penal, inclusive os resultantes de remissões, seriam essenciais ao delito, sendo impossível uma diferenciação convincente entre uns e outros. Em vez da dicotomia entre núcleo essencial e elementos acidentais como critério central para o exame da legitimidade das normas penais em branco, parece, assim, melhor, porque concretamente mais viável, lançar mão do conceito material de delito, identificado como ofensa concreta de um bem jurídico. Sob tal perspectiva, pode-se reconhecer a exigência de que a matéria de proibição esteja compreendida com suficiente certeza na norma com o dever imposto ao legislador penal de configurar claramente nesse âmbito o desvalor da conduta e o desvalor do resultado. Desse modo, da leitura de uma norma penal em branco deve-se ainda poder depreender qual é o bem jurídico específico protegido e quais são as condutas proibidas em razão da concreta ofensa daquele. Tais categorias não podem ser objeto de delegação a outras esferas. Quando o legislador penal renuncia a definir a matéria de proibição, remetendo-a à autoridade administrativa, permite o esvaziamento material do tipo a elevação de meras infrações administrativas à categoria de delito, em afronta ao requisito de reserva da lei. Portanto, para que uma norma penal em branco seja considerada legítima, a infração administrativa objeto de remissão pode constituir apenas um elemento complementar do tipo, cuja matéria da proibição deve permanecer na esfera penal.[294]

Por essas razões, para fins de estudo do *compliance*, uma análise mais profunda parece não levar a maiores resultados práticos ou mesmo científicos, o que distanciaria este estudo de um dos seus principais objetivos. O encanto acadêmico do tema não parece encontrar efetividade nas discussões de conformidade, muito menos parece ecoar, nesse momento, chances de sucesso no afastar de responsabilizações.

---

[294] BECHARA, Ana Elisa Liberatore Siva. *Valor, norma e injusto penal*: considerações sobre os elementos normativos do tipo objetivo no Direito Penal contemporâneo. Belo Horizonte: Editora D'Plácido, 2018. p. 256-258.

Perspectiva diferente se dá quanto à presunção absoluta de conhecimento de lei[295] e à figura do erro de proibição cuja incidência se dá com muita frequência, se se trata de Direito Penal Econômico. É situação, portanto, muito presente no contexto em que o *compliance* se desenvolve e sobre a qual certamente um programa de integridade deve se debruçar, o que parece apresentar mais um exemplo de relação de operacionalização entre os conceitos.

Não é difícil imaginar, *v.g.*, situações em que se desconhece, na prática, recente norma regulamentar sobre encaminhamento de valores ao exterior ou sobre operacionalização de câmbio, novo ato administrativo desautorizando qualquer atividade em determinada área ambiental, ou novo ato administrativo sobre obrigação acessória tributária. Ou, ainda, em discussão recente, regulamentações ainda mais complexas que demandam alto conhecimento técnico, inclusive para se avaliar a antijuridicidade ou não das condutas, bastando pensar nas difíceis regulamentações relacionadas aos criptoativos, por exemplo, que já são de difícil intelecção para profissionais jurídicos e da tecnologia da informação, quem dirá para outros personagens de conhecimento técnico mais distante de tal tema.

Não se ignora a influência de fatores sociológicos e criminológicos no conhecimento da lei penal ou, melhor, da norma penal incriminadora – na perspectiva de que essa surge após a integração interpretativa da lei penal em branco e a correspondente norma complementadora – fato é, porém, que o erro de proibição é fenômeno que no Direito Penal Econômico tem marcantemente uma origem: o uso frequente das leis penais em branco aqui estudado. Com a pulverização de normas complementadoras e frequentes alterações, é natural que, na prática, aumentem significativamente as situações em que o agente do fato ou aquele a respeito do qual devesse ter agido ignore a antijuridicidade da conduta ou acredite fielmente, e com uma percepção falsa, que o fato está de acordo com o Direito.[296]

---

[295] "Presente porventura já no direito justinianeu, consagrada no Codex Legum Visigothorum, reforçada certamente por obra dos glosadores, a máxima 'ignorantia legis neminem excusat' estabeleceu-se, sobretudo nos países latinos, como princípio intocável do direito moderno". (DIAS, Jorge de Figueiredo. *O problema da consciência da ilicitude em direito penal*. 6. ed. Coimbra: Coimbra Editora, 2009. p. 53).

[296] "Quisiera, para terminar, ocuparme ahora del outro problema com bastante frecuencia suele plantearse en el ámbito de la delincuencia económica con peculiaridades propias. Me refiero al *error de prohibición*. En un mundo tan tecnificado y complejo como es el mundo de las actividades económicas es muy probable que a veces se actúe con desconocimiento de la intricada normativa juridica extrapenal que lo regula. El uso y el abuso de la ley delegada, del decreto-ley, del reglamento y aun de las órdenes y circulares administrativas

Ainda sobre o erro de proibição, cabe uma distinção. Embora oriundos dessa mesma raiz técnica, é oportuno dizer que não se confunde com o erro de tipo. São fenômenos que incidem em campos diferentes da dogmática da teoria do crime. Enquanto a análise do erro de tipo se dá no campo da tipicidade, a análise do erro de proibição se dá no campo da culpabilidade. No erro de tipo, o agente acredita praticar fato ou estar diante de fato – se tinha o dever de agir – diferente daquele efetivamente exteriorizado e criminalizado pela norma penal. No erro de proibição, o agente não conhece ou compreende falsamente a ilicitude ou a antijuridicidade do fato.[297] Como bem explica Marco Aurélio Florêncio Filho:

> O agente, quando incide em erro de proibição, perfaz perfeitamente o juízo de tipicidade, possui consciência atual e a vontade de realizar os elementos contidos no tipo, logo, resta perfeito o dolo. Entretanto, o sujeito ativo não conhece a reprovação de sua conduta ou faz uma má

---

es una constante de este sector y es deplorable que toda esa normativa, con rango inferior al de la ley orgánica formal, pueda entrar en el Derecho Penal por a puera falsa de la norma penal en blanco que, en líneas generales, representa una burla del principio de legalidad. La complejidad técnica y a indeterminación de las normas que regulan la actividad económica y sobre todo la intervención del Estado en la economía es uma de sus principales características, pero también su principal defecto. Y por ello es lógico que esta complejidad se intente compensar desde el punto de vista subjetivo dándole mayor relevancia al error del ciudadano sobre la misma". (CONDE, Francisco Muñoz. Principios politico criminales que inspiran el tratamiento de los delitos contra el orden socioeconomico en el proyecto de codigo penal español de 1994. In: PRADO, Luis Regis; DOTTI, René Ariel (Orgs.). *Direito penal econômico*. São Paulo: Editora Revista dos Tribunais, 2011. (Coleção doutrinas essenciais: direito penal econômico e da empresa). v. 1, p. 108). No mesmo sentido de identificar o problema do erro: "En el ámbito del Derecho penal económico existen determinadas cuestiones abiertas y serán abordadas más adelante: desde la discusión sobre los problemas de error en cada uno de los tipos de la Parte especial, y, en particular en el delito fiscal hasta los problemas específicos de la responsabilidad penal de las personas jurídicas o de individualización de la pena. De esta forma, se puede observar una especial relación entre los problemas particulares del principio de legalidad y del principio de culpabilidad". (PÉREZ DEL VALLE, Carlos. Introducción al derecho penal económico. *In*: BACIGALUPO, Enrique. *Curso de derecho penal econômico*. 2. ed. Madrid: Marcial Pons, 2005. p. 29); "A característica de superposição do Direito Penal Econômico aliada ao emprego de tipos penais em branco coloca a questão do erro no centro da discussão acerca dos delitos econômicos. A normatividade própria da atividade econômica, dinâmica, dispersa, instável; a atividade interventiva veiculada por meio de diversos instrumentos legislativos e administrativos, acentuam a probabilidade de que se atue com desconhecimento desta 'infraestrutura' extrapenal que integra o âmago do delito econômico". (SALOMÃO, Heloísa Estellita. Tipicidade no direito penal econômico. *In*: PRADO, Luis Regis; DOTTI, René Ariel (Orgs.). *Direito penal econômico*. São Paulo: Editora Revista dos Tribunais, 2011. (Coleção doutrinas essenciais: direito penal econômico e da empresa). v. 2, p. 168).

[297] FLORÊNCIO FILHO, Marco Aurélio. *Culpabilidade*: crítica à presunção absoluta do conhecimento da lei penal. São Paulo: Saraiva, 2017. p. 109.

interpretação sobre a reprovabilidade de seu comportamento, afastando a culpabilidade por falta de consciência de antijuridicidade, o que para os finalistas é um elemento autônomo dentro do juízo de culpabilidade. O erro de proibição se distingue do erro de tipo, porque neste último o agente crê realizar uma ação diversa da que pratica, ou seja, a análise subjetiva daquilo que pretende realizar é diversa da exteriorizada.[298]

Em outras palavras, se o agente acredita que pratica conduta ou está diante de fatos diferentes daqueles criminalizados – seja porque desconhece os elementos objetivos do tipo penal, seja porque os conhece, mas acredita que não pratica ou se omite em relação a esses, estar-se-á diante do erro de tipo (*inconsciência naturalística*), previsto no artigo 20 do Código Penal.[299] Se o agente, porém, desconhece a proibição, a ilicitude ou a antijuridicidade em relação aos fatos que pratica ou sobre os quais se omite, estar-se-á diante do erro de proibição (*inconsciência normativa*), previsto no art. 21 do mesmo Diploma.[300] [301] Como consequência, o primeiro exclui o dolo, mas permite a caracterização de crimes culposos, e o segundo exclui a culpabilidade. Aliás, faz-se questão de sempre ter referência à omissão penalmente relevante, pois de fato, no contexto do *compliance* e do Direito Penal Econômico, é categoria dogmática de suma importância, como se verá em tópico específico no próximo capítulo.

Nessa perspectiva, não se afasta a ideia de que a questão do erro de tipo também é relevante. Diante dessa multiplicidade de crimes,

---

[298] FLORÊNCIO FILHO, Marco Aurélio. *Culpabilidade*: crítica à presunção absoluta do conhecimento da lei penal. São Paulo: Saraiva, 2017. p. 111.

[299] "Art. 20 – O erro sobre elemento constitutivo do tipo legal de crime exclui o dolo, mas permite a punição por crime culposo, se previsto em lei".

[300] "Art. 21 – O desconhecimento da lei é inescusável. O erro sobre a ilicitude do fato, se inevitável, isenta de pena; se evitável, poderá diminuí-la de um sexto a um terço".

[301] "A consciência de antijuridicidade, no estágio atual da teoria do delito, não se confunde com a consciência naturalística prevista no dolo. Os finalistas foram os responsáveis pelo deslocamento do dolo, da culpabilidade para a tipicidade. Na tipicidade encontramos o dolo, representado também pelo elemento intelectivo (consciência). Nesse caso, a consciência é naturalística, precede o elemento volitivo do dolo e direciona a ação do agente para realizar os elementos que descrevem o tipo penal. Já a consciência de antijuridicidade é a consciência da proibição da conduta. É eminentemente normativa e condiz com a reprovação disposta no juízo de culpabilidade. A consciência naturalística direciona a ação que o agente pretende realizar, enquanto a normativa determina que a ação é contrária ao direito. Assim, a consciência de antijuridicidade pressupõe uma valoração do agente, que conhece a reprovação de sua conduta. Percebemos também que o juízo de culpabilidade, conforme o pressuposto epistemológico finalista da ação, se volta ao autor do fato, ao sujeito da ação, diferentemente dos juízos de tipicidade e antijuridicidade relacionados ao fato". (FLORÊNCIO FILHO, Marco Aurélio. *Culpabilidade*: crítica à presunção absoluta do conhecimento da lei penal. São Paulo: Saraiva, 2017. p. 106).

leis penais em branco e normas complementares das mais diversas naturezas e esferas, é impensável que isso não influencie diretamente a percepção subjetiva do agente que, conhecedor da lei, acredita que não prática o ilícito. Ao fim e ao cabo, tem-se que o tema do erro (de tipo ou de proibição), como um todo, é de importante destaque no contexto da criminalidade econômica pela grande frequência com que aparece nas discussões dogmáticas e práticas, sobretudo pela utilização técnica abundante das leis penais em branco. Quanto mais complexa essa teia ou trama normativa, maior certamente a incidência da ignorância legal, na acepção técnico-jurídica do termo. Mais um elemento que indica a direção em prol de uma autonomia da Teoria Jurídica de Direito Penal Econômico.

Porém, certamente, a questão do erro de proibição, por seu próprio perfil de configuração dogmática, salta aos olhos ao se falar de Direito Penal Econômico e *compliance*. Com efeito e nesse contexto, o grande tema que surge diz respeito à presunção absoluta do conhecimento da lei penal, prevista no início do texto do art. 21 do Código Penal, segundo o qual "o desconhecimento da lei é inescusável", pressupõe-se de forma absoluta e por manifesta determinação legal que todo e qualquer cidadão conhece a lei, a partir do princípio do *error ius nocet*.[302] E não só, partindo-se da ideia de que essa presunção leva – ou não afasta – a caracterização do crime, inclusive aqueles que se perfazem pela integração da lei penal em branco e das respectivas normas complementadoras – fenômeno com alta incidência na criminalidade econômica – é possível dizer que o texto do art. 21 impõe uma presunção absoluta de que todo e qualquer cidadão não conhece só a lei, mas também a norma penal incriminadora complementar.[303]

E nesse ponto fica a crítica, sobretudo diante dos postulados constitucionais da legalidade e da culpabilidade. Em verdade, tais princípios acabam por exercer relevante e necessário contraponto à própria legitimação constitucional da criminalização de condutas ou fatos

---

[302] "Una de las más perceptibles tendencias del Derecho penal econtemporáneo es, sin duda, la que lleva, a conferir relevancia, como factor excusante, al 'error juris'. Los vetustos aforismos 'erros juris nocet' y 'nemo jus ignorare censetur' se baten hoy en retirada ante la pujanza del principio, proio de la moderna teoría penal, de que no debe haber pena sin culpabilidad". (AFTALIÓN, Enrique R. *Derecho penal económico*. Buenos Aires: Abeledo Perrot, 1959. p. 39-40).
[303] "A ideia praticamente mais importante neste contexto é a de que o princípio nada mais exprimiria do que a *obrigação geral de conhecimento das exigências jurídicas*, com a consequente responsabilidade individual pelo não cumprimento da obrigação". (DIAS, Jorge de Figueiredo. *O problema da consciência da ilicitude em direito penal*. 6. ed. Coimbra: Coimbra Editora, 2009. p. 57).

que vão de encontro à política econômica e constitucional do Estado, consideradas todas as premissas já conversadas anteriormente nesta obra. São postulados que limitam a violência estatal diante de tais fatos, devendo o fenômeno do erro de proibição ser levado com a seriedade devida e como grande *fiel da balança* na sanha de aplicabilidade prática do Direito Penal Econômico, sob pena de se ignorar uma realidade posta no país de um verdadeiro emaranhado de leis penais em branco e normas complementadoras, pulverizadas nas mais diversas esferas, que, no fim das contas, implica o desconhecimento da antijuridicidade no mundo do ser.

Acompanha-se, nesta obra, a leitura feita por Marco Aurélio Florêncio Filho, sobre o fenômeno:

> A primeira parte do art. 21 do Código Penal brasileiro afirma que 'o desconhecimento de lei é inescusável'. Ora, esse princípio de política legislativa, que prevê a presunção absoluta das leis por todos os cidadãos, não pode prosperar nos moldes de um direito penal da culpabilidade, que tem por base a análise do sujeito. Destacamos, inclusive, que na Itália, país no qual permanece ainda dicotomia *erros facti – error ius*, a escusabilidade do desconhecimento de lei já foi reconhecida pela *Corte Constituzionale*, em julgado de 24 de março de 1988. A partir do princípio *error ius nocet*, todos devem conhecer a lei, ou seja, presume-se que o agente tenha ciência de todas as leis, quando, em verdade, nem mesmo os juristas as conhecem [...]. Nesse sentido, não podemos exigir a presunção de conhecimento absoluto das leis penais por todos os cidadãos brasileiros, visto que atualmente, além de vivermos um momento de "inflação legislativa", o que impossibilita o conhecimento das leis em vigor até para os juristas, ignoramos a polifonia como meio para aferir a consciência ou não de lei do agente. A grande quantidade de leis em vigor no País e a complexidade de muitas delas dificulta ainda mais a formação da consciência de lei. Isso atrelado ao fato de a população não ter muitos mecanismos de acesso à legislação, pois não é crível que uma pessoa sem formação jurídica leia o Diário Oficial, ficando adstrita apenas ao conhecimento daquelas divulgadas pela mídia ou que fazem parte do cotidiano. [...] Ao ignorar que sua ação está reduzida em um tipo penal, o indivíduo não poderá entender o caráter legal de sua conduta. A exigência da lei prévia tem o escopo de fazer com que os cidadãos conheçam e compreendam a proibição da ação penal reduzida em um tipo e, assim, evitem realizá-la. O princípio da culpabilidade, uma necessária consequência da legalidade, impede o poder punitivo estatal de agir quando não existir conhecimento e compreensão, pelo cidadão, da lei penal. Assim, não há mais como sustentarmos, baseado no Estado Democrático de Direito, o princípio do *error ius nocet*, uma vez que ele não está em harmonia com os princípios

constitucionais da legalidade e da culpabilidade. [...] A culpabilidade tem um papel importantíssimo no direito penal, visto que a forma de nos debruçarmos sobre ela indica o direito penal de cada época e Estado. É sabido, pois, que, quanto mais aperfeiçoamos e enriquecemos a noção de culpabilidade, a utilização da pena se mostra menos necessária. Assim, parece-nos nítida a inaplicabilidade da primeira parte do art. 21 do Código Penal brasileiro, por não estar em consonância com os princípios constitucionais da legalidade e da culpabilidade.[304]

Assim, a pergunta que fica é: como, no atual contexto social e jurídico brasileiro, entender que todos os cidadãos – e colaboradores das empresas, na ótica do *compliance* – têm pleno conhecimento da lei penal, e mais, no caso das leis em branco, de todas as normas complementadoras?[305] A pergunta sequencial é: na perspectiva constitucional de culpabilidade e de necessidade de interpretação contemporânea da lei penal, há ainda espaço para a aplicação da lei penal presumindo-se que todo cidadão conhece a lei? Parece que não. Com efeito, isto é um problema, posto que esse caminho de ideias também parece indicar a possibilidade de afirmação da autonomia da Teoria Jurídica de Direito Penal Econômico. O uso técnico e mais pródigo das leis penais em branco resulta na verificação mais frequente de situações em que o erro de proibição e o efetivo conhecimento da lei penal são decisivos, se comparado ao Direito Penal Geral.

No tocante ao *compliance* e na ideia de encontrar nele exemplos de operacionalização que confirmaria a autonomia da referida Teoria, é de se entender como as pessoas jurídicas, seus profissionais – em especial aqueles atuantes na área de *compliance* – e o programa de integridade devem se adaptar a essa realidade. Ou seja, quais providências devem ser adotadas para que todos (pessoa jurídica e colaboradores como agentes e programa de integridade como instrumento) estejam plenamente ajustados a esse contexto legislativo de abundante uso das

---

[304] FLORÊNCIO FILHO, Marco Aurélio. *Culpabilidade*: crítica à presunção absoluta do conhecimento da lei penal. São Paulo: Saraiva, 2017. p. 161-163.

[305] Como já ponderava Enrique Aftalión, a busca pelo conhecimento de todos os atos normativos que regulamentam determinada atividade implicaria, na prática, verdadeiro obstáculo ao exercício da própria atividade: "El problema se agudiza especialmente en relación a todos aquellos que se dedican profesionalmente al comercio, a la industria e, incluso, a las tradicionales actividades rurares. Es tal el número de regulaciones dentro de las que hay que encuadrarse, tal el número de requisitos 'formales' a los que hay que ajustarse, que el infractor potencial se ve abocado a un verdadero dilema: o dedica su tiempo a sus actividades productivas específicas, o lo consagra a cumplir con las reglamentaciones que se ciercen sobre sus tareas". (AFTALIÓN, Enrique R. *Derecho penal económico*. Buenos Aires: Abeledo Perrot, 1959. p. 41).

leis penais em branco e de presunção absoluta do conhecimento da lei. Como eles podem mitigar ou diminuir as consequências negativas desse cenário, inclusive, *v.g.*, para tentar afastar riscos da responsabilidade penal por omissão de seus agentes?

Antes de respondê-las, parece que a própria existência delas confirma a autonomia da Teoria Jurídica de Direito Penal Econômico. A confirmar a pertinência de tais perguntas, o que parece ser o caso, parecendo importante para o *compliance* entender quais providências de mitigação são relevantes, tal importância apenas surge pelo fato de existir uma formatação diferenciada, parcialmente, na dogmática da criminalidade econômica. A preocupação, assim, só existe e parece confirmar a operação prática da Teoria. No caso, com o destaque para uma delas: a adoção da técnica legislativa diferenciada pautada na utilização pródiga das leis penais em branco. E essa afirmação parece se confirmar pela negativa da hipótese. A ausência da utilização pródiga de tal técnica pelo Direito Penal na seara econômica, provavelmente, revelaria uma ausência de preocupação sobre tais temas.

Feita tal digressão, parece que algumas providências, não exaustivas, seriam muito interessantes.

A primeira delas, por mais óbvia que possa parecer, está na necessidade de que a pessoa jurídica, suas áreas e programa de integridade admitam e incorporem essa ideia por toda a organização e procedimentos. A principal ideia é que todos saibam, de forma inequívoca, da necessidade de atualização constante, bem como que a pessoa jurídica, até para fins de prestação de contas, transparência e reputação, indique muito claramente que tem conhecimento de como o direito penal econômico é formatado e que o dever de atualização é uma das suas principais diretrizes e missões.

Nessa perspectiva, a segunda providência é que a área destacada de *compliance* implemente procedimentos constantes de atualização normativa, tanto das leis penais, quanto dos respectivos atos normativos complementadores. Nessa tarefa, pode contar tanto com o apoio instruído da área jurídica interna, quanto de profissionais jurídicos externos. Além disso, as próprias tecnologias da informação podem contribuir diretamente, de forma instrumental, operacionalizando tal medida. Basta pensar nas ferramentas de inteligência artificial e na programação de algoritmos, sistemas pré-programados que realizem a varredura constante e periódica da internet, coletando os novos atos normativos complementadores e imediatamente comunicando-os para todos os colaboradores da empresa. Qual é a ideia dessa providência? Tentar concretizar na prática, que não só a atualização é uma preocupação da pessoa jurídica em si, mas que os colaboradores foram cientificados dos novos atos normativos.

Assim, por exemplo, o *compliance officer* – CO teria relevante fundamento de defesa em caso de imputação penal por omissão na situação da prática de crime por algum dos colaboradores, em razão da prova positiva realizada. Por exemplo, não é difícil imaginar o oferecimento de denúncia pelo Ministério Público, em face de colaboradores envolvidos diretamente no ilícito e, em concurso de agentes, em face também do CO. No caso concreto, pode ser perfeitamente factível a discussão sobre o erro de proibição por parte dos colaboradores, recaindo sobre o CO a acusação de omissão penalmente relevante na posição de garante em não ter se dedicado à atualização dos profissionais da empresa, sabedor concretamente de que devia e podia fazê-lo. A providência mencionada pode sanar tal problema ou diminuir suas consequências e riscos sancionatórios.

Vendo a utilização das ferramentas de inteligência artificial por outro ângulo de operacionalização das ideias aqui desenvolvidas, é possível com elas não só coletar e enviar atualizações, como programá-las para que mapeiem e registrem historicamente as alterações normativas, com a emissão dos respectivos relatórios. Nesse ponto, a depender do caso concreto, é possível a formatação de documento que demonstre, com alto grau de poder de convencimento, aquilo que se afirmou anteriormente: a impossibilidade humana de conhecimento da lei. Com isso, ter-se-ia relevante instrumento de afastamento da culpabilidade pelo erro de proibição. Seriam as ferramentas de inteligência artificial a serviço da realidade e da melhor compreensão constitucional da lei penal.

E, por fim, por falar em instrumento e a título de providência, é imprescindível que o programa de integridade, enquanto instrumento de conformidade, contemple a necessidade de atualização normativa por parte dos colaboradores, como uma diretriz fundamental. Poderia conter, entre outras medidas: (i) a determinação de que cada colaborador deve estar ciente dos últimos atos normativos, principalmente aqueles relacionados à sua área de atualização, mas não só; (ii) que a área de recursos humanos adote a atualização sobre os atos normativos como um dos parâmetros indicados de seleção de candidatos às vagas nas empresas; (iii) a instituição de avaliações constantes dos colaboradores, inclusive com sanções positivas, promoções, bonificações ou premiações, como incentivo ao conhecimento e à atualização; (iv) a determinação que nos *jobs descriptions* ou nos documentos de descrição de atividades dos colaboradores conste o dever de se manter atualizado sobre os atos normativos que são pertinentes à sua atuação e, para as funções de gestão, que os profissionais tenham o dever de buscar assegurar a atualização de seus subordinados; e (v) o fornecimento aos colaboradores de assinaturas dos principais veículos de comunicação jurídicos ou não, no intuito de viabilizar a atualização constante. Essas, sem esgotar outras, parecem ser providências práticas de um programa de integridade que reconhece, enquanto instrumento de implementação da cultura de *compliance* em ambiente corporativo, a utilização técnica abundante das leis penais em branco e busca, de forma efetiva, mitigar os riscos penais dela decorrentes.

3.3.2 A antecipação da tutela penal com a utilização dos crimes de perigo

Em paralelo à utilização das leis penais em branco, a atividade econômica e, sobretudo, a sociedade de risco contemporânea também influenciam a adoção de outra técnica legislativa diferenciada na elaboração dos tipos penais: os crimes de perigo. Como pondera Pierpaolo Bottini:

> As estruturas culturais e econômicas que sustentam as relações sociais concedem ao risco um novo papel, agora, *ratio essensi* da sociedade e, ao mesmo tempo, elemento de ameaça à estabilidade do sistema, dados os seus novos contornos. O alto potencial lesivo das novas tecnologias, a dificuldade de estabelecer nexos causais claros e definidos sobre suas consequências e o caráter reflexivo dos riscos geram um sentimento de insegurança em todas as camadas e estratos sociais, que passam a demandar a restrição das atividades arriscadas. Quanto maior a intensidade do risco, ou a aparência de intensidade, maior a demanda por controle, e maiores as medidas impostas para sua inibição. [...] A busca pela segurança ante riscos desconhecidos vai ocupando as pautas de reivindicação social, na proporção em que aumenta a complexidade das novidades tecnológicas e sua capacidade potencial para produzir perigos globais. [...] Diante desta nova organização do atuar humano perante as situações inusitadas de risco presumido, não é de se estranhar o recurso ao direito penal como meio de reforço e de proteção de medidas de precaução estipuladas pelo gestor de riscos.[306]

---

[306] BOTTINI, Pierpaolo Cruz. *Crimes de perigo abstrato*: uma análise das novas técnicas de tipificação no contexto da sociedade do risco. 4. ed. rev. e atual. São Paulo: Thomson Reuters, 2019. p. 193-194.

No mesmo sentido, Ana Elisa Bechara:

> No contexto social atual, muito perigos existentes sobre os quais não havia possibilidade de concreto conhecimento e/ou controle passam a ser percebidos como riscos, em relação aos quais se pode exigir legitimamente o controle que por quem, nas circunstâncias concretas, esteja obrigado a isso. Diante de uma sociedade insegura nos planos objetivo e, fundamentalmente, subjetivo em relação a tais riscos, surgem demandas ao Estado, inclusive na esfera penal, voltadas à proteção material e ao asseguramento da confiança, levando a um Direito Penal caracterizado pelo adiantamento da intervenção em relação aos comportamentos puníveis, redução das garantias individuais e das exigências de imputação e incriminação de condutas até então consideradas socialmente toleráveis ou neutras, reconduzindo à crença da força conformadora ética ou promocional do sistema penal. Sob tal perspectiva, a despeito de os princípios penais fundamentais seguirem presentes na doutrina, avolumam-se na legislação elementos que contradizem a concepção penal tradicional e levam o sistema penal ao endurecimento e à precaução, na linha de um Direito Penal do risco.[307]

Assim como no caso da lei penal em branco, não é de fato uma técnica exclusiva da criminalidade econômica,[308] mas nessa seara a utilização dos crimes de perigo se dá também com maior frequência, sendo mais um vetor que parece direcionar para a ideia de uma autonomia da Teoria Jurídica de Direito Penal Econômico e sua relação com o *compliance*.

A própria complexidade das atividades econômicas e da sociedade de risco contemporânea, aliada aos fenômenos da globalização, às discussões sobre as finalidades preventivas da sanção penal e às tecnologias da informação, hoje praticamente inerentes a qualquer atividade, levam à ideia de que a tipificação penal não só deve se preocupar com o dano, mas também com as fontes de risco, para que o dano aconteça.[309] Assim, em vez de a tutela penal e a construção dos tipos penais

---

[307] BECHARA, Ana Elisa Liberatore Siva. *Valor, norma e injusto penal*: considerações sobre os elementos normativos do tipo objetivo no Direito Penal contemporâneo. Belo Horizonte: Editora D'Plácido, 2018. p. 147.

[308] Como exemplos desta afirmação, basta a leitura dos crimes de periclitação da vida e da saúde, dispostos nos arts. 130 a 136 do Código Penal.

[309] "Muito mais complexa é a situação hoje vivida. O chamado Direito Penal da Sociedade de Risco, aliado a todos os problemas da globalização imperante, acabou por transformar o referencial clássico. Crises sociais, como é o trágico fenômeno do terrorismo, ou a incerteza do trato das novas tecnologias, ou, ainda, situações como a da presente investigação, guardando fenômenos econômicos, dão importância ao novo momento explicativo da antecipação penal. [...] A idealização quanto a uma sociedade de risco, inicialmente,

estarem circunscritas e relacionadas ao dano aos bens jurídicos, ela é antecipada para um momento em que se identifica a sujeição (abstrata ou concreta) do bem jurídico tutelado ao risco, tipificando como crime a exposição do bem jurídico ao perigo.

A tutela penal antecipa-se ao dano ao bem jurídico, com a ideia – por vezes, ilusória[310] – de que o Direito Penal, mediante a legitimação da violência estatal, sancionando as fontes de perigo ou risco, evitaria que os bens jurídicos fossem atingidos e resolveria todos os problemas e crises sociais. Dessa forma, nas palavras de Arturo Rocco, enquanto os crimes de dano têm como resultado imediato e efetivo um dano real e concreto ao bem jurídico tutelado, em que a conduta do agente resulta na modificação do mundo exterior, destruindo ou deteriorando o bem, os crimes de perigo são aqueles que não geram um dano, mas têm como resultado imediato e efetivo a criação de um perigo, um dano em potencial ou um dano possível ou provável ao bem jurídico tutelado. Nos crimes de perigo, como resultado da conduta do agente, não se tem dano, mas a modificação do mundo exterior mediante a geração de um risco antes ali inexistente. O bem jurídico, antes seguro, agora está, em razão da conduta do agente, sujeito a um dano potencial, possível ou provável.[311] [312]

---

como já colocado, feita por Beck, ganhou rápida aceitação em muitas áreas do Direito. Considerando-se, porém, que estes novos riscos quase sempre são decorrentes de, ao menos em tese, decisões humanas, chegou-se à conclusão de que talvez fosse o Direito Penal instrumento eficaz para sua tutela. Daí a alcunhada expressão 'Direito Penal da Sociedade de Risco'. Ainda que com certo grau de imprecisão, vez que nem sempre se pode afirmar da ingerência humana na criação de certos riscos (sendo, quiçá, mais apropriado mencionar-se em decisões da humanidade ou de sociedades não individualizadas), fala-se em prevenção e controle das fontes de perigo, bem como de modificações de cunho estrutural no próprio Direito Penal". (SILVEIRA, Renato de Mello Jorge. *Direito penal econômico como direito penal de perigo*. São Paulo: Editora Revista dos Tribunais, 2006. p. 96- 97).

[310] "A constatação quanto à dificuldade de se bem definir um conceito completo ao que se tem por criminalidade econômica acaba incrementando o problema. Por certo, a criminalidade organizada, a lavagem de dinheiro, bem como a corrupção deitam importantes raízes nessa consideração. Aqui, a inegável contribuição atribuída ao Direito Penal de Perigo, o qual busca, de todo modo, tratar de situações antes não conhecidas pelo Direito Penal tradicional. Isso de modo algum pode justificar simples tipificação alijada de um lastro sistêmico-dogmático adequado. A mera construção de novos tipos penais, ou, ainda, um simples endurecer penal, além de propiciar uma falsa ilusão de resolução dos problemas sociais, acaba por desvirtuar o sistema por completo. Não é compatível nem com a dogmática moderna, nem com os princípios e garantias assegurados pelo Estado Democrático de Direito. Entretanto, justificam seus defensores no campo econômico, a assunção de papel de garantidor parece ser mais forte do que as suas oposições". (SILVEIRA, Renato de Mello Jorge. *Direito penal econômico como direito penal de perigo*. São Paulo: Editora Revista dos Tribunais, 2006. p. 101).

[311] "Delitti di danno o di lesione. Sono come dice lo stesso nome, quei delitti che hanno per risultato l'effetto, immediato e diretoo, un dannno (effetivo, reale, concreto) o, che è lo stesso, una lesione: quei delitt, cioè, in cui la estinsecazione di volontà (azione o omissione)

Diferem-se, ainda, os chamados crimes de perigo concreto e de perigo abstrato. Para os fins a que se destina a presente obra não se mostra de mais utilidade tal discussão, pois o crime de perigo, enquanto gênero, é utilizado de forma mais numerosa no Direito Penal Econômico, e também não se ignoram as preocupações dogmáticas pertinentes à criminalização do perigo abstrato, especialmente, mas não só, diante das ideias de ofensividade, lesividade e intervenção mínima.

De fato, as grandes discussões da utilização de tal técnica parecem estar circunscritas entre uma concepção de intervenção mínima do Direito Penal, vocacionado a legitimar a punibilidade do Estado apenas em casos extremos e de efetiva lesão aos bens jurídicos – esses constitucionalmente identificados – e uma concepção de que esses bens jurídicos tutelados autorizam a intervenção do Direito Penal em antecipação.[313] Como pondera Klaus Tiedemann, "la introducción de tales delitos de peligro abstracto implica una considerable extensión de la punibilidad, la cual solamente puede ser tolerada cuando ya la abstracta puesta en peligro por sí misma resulta merecedora de una pena criminal".[314] Porém, visitado o tema, vale dizer que os crimes de perigo concreto são aqueles em que o perigo integra o próprio tipo

---

che li costituisce produce una modificazione del mondo esteriore la quale distrugge o diminuisce un bene, sacrifica o stringe un interesse, immediatamente e direttamente tutelato dal diritto penale. [...] Delitti di pericolo o di minaccia. Tutti i delitti che non producono una lesione, alla cui consumazione, cioè, non si richiede un danno effettivo, appartengono a questa categoria. Delitti di pericolo o di minaccia sono quei delitti che hanno per risultato o effetto, diretto e immediato, non già un danno (effettivo, reale, concreto) ma un pericolo (danno potenziale, possible o probabile); e si intende pericolo effettivo (o reale o concreto) così passato (corso) che presente (imminente), non già pericolo eventuale, possibile o probabile (potenziale, astratto, indeterminato) e futuro. Sono dunque quei delitti in cui la estrinsecazione di volontà (azione o omissione) che li costituisce produce una modifiazione del mondo esteriore che reca in sè la attitudine (idoneità, capacità, potenza) di un danno (sacrificio o diminuzione di un bene e di un interesse)". (ROCCO, Arturo. *L'oggetto del reato e della tutela giuridica penale*. Torino: Fratelli Bocca Editori, 1913. p. 328-331).

[312] "O perigo situa-se, de toda forma, em um campo problemático do cálculo de probabilidades. Parece mesmo ser melhor considerá-lo como objetiva e normativamente existente, sendo que a probabilidade de dano revela verdadeira negligência consciente ou, ainda, dolo eventual, que, político-criminalmente, deve suscitar reprovação penal. [...] De uma forma ou de outra, a sua noção tem sido dada pela contraposição à de crime de dano, sendo que não lhe é exigida tipicamente a efetiva lesão ao bem jurídico tutelado pela norma. Serão crimes de perigo, aqueles cuja consumação se baste com o risco (efetivo ou presumido) de lesão ao bem jurídico". (SILVEIRA, Renato de Mello Jorge. *Direito penal econômico como direito penal de perigo*. São Paulo: Editora Revista dos Tribunais, 2006. p. 114).

[313] A esse respeito, ver: SILVEIRA, Renato de Mello Jorge. *Direito penal econômico como direito penal de perigo*. São Paulo: Editora Revista dos Tribunais, 2006. p. 159 e ss.

[314] TIEDEMANN, Klaus. *Derecho penal y nuevas formas de criminalidad*. 2. ed. Lima: Editora Jurídica Grijley, 2007. p. 33.

penal, devendo ser apurado caso a caso; já nos crimes de perigo abstrato se presume que a conduta expõe o bem jurídico tutelado ao risco, bastando em si para fins de tipicidade.

Dito isso, resta entender por que a utilização dessa modalidade de tipificação é mais frequente no Direito Penal Econômico. A um, como dito, tem-se na sociedade de riscos contemporânea, nessa ótica, um primeiro fundamento para a utilização dos crimes de perigo. Nessa perspectiva, diz Jesús Maria Silva Sanchez a respeito dos resultados insatisfatórios dos crimes de dano:

> La sociedad postindustrial es, además de la 'sociedad del riesgo' tecnológico, una sociedad con otros caracteres individualizadores, que convergen en su caracterzación como una sociedad de 'objetiva' inseguridad. De entrada, debe significarse que el empleo de medios técnicos, la comercialización de productos o la utilización de sustancias cuyos posibles efectos nocivos no se conocen de modo seguro y, en todo caso, se manifestarán años después de la realización de la conducta, introducen un importante factor de incertidumbre en la vida social. [...] El problema, por tanto, no radica ya sólo en las decisiones humana que *generan* los riesgos, sino también en las decisiones humanas que los *distribuyen*. [...] Todo ello pone de relieve que, en efecto, nos ha tocado vivir en una sociedad de enorme *complejidad*, en la que la interaccipon individual – por las necesidades de cooperación y de division funcional – ha alcanzado niveles hasta ahora desconocidos. Sin embargo, la profunda *interrelación de las esferas de organización individual* incrementa la posibilidaad de que algunos de esos contactos sociales redunden en la producción de consecuencias lesivas. Dado que, por lo demás, dichos resultados se producen en muchos casos a largo prazo y, de todos modos, en un contexto general de incertidumbre sobre la relación causa-efecto, los delitos de resultado de lesión se muestran crecientemente insatisfactorios como técnica de abordaje del problema. De ahí el recurso cada vez más asentado a los tipos de peligro, así como a su configuración cada vez más abstracta o formalista (en términos de peligro presunto).[315]

A dois, como segundo fundamento, é possível identificar uma correspondência entre a natureza supraindividual de bens jurídicos tutelados na criminalidade econômica e essa antecipação penal, com a tipificação da geração do perigo a tais bens.[316] Como referido em

---

[315] SÁNCHEZ, Jesús-Maria Silva. *La expansión del Derecho penal*: aspectos de la Política criminal en las sociedades postindustriales. 3. ed. Madrid: Edisofer S. L., 2011. p. 15-17.
[316] "O tratamento especial que o direito penal moderno reserva para os bens jurídico-penais supraindividuais resulta de sua particular vulnerabilidade. Exatamente em razão dessa

tópico anterior, parte dos bens jurídicos tutelados pelo Direito Penal Econômico são marcados pela supraindividualidade ou transindividualidade, inclusive com relevância constitucional (direito ao meio ambiente, direito à livre concorrência, direito do consumidor etc.) a justificar, pela ótica do princípio da proporcionalidade, a antecipação da tutela penal.[317] Em outras palavras, ao passo que a Constituição Federal confere maior importância ao bem jurídico tutelado, indicando os verdadeiros nortes e normas fundantes da ordem econômica e orientando a própria atuação do Estado (formas, porquês e limites) na intervenção da economia, mais legitimada está a tipificação penal das condutas que resultam na exposição de tais bens jurídicos a perigo, a fim de se evitar – ao menos em pretensão – o dano a referidos bens.

Há, ainda, um terceiro fundamento pautado mais na prática que na dogmática em si: a facilitação da coleta probatória. Se a compreensão dos bens jurídicos tutelados apresenta grau alto de complexidade, justamente por estarem umbilicalmente ligados à atividade econômica dinâmica, fluída e contextual por natureza, a formatação probatória concreta dos danos a tais bens é de igual dificuldade, o que, diante da premissa de culpabilidade e da regra do ônus da prova, pode resultar na não tutela penal aos bens jurídicos. Nessa perspectiva, a técnica da antecipação penal, sem vulnerabilizar tais pressupostos, intenta relativizar as dificuldades probatórias, com a punibilidade da exposição do perigo, sem que o dano tenha que ser efetivamente provado.[318]

---

vulnerabilidade, acrescida às dimensões do dano, socialmente distribuído, de que resultam as lesões aos bens jurídicos-penais adoção de tipos penais de perigo, inclusive em função de uma atuação prospectiva do direito penal, a evitar a clássica exigência de um – incalculável e muitas vezes irremediável dano efetivo". (CORACINI, Celso Eduardo Faria. Contexto e conceito de direito penal econômico. In: PRADO, Luis Regis; DOTTI, René Ariel (Orgs.). Teoria geral da tutela penal transindividual. São Paulo: Editora Revista dos Tribunais, 2011. (Coleção doutrinas essenciais: direito penal econômico e da empresa). v. 1, p. 431).

[317] "Pelo princípio da proporcionalidade, quanto maior a importância – segundo estabelecido na Constituição – do bem passível de ofensa pelo delito, maior a legitimidade da antecipação da tutela penal. Quanto maior essa antecipação, mais a respectiva conduta típica tende a transformar-se de conduta substancialmente executiva em conduta substancialmente preparatória. Isso significa a punibilidade de um fato que, dada a grande distância do resultado lesivo, pode facilmente não desembocar nele ou pode resolver-se antes da sua conclusão. Daí que o grau de antecipação da tutela penal deve ser calculado de acordo com a proporcionalidade entre a importância do bem jurídico e o grau da ofensa. E somente bens constitucionais primários podem ser tutelados com grau máximo de antecipação da tutela (crimes de perigo abstrato)". (SALOMÃO, Heloísa Estellita. Tipicidade no direito penal econômico. In: PRADO, Luís Regis; DOTTI, René Ariel (Orgs.). Direito penal econômico. São Paulo: Editora Revista dos Tribunais, 2011. (Coleção doutrinas essenciais: direito penal econômico e da empresa). v. 2, p. 166).

[318] "Um dos principais obstáculos à efetividade da repressão penal em se tratando de delitos econômicos tem sido o atinente à dificuldade de produção de provas, dada a complexidade

Assim como em relação ao fenômeno legislativo das leis penais em branco, muitos são os exemplos dos crimes de perigo relacionados à atividade econômica. Os crimes de manipulação do mercado de capitais e de uso indevido de informações privilegiadas são bons exemplos, em que se tipificam condutas vocacionadas a prejudicar o regular funcionamento dos mercados (arts. 27-C e 27-D da Lei nº 6.385 de 1976). Inclusive, na própria redação de tais tipos penais há a apreensão do estado de perigo em que se coloca o mercado de capitais e a respeito do qual se trata a antecipação penal. É o que pode ser compreendido das expressões "manobras fraudulentas destinadas a elevar, manter ou baixar a cotação, o preço ou o volume negociado de um valor mobiliário, com o fim de obter vantagem indevida ou lucro, para si ou para outrem, ou causar dano a terceiros" e "[u]tilizar informação relevante de que tenha conhecimento, ainda não divulgada ao mercado, que seja capaz de propiciar, para si ou para outrem, vantagem indevida, mediante negociação, em nome próprio ou de terceiros, de valores mobiliários". Quer dizer, não há a penalização do dano, mas da conduta que propicia um dano em potencial, um estado de perigo do bem jurídico tutelado.

Nos crimes contra o meio ambiente, essa dinâmica fica igualmente clara. É o caso do crime de "fabricar, vender transportar ou soltar balões", previsto no art. 42 da Lei nº 9.605 de 1998, em que se tipifica a conduta justamente porque pode "provocar incêndios nas florestas e demais formas de vegetação, em áreas urbanas ou qualquer tipo de assentamento humano". Também é o caso do crime de "[p]roduzir, processar, embalar, importar, exportar, comercializar, fornecer, transportar, armazenar, guardar, ter em depósito ou usar produto ou substância tóxica, perigosa ou nociva à saúde humana ou ao meio ambiente". Em ambos são tipificadas condutas que potencializam os riscos de danos aos bens jurídicos tutelados, em antecipação da tutela penal.

Quanto ao *compliance*, a técnica legislativa de antecipação penal ou previsão de crimes de perigo é questão que pode ser vista sob duas óticas, o que mais uma vez parece reafirmar a relação existente entre os temas e a necessidade de se reconhecer a Teoria Jurídica de Direito

---

da matéria e a especial qualidade de seus autores – normalmente dispersados na estrutura empresarial. Neste sentido, reconhece-se a necessidade de simplificar a prova, mas sem o apelo a técnicas contrárias a um Estado de Direito, como a inversão do ônus da prova, a presunção de culpa ou a renúncia aos pressupostos da culpabilidade. A técnica dos tipos de perigo abstrato por si só já facilita enormemente a prova". (SALOMÃO, Heloísa Estellita. Tipicidade no direito penal econômico. *In*: PRADO, Luis Regis; DOTTI, René Ariel (Orgs.). *Direito penal econômico*. São Paulo: Editora Revista dos Tribunais, 2011. (Coleção doutrinas essenciais: direito penal econômico e da empresa). v. 2, p. 167).

Penal Econômico como autônoma, seja do posto de vista científico, seja como exemplo de operacionalização. Uma primeira atinente à posição em que o *compliance* se encontra em relação à antecipação penal, enquanto mecanismo de intervenção do Estado no domínio econômico, e uma segunda relativa ao entendimento do próprio *compliance*, quanto à existência dos crimes de perigo.

Na primeira, e retomando questões postas nos itens precedentes, lembra-se da evolução da intervenção estatal na atividade econômica em direção progressiva, com a identificação do Direito Econômico como instrumento técnico do Estado fazer valer suas políticas econômicas, com a utilização das normas penais, em um passo seguinte, para também tentar corrigir as falhas da economia de mercado e do capital, e, ao final, com o *compliance* como mecanismo também colocado pelo Estado para que o capital se autocontrole.

Com relação à antecipação penal, também parece haver um movimento técnico parecido e que se verifica em paralelo histórico evolutivo. Um movimento que passa primeiro pela tipificação dos crimes de dano aos bens jurídicos econômicos tutelados, pela insuficiência dessa técnica; a utilização da antecipação penal como alternativa de tutela de tais bens em um segundo momento; e, ao final, o uso do *compliance* com a ideia de instrumento preventivo à prática de toda e qualquer conduta que possa pôr a perigo ou criar um dano em potencial ao bem jurídico tutelado.

Quer dizer, se a punição das condutas danosas não parece ter sido suficiente, se a punição das condutas perigosas igualmente não o foi, surge o *compliance* como meio de prevenção de ambas. Imaginando-se uma linha de evolução das condutas, em que no marco zero está a ausência completa de qualquer risco ao bem jurídico tutelado e ao seu final o dano ao mesmo bem, pode-se se colocar em visão sequencial: o marco zero (ausência total de risco) e o *compliance* como prevenção; em marco intermediário as condutas perigosas (tipificadas como crimes de perigo em antecipação penal); e no marco final as condutas danosas (tipificadas como crimes de dano).

Dito isso, a leitura do Direito Penal Econômico sob um dos prismas possíveis de sua teoria jurídica – a antecipação penal – parece revelar algo mais profundo. Parece indicar que o *compliance* se manifesta como exemplo concreto e afirmação prática de que tal teoria existe e que ela tem se operacionalizado, ainda que essa tarefa não tenha se mostrado satisfatória.

Como prevenção de condutas na seara das atividades econômicas e na posição de marco zero de risco a bens jurídicos penalmente tutelados, o *compliance* mais uma vez parece confirmar a existência da Teoria Jurídica de Direito Penal Econômico. Isso porque, de tudo visto, o *compliance* se posiciona, por um lado, como nova opção de proteção máxima a esses mesmos bens jurídicos – prevenção para risco zero, e, por outro lado, se apresenta como alternativa ao uso ineficaz abusivo da técnica de antecipação penal, próprio e característico do Direito Penal Econômico e de suas razões de ser. Em outras palavras, o *compliance* confirma tal teoria jurídica, porque só é possível falar em aumento alternativo de grau de prevenção se esse já existia (antecipação penal em abundância).

Paralelamente a essa compreensão, há uma segunda que é a do próprio entendimento do *compliance* em relação à adoção da técnica de antecipação penal. Assim como no caso das leis penais em branco, há a necessidade de que a pessoa jurídica, suas áreas e programa de integridade identifiquem esse cenário normativo e as possibilidades de sanção dele decorrentes, a fim de se evitar que posturas que resultem em danos em potenciais sejam realizadas, vez que, elas em si só, e sem o dano, já são suficientes para a responsabilização penal. Reconhecer a Teoria Jurídica de Direito Penal Econômico implica, assim, também reconhecer a existência de relação dela com *compliance*, ao passo que este assume, também no prisma da antecipação penal, novo perfil de implementação da ideia de prevenção ao risco, agora em formatação ainda mais radical por parte do Estado, com a transferência da tarefa de conformidade. Mais um exemplo concreto da operacionalização da teoria. A atuação do *compliance*, portanto, tem que ser marcantemente de precaução (evitar riscos desconhecidos por máxima cautela) – na dúvida, deve-se evitar – e de prevenção (evitar os riscos conhecidos), a fim de cumprir sua posição histórica de prevenção para risco zero aos bens jurídicos penalmente tutelados.

CAPÍTULO 4

OS DOIS PRINCIPAIS PONTOS DE MANIFESTAÇÃO DA AUTONOMIA DO DIREITO PENAL ECONÔMICO E QUE REVELAM O *COMPLIANCE* COMO EXEMPLO DE OPERACIONALIZAÇÃO

Outras duas questões importantes na identificação da autonomia da Teoria Jurídica de Direito Penal Econômico, no perfil visual e de intelecção defendida em item anterior, na formatação da teoria dos conjuntos e da lógica orbital dos elementos, e que parecem muito explicar sua relação simbiótica com o *compliance*, são os temas da responsabilização penal da pessoa jurídica e da responsabilidade penal pela omissão. Somam-se à técnica legislativa como elementos que se apresentam com perfil de certo modo diferente em relação à forma como se posicionam na lógica dogmática do Direito Penal Geral.

Nessa perspectiva, parece que poderiam figurar no próprio terceiro capítulo. Porém, destaca-os em capítulo próprio, porque acreditamos que são os temas que veiculam as duas principais preocupações de conformidade das organizações em relação ao Direito Penal Econômico no atual cenário, em uma lógica preventiva do *compliance* em relação à criminalidade econômica. Razão pela qual, em um último capítulo do trabalho, parecem exemplificar bem os conceitos postos.

4.1 A responsabilidade penal da pessoa jurídica

Nas perspectivas postas, e sem a vontade, que seria de todo pretensiosa, de esgotar o tema, mas na tentativa de apresentar seus principais pontos, este tópico da pesquisa possui algumas finalidades: compreender quais razões justificam o desenvolvimento dogmático da responsabilidade penal da pessoa jurídica – que como se verá, ajustam-se aos demais ditos anteriormente; entender quais os principais modelos técnicos em que ela se desenvolve, inclusive na perspectiva da teoria do delito; e compreender como a questão está posta no Brasil. Com isso, espera-se não só mapear o tema, a fim de reunir os seus principais elementos de entendimento, inclusive para o *compliance*, mas também demonstrar a percepção deste autor de que o tema talvez seja um dos que mais demonstram a necessidade de se pensar em uma Teoria Jurídica de Direito Penal Econômico autônoma.

Espera-se, com isso, encontrar na responsabilidade penal da pessoa jurídica mais um elemento de operacionalização de toda essa discussão, propondo, ao final, uma formatação da responsabilidade penal da pessoa jurídica que traduza a relação simbiótica entre os conceitos pesquisados.

Muito bem. Como já mencionado em momento anterior desta pesquisa, a discussão se pauta a partir da sociedade de riscos contemporânea e, sobretudo, no âmbito da criminalidade econômica.[319] É essa

---

[319] "En la actualidad, el tema de la responsabilidad penal de los entes colectivos se encuentra relacionado, fundamentalmente, al ámbito de los *delitos económicos*, es decir, a todas las acciones punibles y a las infracciones administrativas que se cometen en el marco de la participación de una persona jurídica en la vida económica y en el tráfico jurídico. En este contexto, resulta de especial importancia la *criminalidad de empresa*, como suma de todos *los delitos que se cometen a partir de una empresa o a través de entidades colectivas*. La *criminalidade de la empresa* establece así una frontera, por un lado, respecto de los delitos económicos cometidos al margen de una organización empresarial y, por otro lado, respecto de los delitos cometidos dentro de la empresa contra la empresa misma o contra miembros de la empresa. Los problemas de imputación y de prueba que surgen dentro de la criminalidad de la empresa tienen su origen, fundamentalmente, en el hecho de que son personas físicas las que actúan para la empresa. Los comportamientos delictivos de colaboradores no plantean grandes problemas: en general – desde el punto de vista de la dogmática jurídico-penal – se pueden someter sin dificultad a las reglas de imputación de los delitos comunes y, a su vez, plantean problemas de política criminal muy diversos a los que plantea la criminalidad de la empresa". (BACIGALUPO, Silvina. Responsabilidade penal de las personas jurídicas. *In*: BACIGALUPO, Enrique. *Curso de derecho penal econômico*. 2. ed. Madrid: Marcial Pons, 2005. p. 83). No mesmo raciocínio: "Em matéria de criminalidade econômica, a atuação da empresa – como ente coletivo – tem recebido especial atenção por parte da doutrina penal. As reflexões teóricas não se esgotam na sistematização dessa atuação no campo restrito do sujeito ativo de eventuais delitos, mas acabaram reacendendo antigas discussões, e, entre elas, a mais candente é, sem dúvida, a da suposta responsabilidade penal da pessoa jurídica. As duas principais características da atividade empresarial, quais sejam, o modelo de organização hierárquica e o princípio da divisão de trabalho, contribuiriam para a facilitação da prática de alguns delitos, bem como dificultariam a identificação dos sujeitos verdadeiramente responsáveis, pois essa responsabilidade é repartida entre diversas pessoas. Nesse sentido, sob o amparo da estrutura de uma pessoa jurídica, os comportamentos típicos tenderiam a permanecer

que parece justificar, do ponto de vista de escolha político-criminal, a responsabilização penal da pessoa jurídica. Como sinaliza Alamiro Velludo Salvador Netto:

> A responsabilidade penal da pessoa jurídica, nesse âmbito, deriva da percepção e reflexão das empresas como núcleos fáticos da geração de riscos, operadoras concretas dessa segunda natureza, constatação que enseja sua transformação em núcleos também jurídicos (*espaços de liberdades perigosas*). Com isso, ganham personalidade jurídico-penal e, em consequência, seus padrões de comportamento e gestão podem ser objeto do balizamento por esse ramo do Direito, submetendo-se aos crivos de limites entre riscos permitidos e proibidos.[320]

O que se observa como fenômeno é a constatação de que a personalidade jurídica, enquanto ficção criada normativamente para o desenvolvimento das atividades econômicas, é, ao mesmo tempo, a principal fonte de risco de desvio nessas atividades,[321][322] o que tam-

---

impunes". (RIOS, Rodrigo Sánchez. Indagações sobre a possibilidade da imputação penal à pessoa jurídica no âmbito dos delitos econômicos. *In*: PRADO, Luiz Regis; DOTTI, René Ariel (Coords.). *Responsabilidade penal da pessoa jurídica*. 2. ed. rev. e atual. São Paulo: Editora Revista dos Tribunais, 2010. p. 195-196).

[320] SALVADOR NETTO, Alamiro Velludo. *Responsabilidade penal da pessoa jurídica*. São Paulo: Thomson Reuters Brasil, 2018. p. 55.

[321] Como sinaliza Lawrence Friedman: "Corporations move like poltergeists through our material world: We register their presence by the tangible evidence of their actions, whether it be the construction of a manufacturing facility, the termination of employees, or the sponsorship of sporting events. And yet corporations are regarded as more than mere ghosts. Like the actions of a corporeal person, the conduct of a corporation has consequences, and so we believe the law should set similar limits on the behavior of each". (FRIEDMAN, Lawrence. In defense of corporate criminal liability. *In*: *Harvard Journal of Law and Public Policy*, v. 23, p. 833-858, 2000. p. 833).

[322] "A existência da pessoa jurídica – independentemente da teoria conceitual que se adote ao seu respeito – é importante e necessária, seja em uma visão ampla de desenvolvimento econômico ou social, seja em uma concepção mais restrita como própria condição inerente ao desenvolvimento de determinadas atividades. Há, por exemplo, empreendimentos que só são possíveis mediante grandes investimentos, o que, para tanto, dependem da reunião de várias pessoas. Há, por outro lado, situações em que as pessoas se reúnem para consecução de determinados fins por mera opção dos envolvidos e pelos mais diferentes motivos, desde a somatória de conhecimentos diversos, mas complementares, como, v.g., a reunião de engenheiros e arquitetos, até a manutenção da unidade familiar, como no caso de irmãos que se reúnem para conduzir uma empresa juntos. Cumpre ao Direito, então, disciplinar tais situações, o que faz, primordialmente, conferindo personalidade à reunião de pessoas, tornando-a apta à titularidade de direitos e obrigações. Faz o mesmo com a somatória de bens – e não de pessoas – se essa for apta a tais finalidades, como as fundações. Para tanto, um dos principais instrumentos para garantir a viabilidade e a manutenção das pessoas jurídicas é assegurar-lhes autonomia patrimonial. Assim, a regra é que os patrimônios da pessoa jurídica e das pessoas que a compõe não se confundem. A pessoa jurídica tem, portanto, nesse aspecto, vida própria". (TAMER, Maurício Antônio. O

bém explica que a ideia de *compliance* (prevenção para risco zero) seja nela introjetada. Aliás, essa constatação de desvio ou abuso do uso do instituto não é exclusiva do Direito Penal, como pode se observar do desenvolvimento das teorias acerca da desconsideração da personalidade jurídica direta e inversa,[323] para responsabilização patrimonial, respectivamente, dos sócios ou da própria pessoa jurídica.

Quer dizer, o Estado, por meio da Constituição Federal, elege o modelo de desenvolvimento econômico adequado e os bens jurídicos respectivos. Após, lança mão das normas penais, na tentativa de fazer respeitar tais bens e, consequentemente, fazer valer o direcionamento do capital como entende mais ajustado à política econômica eleita.

Nesse processo, as pessoas jurídicas não passam ao largo, sendo identificadas como entes jurídica e faticamente atuantes e como fontes de risco aos referidos bens, sendo também responsabilizadas penalmente e relativizando a ideia de *societas delinquere non potest*.[324] Como coloca José Miguel Zugaldía Espinar, na sociedade de risco contemporânea, formatada pela globalização e pelas novas tecnologias da informação – tema de fundo desta pesquisa, as pessoas jurídicas assumem o papel de protagonismo, restando às pessoas naturais um papel secundário, pondo o Direito Penal dessa sociedade de risco em contraposição ao

---

perfil da desconsideração da personalidade jurídica no Código de Processo Civil de 2015. In: *Revista de Processo*, v. 272, p. 163-185, out. 2017. p. 165-166).

[323] "A teoria da desconsideração só pode ser aplicada a casos singulares, extraordinários, quando se fizer mau uso da pessoa jurídica, e, mais, para o fim de que os sócios dessa pessoa jurídica sejam atingidos. [...] A teoria da despersonalização da pessoa jurídica, em verdade, surgiu como uma solução a ser utilizada, quando seja empregado o instituto da personalidade jurídica, visando fins condenáveis pelo direito, ou seja, fins incompatíveis com os fins de sua própria criação, causando prejuízos ao direito de terceiros [...]. Isso porque sua finalidade como um instrumento para a obtenção de resultados proveitosos para toda a sociedade em casos tais, terá sido desvirtuada. Na verdade, busca-se, por intermédio da teoria da despersonalização, uma solução justa, para os problemas decorrentes do uso abusivo do instituto da pessoa jurídica". (ALVIM, Arruda. Teoria da desconsideração da pessoa jurídica. In: *Soluções práticas*. São Paulo: Revista dos Tribunais, 2011. v. 3, p. 143- 144).

[324] "La desde hace tiempo conocida y creciente división del trabajo conduce, de un lado, a un debilitamiento de la responsabilidad individual y, de otro lado, a que las entidades colectivas sean consideradas, en base a diversos fundamentos, responsables (tambíen en el ordem fiscal y civil), en lugar de las personas individuales. Esta 'colectivización' de la vida económica y social sitúa al Derecho Penal ante problemas novedosos. En este sentido, la sociología enseña que la agrupación crea un ambiente, un clima que facilita e incita a los autores físicos (o materiales) a cometer delitos en beneficio de la agrupación. De ahí la idea de no sancionar solamente a estos autories materialies (que pueden cambiar y ser reemplazados), sino también y, sobre todo, a la agrupación misma". (TIEDEMANN, Klaus. Responsabilidad penal de las personas jurídicas. In: *Anuario de Derecho Penal*, Université de Fribourg, Suisse, p. 97-125, 1996. p. 101. Disponível em: http://perso.unifr. ch/derechopenal/assets/files/anuario/an_1996_07.pdf. Acesso em 20 abr. 2019.

Direito Penal Clássico – contraposição que nesta pesquisa, em certa medida, é feita de forma muito próxima em relação ao Direito Penal Econômico, formatado nessa sociedade de risco, e o Direito Penal Geral:

> Y es que el Derecho Penal que ha llegado a nuestros días es el Derecho Penal clásico, de la delincuencia clásica (básicamente violenta), contra bienes jurídicos clásicos (la vida, la salud, el honor, la liberdade o la propiedad de las personas) y que se lleva a cabo por delincuentes clásicos (seres humanos) capaces de realizar acciones humanas con una culábilidade susceptilble de ser captada en términos bio-psicológicos. En este Derecho Penal ético moralizante, propio de "homo humanisticus" que es sensible a la pena – y que procede en su inmensa mayoría de la marginación y la pobreza – es en el que rige la fórmula "Societas delinquere non potest" pues lo contrario, como recuerda Paliero, es algo ajeno a las categorías del espíritu que debe ser existencialmente rechazado como algo irritante y capaz de producir en el Derechp Penal mismo una crisis de identidad. Sin embargo, en la actualidad, y gracias a un *muy positivo fenómeno de expansión*, está surgiendo un nuevo Derecho Penal (el Derecho Penal de la sociedad del riesgo, de la sociedad postindustrial, de la globalización o de las nuevas tecnologías) con nuevas formas de delincuencia contra nuevos bienes juridicos (orden socioeconómico, derechos de los consumidores, derechos de los trabajadores, medio ambiente, ordenación urbanística, dignidad humana, buen fucnionamiento societario, en general, y de las entidades de crédito, en particular, delitos informáticos, blanqueo de capitales, delito fiscal, tráfico de personas, corrupción, grandes defraudaciones, etc.) Y en este Derecho penal dirigido al *"hono economicus"*, la persona física ocupa un papel muy secundario, adquiriendo el papel de protagonistas las empresas, las sociedades mercantiles, las fundaciones o las asociaciones, en definitivam las personas jurídicas. Ellas son, en efecto, las auténticas protagonistas de la criminalidad económica organizada (nacional y transnacional), de las criminalidad de los 'poderosos sin fronteras' (*crimes of powerful y corporte and business crimes*).[325]

A responsabilização penal das pessoas naturais não é mais suficiente, mas não só por conta das dificuldades decorrentes do que Silva Sánchez chama por "irresponsabilidade organizada", por vezes presente nas organizações que inviabilizam a responsabilização individual pela dificuldade de identificação dos elementos necessários

---

[325] ESPINAR, José Miguel Zugaldía. *La responsabilidad criminal de las personas jurídicas, de los entes sin personalidad y de sus directivos*: análisis de los arts. 31 bis y 129 del Código Penal. Valencia: Tirant lo Blanch, 2013. p. 13.

de imputação.[326] Enquanto a imputação da pessoa natural passa pelo pressuposto de uma leitura da culpabilidade, com a avaliação dos elementos da teoria do delito concentrada em uma só pessoa, na estrutura organizacional, com a dispersão das atividades operacionais, a posse da informação e o poder de decisão, por vezes, estão difusos', ou mesmo existem mecanismos internos propositais ou culturais que permitem o encobrimento das condutas.[327]

Essa parece ser uma das razões pelas quais deve ser defendida a estruturação da área de *compliance* de forma autônoma e independente, não inserida nos departamentos jurídicos e financeiros, por exemplo. A autonomia e independência estrutural permitem que a área esteja, em maior chance, protegida de influências culturais indesejadas ou

---

[326] "En la discusión de las últimas décadas acerca de si las personas jurídicas deben recibir algún tipo de consecuencia jurídico-penal (o, mejor, de consecuencia jurídica impuesta en el proceso penal), parece haberse dado por sentado que existe la necesidad político-criminal de que así sea, surgiendo, en cambio, las dificultades en el plano de la dogmática de la teoría del delito. [...] Quines afirman la necesidad político-criminal de imponer consecuencias jurídico-penales a las personas jurídicas, lo hacen, fundamentalmente, sobre la base de tres líneas argumentales. En primer lugar, que no siempre es posible sancionar penalmente a personas físicas (administradores, directivos, representantes) por los delitos cometidos en el marco de la actividad empresarial de la persona jurídica. [...] Uno de los argumentos más reiteradamente esgrimidos en favor de la atribución de responsabilidad penal a las personas jurídicas es el de que la división del trabajo que es característica de éstas produce una significativa difuminación de la responsabilidad individual. En efecto, dado que la responsabilidad penal individual para de la concurrencia de los elementos de información, poder de decisión y actuación ejecutiva sobre una misma persona, tan pronto como estos factores se disocian surgen también barrerar muchas veces insuperáveis para la atribución de responsabilidad individual. Ello, hasta el punto de que podría hablarse de la configuración de una irresponsabilidad organizada, o bien de una 'institucionalización de la irresponsabilidad'". (SÁNCHEZ, Jesús-Maria Silva. *Fundamentos del Derecho penal de la Empresa*. 2. ed. ampl. e actual. Madrid: Edisofer S. L., 2016. p. 285-288).

[327] "Un problema central resulta de la dispersión de las actividades operativas, de la posesión de la información y del poder de decisión. Nuestro Derecho penal tradicional presupone estos tres aspectos reunidos en una misma persona. Ahora bien, la posibilidad de que un particular sea autor desaparecem en las modernas formas de agrupación, en razón de la descentralización y diferenciación funcional de las competencias. En la era del 'lean manegement' o del 'top quality manegement', se pude considerar o incluso determinar penalmente a un autor potencial de acuerdo a sus funciones estratégicas y operativas: una gran empresa moderna adquiere, finalmente, capacidad de funcionar mediante la coordinación de diversas tareas mpas o menos autónomas. En consecuencia, el fraccionamiento en el seno de la organización puede conducir hacia una 'irresponsabilidad individual de carácter estructural'. A esto se agregan los mecanismos prácticos de encubrimiento al interior de la empresa. Existen muchas posibilidade de encubrir, inducir en error y de generar vacíoos de competencia que pueden hacer ineficaz cualquier indagación a causa de la estructura de a empresa (irresponsabilidad individual organizada')". (HEINE, Günter. La responsabilidad penal de las empresas: evolucion internacional y consecuencias nacionales. *In*: *Anuario de Derecho Penal*, Université de Fribourg, Suisse, p. 20-45, 1996. p. 23. Disponível em: http://perso.unifr.ch/derechopenal/assets/files/anuario/an_1996_04.pdf. Acesso em 20 abr. 2019).

mal-intencionadas, vocacionadas a blindar autores de ilícitos ou evitar punições em prol de interesses outros que não a manutenção de um programa de integridade verdadeiro. Uma área de *compliance* encrustada em qualquer outro setor senão o que lhe deve ser próprio está potencialmente fragilizada em suas funções.

Em outra perspectiva, vale citar as tecnologias da informação, que permitem o desenvolvimento das atividades econômicas à distância, de forma organizada ou nem tanto, em várias unidades no mesmo estado ou país, ou mesmo em países diferentes – muito, nesse caso, em razão da globalização, também dificultam a responsabilização individual, em razão de peculiaridades de ordem prática e cultural e de custo de persecução penal.[328]

---

[328] A exemplo, vale citar as palavras de Ian Laing no estudo da responsabilidade penal da pessoa jurídica no Canadá: "Conceding that where applicable, individual criminal liability may be more effective than corporate criminal liability, does not mean that corporate criminal liability should be abandoned. Instead, there are a number of contexts where the second-best result of convicting and punishing the corporation will be the only ffeasible option. And in some respects, presecuting the corporation may be more benefical than prosecuting only individuals. The primary limitation with respect to individual criminal liability in the context of corporate activity is the difficulty of identifying and prosecuting the responsible individuals. [...] Indeed, many of Canada's large, public corporations operate in countries around the globe. The planning and operation of corporate activities may involve many layers of the corporate hierarchy, located in a variety of countries. For a government authority in one country to investigate the internal machinations of such a corporation to determine the precise individual responsible for a given action might not be possible. And in those cases where such an individual could be identified, the government authority might lack the investigative resources and expertise to see the investigation and prosecution through to a successful end, particularly where the corporation is uncooperative regarding requests for access to individual employes and documents. Such investigations would, in many cases, be enoursly expensive and time-consuming exercises. It is haghly unlikely that investigators and prosecutors in Canada would have the resources to conduct full investigations in each instance where it might be warranted. Because of the time and cost associated with investigations of the internal workings of a large corporation, individual criminal liability simply will not be feasible in many instances. However, that is not to say that the individuals responsible for corporate criminal activity shoul go unpunished. Instead, the most cost-effectiv manner of doing so might be to prosecute the corporation and thereby mobilize those within the corporation to investigate the matter and discipline the responsible individuals. The efficiency of this tactic was recognized by the Law Reform Commission of Canada several decades ago: 'in a society moving increasingly toward group action it may become impractical, in terms of allocation of resources, to deal with systems through their components. in many cases it would appear more sensible to transfer to the corporation the responsability of policing itself, foring it to take steps to ensure that harm does not materialize through the conduct of people within organization. Rather than haing the state monitor the activities of each person within the corporation, which is costly and raises practical enforcement difficulties, it may be mor efficient to force the corporation to do this, especially if sanctions imposed on the corporraton can be translated into effective action ate the individual level'". (LAING, Ian. *The criminal liability and punishment of corporations in Canada*. 198f. Dissertação de Mestrado, Dalhousie University Halifax, Nova Scotia, 2005. p. 80-82. Disponível em:

Vale dizer que não se trata propriamente de um fenômeno novo, dado que a responsabilidade penal das pessoas jurídicas já fora observada também por escolhas político-criminais no passado. Sendo, em um segundo momento, afastado pela consolidação da responsabilização penal individual a prevalência do liberalismo econômico. Após, em movimento pendular, justamente com a retomada da intervenção do Estado na economia, a responsabilidade penal da pessoa jurídica volta à pauta.[329] Acerca disso, Julianna Barbosa afirma:

> Em linhas gerais, pode-se dizer que, até o século XVIII, houve uma ampla aceitação da responsabilidade penal dos entes coletivos, ainda que sem uma definição precisa sobre a natureza dessa coletividade, e com a existência de alguns posicionamentos em sentido contrário. Entretanto, é perceptível que a admissão dessa modalidade de responsabilização consagrou-se, sobretudo, por necessidades práticas, a exemplo da tentativa de se refrear o poderio das corporações religiosas no bojo do Direito Canônico. A história nos mostra, então, que as necessidades práticas

---

https://search.proquest.com/docview/305376105/fulltextPDF/93F9AD0FF6974B93PQ/1?ac countid=12217. Acesso em 20 abr. 2019).

[329] "En contra de lo que se pueda creer, el reinado del *societas delinquere non potest* ha sido relativamente breve. Si se descarta la época romana y la anterior a ella, en la cual se deconocían los conceptos 'corporación' y 'persona jurídica', durante el medioevo y hasta épocas muy recientes (finales del siglo xix, en alguno casos incluso hasta principios del siglo xx) regía precisamente lo contrario: los 'entes colectivos' o 'corporaciones' podían ser hechos penalmente responsables por una serie de delitos. en aquella época se vio la 'necesidad política' de penar a los colectivos entonces (básicamente, los 'municipios o comunas', ciudades, congreciones religiosas, más tarde también las universidades) por 'delitos rurales' (destrucción, invasión, de tierras), o no uso de monedas o uso de medidas no aprobadas, o cualquier otra conducta considerada como grave atentado contra intereses del poder jerárquico correspondiente (el rey, el emperador, al Iglesia). Las 'penas' contra estos colectivos era de distinto tipo. Además de las penas pecuniarias, tambiem era posible la tomada de rehenes, ejecución de personas, saqueo de ciudades, supresión de privilegios, etcétera. Históricamente, se suele considerar al papa *Inocencio IV* como el primer teórico de la doctrina *societas delinquere non potest* cuando en el Concilio de Lyon de 1245, en contra de la mayoría de los canonistar, defendió (infructuosamente) la tesis de que la *universitas* (la corporaciónd e entonces, o sea el ente colectivo), a diferencia de los *singuli*, no tendría capacidad para cometer delitos y, por lo tanto (lo que motivaba la discusión en el Concilio) no sería posible la excomunión de ellas. Pero se impuso la tesis contraria que sostenía, con distintas argumentaciones o modelos, la responsabilidad penal de las 'corporaciones'. El trasfondo (la necesidad política) de este 'triunfo doctrinario' fue el marco de la lucha de poderes e intereses entre los principes, la Iglesia y las 'corporaciones' (ciudades, órdenes religiosas, gremios). Por eso, durante toda la Edad Medida la 'responsabilidad penal de las corporaciones' constituyó la regra general". (VÁSQUEZ, Manuel A. Abanto. Responsabilidad penal de los entes colectivos: una revisión crítica de las soluciones penales. *In*: *Revista Penal México*, n. 3, p. 9-57, jan./jun. 2012. p. 10- 11). Ainda sobre a perspectiva histórica do fenômeno, ver o Capítulo 1 do livro de Sérgio Salomão Shecaira. (SHECAIRA, Sérgio Salomão. *Responsabilidade penal da pessoa jurídica*. 2. ed. atual. e ampl. São Paulo: Método, 2003. p. 25-44).

fazem sucumbir os argumentos dogmáticos em sentido contrário. E, por isso mesmo, uma mudança de necessidades se reflete numa mudança de sentido jurídico sobre aquilo que é aceitável ou não. É assim que perceberemos uma alteração de rumo após a Revolução Francesa e com a consequente consagração do individualismo. O surgimento de uma nova ideologia, fundada no liberalismo, deixou em segundo plano as corporações, dando ênfase ao individualismo. Muito mais, no entanto, que uma mudança de ideologia que vem a negar a prática corporativa, certo é que esses agrupamentos perderam seu poderio com a coletividade, de forma que não se via mais a necessidade de seu controle pela utilização do instrumental penal. A partir do século XIX, constata-se a supressão da responsabilidade das pessoas jurídicas dos Códigos, reflexo mesmo da Revolução Francesa, que instituiu a fórmula de responsabilização penal individual, consagrando-se o princípio 'societas delinquere non potest'. [...] É perceptível, contudo, uma grande transformação na realidade social (e, em consequência, na percepção da criminalidade), suscitando, no último terço do século XIX e no primeiro do século XX, o questionamento da vigência desse brocardo latino entendido como princípio até então orientador do direito penal. [...] A responsabilidade penal das pessoas jurídicas no mundo anglo-saxão fora 'reintroduzida' desde meados do século XIX, inicialmente para os delitos omissivos e imprudentes, evoluindo para abarcar as 'public welfare offenses', até alcançar uma previsão geral de tal responsabilidade, sobretudo vinculada à delinquência dos negócios. Nos sistemas de 'civil law' (e que, portanto, nos interessa mais proximamente) o nascimento do Direito econômico moderno abrirá espaço para se excepcionar o dogma 'societas delinquere non potest'. Assim, na Europa continental, a parir dos anos 20, percebe-se tal direcionamento em relação a matérias tributárias, aduaneiras e de livre concorrência, tendência seguida pelo Japão nos anos 30. Não se pode olvidar, contudo, que a retomada da questão da responsabilidade penal dos entes coletivos à época também se deveu ao surgimento de um 'direito de ocupação' após a Segunda Guerra Mundial, na Europa, que implicou a influência da cultura jurídica de outros países em território alheio. Nesse sentido, constatou-se a influência da tradição jurídica anglo-saxã no restante do território europeu, em especial na Alemanha, em que os tribunais chegaram, na década de cinquenta, a impor sanções penais às pessoas jurídicas, utilizando-se, para tanto, de princípios derivados do direito anglo-saxônico. É bem verdade que tal influência não chegou a determinar a consagração da responsabilidade penal da pessoa jurídica, pelo menos no território alemão, na medida em que se reafirmou a impossibilidade de albergo dessa modalidade de responsabilização, fundando-se, sobretudo, no argumento da incapacidade de ação do ente coletivo. Todavia, não se pode olvidar que o discurso político criminal que percebeu a retomada do poderio das empresas e o protagonismo delas em novas formas de criminalidade constituiu uma nova racionalidade que vem influenciando as normas de Direito Internacional e as legislações dos mais diversos países. Tanto é assim que reformas paulatinas foram se operando na Europa no sentido da responsabilização penal dos entes coletivos, podendo-se citar Holanda (1976), Grã-Bretanha, Irlanda e Noruega (1991), Islândia (1993), França (1994), Finlândia (1995), Eslovênia (1996), Dinamarca (1996), Estônia (1998), Bélgica (1999), Suíça e Polônia (2003), Portugal (2007) e Espanha (2010) cada qual, a bem da verdade, com especificidades no tratamento adotado.[330]

Fato é que, contemporaneamente, nesse cenário de maior intervenção do Estado na economia, com a eleição de bens jurídicos supraindividuais,[331] utilizando-se da norma penal para corrigir os desvios de direcionamento constitucionalmente pretendidos da economia, tem se observado a escolha político-criminal pela responsabilização penal da pessoa jurídica.

A questão que fica é: como? Muitos são os modelos pensados para dar essa resposta, mas quase todos eles esbarram na dificuldade dogmática de se transpassar, de forma racional, o regime de imputação da responsabilidade penal da pessoa natural na teoria do delito (tipicidade, antijuridicidade e culpabilidade) aos entes coletivos.[332] Mais uma

---

[330] BARBOSA, Julianna Nunes Targino. *A culpabilidade na responsabilidade penal da pessoa jurídica*. 207f. Dissertação de Mestrado, Faculdade de Direito, Universidade de São Paulo, São Paulo, Brasil, 2014. p. 19-22.

[331] "Los problemas surgen cuando las legislaciones penales introducen nuevos tipos delictivos para proteger los nuevos bien jurídicos económicos o socio-económicos. Estos nuevos bienes jurídicos se caracterizan, entre otras cosas, porque para poder cumplir satisfactoriamente las funciones sociales que les son propias es preciso desarrollar en torno a los mismos una compleja actividad de gestión, ya que la lesión de tales bienes jurídicos consiste a menudo en la no realización de prestaciones sociales o económicas positivas, porque sólo éstas dotan de pleno contenido y funcionalidad al bien jurídico". (MARTÍN, Luis Gracia. La cuestion de la responsabilidad penal de las propias personas jurídicas. *In*: PRADO, Luiz Regis; DOTTI, René Ariel (Coords.). *Responsabilidade penal da pessoa jurídica*. 2. ed. rev. e atual. São Paulo: Editora Revista dos Tribunais, 2010. p. 102).

[332] Essas dificuldades de transpasse do regime de imputação são, na essência, as bases da ideia de *societas delinquere non potest*: "Las razones tradicionalmente argumentadas son las que ya se han visto en el repaso histórico precedente y que pueden resumirse de la siguiente manera: a) Inexistencia como 'persona' del ente colectivo. Por ello no podría ser sujeto de imputación penal. b) Falta de 'capacidad de acción'. [...] a) Incapacidad de cupabilidad. [...] d) Imposibilidad de ser sujeto de una 'pena'. [...] e) Incapacidad procesal". (VÁSQUEZ, Manuel A. Abanto. Responsabilidad penal de los entes colectivos: una revisión crítica de las soluciones penales. *In*: *Revista Penal México*, n. 3, p. 9-57, jan./jun. 2012. p. 13-14). Como sinaliza Julianna Barbosa "a dogmática penal tem se mostrado refratária às modificações no plano da sujeição ativa que a admissão dessa forma de responsabilização coloca, justificando tal posicionamento na própria essência da pessoa jurídica, que a tornaria incompatível com os juízos reflexivos que a imposição de uma sanção penal demanda, todos eles voltados para a psiquè do agente". (BARBOSA, Julianna Nunes Targino. *A culpabilidade na responsabilidade penal da pessoa jurídica*. 207f. Dissertação de Mestrado, Faculdade de Direito, Universidade de São Paulo, São Paulo, Brasil, 2014. p. 11).

dificuldade que parece indicar a necessidade de se pensar na existência de uma Teoria Jurídica de Direito Penal Econômico autônoma. São modelos que, como não poderiam deixar de ser, estão baseados na norma jurídica, compreendida essa tanto no que se extrai do texto de lei quanto no entendimento jurisprudencial a seu respeito. Na sequência, procurar-se-á indicar cada um deles e os principais problemas práticos e dogmáticos verificados. Muitos nomes lhe podem ser dados, aliás, vale dizer mais uma vez, que não existem classificações corretas ou incorretas, propriamente, mas classificações úteis e inúteis. Se a classificação auxilia na compreensão do objeto classificado, ela serve mais do ponto de vista metodológico, se não, serve menos. Assim, sem ignorar a menção a sinonímias, considerando a importante relação com os elementos de imputação penal da pessoa natural, seguirá na sequência a classificação nesse sentido, vinculando ou não a responsabilidade penal da pessoa jurídica à responsabilização penal da pessoa natural.

Em uma das classificações possíveis, pode se falar em três grandes grupos de modelos de responsabilização: os modelos de heterorresponsabilidade penal da pessoa jurídica; os modelos de autorresponsabilidade e os modelos mistos, que, de alguma forma e como o próprio nome sugere, concatenam elementos dos dois anteriores.

No primeiro deles, os modelos de heterorresponsabilidade, ou vicarial, por empréstimo, de transferência, por ricochete, por atribuição, indireta ou por dupla imputação, a responsabilidade penal da pessoa jurídica se dá pela transferência ao ente coletivo da responsabilidade penal de seus agentes. Com efeito, para que essa imputação da pessoa natural resulte também na imputação da pessoa jurídica é preciso que o agente do crime não só lhe seja integrante, como também ocupe a função de diretor, administrador, representante legal ou dirigente capaz de atuar em nome da pessoa jurídica. Além disso, é preciso que a conduta perpetrada se dê dentro dos limites de suas atribuições e por conta da pessoa jurídica, e, ainda, a intenção da conduta tenha por objetivo auferir alguma vantagem ou benefício à pessoa jurídica.[333]

---

[333] "Em primeiro lugar, a infração individual há de ser praticada no interesse da pessoa coletiva. Basta que tenha tido a infração o objetivo de ser útil à finalidade de ser coletivo. Quando um gerente de supermercado aumenta abusivamente os preços de um determinado produto, não o faz para obter vantagens pessoais, mas para que a empresa lucre. Ficam, pois, excluídas todas as infrações praticadas no interesse exclusivo do próprio agente, pois são de sua única e exclusiva responsabilidade. A infração individual não pode situar-se fora da esfera da atividade da empresa. Isso significa dizer que estarão excluídas aquelas infrações que se situem além do domínio normal da atividade da pessoa coletiva [...]. Além disso, a infração cometida pela pessoa física deve ser praticada por alguém que se encontre

A culpabilidade é verificada em relação às pessoas naturais. Caracterizada, junto aos demais elementos do crime (tipicidade e antijuridicidade), e preenchidos os pressupostos referidos, responsabiliza-se a pessoa jurídica. Para tanto, pouco interessa a existência ou não de organização e mecanismos internos vocacionados a evitar a prática de ilícitos.[334]

Por certo, devido a estar pautada na conduta dos seus integrantes, a imputação penal à pessoa jurídica nos modelos vicariantes apresenta vários problemas que acabam por tocar ao *compliance* e representam, especialmente, a dificuldade de operacionalização e de transpasse

---

estreitamente ligado à pessoa coletiva [...]. O último requisito a ser observado objetiva delimitar a abrangência da responsabilidade penal da pessoa jurídica. A prática da infração deve ter o auxílio do poderio da pessoa jurídica". (SHECAIRA, Sérgio Salomão. *Responsabilidade penal da pessoa jurídica*. 2. ed. atual. e ampl. São Paulo: Método, 2003. p. 115-116).

[334] "El modelo de responsabilidad por atribución a la persona jurídica presupone la comisión de un hecho delictivo completo por una de las personas físicas integradas en su seno, normalmente por alguna de las que integran sus órganos o la representan. Según tal modelo, la responsabilidad por ese hecho delictivo se *transfiere* a la persona jurídica, en la medida en que se considera que los actos de dichos órganos, en virtud de la relación funcional existente entre éstos y aquélla, son, también, de esta última. Tales hechos, por lo demás, pueden ser de comisión activa o, también, de comisión por omisión, en la medida en que los órganos omitan debere de vigilancia, de coordinación o de selección, que den lugar a la conducta delictiva activa de un integrante de la empresa situado en los niveles inferiores de la misma". (SÁNCHEZ, Jesús-Maria Silva. *Fundamentos del Derecho penal de la Empresa*. 2. ed. ampl. e actual. Madrid: Edisofer S. L., 2016. p. 297); "Os modelos de heterorresponsabilidade, também denominados responsabilidade por empréstimo, vicariantes ou de transferência de responsabilidade, costumam apresentar três requisitos essenciais. Tomando como exemplo o paradigma francês unanimemente inserido nessa vertente, as exigências legais destinam-se a responsabilizar a empresa por ricochete, de modo que é na pessoa física atuante que devem ser apreciados os elementos subjetivos da ação, isto é, o dolo e a culpa. O primeiro dos requisitos diz respeito ao autor da infração penal, o qual deve ser um diretor, administrador, representante legal ou dirigente capaz de atuar, nas mais variadas circunstâncias, em nome da pessoa jurídica (*exigência subjetiva*). Como regra geral, pode-se dizer que a conduta do empregado ou subalterno não terá, ao menos em tese, a capacidade de gerar a responsabilização do ente coletivo. Outro requisito elementar impõe que a conduta criminosa praticada pelo dirigente tenha sido perpetrada no exercício e nos limites de suas funções ou por conta da empresa, isto é, no marco de suas atribuições, no desempenho de atividades conectadas com a realidade empresarial. Por fim, a terceira e última exigência diz respeito à necessária intenção da pessoa física em obter algum tipo de vantagem ou benefício para a pessoa jurídica. Com isso, não estão compreendidos os casos de representantes que atuem exclusivamente em proveito próprio ou de terceiros – hipóteses em que a empresa, na realidade, poderá ser entendida como vítima do eventual delito perpetrado, nesse caso, em seu desfavor". (SALVADOR NETTO, Alamiro Velludo. *Responsabilidade penal da pessoa jurídica*. São Paulo: Thomson Reuters Brasil, 2018. p. 111-112); "Pode-se afirmar que o sistema de *heterorresponsabilidade* – ou vicarial, de transferência, por ricochete, por empréstimo – é aquele que 'se imputa transferindo à empresa todo ato cometido por um agente seu, no exercício de sua atividade, com a intenção de favorecê-la'. Proporciona poucas possibilidades de defesa ao ente coletivo, na medida em que os controles internos e as medidas preventivas, com vistas a coibir a ocorrência de delitos, não interessam ao regime de imputação". (SARCEDO, Leandro. *Compliance e responsabilidade penal jurídica*: construção de um novo modelo de imputação baseado na culpabilidade corporativa. São Paulo: LiberArs, 2016. p. 107).

dogmático da teoria do delito em relação à responsabilização da pessoa natural.

O primeiro deles já foi epigrafado e diz respeito justamente à dificuldade de identificação das pessoas naturais responsáveis criminalmente, seja pela possível "irresponsabilidade organizada", seja por uma estrutura altamente complexa e especializada, com difusão das informações relevantes e dos poderes decisórios, ou mesmo pela descentralização dos focos de ação em razão das tecnologias da informação. Lembra-se, inclusive, que essa identificação não se dá de forma qualquer, mas constitucionalmente qualificada pela culpabilidade, sob pena de responsabilização objetiva. Esse problema, aliás, que é próprio da responsabilidade por transferência, pois, se trata-se de responsabilização da pessoa jurídica em si considerada, sem a necessidade de dupla imputação junto com a pessoa natural, não se fala, *a priori*, em problema de identificação.[335] Conforme assinala Alamiro Salvador Netto, todas essas circunstâncias e a simples transferência da responsabilidade da pessoa natural à pessoa jurídica resulta na responsabilização penal objetiva desta.[336]

Um segundo problema é a identificação concreta, se a conduta perpetrada pela pessoa natural foi ou não realizada em interesse da pessoa jurídica ou para que essa recebesse alguma vantagem. Tal construção se apresenta como tentativa de delimitar o caráter subjetivo do delito imputado à pessoa jurídica. Na prática, porém, dada a distância entre a aferição da subjetividade da pessoa natural responsável e a dificuldade de se identificar correspondência plena entre essa e o interesse da pessoa jurídica, resulta, por vezes, na indevida responsabilização objetiva desta.[337]

---

[335] "La doctrina reseñada muestra adicionalmente problemas en, al menos, tres casos: cuando quien realiza el hecho es una persona de rango inferior en la estructura jerárquica de la empresa, de la que resulta difícil afirmar qie represente a la voluntad de la sociedad; cuando no se identifica persona física alguna como autora del hecho que atribuir a la persona jurídica, y cuando la persona física cuya responsabilidad habría de ser transferida a la persona jurídica obra de modo inculpable. [...] En cuanto al segundo problema, que se corresponde con las situaciones de irresponsabilidad organizada, debe señalarse que el mismo sólo es compatible con un modelo de responsabilidad transferida". (SÁNCHEZ, Jesús-Maria Silva. *Fundamentos del Derecho penal de la Empresa*. 2. ed. ampl. e actual. Madrid: Edisofer S. L., 2016. p. 297).

[336] "Os modelos de heterorresponsabilidade ou vicariantes apresentam como problema fundamental a tendência à consagração de padrões de responsabilidade penal objetiva das pessoas jurídicas. No mais das vezes, e principalmente em suas formas mais incipientes, simplesmente se transferiam à pessoa jurídica o injusto e a culpabilidade próprios da pessoa jurídica". (SALVADOR NETTO, Alamiro Velludo. *Responsabilidade penal da pessoa jurídica*. São Paulo: Thomson Reuters Brasil, 2018. p. 120-121).

[337] "A objeção maior que se faz ao modelo vicariante reside exatamente nessa tentativa de desenhar o conceito de *atuação em proveito da pessoa jurídica* como equivalente funcional

Um terceiro problema diz respeito aos fatos praticados exclusivamente por colaboradores ou integrantes de menor escalão, subalternos na estrutura hierárquica ou sem poder de decisão ou de representação da pessoa jurídica. Nesse caso, há uma barreira dogmática na transferência da responsabilidade da pessoa natural para a jurídica, justamente pela falta de aptidão na representação.[338] Por vezes se tenta relativizar essa dificuldade com a imputação por omissão penalmente relevante de quem estava no poder de direção e que não teria evitado o comportamento do seu comandado, mesmo devendo e podendo fazê-lo (art. 13, §2º, CP). Porém isso, em vez de diminuir o problema, o aumenta. Se há um grau de transferência de responsabilidade no ato praticado por quem tem poder de representação (representante para a pessoa jurídica), no ato praticado exclusivamente pelo inferior hierárquico, com a inclusão da responsabilidade por omissão do dirigente, há dois graus de transferência, potencializando os problemas de efetiva compreensão da responsabilidade da pessoa jurídica (colaborador subalterno para o representante por omissão, e deste, por sua vez, para a pessoa jurídica).[339]

à dimensão subjetiva do delito imputável às pessoas físicas. [...] bastante criticável é esta forma de fundamentar a transferência dos elementos subjetivos da conduta criminosa da pessoa física para a pessoa jurídica, haja vista que o déficit de subjetividade inerente à empresa não pode ser compensado simplesmente pela finalidade última da ação do indivíduo (*atuar em proveito da pessoa jurídica*). Chegar-se-ia, assim, em verdadeira fórmula de imputação exclusivamente objetiva". (SALVADOR NETTO, Alamiro Velludo. *Responsabilidade penal da pessoa jurídica*. São Paulo: Thomson Reuters Brasil, 2018. p. 112).

[338] "Os modelos de heterorresponsabilidade, como visto em páginas pretéritas, possuem muitas dificuldades de justificar a incriminação em face de condutas cometidas por indivíduos localizados em esferas de poder inferiores da empresa. Ademais, eles fazem depender sempre a responsabilidade empresarial da identificação da pessoa física atuante e, por fim, não conseguem fundamentar a transferência de responsabilidade à pessoa jurídica de situações em que a pessoa física atua de modo não culpável". (SALVADOR NETTO, Alamiro Velludo. *Responsabilidade penal da pessoa jurídica*. São Paulo: Thomson Reuters Brasil, 2018. p. 119).

[339] Para responsabilizar a pessoa jurídica e satisfazer os pressupostos de caracterização da heterorresponsabilidade, há o risco de um alargamento da responsabilidade penal da pessoa natural. Nesse sentido: "Sucede también que la empresa se cubra de tal manera que resulta imposible identificar a los autores en los niveles jerárquicos superiores. Pero si la persona, órgano de la empresa a la cual debe imputarse la conducta de la organización, no puede ser identificada, entonces no se ve cómo puede probarse la conducta reprochable. [...] De lo señalado deben retenerse tres aspectos: primero, esta concepción de la responsabuilidad lleva cada vez más al legislador y a los tribunales a ampliar la responsabilidad de las personas naturales. La idea central responde a la seguientes consigna: 'cuanto más extensa sea la responsabilidad individual, tanto mayoror será la responsabilidad de la agrupación'". (HEINE, Günter. La responsabilidad penal de las empresas: evolucion internacional y consecuencias nacionales. *In*: *Anuario de Derecho Penal*, Université de Fribourg, Suisse, p. 20-45, 1996. p. 30. Disponível em: http://perso.unifr.ch/derechopenal/assets/files/anuario/an_1996_04.pdf. Acesso em 20 abr. 2019); "Outro ponto crítico de tal teoria é que,

Há um quarto problema que consiste na criação de uma certa esquizofrenia prática em que se pode ter a responsabilização da pessoa jurídica por atos praticados pelos seus colaboradores, que, a pretexto de estarem atuando em nome de seus interesses, verdadeiramente estão lhe prejudicando.[340] É possível que tal situação seja identificada concretamente, afastando a responsabilidade por transferência, mas também é possível que passe desapercebido, resultando na situação de confusão, na mesma pessoa jurídica, dos papéis de sujeitos ativo e passivo do delito.

Nessa perspectiva, há ainda uma outra aparente esquizofrenia racional – quinto problema –, mas de ordem normativa e que implica a fragilização da coerência do sistema de responsabilização. Se o movimento contemporâneo é de transferência dos atos de prevenção e fiscalização para as pessoas jurídicas, no fenômeno da autorregulação regulada, esse mesmo sistema será o responsável por viabilizar, no mais das vezes, a identificação do colaborador responsável pela conduta criminosa – o que, como visto, é um dos pressupostos de responsabilização por ricochete. Quer dizer, quanto mais organizada a pessoa jurídica, maior a sua chance de ser penalmente responsabilizada.[341] Em assim sendo, a responsabilização por transferência trabalha normativamente contra o ordenamento que direciona para a autorregulação regulada. Parece bastante incoerente.

A seis, são modelos que beneficiam as grandes empresas e prejudicam as pequenas. Ao passo que nas empresas de maior porte, a organização é ou deve ser maior, o que remete ao problema do parágrafo anterior; e nas de menor porte, a organização empresarial é mais

---

em busca de uma ampliação da responsabilidade penal da pessoa jurídica, amplia-se a responsabilidade penal individual, o que acaba conduzindo a uma equiparação dessas duas formas de responsabilidade". (BARBOSA, Julianna Nunes Targino. *A culpabilidade na responsabilidade penal da pessoa jurídica*. 207f. Dissertação de Mestrado, Faculdade de Direito, Universidade de São Paulo, São Paulo, Brasil, 2014. p. 96).

[340] BARBOSA, Julianna Nunes Targino. *A culpabilidade na responsabilidade penal da pessoa jurídica*. 207f. Dissertação de Mestrado, Faculdade de Direito, Universidade de São Paulo, São Paulo, Brasil, 2014. p. 95.

[341] Assim, a pessoa jurídica, no fim das contas, não é contemplada por se organizar: "El sistema vicarial tiene además el efecto de desaliento de todo sistema de responsabilidad objetiva: la empresa nunca ve reconocidos sus esfuerzos organizativos encaminados a evitar los hechos delictivos. Esta circunstancia, por supuesto, no incita a colaborar con la administración de justicia, sino que refuerza el pacto de silencio entre el infractor y la empresa. Es lo que algunos han denominado como *efecto perverso* de la responsabilidad vicarial". (ESPINAR, José Miguel Zugaldía. *La responsabilidad criminal de las personas jurídicas, de los entes sin personalidad y de sus directivos*: análisis de los arts. 31 bis y 129 del Código Penal. Valencia: Tirant lo Blanch, 2013. p. 59).

simples, situação que é levada ao extremo nas sociedades empresariais unipessoais. Em razão disso, é mais fácil a identificação dos responsáveis com poderes de informação, direção e representação. Em outros termos, os modelos de transferência, por suas próprias dinâmicas, potencializam as chances de as pequenas empresas serem responsabilizadas criminalmente, em comparação às maiores.[342]

Nessa situação, parece ser possível questionar até a constitucionalidade desse modelo, ao passo que a Constituição Federal prevê como princípio geral da ordem econômica nacional o tratamento favorecido para as empresas de pequeno porte constituídas sob as leis brasileiras e que tenham sua sede e administração no País.[343] Parece existir mais uma incoerência, pois, se a responsabilidade penal da pessoa jurídica surge no seio do Direito Penal Econômico (criminalidade econômica) e este é vocacionado a tutelar os bens jurídicos identificados constitucionalmente, ela acaba por trabalhar contra um dos princípios de orientação jurídica da atividade econômica do País. Não se pretende aqui fazer juízo de valor se é melhor ou não, mas isso parece reforçar a necessidade de se aprimorar a aplicação da lei penal na criminalidade econômica, o que passa pelo reconhecimento da autonomia da Teoria Jurídica respectiva.

No mais, há ainda um sétimo problema mais de ordem prática na eleição dos modelos por transferência. Como assinala José Zugaldía Espinar, estes podem afastar-se do seu objetivo precípuo de responsabilização da pessoa jurídica em si:

> Este modelo resulta disfuncional a la hora de alcanzar el objetivo principal que se persigue con la responsabilidad colectiva: si la responsabilidade de la empresa y la del superior se aúnan, lo lógico es que éste vuelva a cerrar los ojos, y así evitará no solo su propia responsabilidad, sino también la de la empresa. Bien pensado, lo que

---

[342] "El principal defecto del modelo vicarial es que beneficia a las grandes empresas y perjudica a las pequeñas. En estructuras empresariales simples es más fácil encontrar al responsable individual, y que éste se encuentre además en la cúspide de la organización". (ESPINAR, José Miguel Zugaldía. *La responsabilidad criminal de las personas jurídicas, de los entes sin personalidad y de sus directivos*: análisis de los arts. 31 bis y 129 del Código Penal. Valencia: Tirant lo Blanch, 2013. p. 58).

[343] "Art. 170. A ordem econômica, fundada na valorização do trabalho humano e na livre iniciativa, tem por fim assegurar a todos existência digna, conforme os ditames da justiça social, observados os seguintes princípios: [...] IX – tratamento favorecido para as empresas de pequeno porte constituídas sob as leis brasileiras e que tenham sua sede e administração no País". (BRASIL. Constituição da República Federativa do Brasil de 1988. *Diário Oficial da União*, Brasília, 5 out. 1988. Disponível em: http://www.planalto.gov.br/ccivil_03/constituicao/constituicao.htm. Acesso em 13 fev. 2019).

ocurrirá es que el superior buscará un subordinado, un chivo expiatório, que cargue con la culpa libere a él y a la empresa de responsabilidad.[344]

Em paralelo, tem-se os modelos de autorresponsabilidade penal das pessoas jurídicas ou responsabilidade por fato próprio, em que se busca adequar os elementos da teoria do delito (tipicidade, antijuridicidade e culpabilidade, em especial este último) à pessoa jurídica em si considerada, e não mais, como nos outros modelos vicariantes, pela transferência da imputação penal das pessoas naturais. A responsabilidade penal da pessoa jurídica está sustentada no defeito de organização, ou seja, sua imputação penal decorre não da responsabilidade penal da pessoa natural, mas da apuração concreta da ausência de organização ou organização interna defeituosa, sendo, para tanto, "importante aferir se a empresa implementou, de fato, medidas e diligências no sentido de prevenir, descobrir e coibir a ocorrência de delitos no desenrolar de suas atividades".[345]

Assim como ocorre com os modelos de heterorresponsabilidade, não são modelos hermeticamente blindados de questionamentos dogmáticos. Alamiro Salvador Netto, por exemplo, que classifica tais modelos em (i) por atos de conexão;[346] (ii) por defeito de organização como injusto culpável; e (iii) por defeito de organização como injusto,[347] relaciona alguns problemas dogmáticos desse sistema também a partir da Teoria do Delito.

No modelo do ato de conexão, sendo este entendido pela atribuição à pessoa jurídica do próprio injusto penal em razão de algo a mais aferível pelas circunstâncias do fato delituoso, no fim das contas e na prática retorna-se sempre à dinâmica de heterorresponsabilidade, pois o injusto penal, embora atribuído à pessoa jurídica de forma originária, foi praticado pela pessoa natural.[348]

---

[344] ESPINAR, José Miguel Zugaldía. *La responsabilidad criminal de las personas jurídicas, de los entes sin personalidad y de sus directivos*: análisis de los arts. 31 bis y 129 del Código Penal. Valencia: Tirant lo Blanch, 2013. p. 59.

[345] SARCEDO, Leandro. *Compliance e responsabilidade penal jurídica*: construção de um novo modelo de imputação baseado na culpabilidade corporativa. São Paulo: LiberArs, 2016. p. 108.

[346] Como existem classificações diferentes, esse modelo seria, na ótica de Leandro Sarcedo e na classificação adotada nesta pesquisa, propriamente um modelo *misto*. A referência a tal modelo parece se justificar, neste ponto, especialmente para exemplificar as questões dogmáticas também em relação aos modelos de autorresponsabilidade. (SARCEDO, Leandro. *Compliance e responsabilidade penal jurídica*: construção de um novo modelo de imputação baseado na culpabilidade corporativa. São Paulo: LiberArs, 2016. p. 109)

[347] SALVADOR NETTO, Alamiro Velludo. *Responsabilidade penal da pessoa jurídica*. São Paulo: Thomson Reuters Brasil, 2018. p. 126-148.

[348] "O modelo aqui denominado de *ato de* conexão é aquele que primeiramente ultrapassa a porosa fronteira que separa, de um lado, as construções de responsabilidade penal

O modelo por defeito de organização como injusto culpável, ao seu turno, apresenta-se como um modelo de transição dogmática, por assim dizer, entre o modelo por ato de conexão, em que o defeito de organização é o algo a mais a justificar a responsabilização penal da empresa, e o modelo do defeito de organização como integrante do injusto. No caso do defeito de organização como injusto culpável, ainda exista, há como condição objetiva de punibilidade a necessidade da prática delituosa por alguma pessoa natural.[349] Observa-se, assim, que parte dos problemas relacionados à heterorresponsabilidade, no que tange à imputação penal da pessoa natural, nesse modelo também podem ser colocados.

Por fim, nessa classificação tem-se o modelo que identifica o defeito de organização da pessoa jurídica, em si considerado, como injusto, como "contraponto mais extremado em relação às teses de heterorresponsabilidade. Cuida-se, assim, da teoria mais radical de autorresponsabilidade",[350] pois não se considera a imputação penal da pessoa natural para a responsabilização penal da pessoa jurídica. Para que esta esteja configurada, basta a caracterização do defeito de organização. Obviamente, assim como os outros modelos, esse também sofre críticas atreladas (i) à própria possibilidade ou não do ente moral praticar atos delituosos, sem consideração da prática pela pessoa natural; (ii) à necessidade de definição criteriosa do que seria uma organização defeituosa; (iii) à própria tipicidade penal, vez que nessa perspectiva a pessoa jurídica responderia apenas e sempre por um único tipo penal que penalizará o defeito de organização em si; etc.[351]

---

da pessoa jurídica por empréstimo ou vicariantes (*heterorresponsabilidade*) e, de outro, os sistemas de *autorresponsabilidade* [...]. Em outras palavras, atravessa-se aqui a barreira de simplesmente imputar à empresa, por ricochete, um delito realizado em seu seio. Há de se buscar, nesse aspecto, um 'algo a mais'. [...] Pata tanto, é preciso visualizar um enfoque normativo diferenciado sobre a ação humana tida como pressuposta para a responsabilização da pessoa jurídica. Tal ação deve ser vista sob o contexto social, de forma a significar uma ocorrência derivada da própria atividade empresarial, de sua conformação interna, de sua estrutura organizacional, posto que somente assim terá alguma legitimidade a utilização do sistema criminal e, em consequência disso, a imposição de uma pena ao ente coletivo. [...] Duas objeções são, contudo, aqui colocadas. A primeira diz respeito ao fato de permanecer a dependência do ato de conexão para a responsabilização penal da pessoa jurídica. Isto é, retorna-se sempre, no limite, ao problema da responsabilidade por empréstimo ou por ato de outrem". (SALVADOR NETTO, Alamiro Velludo. *Responsabilidade penal da pessoa jurídica*. São Paulo: Thomson Reuters Brasil, 2018. p. 126-127, 130).

[349] SALVADOR NETTO, Alamiro Velludo. *Responsabilidade penal da pessoa jurídica*. São Paulo: Thomson Reuters Brasil, 2018. p. 134-135.

[350] SALVADOR NETTO, Alamiro Velludo. *Responsabilidade penal da pessoa jurídica*. São Paulo: Thomson Reuters Brasil, 2018. p. 139.

[351] SALVADOR NETTO, Alamiro Velludo. *Responsabilidade penal da pessoa jurídica*. São Paulo: Thomson Reuters Brasil, 2018. p. 138-148.

Além desses modelos de heterorresponsabilidade e de autorresponsabilidade, há, na classificação proposta por Leandro Sarcedo, os chamados modelos mistos, que são aqueles que apresentam elementos e características dos outros dois sistemas.[352] Fazendo uma intersecção entre essa classificação de Leandro Sarcedo e a proposta por Alamiro Salvador Netto, os modelos por ato de conexão e por defeito de organização por injusto culpável (modelos de autorresponsabilidade na ótica de Alamiro) parecem poder ser entendidos como modelos mistos.

No Brasil, a responsabilização penal da pessoa jurídica do ponto de vista dogmático está circunscrita no art. 225, §3º, da Constituição Federal[353] e na Lei nº 9.605/1998, que, em conjunto, consagram a responsabilidade penal das empresas nos crimes ambientais.[354] Além

---

[352] "Os modelos mistos de imputação apresentam elementos e características dos dois sistemas anteriormente estudados (hetero e autorresponsabilidade). Em regra, partem do modo vicarial, transferindo à empresa a responsabilidade por um fato praticado por um representante seu e em seu benefício, mas têm em conta a culpabilidade corporativa, para aferir se as medidas preventivas adotadas eram as exigíveis para o caso concreto, o que pode conduzir à modulação da pena a ser aplicada ou mesmo à absolvição do ente coletivo. No entanto, admitem, também, a responsabilização da pessoa jurídica quando há a constatação do resultado criminoso (material ou formal), mas não é possível imputá-lo a uma pessoa física indeterminada. Nessa hipótese, é necessário demonstrar, no caso concreto, o defeito de organização corporativo que levou ao descumprimento das obrigações previstas na norma de dever e que por sua vez, conduziu ao resultado delituoso". (SARCEDO, Leandro. *Compliance e responsabilidade penal jurídica*: construção de um novo modelo de imputação baseado na culpabilidade corporativa. São Paulo: LiberArs, 2016. p. 109).

[353] "Art. 225. Todos têm direito ao meio ambiente ecologicamente equilibrado, bem de uso comum do povo e essencial à sadia qualidade de vida, impondo-se ao Poder Público e à coletividade o dever de defendê-lo e preservá-lo para as presentes e futuras gerações. [...] §3º As condutas e atividades consideradas lesivas ao meio ambiente sujeitarão os infratores, pessoas físicas ou jurídicas, a sanções penais e administrativas, independentemente da obrigação de reparar os danos causados". (BRASIL. Constituição da República Federativa do Brasil de 1988. *Diário Oficial da União*, Brasília, 5 out. 1988. Disponível em: http://www.planalto.gov.br/ccivil_03/constituicao/constituicao.htm. Acesso em 13 fev. 2019).

[354] Contraponto de referência necessária a essa afirmação se extrai do entendimento pela impossibilidade de responsabilização penal da pessoa jurídica. A exemplo, Miguel Reale Júnior: "A lei estabelece a responsabilidade penal da pessoa jurídica, o que é, a meu ver, absolutamente inconstitucional. É verdade que o art. 225 da Constituição, §3º, diz: 'As condutas e atividades consideradas lesivas ao meio ambiente sujeitarão os infratores, pessoas físicas ou jurídicas, a sanções penais e administrativas, independentemente da obrigação de reparar os danos causados'. No art. 173 da Constituição, capítulo da ordem econômica, deixa-se bem claro: '5º A lei, sem prejuízo da responsabilidade individual dos dirigentes da pessoa jurídica, estabelecerá a responsabilidade desta, sujeitando-a às punições compatíveis com sua natureza, nos atos praticados contra a ordem econômica e financeira e contra a economia popular'. Deve-se destacar a supressão, durante o processo constituinte, já na votação em primeiro turno, do termo 'criminal' constante no texto aprovado na Comissão de Sistematização, na fórmula 'responsabilidade criminal desta', correspondendo, então, ao art. 228, §4º. Tal, demonstra a intenção clara do legislador de excluir a responsabilidade penal da pessoa jurídica, sendo a interpretação

disso, há a abertura do art. 173, §5º, também da Constituição Federal[355] e as leis infraconstitucionais que dialogam dogmaticamente com essa disposição, em especial as Leis nº 8.137 de 1990 e nº 12.529 de 2011.

Quanto aos modelos de responsabilização adotados, a jurisprudência dos Tribunais Superiores tem guiado tal definição no País, destacando-se dois momentos. Primeiramente, em 2005, a 5ª Turma do Superior Tribunal de Justiça, no julgamento do Recurso Especial nº 610.114, de relatoria do Min. Gilson Dipp – que serviu de norte para a posição do próprio STJ na sequência[356] – sinalizou não só a opção

---

histórica relevante em matéria constitucional. Pondere-se, ademais, que o art. 225, §3º, acima transcrito, deve ser interpretado no sentido de que as pessoas físicas ou jurídicas sujeitam-se, *respectivamente*, a sanções penais e administrativas. Mais relevante, contudo, é a interpretação sistemática do texto constitucional, que conduz de forma precisa à inadmissibilidade da responsabilidade da pessoa jurídica. Falta à pessoa jurídica capacidade criminal. Se a ação delituosa se realiza com o agente realizando uma opção valorativa no sentido do descumprimento de um valor cuja positividade a lei penal impõe, se é uma decisão em que existe um querer, e um querer valorativo, vê-se que a pessoa jurídica não tem essa capacidade do querer dotado dessa postura axiológica negativa. A Constituição estabelece que a pena não passará da pessoa do condenado (inc. XLV do art. 5º), e o inciso seguinte diz que a lei individualizará a pena. A individualização da pena é feita com base na culpabilidade, que significa o quanto de reprovação, de censurabilidade merece a conduta, sendo absolutamente incongruente com a admissão da pessoa jurídica como agente de delitos. Portanto, há uma incapacidade penal da pessoa jurídica, que a análise sistemática do texto constitucional torna evidente". (REALE JÚNIOR, Miguel. A responsabilidade penal da pessoa jurídica. *In*: PRADO, Luiz Regis; DOTTI, René Ariel (Coords.). *Responsabilidade penal da pessoa jurídica*. 2. ed. rev. e atual. São Paulo: Editora Revista dos Tribunais, 2010. p. 343-344).

[355] "Art. 173. Ressalvados os casos previstos nesta Constituição, a exploração direta de atividade econômica pelo Estado só será permitida quando necessária aos imperativos da segurança nacional ou a relevante interesse coletivo, conforme definidos em lei. [...] §5º A lei, sem prejuízo da responsabilidade individual dos dirigentes da pessoa jurídica, estabelecerá a responsabilidade desta, sujeitando-a às punições compatíveis com sua natureza, nos atos praticados contra a ordem econômica e financeira e contra a economia popular". (BRASIL. Constituição da República Federativa do Brasil de 1988. *Diário Oficial da União*, Brasília, 5 out. 1988. Disponível em: http://www.planalto.gov.br/ccivil_03/constituicao/constituicao.htm. Acesso em 13 fev. 2019).

[356] "Para uma rápida demonstração a respeito da influência do julgado acima transcrito na cristalização da jurisprudência sobre o tema perante o Superior Tribunal de Justiça, sodalício que tem a missão constitucional de pacificar a interpretação da legislação federal em todo o território nacional, empreendeu-se pesquisa no sítio eletrônico www.stj.jus. br com o verbete '610114', resultando na identificação de sete outros julgados, além do próprio REsp nº 610.114/RN. São eles: EDcl no REsp nº 865.864/PR, Ministro Adilson Vieira Macabu, 5ª Turma, j. 20.10.2011, pub. 01.02.2012; REsp nº 847.476/SP, Ministro Paulo Gallotti, 6ª Turma, j. 08.04.2008, pub. 05.05.2008, HC nº 93.867/GO, Ministro Felix Fischer, 5ª Turma, j. 08.04.2008, pub. 12.05.2008; REsp nº 889.528/SC, Ministro Felix Fischer, 5ª Turma, j. 17.04.2007, pub. 18.06.2007; RMS nº 20.601/SP, Ministro Felix Fischer, 5ª Turma, j. 29.06.2006, pub. 14.08.2006; RHC nº 19.119/MG, Ministro Felix Fischer, 5ª Turma, j. 12.06.2006, pub. 14.08.2006; RMS nº 16.696/PR, Ministro Hamilton Carvalhido, 6ª Turma, j. 09.02.2006, pub. 13.03.2006". (SARCEDO, Leandro. *Compliance e responsabilidade penal jurídica*: construção de um novo modelo de imputação baseado na culpabilidade

política-criminal pela responsabilização da pessoa jurídica, como entendeu pelo modelo de heterorresponsabilidade.[357] E em 2011, o Supremo Tribunal Federal começa a revisitar a matéria, ainda que de forma tímida, e consigna que a responsabilização da pessoa jurídica independe da responsabilização da pessoa natural.[358] Mas foi em 2013 que a Corte, em razão do julgamento por maioria da 1ª Turma da Corte, em relatoria da Min. Rosa Weber, do Recurso Extraordinário nº 548.181/PR, se posiciona mais claramente pela possibilidade de responsabiliza-

---

corporativa. São Paulo: LiberArs, 2016. p. 119). A busca com os mesmos critérios e verbete foi repetida no momento da presente pesquisa e apresentou os mesmos resultados.

[357] "I. A Lei ambiental, regulamentando preceito constitucional, passou a prever, de forma inequívoca, a possibilidade de penalização criminal das pessoas jurídicas por danos ao meio-ambiente. III. A responsabilização penal da pessoa jurídica pela prática de delitos ambientais advém de uma escolha política, como forma não apenas de punição das condutas lesivas ao meio-ambiente, mas como forma mesmo de prevenção geral e especial. IV. A imputação penal às pessoas jurídicas encontra barreiras na suposta incapacidade de praticarem uma ação de relevância penal, de serem culpáveis e de sofrerem penalidades. V. Se a pessoa jurídica tem existência própria no ordenamento jurídico e pratica atos no meio social através da atuação de seus administradores, poderá vir a praticar condutas típicas e, portanto, ser passível de responsabilização penal. VI. A culpabilidade, no conceito moderno, é a responsabilidade social, e a culpabilidade da pessoa jurídica, neste contexto, limita-se à vontade do seu administrador ao agir em seu nome e proveito. VII. A pessoa jurídica só pode ser responsabilizada quando houver intervenção de uma pessoa física, que atua em nome e em benefício do ente moral. VIII. "De qualquer modo, a pessoa jurídica deve ser beneficiária direta ou indiretamente pela conduta praticada por decisão do seu representante legal ou contratual ou de seu órgão colegiado". IX. A Lei Ambiental previu para as pessoas jurídicas penas autônomas de multas, de prestação de serviços à comunidade, restritivas de direitos, liquidação forçada e desconsideração da pessoa jurídica, todas adaptadas à sua natureza jurídica. X. Não há ofensa ao princípio constitucional de que "nenhuma pena passará da pessoa do condenado...", pois é incontroversa a existência de duas pessoas distintas: uma física – que de qualquer forma contribui para a prática do delito – e uma jurídica, cada qual recebendo a punição de forma individualizada, decorrente de sua atividade lesiva. XI. Há legitimidade da pessoa jurídica para figurar no polo passivo da relação processual-penal. XII. Hipótese em que pessoa jurídica de direito privado foi denunciada isoladamente por crime ambiental porque, em decorrência de lançamento de elementos residuais nos mananciais dos Rios do Carmo e Mossoró, foram constatadas, em extensão aproximada de 5 quilômetros, a salinização de suas águas, bem como a degradação das respectivas faunas e floras aquáticas e silvestres. XIII. A pessoa jurídica só pode ser responsabilizada quando houver intervenção de uma pessoa física, que atua em nome e em benefício do ente moral. XIV. A atuação do colegiado em nome e proveito da pessoa jurídica é a própria vontade da empresa. XV. A ausência de identificação das pessoas físicas que, atuando em nome e proveito da pessoa jurídica, participaram do evento delituoso, inviabiliza o recebimento da exordial acusatória. XVI. Recurso desprovido". (STJ. REsp nº 610.114/RN, 5ª T., Rel. Min. Gilson Dipp, j. 17.11.2005, DJ 19.12.2005. Disponível em: www.stj.jus.br. Acesso em 04 mai. 2019).

[358] Tal afirmação é extraída do voto do Rel. Min. Dias Toffoli, acompanhado a unanimidade pela 1ª Turma da Corte: "No que concerne a norma do §3º do art. 225 da Carta da República, não vislumbro, na espécie, qualquer violação ao dispositivo em comento, pois a responsabilização penal da pessoa jurídica independe da responsabilização da pessoa natural". (STF. AgR em RE nº 628.582/RS, 1ª T., Rel. Min. Dias Toffoli, j. 06.09.2011, DJe 10.10.2011. Disponível em: www.stf.jus.br. Acesso em 04 mai. 2019).

ção penal da pessoa jurídica, independentemente da responsabilização da pessoa natural.[359]

Cumpre fazer referência, ainda, ao Anteprojeto de Lei do Senado nº 236/2012 vocacionado a instituir o Novo Código Penal Brasileiro, que em seu art. 41 sinaliza pela adoção do modelo misto de responsabilidade penal da empresa, isso porque ao passo que exige em seu caput que a infração "seja cometida por decisão de seu representante legal ou contratual, ou de seu órgão colegiado, no interesse ou benefício da sua entidade", em seu §1º diz que a responsabilidade penal das pessoas jurídicas "não depende" da responsabilidade penal das pessoas naturais.[360]

---

[359] "1. O art. 225, §3º, da Constituição Federal não condiciona a responsabilização penal da pessoa jurídica por crimes ambientais à simultânea persecução penal da pessoa física em tese responsável no âmbito da empresa. A norma constitucional não impõe a necessária dupla imputação. 2. As organizações corporativas complexas da atualidade se caracterizam pela descentralização e distribuição de atribuições e responsabilidades, sendo inerentes a esta realidade, as dificuldades para imputar o fato ilícito a uma pessoa concreta. 3. Condicionar a aplicação do art. 225, §3º, da Carta Política a uma concreta imputação também a pessoa física implica indevida restrição da norma constitucional, expressa a intenção do constituinte originário não apenas de ampliar o alcance das sanções penais, mas também de evitar a impunidade pelos crimes ambientais frente às imensas dificuldades de individualização dos responsáveis internamente às corporações, além de reforçar a tutela do bem jurídico ambiental. 4. A identificação dos setores e agentes internos da empresa determinantes da produção do fato ilícito tem relevância e deve ser buscada no caso concreto como forma de esclarecer se esses indivíduos ou órgãos atuaram ou deliberaram no exercício regular de suas atribuições internas à sociedade, e ainda para verificar se a atuação se deu no interesse ou em benefício da entidade coletiva. Tal esclarecimento, relevante para fins de imputar determinado delito à pessoa jurídica, não se confunde, todavia, com subordinar a responsabilização da pessoa jurídica à responsabilização conjunta e cumulativa das pessoas físicas envolvidas. Em não raras oportunidades, as responsabilidades internas pelo fato estarão diluídas ou parcializadas de tal modo que não permitirão a imputação de responsabilidade penal individual. 5. Recurso Extraordinário parcialmente conhecido e, na parte conhecida, provido". (STF. RE nº 548.181/PR, 1ª T., Rel. Min. Rosa Weber, j. 06.08.2013, DJe 30.10.2014. Disponível em: www.stf.jus.br. Acesso em 04 mai. 2019). Interessante notar que o acordão apresenta alguns argumentos de ordem política-criminal, como já exposto anteriormente, e alguns fundamentos relacionados mais à preocupação de se conferir maior eficácia à norma constitucional do que à dogmática de Direito Penal. Além disso, embora consigne a possibilidade de independência da responsabilização penal da pessoa jurídica em relação à imputação penal da pessoa natural, consigna que essa é importante para certificar se os fatos criminosos se deram a partir de regulares atribuições internas e em benefício do ente moral, dois elementos notadamente atrelados aos modelos de heterorresponsabilidade, como visto.

[360] Redação de acordo com o Substitutivo apresentado pelo Senador Pedro Taques: "Art. 41. As pessoas jurídicas de direito privado serão responsabilizadas penalmente pelos atos praticados contra a administração pública, a ordem econômica, o sistema financeiro e o meio ambiente, nos casos em que a infração seja cometida por decisão de seu representante legal ou contratual, ou de seu órgão colegiado, no interesse ou benefício da sua entidade. §1º A responsabilidade das pessoas jurídicas não exclui a das pessoas físicas, autoras, coautoras ou partícipes do mesmo fato, nem é dependente da identificação ou da responsabilização destas. §2º A dissolução da pessoa jurídica ou a sua absolvição não

A partir dessas considerações, que não têm e nem poderiam ter o propósito de encerrar a questão da responsabilidade penal da pessoa jurídica, parece ser possível concluir por, ao menos, dois pensamentos pertinentes à presente pesquisa.

O primeiro deles, de que, de fato, o tema da responsabilidade penal da pessoa jurídica parece também sinalizar, como já dito anteriormente, para a necessidade de uma Teoria Jurídica de Direito Penal Econômico autônoma. É elemento dogmático que influencia essa conclusão a partir da formatação visual da teoria dos conjuntos e da lógica orbital proposta.

As grandes dificuldades de compreensão do tema parecem estar em um passo anterior do raciocínio, que deve ser melhor compreendido antes mesmo do estudo dos modelos técnicos de responsabilidade da empresa, modelos estes que, como visto, estão pautados a partir dos elementos de Direito Penal Geral. Neles, finca-se a discussão acerca da dificuldade de aplicação dos elementos da teoria do delito de imputação penal às pessoas naturais, desenvolvendo modelos que, em sua maioria, trabalham com essa dinâmica de modos diferentes. Na verdade, em vez de tentar esse encaixe quase impossível, parece que seria o caso de compreender que as lógicas de responsabilização penal de pessoas naturais e jurídicas são distintas.[361] Elas estão fundamenta-

---

exclui a responsabilidade da pessoa física. §3º Quem, de qualquer forma, concorre para a prática dos crimes referidos neste artigo, incide nas penas a estes cominadas, na medida da sua culpabilidade, bem como o diretor, o administrador, o membro de conselho e de órgão técnico, o auditor, o gerente, o preposto ou mandatário de pessoa jurídica, que, sabendo da conduta criminosa de outrem, deixar de impedir a sua prática, quando podia agir para evitá-la". (BRASIL. Senado Federal. *Projeto de Lei do Senado nº 236, de 2012*. Reforma do Código Penal Brasileiro. Disponível em: https://www25.senado.leg.br/web/atividade/materias/-/materia/106404. Acesso em 05 maio 2019).

[361] "Las dificultades jurídicas de afirmar la responsabilidad penal de las personas jurídicas se encuentran vinculadas a cuestiones que concirernem al problema del sujeto y de la norma jurídica. En este sentido, los argumentos tradicionales utilizados para negar la responsabilidad penal de las personas jurídicas encuentran su fundamento en la incompatibilidad de la persona jurídica con las categorías dogmáticas de la acción y la culpabilidad, así como con la función y la esencia misma de la pena. La discusión sobre este tema ha girado siempre en relación con la incompatibilidad de dichos conceptos con la persona juríca o en el intento de adaptación de ciertas categorías para permitir su aplicación desde el punto de vista de la dogmática jurídico-penal a las personas jurídicas. Todos estos argumentos, tanto a favor como en contra de la responsabilidad penal de la persona jurídica, han estado y están marcados por la eterna comparación entre la persona física y la jurídica. Sin embargo, todo intento que tome como punto de partida ditos presupuestos está destinado al fracaso. Es evidente, y la discusión de cai cien años en torno a este tema lo ha demonstrado, que las diferencias entre uno y otro sujeto resultan insuperables". (BACIGALUPO, Silvina. Responsabilidade penal de las personas jurídicas. *In*: BACIGALUPO, Enrique. *Curso de derecho penal económico*. 2. ed. Madrid: Marcial Pons, 2005. p. 86).

das em bases históricas e sociais diferentes, as mesmas que levam ao entendimento da existência de uma autonomia da Teoria Jurídica de Direito Penal Econômico e já analisadas anteriormente. É de se perceber que a própria problematização dogmática do tema da responsabilidade penal da empresa, em si considerada, indica que isso é uma questão destacada dos moldes próprios do Direito Penal Geral, com uma multiplicidade de modelos, alternativas e conclusões. Isso parece implicar a necessidade de se pensar em uma teoria do delito própria para as pessoas jurídicas, ajustada às premissas de raciocínio que têm justificado a própria existência da responsabilização dos entes morais. Pode-se dizer, portanto, que, do ponto de vista dogmático e científico, que a autonomia da Teoria Jurídica de Direito Penal Econômico e sua formatação histórica justificam a responsabilidade penal da pessoa jurídica, e esta justifica aquelas.[362]

---

[362] Essas ideias parecem encontrar respaldo, a exemplo: José Miguel Zugaldía Espinar: "En la actualidad, el análisis de la responsabilidad criminal de las personas jurídicas debe llevarse a cabo partiendo de tres premisas fundamentales. [...] En tercer lugar, y debido a todo lo anterior, el problema de la responsabilidad criminal de las personas jurídicas radica hoy en la necesidad de establecer los criterios normativos de imputación que permitan atribuir un delito a una persona jurídica (esto es, en la elaboración de una teoría jurídica del delito – o teoría de la imputación – de la persona jurídica)" (ESPINAR, José Miguel Zugaldía. *La responsabilidad criminal de las personas jurídicas, de los entes sin personalidad y de sus directivos*: análisis de los arts. 31 bis y 129 del Código Penal. Valencia: Tirant lo Blanch, 2013. p. 9): "La idea de sujeto que ha sido el punto de referencia de las categorías dogmáticas de la acción y la culpabilidad no es capaz de resolver el problema planteado en la actualidad por numerosas conductas *colectivas*, cuya realización es percibida en la sociedad actual como comportamientos que requierem la aplicación de penas criminaales, como son las conductas punibles cometidas por o a partir de personas jurídicas. Por esta razón, el modelo de Derecho penal dominante, basado en un sujeto individual, parece incapaz para solucionar los conflictos sociales que hoy se consideran de relevancia penal. Los conceptos dogmáticos de acción y culpabilidad, así como la pena entendida como pena privativa de liberdad han sido elaborados a partir de la idea del individuo y de sus cualidades. El *individuo* como sujeto del Derecho penal ha marcado los conceptos dogmáticos de la teoría del delito y, en consecuencia, un concepto de acción y de culpabilidad elaborado única y exclusivament a partir de las capacidades del mismo. Consecuentemente, la responsabiladd penal de las personas jurídicas se ha negado sosteniendo su incapacidad de acción y de culpabilidad. La respuesta, por otro lado, no podía ser otra, ya que el planteamiento de esta cuestión se ha abordado precisamente a partir de las categorías dogmáticas de la acción y la culpabilidad". (ESPINAR, José Miguel Zugaldía. *La responsabilidad criminal de las personas jurídicas, de los entes sin personalidad y de sus directivos*: análisis de los arts. 31 bis y 129 del Código Penal. Valencia: Tirant lo Blanch, 2013. p. 82-83); Leandro Sarcedo: "Os conceitos de ação e de culpabilidade e as finalidades da pena são diferentes, de maneira que esses dois sistemas penais – o do indivíduo e o da empresa – não podem estar contemplados numa Parte Geral única, a qual seria evidentemente incapaz ou mesmo conflituosa no intento de abarcar as peculiaridades de cada um deles, na medida em que são, de fato, pessoas de naturezas distintas. [...] Isso tudo só demonstra, ainda mais, a complexidade do assunto, que não merece e não pode ser tratado como mero apêndice da responsabilidade penal das pessoas naturais. Pouco

E, a partir desse primeiro pensamento, chega-se ao segundo, que consiste em entender se entre os vários modelos estudados há um que seja ideal ou mais ajustado à ideia contemporânea de *compliance* e qual seria a principal premissa que deve estar presente na formatação de uma teoria do delito das pessoas jurídicas. Quer dizer, entender se o *compliance* propõe um argumento de coerência para solucionar e operacionalizar a questão. Também sem a pretensão de encerrar o debate. Fato é que a resposta parece estar justamente no reconhecimento da necessidade de identificação de um elemento próprio de responsabilização da pessoa jurídica, a qual deve, de uma maneira geral, estar circunscrito em seu defeito de organização.[363] Essa parece ser a solução dogmática mais coerente, em especial considerando a relação entre o Direito Penal Econômico e o *compliance* ou o exercício da tarefa de conformidade pelos particulares.

---

importa a localização dessas previsões a respeito da responsabilidade penal da pessoa jurídica na cartografia da legislação penal, se dentro ou fora do Código Penal. O certo é que, sem essas necessárias normatizações, que comporiam uma espécie de Parte Geral da imputação ao ente coletivo, não será possível desenvolver esse importante instrumento dogmático de maneira que ele possa atingir, como plenitude, toda sua potencialidade político-criminal". (SARCEDO, Leandro. *Compliance e responsabilidade penal jurídica*: construção de um novo modelo de imputação baseado na culpabilidade corporativa. São Paulo: LiberArs, 2016. p. 188 e 193); SALVADOR NETTO, Alamiro Velludo. *Responsabilidade penal da pessoa jurídica*. São Paulo: Thomson Reuters Brasil, 2018. Capítulo 3, p. 165-216.

[363] Há quem entenda que o defeito de organização integra a culpabilidade, a exemplo: "Nosotros hemos sostenido un punto de vista similas para el Derecho alemán de contravenciones (*Ordnungswidrigkeiten*), que partiría de un principio de 'falta de organización' como legitimación de la responsabilidade de la agrupación [...]. Esta explciación ha encontrado el consenso de la literatura alemana reciente (Otto), de una parte de la doctrina (y de la jurisprudencia constitucional) española (Zugaldía) y suiza (Hurtado Pozo)". (TIEDEMANN, Klaus. *Derecho penal y nuevas formas de criminalidad*. 2. ed. Lima: Editora Jurídica Grijley, 2007. p. 105); na proposta de uma Parte Geral de responsabilização penal da pessoa jurídica de Leandro Sarcedo, esse é uma das premissas básicas: "Em qualquer hipótese, seja a responsabilidade autônoma ou derivada, deve estar sempre presente a culpabilidade própria da empresa, aferida pelo critério do *defeito de organização*, rechaçando-se expressamente qualquer possibilidade de responsabilidade objetiva". (SARCEDO, Leandro. *Compliance e responsabilidade penal jurídica*: construção de um novo modelo de imputação baseado na culpabilidade corporativa. São Paulo: LiberArs, 2016. p. 192); há quem entenda que o defeito de organização se insere na tipicidade, a exemplo: "O relevante para o Direito Penal das pessoas jurídicas são aquelas hipóteses em que existe uma lesão ou perigo de lesão ao bem jurídico proporcionado pelo risco proibido, criado pelo *defeito de organização* empresarial. O injusto da empresa, portanto, comporta essa globalidade, de tal sorte que a conduta típica da empresa é a prática da ação prevista no tipo penal, desde que proporcionada pela sua irregular autoorganização. [...] O *defeito de organização*, conforme já foi dito anteriormente, não é um mero critério ou juízo de valor, mas verdadeira parcela da própria conduta global da pessoa jurídica. Assim, deve aparecer dogmaticamente como *elemento normativo do tipo de injusto*". (SALVADOR NETTO, Alamiro Velludo. *Responsabilidade penal da pessoa jurídica*. São Paulo: Thomson Reuters Brasil, 2018. p. 190 e 198).

Ora, se o Estado opta por responsabilizar penalmente a pessoa jurídica de um lado, e de outro exige legalmente que esta adote as melhores práticas de conformidade – estando as matérias de Direito Econômico, Direito Penal Econômico e *compliance* em verdadeiro diálogo dogmático, histórico, jurídico e operacional, sobre o qual deve prevalecer a completude e coerência do ordenamento jurídico[364] – nada parece mais coerente que a responsabilização da pessoa jurídica esteja pautada na ausência ou deficiência dessa tarefa de conformidade, ou seja, no defeito de organização. É de se adequar ou aprimorar a intervenção do Estado no domínio econômico nesse aspecto.

Quer dizer, sob pena de responsabilização objetiva da empresa, esta deve ter para si elementos da teoria do delito que justifiquem sua responsabilização, podendo esses elementos ser extraídos de outras normas que regulamentam a atividade da empresa no País, precisamente daquelas que dispõem sobre a forma como a pessoa jurídica deve se organizar para evitar a prática de ilícitos.

Com isso, parece ser possível afastar, por exemplo, um dos problemas mais sensíveis do modelo vicariante, que é, justamente, transpor a culpabilidade da pessoa natural à pessoa jurídica. Responsabilizá-la, mesmo se demonstrada a mais perfeita organização e conformidade, por ato de deliberação exclusiva de pessoa natural, que, mesmo ciente dos limites de sua atuação, pratica o delito econômico. Seria responsabilizá-la de forma objetiva. Nesses casos em que a empresa está organizada, esta sinaliza de forma clara que qualquer conduta praticada, ainda que em seu benefício, não é um direcionamento seu, mas uma opção clara e exclusiva da pessoa natural.[365] Assim, penalizar o defeito de organização é, ao mesmo tempo, privilegiar a empresa organizada. Isso, ao fim e ao cabo, acaba por incentivar que as empresas estejam em *compliance* e

---

[364] "Para que ganhe conteúdo prático o conceito legal de *defeito de organização* ensejador da culpabilidade corporativa, para fins de embasar a responsabilidade penal da pessoa jurídica, faz-se necessário que se preencham, com requisitos normativos claros e precisos, quais são os deveres mínimos e irredutíveis que uma empresa deve observar na condução de sua atividade social, bem como em que situações ela está de fato jungida ao dever de cooperar com o Estado na prevenção de determinados riscos, como expressão da *autorregulação forçada (ou regulada)* em que se encontra imersa a atividade econômica contemporânea. Sem isso, todo este esforço se esvai, perdendo-se nos descaminhos da insegurança jurídica". (SARCEDO, Leandro. *Compliance e responsabilidade penal jurídica*: construção de um novo modelo de imputação baseado na culpabilidade corporativa. São Paulo: LiberArs, 2016. p. 194).

[365] Obviamente, essa dinâmica deverá ser apurada no caso concreto, o que, aliás, é da própria natureza das coisas e de qualquer tarefa de subsunção. No entanto, isso não pode ser capaz, por si só, de afastar a possibilidade dogmática de responsabilização penal da pessoa jurídica. Inclusive, no caso concreto, se não identificada a pessoa natural, isso pode ser tido como um dos elementos decorrentes do defeito de organização.

contribuam para a existência de um ciclo virtuoso de conformidade e diminuição de criminalidade econômica. É a formatação da responsabilidade penal da pessoa jurídica a favor das finalidades precípuas do Direito Econômico, do Direito Penal Econômico e do próprio *compliance*.
Igualmente, essa proposta parece apta a afastar o problema de ausência de responsabilidade penal nos casos em que algo fático ou jurídico resulta na não responsabilidade da pessoa natural (problema de identificação, dificuldades de aferição dos elementos subjetivos do tipo, prática da conduta por colaborador de menor escalão, sem dever e poder de agir, prescrição etc.). Isso não quer dizer que não existiu ação humana, pressupondo que a pessoa jurídica poderia agir sem que qualquer ação humana de seus colaboradores fosse feita. Seria ignorar a natureza das coisas. Aliás, essa perspectiva parece poder eliminar os questionamentos de como responsabilizar a pessoa jurídica se essa não for capaz de agir. O que se propõe, portanto, é a possibilidade de responsabilização da pessoa jurídica diante de ação ou omissão de seus colaboradores, mesmo que estes não sofram imputação penal, de acordo com a teoria do delito aplicada à pessoa natural.
Referida proposta parece apta também a afastar o problema de maior responsabilização das empresas pequenas em relação às maiores e mais bem estruturadas, vez que a apuração da culpabilidade pelo defeito de organização pode bem ser proporcional, devendo ser compreendido concretamente de acordo com a estrutura, o tamanho e a amplitude de atividades da empresa.[366]

---

[366] "A capacidade de produção de riscos e as suas correlatas expectativas sociais de implementação de estratégias de controle não podem ser iguais em relação a uma instituição financeira transnacional e um pequeno varejo de bebidas alcóolicas na periferia de uma cidade do interior paulista. As empresas não possuem o mesmo faturamento, número de funcionários, especialização de órgãos administrativos, divisão de tarefas, quantidade de sócios etc. Evidentemente, os critérios de administração esperados não podem ser idênticos. Se assim fossem, tratar-se-ia juridicamente igual os materialmente desiguais, aspecto sempre contributivo para o aprofundamento da seletividade do sistema criminal". (SALVADOR NETTO, Alamiro Velludo. *Responsabilidade penal da pessoa jurídica*. São Paulo: Thomson Reuters Brasil, 2018. p. 199). Nessa perspectiva, inclusive, há quem defenda a possibilidade de uma inimputabildiade específica da pessoa jurídica de pequeno porte ou não madura ainda: "En contra de tendencias recientes para la afirmación de esta culpabilidad con consecuencias sancionadoras (finalmente penales) no se necesita de la existencia previa de 'programas de *compliance*', pues los deberes de respetar las normas vigentes son presupuestos previos a la constitución de las personas jurídicas. Por cierto que facilitaría mucho las cosas (y la determinación del dolo o la culpa) si la legislación exigiera, mediante regulaciones específicas precisas y detalladas, que las empresas incluyeran en su organización determinadas medidas de prevención de delitos y infracciones. Esta exigibilidad tendrá que estar en relación con el tamano del ente colectivo, pues se debería excluir a organizaciones de menor magnitud. Y consecuentemente, también, la regulación de una 'culpabilidad' del ente colectivo debería prever no solamente casos de error, caso furtuito,

Também parece ser uma solução que tenta viabilizar uma aproximação entre os defensores da possibilidade dogmática de responsabilidade penal da empresa e os contrários a essa, como o exemplo de contraponto de Miguel Reale Júnior. Segundo o autor, um dos elementos que impedem a possibilidade de responsabilidade penal da empresa seria justamente a impossibilidade de conferir-lhe culpabilidade, em especial, pela disposição constitucional expressa de individualização da pena. A proposta relativiza essa dificuldade, ao passo que não depende do transpasse dos elementos da teoria do delito de imputação à pessoa natural, mas confere uma culpabilidade própria, caracterizada pelo defeito de organização.

Poderia se pensar, inclusive, que essa alternativa, por si só, não seria capaz de resolver um problema: as pessoas jurídicas criadas exclusivamente para a prática de delitos. Se a responsabilidade penal da pessoa jurídica está pautada no defeito de organização, não seria possível penalizar a pessoa jurídica criada para a prática de delitos, mas perfeitamente organizada. Por essa razão é importante pensar na organização não só do ponto de vista formal, mas com caráter material. Quer dizer, a organização será satisfatória, se vocacionada efetivamente ao respeito do ordenamento jurídico. A empresa criada e organizada com o fim de desrespeitá-lo, também contém uma organização defeituosa do ponto de vista material. Se se pune a empresa formatada para fins lícitos, mas mal organizada, nada mais coerente que se punir a empresa formatada para fins ilícitos.

Nessa perspectiva, e concluindo o presente tópico, pode-se entender que o *compliance* traz mais um exemplo de reconhecimento da autonomia da Teoria Jurídica de Direito Penal Econômico e de sua operacionalização. Assim, por coerência, parece que os modelos mistos de responsabilização penal da pessoa jurídica são os mais adequados e hoje aplicáveis às práticas criminosas em que a Constituição Federal assim permite – além disso, será necessária a reformatação constitucional textual ou interpretativa do fenômeno. Reconhecem a natureza das coisas com a necessidade de se verificar concretamente uma ação ou omissão delituosa de alguma pessoa natural integrante da empresa e, ao mesmo tempo, permitem a responsabilização penal da empresa,

---

causa de atenuación, agravación o execión de culpabilidad, sino también de 'inimputabilidad' en función del tamaño del ente colectivo ('madurez')". (VÁSQUEZ, Manuel A. Abanto. Responsabilidad penal de los entes colectivos: una revisión crítica de las soluciones penales. *In*: *Revista Penal México*, n. 3, p. 9-57, jan./jun. 2012. p. 30).

independentemente da imputação penal concreta da pessoa natural. Nesse sentido:

> Com os modelos mistos, almeja-se obter o melhor de cada modelo. De uma perspectiva, a facilidade e segurança jurídica decorrente do modelo de heterorresponsabilidade, com sua pretensa capacidade de transferir à empresa, por meio da aplicação da sanção pertinente, a totalidade dos custos sociais decorrentes da ação delitiva. De outra, o estímulo às melhorias organizacionais nas empresas, inclusive com mecanismos de incentivo às denúncias e reparações por fatos que já ocorreram ou têm sua ocorrência em curso, na medida em que importam na possibilidade de absolvição ou de mitigação da pena. [...] Não se pode perder de vista que, ainda que a ação da pessoa jurídica pressuponha uma ação humana inicial, fato é que a pessoa jurídica compõe-se de um agregado de ações humanas, cujo montante muitas vezes é diferente de cada uma das ações naturais isoladamente consideradas. Não se trata de mera soma, mas de relação sinérgica de vários comportamentos humanos que redundarão num resultado diferente do que a soma dos resultados individualmente considerados. Daí por que os modelos mistos de responsabilidade penal da pessoa jurídica, inclusive com a não exclusão da possibilidade de imputação às pessoas físicas dos fatos individualmente atribuíveis, são os mais eficazes no sentido de exercer o controle social da criminalidade econômica no seio da empresa, pois contemplam todas as opções político-criminais para ação do Estado. Permite-se a responsabilidade penal da pessoa jurídica por transferência, desde que esteja presente o requisito de culpabilidade consistente no defeito de organização da corporação. Quando não há possibilidade jurídica de imputar-se o fato a uma pessoa natural, ainda assim remanesce a possibilidade de imputá-lo ao ente coletivo, desde que sua organização interna não tenha sido implementada de forma apta e necessária a prevenir eventos delituosos. Tudo isso sem excluir a possibilidade de responsabilização pessoal dos agentes que perpetraram o delito. Busca-se, com isso, dar incentivo real à adoção de medidas internas de controle e prevenção às empresas, criando um ambiente de cooperação pelo bem dos rumos da empresa, na medida em que sua culpabilidade será aferida e considerada em cada caso concreto.[367]

---

[367] SARCEDO, Leandro. *Compliance e responsabilidade penal jurídica*: construção de um novo modelo de imputação baseado na culpabilidade corporativa. São Paulo: LiberArs, 2016. p. 109-110.

4.2 A importância do estudo da responsabilidade penal por omissão imprópria: a experiência do *compliance officer*

A responsabilidade penal por omissão parece ser outro ponto apto a revelar a autonomia da Teoria Jurídica de Direito Penal Econômico, a partir da relação simbiótica desta com o *compliance*. Para demonstração dessa perspectiva, a pesquisa propõe, neste ponto, o estudo da responsabilidade penal por omissão, da figura e função do *compliance officer* e como tais ideias se inter-relacionam, formatando mais um exemplo da operacionalização dos fenômenos pesquisados e da confirmação de tal autonomia.

Pois bem. Tanto a ação quanto a omissão são posturas, por assim dizer, capazes de caracterizar a conduta penalmente típica.[368] Em outras palavras, tanto uma postura positiva do agente que gere risco ou dano ao bem jurídico tutelado pela norma penal criminalizadora quanto seu estar negativo que também contribua nesse sentido podem caracterizar a infração penal. Assim, embora, no plano fático, prático, ôntico ou do ser das coisas a ação e a omissão se apresentem de forma distinta (postura positiva *versus* postura negativa), inclusive podendo sofrer impressões de ordem moral e social diferentes. No plano jurídico, ambas podem resultar na configuração da mesma conduta típica. Porém, ainda assim, embora os resultados da apreciação jurídica possam ser

---

[368] Para Aníbal Bruno: "O comportamento humano que constitui a ação pode manifestar-se por uma atitude positiva, um fazer do agente, ação em sentido estrito, ou por uma atitude negativa, um não fazer, que é a omissão. Ação é, assim, um termo genérico, que compreende as duas formas possíveis do comportamento do agente". (BRUNO, Aníbal. *Direito penal, parte geral, tomo I*: introdução, norma penal, fato punível. 5. ed. rev. e atual. por Raphael Cirigliano Filho. Rio de Janeiro: Forense, 2003. p. 190). Também vale citar o texto de Humberto Fabretti e Gianpaolo Smanio: "A conduta (ou ação) manifesta-se em duas formas básicas de comportamento humano: a comissão (ação em sentido estrito) e a omissão. A comissão (ação em sentido estrito) aparecerá quando o sujeito pratica um ato, faz alguma coisa, age, atua positivamente, como quando dispara uma arma, subtrai determinada mercadoria ou desfere um soco em alguém. A omissão, por sua vez, surgirá quando o sujeito deixa de praticar um ato, não faz alguma coisa que deveria fazer, atua negativamente, como quando deixa de socorrer alguém em perigo, não declara valores que recebeu para não pagar impostos etc. Dentro da teoria do crime, a comissão (ação em sentido estrito) e omissão sempre terão um caráter normativo, ou seja, para sabermos se alguém praticou uma ação ou uma omissão penalmente relevante, é necessário analisar este comportamento humano à luz do que dispõe lei penal. Por isso diz-se que as normas penais incriminam tanto ações quanto omissões. As normas penais que incriminam ações são chamadas de proibitivas e as que incriminam omissões são chamadas de imperativas ou preceptivas". (FABRETTI, Humberto Barrionuevo; SMANIO, Gianpaolo Poggio. *Direito penal*: parte geral, versão eletrônica. São Paulo: Atlas, 2019. item 8.2).

os mesmos ao final (caracterização da infração penal), os pressupostos de configuração de uma e outra situação são juridicamente diferentes. Como sinaliza Heloisa Estellita:

> A omissão é uma das formas de realização da conduta típica. O art. 13, caput, do Código Penal Brasileiro (CPB) prescreve que a imputação do resultado será feita àquele que lhe deu causa, por ação ou omissão. Se no campo fenomenológico ou ôntico, ação e omissão diferem, no campo das valorações político-criminais, ou seja, normativo, é possível encontrar um denominador comum entra as duas formas de realização da conduta típica, ambas são formas de ofender o bem jurídico tutelado. Em uma delas, há a criação do risco por meio de um movimento corporal; na outra há um dever de atuar como meio de proteção de bens jurídicos ameaçados e o desatendimento a esse dever por meio da falta de prática da ação legalmente devida. [...] Se no campo da valoração, as formas de realização da conduta típica podem ser acolhidas por um mesmo juízo de reprovação, há diferenças quanto aos pressupostos da punibilidade da conduta comissiva e da omissiva, tanto na estrutura do tipo objetivo, como no âmbito da antijuridicidade e da culpabilidade.[369]

Aníbal Bruno bem detalha os contornos da omissão, que pode ter consequências para a lei penal:

> A omissão admite um conceito que sustente a sua posição dentro da fórmula geral da ação em sentido amplo, gênero do qual é uma espécie. Como a ação em sentido estrito, ela é um comportamento voluntário, manifestação exterior da vontade do omitente, que, embora não se realize com a materialidade de um movimento corpóreo, não deixa de ser uma realidade, que percebemos com a evidência de um acontecer objetivamente realizado. Este é o elemento naturalista da omissão. Mas esse comportamento, que consiste em um não fazer, não revela espontaneamente o seu conteúdo. Este é o não cumprimento da ação devida, isto é, da ação que teremos de caracterizar, não como uma ação qualquer, mas como a ação determinada que, nas circunstâncias, era de se esperar do agente. Assim, o elemento naturalista de voluntário comportamento negativo do agente se completa pelo elemento normativo da ação que era de se esperar, da ação devida, o que importa, não no juízo de alguém, mas no contraste real e efetivo entre esse comportamento e uma norma. [...] A omissão relevante para o Direito Penal é a que consiste em omitir o cumprimento de um dever jurídico.

---

[369] ESTELLITA, Heloisa. *Responsabilidade penal de dirigentes de empresas por omissão*: estudo sobre a responsabilidade omissiva imprópria de dirigentes de sociedades anônimas, limitadas e encarregados de cumprimento por crimes praticados por membros de empresa. São Paulo: Marcial Pons, 2017. p. 77.

O agente deixa de praticar a ação que lhe impunha o Direito, seja que desobedeça a um comando da lei, seja que deixe de exercitar a atividade a que, nas circunstâncias, estava obrigado, para evitar um resultado que a lei proíbe.[370]

A omissão do agente também é, portanto, penalmente relevante. Na lei brasileira, integra o conceito de causa, conforme *caput* do art. 13 do Código Penal: "Art. 13 – O resultado, de que depende a existência do crime, somente é imputável a quem lhe deu causa. Considera-se causa a ação ou omissão sem a qual o resultado não teria ocorrido". Assim, como dito anteriormente, mediante uma postura negativa ou um não fazer fático, é possível dar causa ao risco ou ao dano ao bem jurídico tutelado, que perfazem a infração penal. Existiu uma situação de fato e algo não foi feito, de modo que tal abstenção gerou o risco ou o dano ao bem, a depender da situação e da figura típica. Esse fenômeno se manifesta de duas formas.

Há a chamada omissão própria ou pura, em que o agente, em postura negativa ou de abstenção, descumpre norma legal. A abstenção em si considerada é tipificada como infração penal, por implicar o descumprimento de norma legal mandamental.[371] São figuras típicas destinadas a todos, sem distinção, que podem ser sujeitos ativos das infrações respectivas. A omissão é penalmente relevante, neste primeiro caso, porque a norma penal elege a abstenção, em si, como elemento do tipo. É nisso que está, objetivamente, a relevância causal entre o não fazer e a figura típica. Exemplos clássicos dessa ideia são os crimes de omissão de socorro (art. 135, CP), de sonegação fiscal na sua modalidade omissiva, em que o agente omite informação (art. 1º, Lei nº 4.729/1965), e o crime de omissão de socorro praticado pelo condutor de veículo automotor (art. 304, Código de Trânsito Brasileiro).

---

[370] BRUNO, Aníbal. *Direito penal, parte geral, tomo I*: introdução, norma penal, fato punível. 5. ed. rev. e atual. por Raphael Cirigliano Filho. Rio de Janeiro: Forense, 2003. p. 193-194.

[371] "Os *crimes omissivos próprios* ou puros, enfatizando, consistem numa desobediência a uma *norma mandamental*, norma esta que determina a prática de uma conduta, que não é realizada. Há, portanto, a *omissão de um dever de agir* imposto normativamente, quando possível cumpri-lo, sem risco pessoal". (BITENCOURT, Cezar Roberto. *Tratado de direito penal*: parte geral. 21. ed. rev. ampl. e atual. São Paulo: Saraiva, 2015. v. 1, p. 309); "Existem os crimes omissivos, que são aqueles que exigem para sua ocorrência o descumprimento da ordem legal, ou seja, que o sujeito pratique uma conduta negativa, não faça aquilo que a lei manda, não atue, não aja, como ocorre, por exemplo, com a omissão de socorro, omissão de notificação de doença compulsória, sonegação fiscal etc.". (FABRETTI, Humberto Barrionuevo; SMANIO, Gianpaolo Poggio. *Direito penal*: parte geral, versão eletrônica. São Paulo: Atlas, 2019. item 8.2).

Diferentemente, há a chamada omissão imprópria ou impura, ou como também é reconhecido o fenômeno, os chamados crimes comissivos por omissão. Esta segunda modalidade interessa especialmente à presente pesquisa e este ponto.

Nessa segunda forma de omissão penalmente relevante, não há a identificação da abstenção em si como conduta típica. Em termos normativos práticos, a conduta omissiva não está delimitada como elemento do tipo penal. Porém, há o reconhecimento, em termos legais, de que determinado grupo de agentes possui uma especial condição que gera o dever de agir e de evitar o resultado (risco ou dano). Tem o agente, em razão de sua posição legal, portanto, a especial obrigação apta a evitar o resultado típico. Essa posição especial, associada à situação concreta, que o difere dos demais sujeitos, é a chamada posição de garantidor ou de garante. Uma especial posição que coloca o agente na expectativa legal de garantidor do bem jurídico tutelado. Alguém de quem, por expectativa legal, se espera a defesa e proteção do bem jurídico e cuja omissão, portanto, resulta no risco ou dano a esse mesmo bem, sendo, por isso, penalmente relevante.

Como sinaliza Cézar Bittencourt:

> Esses sujeitos relacionados assim de maneira especial, com determinados interesses jurídicos, são chamados de *garantidores*, que, segundo Sauer, devem prevenir, ajudar, instruir, defender e proteger o bem tutelado ameaçado. São a *garantia* de que um resultado lesivo não ocorrerá, pondo em risco ou lesando um interesse jurídico tutelado pelo Direito.[372]

Ou, ainda, como colocam Eugênio Pacelli e André Callegari: "Aquelas pessoas que, por uma razão ou outra, têm o dever, a responsabilidade, de evitar o resultado".[373] [374]

Verificado que o sujeito gozava dessa posição e demonstrada sua omissão em não executar a especial obrigação apta a evitar o resultado típico, esse não fazer passa a ser considerado penalmente relevante. Alguns exemplos podem ajudar a compreender essa ideia: (i) "Padrasto

---

[372] BITENCOURT, Cezar Roberto. *Tratado de direito penal*: parte geral. 21. ed. rev. ampl. e atual. São Paulo: Saraiva, 2015. v. 1, p. 311.

[373] PACELLI, Eugênio; CALLEGARI, André. *Manual de direito penal*: parte geral. 2. ed. rev. e atual. versão eletrônica. São Paulo: Atlas, 2016. Título III, item VI, 3.2.2.

[374] Segundo Eugênio Zaffaroni, a definição teórico-jurídica da posição de garante teve por objetivo "eludir la enorme amplitud prohibitiva resultante de cualquier *no evitación* pudiese ser típica". (ZAFFARONI, Eugenio Raúl. *Derecho penal*: parte general. 2. ed. Buenos Aires: Sociedad Anónima Editora, 2002. p. 410).

estuprou a enteada menor de 14 anos. A mãe da menina sabia da referida situação, contudo, nada fez para impedir que o ato fosse praticado. A mãe, que tem a posição de garante, tem o dever de proteger sua filha";[375] (ii) "Segurança do supermercado que vê o agente furtando e nada faz para impedi-lo. O segurança está na posição de garante e tem o dever de proteger aquele estabelecimento;"[376] (iii) "Caso de um pai ou mãe que deixam de alimentar seu filho menor até a morte";[377] ou (iv) Do médico que não dá atenção devida ao seu paciente que vai a óbito.[378]

Definida o que é essa ideia de assunção de uma posição especial pelo agente ou por um grupo de agentes, resta, como ponto de partida, saber quais critérios dogmáticos estão aptos a colocá-los em tal condição ou posição, de modo que essa norma condicionante (critérios) venha (venham) a somar à norma incriminadora na definição da conduta típica. Isto é, na omissão imprópria, há a aplicabilidade concreta de duas normas penais: a que define a infração penal e a que atribui ao agente a especial condição de garante do bem jurídico afetado pelo resultado. No Brasil, essa segunda norma penal, bem como a expressão dogmática (critérios) da posição de garante, são extraídas do art. 13º, §2º, do Código Penal. São as "fontes" da lei brasileira da posição de garantidor.[379]

Diz o dispositivo que:

> §2º – A omissão é penalmente relevante quando o omitente devia e podia agir para evitar o resultado. O dever de agir incumbe a quem:

---

[375] CAPEZ, Fernando. *Curso de direito penal*: parte geral, arts. 1º a 120, versão eletrônica. São Paulo: Saraiva, 2019. item 15.2.1.6.1.3.2.
[376] CAPEZ, Fernando. *Curso de direito penal*: parte geral, arts. 1º a 120, versão eletrônica. São Paulo: Saraiva, 2019. item 15.2.1.6.1.3.2.
[377] FABRETTI, Humberto Barrionuevo; SMANIO, Gianpaolo Poggio. *Direito penal*: parte geral, versão eletrônica. São Paulo: Atlas, 2019. item 8.2.
[378] FABRETTI, Humberto Barrionuevo; SMANIO, Gianpaolo Poggio. *Direito penal*: parte geral, versão eletrônica. São Paulo: Atlas, 2019. item 8.2.388 (BITENCOURT, Cezar Roberto. *Tratado de direito penal*: parte geral. 21. ed. rev. ampl. e atual. São Paulo: Saraiva, 2015. v. 1, p. 313).
[379] BITENCOURT, Cezar Roberto. *Tratado de direito penal*: parte geral. 21. ed. rev. ampl. e atual. São Paulo: Saraiva, 2015. v. 1, p. 312. No mesmo sentido: "No Brasil, o art. 13 do CPB, incluído pela reforma da Parte Geral de 1984, especialmente em seu caput e §2.º, afirma que a omissão pode ser causa de um resultado e que será relevante 'quando o omitente devia e podia agir para evitar o resultado'. Nas alíneas do §2º, estabelece os critérios para a determinação dos portadores do dever de agir para evitar o resultado, conhecidos na doutrina como garantidores, sendo aqueles que (a) tenham por lei obrigação de cuidado, proteção ou vigilância (dever legal); (b) de outra forma, assumiram a responsabilidade de impedir o resultado (assunção); ou os que (c) com seu comportamento anterior, criaram o risco da ocorrência do resultado (ingerência)". (ESTELLITA, Heloisa. *Responsabilidade penal de dirigentes de empresas por omissão*: estudo sobre a responsabilidade omissiva imprópria de dirigentes de sociedades anônimas, limitadas e encarregados de cumprimento por crimes praticados por membros de empresa. São Paulo: Marcial Pons, 2017. p. 80).

a) tenha por lei obrigação de cuidado, proteção ou vigilância; b) de outra forma, assumiu a responsabilidade de impedir o resultado; c) com seu comportamento anterior, criou o risco da ocorrência do resultado.

Assim, para os contornos necessários do princípio da legalidade no País, a posição de garantidor decorre da presença concreta de quaisquer das situações descritas nas alíneas *a*, *b* e *c*.

Parece oportuno, neste ponto, e sem a pretensão de esgotar o tema, tecer algumas considerações sobre tais hipóteses de *dever agir* do §2º do art. 13.

A primeira delas é do agente que "tenha por lei obrigação de cuidado, proteção ou vigilância" (art. 13, §2º, *a*, CP). É um dever

que aparece numa série de situações, como, por exemplo, o *dever de assistência* que se devem mutuamente os cônjuges, que devem os pais aos filhos, e assim por diante. Há também um *dever legal* daquelas pessoas que exercem determinadas atividades, as quais têm implícita a *obrigação de cuidado*, proteção ou *vigilância* ao bem alheio, como, por exemplo, policial, médico, bombeiro, etc.[380]

Justamente por ser um dever legal, pode este estar em lei penal ou, como ocorre na maioria das vezes, ser extraído de texto normativo de regime não penal, mas mais condizente com a disciplina da situação concreta. Como explica Heloísa Estellita, porém, não basta a simples relação formal de fontes ou a extração de ideias formais de normas extrapenais, mas a identificação concreta, pautada em fundamento material penal, de que existia o dever legal.[381]

---

[380] BITENCOURT, Cezar Roberto. *Tratado de direito penal*: parte geral. 21. ed. rev. ampl. e atual. São Paulo: S araiva, 2015. v. 1, p. 312-313.

[381] "A redação da alínea a, reportando-se a um dever de agir oriundo de um dever legal de cuidado, proteção ou vigilância poderia sugerir uma vinculação à teoria das fontes formais do dever de garantidor, segundo o qual o dever de agir para evitar o resultado teria como fundamento suficiente uma norma extrapenal, oriunda do setor mais apropriado a cuidar da situação de perigo ou desamparo do bem jurídico tutelado pela norma penal incriminadora. [...] A teoria dos deveres formais foi abandonada pela doutrina majoritária por diversas razões. Seu defeito central era a falta de um critério material propriamente penal que pudesse explicar e legitimar a aplicação da mesma resposta penal a duas condutas diversas ou, colocado de outra forma, a aplicação da sanção penal baseada tão somente na violação de um dever extrapenal, desafiando, assim, não só o princípio da legalidade – que exige que o conteúdo da proibição seja estabelecido ao menos fundamentalmente em lei penal –, como o da igualdade ou proporcionalidade, que demanda desvalor equivalente para a imposição de uma resposta sancionadora idêntica. Ademais, essa teoria não recepcionava a posição de garantidor por ingerência, já que esta não se encontrava prevista em nenhum dever extrapenal especial. Por fim, representava uma indevida dependência

É um dever

que aparece numa série de situações, como, por exemplo, o *dever de assistência* que se devem mutuamente os cônjuges, que devem os pais aos filhos, e assim por diante. Há também um *dever legal* daquelas pessoas que exercem determinadas atividades, as quais têm implícita a *obrigação de cuidado*, proteção ou *vigilância* ao bem alheio, como, por exemplo, policial, médico, bombeiro etc.[382]

A segunda situação legal que revela a posição de garante é a do agente que "de outra forma, assumiu a responsabilidade de impedir o resultado" (art. 13, §2º, *b*, CP), o que por muito tempo se convencionou chamar de "dever contratual".[383] Nesta, portanto, o dever especial de agir não decorre de uma imposição legal que reveste juridicamente a situação fática que o agente se encontra, mas sim de seu posicionamento voluntário em assumir sua condição de garantidor ou protetor do bem jurídico tutelado. O agente se coloca voluntariamente na posição de garantidor, ainda que isso seja uma condição temporária, período durante o qual a omissão poderá ser penalmente relevante, como no exemplo mais simples em que a vizinha combina com a mãe que cuidará de sua

---

do pensamento penal relativamente ao pensamento civilista, cuja independência evidenciou que a violação de um dever penal e a equivalência entre agir e omitir deveriam ser estabelecidas a partir de pontos de vista penais, dadas as diversas consequências atribuídas à infração das suas normas [...] A resposta a esses defeitos foi a busca por critérios propriamente penais, materialmente fundados, que dessem conta de um preenchimento autenticamente penal dos critérios para a equiparação, como a substituição do critério da 'lei' pelas relações naturais, comunidades de vida concretas etc.; da categoria da fonte formal do 'contrato' pela 'assunção do fato' de atividades de proteção e socorro etc. Como dito, incontáveis são as propostas, a ponto de ser praticamente impossível descrever o estado atual da questão; porém, o denominador comum entre elas é a convicção de que a mera existência do dever extrapenal não é fundamento para a responsabilidade penal, sendo necessária uma fundamentação material". (ESTELLITA, Heloisa. *Responsabilidade penal de dirigentes de empresas por omissão*: estudo sobre a responsabilidade omissiva imprópria de dirigentes de sociedades anônimas, limitadas e encarregados de cumprimento por crimes praticados por membros de empresa. São Paulo: Marcial Pons, 2017. p. 81-83).

[382] BITENCOURT, Cezar Roberto. *Tratado de direito penal*: parte geral. 21. ed. rev. ampl. e atual. São Paulo: Saraiva, 2015. v. 1, p. 312-313.

[383] "Durante muito tempo se falou em *dever contratual*. Ocorre, porém, que o *contrato* não esgota todas as possibilidades de assunção de responsabilidades. Pode não existir contrato e o sujeito ter *de fato* assumido uma determinada responsabilidade para com outrem. Por outro lado, pode existir contrato e esse contrato não ser válido, o que equivale *à sua inexistência*. O debate sobre esses aspectos poderia arrastar-se indefinidamente, questionando a existência, inexistência ou validade da obrigação assumida, praticamente anulando eventuais efeitos que pudessem ser alcançados pelo Direito Penal". (BITENCOURT, Cezar Roberto. *Tratado de direito penal*: parte geral. 21. ed. rev. ampl. e atual. São Paulo: Saraiva, 2015. v. 1, p. 313).

filha, enquanto aquela está ausente. Durante o período que a criança está sob sua vigilância, ela está na posição de garante.[384] Ou no caso de seguranças contratados temporariamente para trabalhar em evento festivo, período durante o qual também podem ser considerados garantes.

O conteúdo da alínea *b* parece estar, portanto, na avaliação material concreta da legítima expectativa de proteção ao bem que o agente voluntariamente assumiu. Sua omissão é relevante se, concretamente, dele se esperava um comportamento positivo de proteção ao bem, porque foi ele mesmo que se colocou nessa posição. Sua atitude voluntária negativa de nada fazer na situação rompe com a expectativa gerada, indicando o liame causal omissivo com o resultado.

Por fim, nos termos do art. 13, §2º, *c*, CP, também será garante o agente que "com seu comportamento anterior, criou o risco da ocorrência do resultado". Aqui, o agente, mediante postura anterior, gerou um risco a determinado bem jurídico tutelado ou potencializou um risco já existente. Verificada essa primeira etapa de certa colaboração do agente com o risco para o bem, ele passa a figurar na condição de garante, com a incumbência de impedir que o risco criado ou agravado por ele resulte em efetivo dano ao bem. Caso não cumpra com tal desiderato, caracterizando sua postura negativa, sua omissão, em relação a esse risco e decorrente resultado, pode ser considerada penalmente relevante.[385]

Imagine-se o exemplo em que o filho, sabendo da condição idosa e debilitada de seu pai, o deixa sozinho, apenas com um telefone celular e sem cuidados em casa por longo período, para ir a uma festa. Na sequência, esse idoso vem a passar mal, carecendo de assistência imediata. Pede então socorro ao filho, enviando uma mensagem pelo aplicativo WhatsApp. Caso o filho visualize e ignore a mensagem, e isso resulte no falecimento do pai, parece que a omissão do filho seria penalmente relevante. Agravou conscientemente o risco e omitiu-se em impedir o resultado, quando devia e podia fazê-lo.[386]

---

[384] BITENCOURT, Cezar Roberto. *Tratado de direito penal*: parte geral. 21. ed. rev. ampl. e atual. São Paulo: Saraiva, 2015. v. 1, p. 313.

[385] "O sujeito coloca em andamento, com a sua atividade anterior, *um processo* que chamaríamos *de risco*, ou, então, com seu comportamento, *agrava um processo já existente*. Não importa que o tenha feito voluntária ou involuntariamente, dolosa ou culposamente; importa é que com sua ação ou omissão originou uma *situação de risco* ou agravou uma situação que já existia. Em virtude desse comportamento anterior, surge-lhe a *obrigação de impedir* que essa *situação de perigo* evolua para uma *situação de dano efetivo*, isto é, que venha realmente ocorrer um resultado lesivo ao bem jurídico tutelado". (BITENCOURT, Cezar Roberto. *Tratado de direito penal*: parte geral. 21. ed. rev. ampl. e atual. São Paulo: Saraiva, 2015. v. 1, p. 314).

[386] Cézar Bitencourt traz outro exemplo elucidativo: "O sujeito, imprevidentemente, coloca um vidro de remédio ao alcance de uma criança que mora no local, que apanha o frasco,

Mas esse "dever de agir" não basta. Como pontua Cézar Bittencourt, a ele são somados o "poder de agir" e "a evitabilidade do resultado":

> A doutrina criou uma série de condições ou hipóteses que poderia ser consideradas *as fontes* do dever de evitar o resultado. No Código de 1940, nos encontrávamos nessa situação, na qual a figura do *garantidor* era simples produto da elaboração doutrinária, não havendo nenhuma norma legal que permitisse identificá-lo. A *Reforma Penal* de 1984, finalmente, regulou expressamente – quando tratou da relação de causalidade – as hipóteses em que o *agente assume a condição de garante*. [Na sequência explica os pressupostos] a) *Poder de agir*: o *poder de agir* é um pressuposto básico de todo comportamento humano. Também na omissão, evidentemente é necessário que o sujeito tenha a *possibilidade física* de agir, para que se possa afirmar que *não agiu voluntariamente*. É insuficiente, pois, o *dever de agir*. [...] b) *Evitabilidade do resultado*: mas, ainda que o omitente tivesse a possibilidade de agir, fazendo-se um *juízo hipotético de eliminação* – seria um juízo hipotético de acréscimo –, imaginando-se que a conduta devida foi realizada, precisamos verificar se o resultado teria ocorrido ou não. Ora, se a realização da *conduta devida* impede o resultado, considera-se a sua omissão *causa* desse resultado. No entanto, se a realização da conduta devida não impediria a ocorrência do resultado, que, a despeito da ação do agente, ainda assim se verificasse, deve-se se concluir que a omissão não deu 'causa' a tal resultado. E a ausência dessa *relação de causalidade*, ou melhor, no caso, *relação de não impedimento*, desautoriza que se atribua o resultado ao omitente, sob pena de consagrar-se uma odiosa *responsabilidade objetiva* [...]. c) *Dever de impedir o resultado*: mas, se o agente podia agir e se o resultado desapareceria com a conduta omitida, ainda assim não se pode *imputar* o resultado ao sujeito que se absteve. É necessária uma *terceira condição*, ou seja, é preciso que o sujeito tivesse o *dever de evitar o resultado*, isto é, o *especial dever* de impedi-lo ou, em outros termos, que ele fosse *garantidor* da sua não ocorrência.[387]

A esses três pressupostos de relevância penal da omissão imprópria, por assim dizer, e à sua própria legalidade (sustentada no Brasil com a caracterização concreta das hipóteses legais do art. 13, §2º), parece

---

toma o medicamento e passa mal. O sujeito percebe o que está ocorrendo e não a socorre. Consequentemente, se omite de uma obrigação que lhe incumbe, em virtude de, com a *conduta anterior*, ter criado a situação de perigo. E em decorrência de sua *omissão* a criança morre. Nesse caso, há um *crime comisso por omissão* (omissivo impróprio)". (BITENCOURT, Cezar Roberto. *Tratado de direito penal*: parte geral. 21. ed. rev. ampl. e atual. São Paulo: Saraiva, 2015. v. 1, p. 315).

[387] BITENCOURT, Cezar Roberto. *Tratado de direito penal*: parte geral. 21. ed. rev. ampl. e atual. São Paulo: Saraiva, 2015. v. 1, p. 311-312.

que deve ser agregada a igualdade material, inclusive, e de certa forma, explicando o racional dessas próprias hipóteses do art. 13. Considerando que no atual regime não há distinção, preliminar e em abstrato, de sanção penal para ação e omissão imprópria (de forma abstrata, sem ignorar a possibilidade de calibração concreta com base no art. 59, CP), indicando que ação e omissão, se penalmente relevantes, partem do mesmo patamar sancionatório. A omissão, para ser um relevante penal parece ter que ser aquela com igual gravidade à conduta positiva que leva à tipificação por um critério de isonomia lógico. Explica Heloísa Estellita:

> Partindo já do direito positivo brasileiro, duas exigências constitucionais fundamentam a necessidade de uma alavancagem material da posição de garantidor nos crimes omissivos impróprios: os princípios da legalidade e o da igualdade. O primeiro, no seu conteúdo mínimo, estabelece que não há responsabilidade penal sem lei (art. 5º, XXXIX, CFB). Se é assim, normas extrapenais não podem constituir por si e originalmente hipóteses de responsabilidade penal. O fundamento da posição de garantidor, embora tenha de ser legal, não terá a sua origem em normas extrapenais, mas em normas penais que fundamentem o dever especial de agir para evitar o resultado que incumbe ao garantidor. A punibilidade da violação desse dever especial deverá atender ao princípio da legalidade penal, ou seja, estar definida como crime, o que é feito mediante a combinação entre um tipo legal de crime e a norma do art. 13, §2º, CP, formando, assim, a norma incriminadora omissiva imprópria. Isso não basta, porém. É essencial a adição do fundamento material, exigência que decorre do princípio da igualdade, que tem, como conteúdo mínimo, o tratamento igualitário perante a lei (art. 5º, caput, CFB). Em matéria penal, implica exigir que, no mínimo, condutas que recebem a mesma sanção penal tenham a mesma gravidade (desvalor). Como o art. 13, §2º, imputa ao autor da omissão imprópria a mesma pena do autor da comissão, é necessário que a gravidade de suas condutas seja equivalente.[388]

Nesse sentido, considerando mencionada ideia de evitabilidade concreta do resultado, a omissão imprópria, para ser penalmente relevante, parece dever ser aquela que guarda correspondência isonômica com a postura positiva penalmente relevante.

---

[388] ESTELLITA, Heloísa. *Responsabilidade penal de dirigentes de empresas por omissão*: estudo sobre a responsabilidade omissiva imprópria de dirigentes de sociedades anônimas, limitadas e encarregados de cumprimento por crimes praticados por membros de empresa. São Paulo: Marcial Pons, 2017. p. 84-85.

Em outras palavras, a omissão imprópria, para ser um relevante penal, precisa ter o mesmo potencial decisivo que a ação positiva tem na produção do resultado. Assim, a omissão como relevante causal penal parece ser aquela que tem a mesma potencialidade lesiva que a postura comissiva tem, também enquanto causa.

Em exemplo que parece simplificar o raciocínio, seria de todo incoerente do ponto de vista dogmático, *a priori* e no pensamento abstrato, entender que a subtração de um pedaço de carne para consumo próprio no supermercado (comissão) não seria penalmente relevante pela aplicação do princípio da insignificância (atipicidade material) e entender que o segurança da mesma loja, que se omitiu em não abordar a pessoa, teria sua postura omissiva considerada como relevante.

Era de se esperar que essa equiparação material da potencialidade lesiva entre condutas positivas e negativas, que materializa o princípio da igualdade material, não fosse simples ou apresentasse critérios estanques ou definitivos. O que se verifica são várias propostas nesse sentido, de modo que seria de todo pretencioso tentar esgotá-las no escopo desta pesquisa. Porém, a prezar pela objetividade, como aponta Heloísa Estellita, duas correntes mais claras sobre os parâmetros que justificam a equiparação de relevância estão entre a conduta ativa e a conduta omissiva: (i) a primeira, fundamentada no domínio ou controle sobre aquilo que gera o resultado lesivo (desenvolvida originalmente por Bernd Schünemann); e (ii) a segunda, pautada na distribuição de atribuições institucionais e organizativas (desenvolvida originalmente por Günther Jakobs).[389]

A corrente atrelada ao domínio sobre o que gera o resultado lesivo define que a relevância penal da omissão imprópria está na verificação concreta do domínio real – e não meramente hipotética – do agente sobre a causa ou o fundamento do resultado, o que se daria em dois grandes grupos de casos:

---

[389] "Assim, ao lado da necessidade de previsão do tipo penal de crime, que é exigência do princípio da legalidade, é ainda necessária uma fundamentação material para a equiparação da resposta penal comissiva à omissiva. Há inúmeras propostas quanto a essa fundamentação, mas que podem ser agrupadas ou sintetizadas, fundamentalmente, em duas grandes correntes: a que se baseia no domínio ou controle sobre o fundamento do resultado e a que se funda em competências organizativas e institucionais". (ESTELLITA, Heloisa. *Responsabilidade penal de dirigentes de empresas por omissão*: estudo sobre a responsabilidade omissiva imprópria de dirigentes de sociedades anônimas, limitadas e encarregados de cumprimento por crimes praticados por membros de empresa. São Paulo: Marcial Pons, 2017. p. 88).

Naqueles nos quais o agente exerce domínio sobre o desamparo de um bem jurídico, em virtude do qual a posição de garantidor gera deveres de salvação; e naqueles nos quais o agente exerce domínio sobre uma causa (coisa ou pessoa) essencial do resultado, caso em que o garantidor tem deveres de asseguramento.[390]

Assim, o grande mérito desse critério parece ser a identificação de que apenas a fonte formal da posição de garante (penal ou extrapenal) é insuficiente para justificar a relevância da omissão. Só é relevante a omissão que estiver no mesmo grau de desvalor da conduta comissiva que gera o mesmo resultado. Essa gradação é identificada pela leitura concreta e casuística do domínio real do agente, nos termos anteriormente apresentados.[391]

Por sua vez, a corrente pautada na distribuição das atribuições organizativas e institucionais tem base puramente normativa e fundamenta a relevância penal das condutas comissivas e também omissivas. Quanto à omissão, em relação às atribuições organizativas, são identificadas esferas de organização ou de âmbito de vida das pessoas, gerando a expectativa de não ingerência nas esferas alheias. As omissões relevantes seriam aquelas representadas pelo fato de o agente não ser capaz de conter os riscos gerados na sua esfera, a ponto de produzir resultados danosos nas esferas alheias. Já em relação à responsabilidade institucional por omissão, esta é derivada da inobservância de deveres positivos previstos juridicamente nas principais instituições da sociedade (*v.g.* casamento, poder familiar, deveres administrativos de funcionários públicos etc.).[392]

---

[390] Detalha Heloísa Estellita: "São casos de domínio sobre o desamparo do bem jurídico os dos garantidores por vinculação natural, por relações de comunidade de vida, comunidades de perigo e por assunção da função de guarda sobre um bem jurídico desamparado. São casos de domínio sobre uma causa essencial do resultado os dos garantidores por responsabilidade sobre fontes de perigo (coisas) e por responsabilidade sobre o atuar alheio (pessoas)". ESTELLITA, Heloísa. *Responsabilidade penal de dirigentes de empresas por omissão*: estudo sobre a responsabilidade omissiva imprópria de dirigentes de sociedades anônimas, limitadas e encarregados de cumprimento por crimes praticados por membros de empresa. São Paulo: Marcial Pons, 2017. p. 88-90.

[391] ESTELLITA, Heloísa. *Responsabilidade penal de dirigentes de empresas por omissão*: estudo sobre a responsabilidade omissiva imprópria de dirigentes de sociedades anônimas, limitadas e encarregados de cumprimento por crimes praticados por membros de empresa. São Paulo: Marcial Pons, 2017. p. 88-90.

[392] "O critério de fundamentação da posição de garantidor oferecido originalmente por Jakobs tem base puramente normativa e oferece dois vértices para a fundamentação material das posições de garantidores: a responsabilidade por organização da própria esfera de competência e a responsabilidade institucional. Essas responsabilidades fundamentam não só a punibilidade da omissão, mas também da comissão. Quem organiza sua vida de

Dito isso, cumpre entender, dentre as alternativas dos fundamentos que equiparam a ação da omissão imprópria (depuradas de várias outras), tornando essa última penalmente relevante, qual seria a mais adequada.

Para essa resposta, muitos critérios poderiam ser utilizados, mas parece que o objeto da pesquisa seja o mais confiável ou, ao menos, o com maiores chances de apresentar um resultado confiável. Dito isso, aproximando tudo o estudado com o *compliance,* e considerando que esse se apresenta com elementos de uma realidade eminentemente prática, parece que a identificação da responsabilidade omissiva dos agentes envoltos na tarefa de conformidade passa também por essa característica de identificação empírica e concreta. Assim, parece que no âmbito de atividades de conformidade, a omissão será penalmente relevante – pois isonomicamente equiparável à postura positiva – se ficar demonstrado que, no plano concreto, tinha o agente o domínio real sobre o que gera o resultado lesivo. Entender o contrário seria racionalmente negar o estudado no primeiro capítulo desta obra, bem como a própria natureza das coisas de como a tarefa de conformidade se desenvolve no dia a dia. Citando mais um exemplo, interessante

---

certa maneira, tem o dever de cuidar para que de seu âmbito de competência não advenham efeitos externos danosos a outras esferas de organização (ou seja, no âmbito de vida de outras pessoas), isso vale para o próprio corpo ou para coisas e pessoas no âmbito de competência (influência) do agente. Essa expectativa dos demais cidadãos é derivada do *neminem laedere,* que impõe deveres negativos, ou seja, deveres de não ingerência em esferas jurídicas alheias. Esse âmbito de organização pode ser definido seja por ações – como é o caso da responsabilidade por vulneração de asseguramento relativamente ao próprio aparato físico (o próprio corpo), ou seja, por meio de uma comissão (matar alguém) – seja por omissões, quando houver frustração do dever de asseguramento. Esse dever decorre do uso do agente de meios materiais (objetos e pessoas) que possam causar efeitos externos danosos (*outputs* lesivos) a terceiros – um cachorro bravo, por exemplo. O agente pode interferir em esferas alheias tanto por meio de seu corpo, como por meio do emprego desses meios materiais, do qual decorrem, portanto, deveres de agir para assegurar que perigos derivados desses meios mantenham níveis permitidos, ou, então, se superado esse limiar, que sejam reconduzidos aos níveis permitidos. O descumprimento desse mandado – portanto, uma omissão – também configura responsabilidade penal. [...] A responsabilidade institucional, por seu turno, se dá em âmbitos vitais, 'de um mundo que, idealmente, há de se configurar em parte conjuntamente, ou seja, de altruísmo – ainda que não necessariamente desinteressado. Neste âmbito há, portanto, deveres positivos que geram normas de proibição e normas de mandado e, pois, podem ser violados, seja por meio de ação ou de omissão. Elas afetam apenas pessoas com um *status* especial relacionado a instituições básicas para a existência da sociedade como a dos pais (com relação aos filhos), dos cônjuges entre si, de uma confiança especial (no caso da tutela de patrimônio alheio) e de alguns cargos públicos, como a função policial relativa à segurança pública, à legalidade nas atividades da Administração Pública e na Justiça. Como estas instituições são positivadas no Direito, os deveres não decorrem delas, mas da lei". (ESTELLITA, Heloisa. *Responsabilidade penal de dirigentes de empresas por omissão*: estudo sobre a responsabilidade omissiva imprópria de dirigentes de sociedades anônimas, limitadas e encarregados de cumprimento por crimes praticados por membros de empresa. São Paulo: Marcial Pons, 2017. p. 90-91).

observar como o *compliance* operaciona pontos do Direito Penal Econômico a confirmar a autonomia de sua teoria.

Adere-se, assim, à posição de Heloísa Estellita, que vê no empirismo da teoria do domínio real seu grande ponto favorável na configuração da responsabilidade penal por omissão dos dirigentes:

> O critério do domínio sobre o fundamento do resultado, temperado normativamente, não padece de tais defeitos estruturais, oferecendo respostas mais claras tanto para a pergunta sobre a legitimidade da igualdade da resposta penal, como para aquela relativa à necessária conexão entre desvalor da ação e desvalor do resultado. Assim, se, de um lado, o fundamento normativo das posições de garantidores de vigilância se assenta no binômio liberdade-responsabilidade e das posições de garantidores de proteção em especiais deveres de solidariedade ligados ao desamparo da vítima, em qualquer desses casos é imprescindível uma assunção fática pelo garantidor do compromisso de conter os riscos ou de atuar na proteção do bem jurídico.[393]

Nessa perspectiva, e pautado no estudo até aqui, caso a abstenção em si considerada não seja prevista em tipo penal (omissão própria), a omissão do agente será relevante para o Direito Penal se, cumulativamente, (i) sua abstenção vier a produzir resultado previsto em conduta tipificada como infração penal; (ii) se pudesse agir, na situação concreta, para evitar o resultado, de modo que seu *não fazer* é deliberado ou voluntário; (iii) se a sua conduta positiva, caso feita, teria tido o potencial efetivo de evitar o resultado ou teria sido decisiva ou importante para evitar o resultado; (iv) se, em respeito à legalidade, o agente se enquadra concretamente em quaisquer das situações de dever agir do art. 13, §2º, CP; e (v) se, na perspectiva necessária de igualdade, for possível identificar que, concretamente, o agente tinha o domínio sobre a causa ou o fundamento do resultado, seja porque exerce domínio sobre o desamparo de um bem jurídico, em virtude do qual a posição de garantidor gera deveres de salvação, seja porque exerce domínio sobre uma causa (coisa ou pessoa) essencial do resultado, caso em que o garantidor tem deveres de asseguramento, motivações essas que empiricamente serão capazes de equiparar o desvalor e a potencialidade lesiva da omissão ao desvalor e à potencialidade lesiva da ação.

---

[393] ESTELLITA, Heloisa. *Responsabilidade penal de dirigentes de empresas por omissão*: estudo sobre a responsabilidade omissiva imprópria de dirigentes de sociedades anônimas, limitadas e encarregados de cumprimento por crimes praticados por membros de empresa. São Paulo: Marcial Pons, 2017. p. 94-95

Estabelecidas essas premissas, passa-se ao estudo da figura do *compliance officer*, para então entender se esse está ou não na posição de garante e, estando, quais condições induziriam à sua possível responsabilização penal por omissão. Em outra perspectiva desse raciocínio, passa-se ao estudo de como o *compliance* operacionaliza a responsabilidade penal por omissão, exemplificando mais uma vez a Teoria Jurídica de Direito Penal Econômico autônoma.

Pois bem, a figura do *compliance officer* é fundamental na execução da tarefa de conformidade, dentro do já dito sobre a necessidade e importância de desenvolvimento de um programa de integridade ou de *compliance* enquanto mecanismo por meio do qual todos os principais fundamentos do *compliance* são estruturados. Como dito anteriormente, é por meio do programa de integridade que a organização implementa padrões que são significantes para sua própria existência e sucesso, se autorregulando a partir desses padrões (autorregulação), bem como estabelece e adota os mecanismos que, de forma coerente, contínua e integrada, se retroalimentam em prol da criação e manutenção de um ecossistema virtuoso e próprio da organização em prol da tarefa de conformidade (regulada).

Também como já tratado, dentro dos principais pontos que perfazem esse programa e que vocacionam a organização para um *compliance* real, está a estruturação e a área interna destinada ao desenvolvimento do programa, da tarefa de conformidade e dos mecanismos de *compliance*, em especial sua institucionalização e atualização, direcionamento de comunicação e treinamento, instauração das apurações necessárias, endereçamento da aplicação de sanções, se for o caso, etc. Os *compliance officers* são os profissionais atuantes com essa função na área de *compliance* ou em outros departamentos, caso a área não tenha autonomia estrutural. Assim como o tema do *compliance*, em si, ganha cada vez mais importância, justamente pela necessidade de especialização e dedicação interna em relação à tarefa de conformidade.[394]

---

[394] "*Compliance Officers* rapidamente ganharam importância nos últimos anos, com a preocupação de dirigentes sobre a exposição de suas empresas em termos de riscos legais e regulatórios, devido ao aumento das ameaças legais, multinacionais, agências reguladoras e regulações. Essa nova função surge com o propósito de injetar mais controles proativos no dia a dia das operações de negócios e assegurar que as empresas cumpram com as regras pertinentes. São especialistas em aplicar leis, assim como os profissionais dos tradicionais setores jurídicos, mas se concentram mais na implementação das regras relevantes no dia a dia da empresa, que vão além da lei, dando atenção à ética, políticas internas e responsabilidade social, assim como o interesse dos *stakeholders*, concentrando sua atuação em se certificar que as operações, empregados e mesmo diretoria estão em consonância com as regras. Como se trata de uma função nova, há ainda uma carência na definição de suas

Aprofundando no nível de detalhe, como bem expõe Pedro Dassan em monografia dedicada ao tema, as competências do *compliance officer* se estruturam nos pilares fundamentais da prevenção, da detecção e da informação e estes pilares vão informar todas as três etapas do trabalho do profissional (desenho do programa de *compliance*, sua implementação e controle interno). Acerca disso, diz o autor, inclusive já projetando possíveis responsabilizações jurídicas:

> As competências do *Compliance Officer* estão assentadas em três pilares fundamentais: prevenção, detecção e informação, que vão alicerçar a atuação do *Compliance Officer* ao longo das três etapas do programa de cumprimento: o desenho do programa; a implementação do programa; o controle interno. O desenho do programa, por parte do Oficial de Cumprimento deve, via de regra, ser aprovado pela Administração da empresa e deve satisfazer os estândares de qualidade impostos pela legislação do setor e pelas normas técnicas respectivas. As duas

---

atividades e, desde a década de 1990, esforços são feitos na tentativa de melhor moldar a atuação e definir regras gerais de atividade. [...] Tendo em vista que atualmente, cada vez mais, a existência ou não de um efetivo programa de *compliance* tem tido um papel importante na responsabilidade tanto da própria empresa quanto de seus dirigentes, e que quebras de *compliance* podem resultar em severas consequências negativas na mídia e opinião pública, os conselhos de administração e diretoria têm procurado atribuir as matérias legais e de *compliance* a experts da área, concentrando, assim, suas ações nas decisões estratégicas, planejamento, marketing, vendas e assuntos financeiros, envolvendo-se reativamente em casos de crise". (DASSAN, Pedro Augusto Amaral. A posição de garante no contexto empresarial: contribuindo ao estudo da responsabilidade do *Compliance* Officer. 136f. Dissertação de Mestrado, Universidade de Coimbra, Coimbra, 2017. p. 42-43. Disponível em: https://eg.uc.pt/bitstream/10316/84041/1/Texto_final.pdf 01.02.2020. Acesso em 27 dez. 2020. "*Compliance officers* began to appear in the business world in the early 1970s, but until the mid-1980s the profession of an "ethics officer" did not exist (Trevi no/Nelson 2007: 316). From then on their number has increased constantly. After the first scandals of the 1990s and those at the beginning of the 21st century, many large companies hired these high-level executives particularly because the 1991 Guidelines encouraged organizations to appoint ethics and *compliance* of- ficers and adopt programs. Due to the new laws and regulations with which businesses were faced, the complexity of ethics and *compliance* tasks increased, leading senior management teams to create ethics and *compliance* positions in their corporations. Hence a new "*compliance* profession" emerged (Parker 2000: 339). Appointing an individual to provide strategic and operational leadership within the organization is one of the important elements of an ethics and compli ance program. Even though these individuals have been given many different ti tles, they are in general referred to as ethics and/or *compliance* officers (Weber/ Fortun 2005: 97; Murphy 2002: 710). This title is usually used and understood across business organizations. The major task of an ethics and *compliance* officer is to pull matters such as legal *compliance*, ethical conduct, and corporate social responsibility together for the benefit of the organization. In short, an ethics and *compliance* officer should oversee all aspects of the organizational ethics and *compliance* program; this means that the appointed individual must set standards for appropriate behavior, effectively communicate these standards, and monitor and ensure that all em ployees and senior management follow them". (WULF, Katharina. *Ethics and compliance programs in multinational organizations*. Springer: Berlin, 2011. p. 58).

tarefas principais nessa etapa é a avaliação dos riscos que estão ligados à atividade da empresa e o consequente estabelecimento das políticas e procedimentos internos, os códigos de conduta, códigos éticos, controles organizativos entre outros. Para um apropriado desenho do programa, é imprescindível a atenção ao ordenamento jurídico, tanto com eventuais legislações que ditam a necessidade de se implementar o programa com suas respectivas diretrizes, quanto com as chamadas "big nine" – principais legislações de interesse empresarial. Nesta etapa, a responsabilidade jurídica recai na qualidade do desenho e sua adequação com as exigências normativas. Haverá uma eventual responsabilidade do *Compliance Officer* que propor à administração da empresa um programa inidôneo para os fins de *Compliance* e este programa for aprovado com base no princípio da confiança. Entretanto, esta etapa é mais sensível para a responsabilidade do próprio empresário pelos deveres de garante residuais da delegação por uma eventual má escolha do delegado. A implementação do programa pelo responsável, por sua vez, consiste na realização do programa desenhado, assegurando sua aplicação na organização para proporcionar o devido cumprimento por todos os colaboradores da empresa. O *Compliance Officer* deve liderar os processos e atividades desta etapa geralmente consistentes na difusão das políticas internas da empresa, códigos de conduta e ética, entre outros, juntamente com a formação e capacitação dos empregados da instituição, de maneira a incutir os valores da empresa, as normas que são de aplicação à organização, o conhecimento dos riscos e como lidar com eles por parte de todos. Neste contexto, a responsabilidade jurídica do *Compliance Officer* será derivada da implementação inadequada dos processos de identificação, controle, relatório e evitação dos riscos implicados na produção, bem como pela inadequada capacitação dos empregados ou deficiente implementação de sistemas de detecção e análise de riscos. Por fim, o controle interno, consistente na função de exercer o controle por parte do *Compliance Officer* do cumprimento na empresa, por todos os colaboradores, das normas desenhadas e implementadas, identificando as infrações com a finalidade de evitá-las ou reportá-las. Esta etapa consiste em diversas atividades que são exercidas justamente para o devido monitoramento e fiscalização do dia a dia da empresa com o fito de detectar e impedir fatos ilícitos, como por exemplo inspeções periódicas nos departamentos internos da empresa, canais de denúncia interna (whistleblowing), canais com o consumidor, entre outros. Ainda, de suma importância os devidos processos de investigação e sanção interna e relatório aos superiores com o plano anual do programa de *Compliance*, informes periódicos e informes específicos e de emergência. A responsabilidade jurídica nesta conjuntura é mais sensível ao *Compliance Officer*, pois, embora exista um adequado desenho e implementação do programa de maneira geral, uma falha nas atividades de controle pode implicar na infração dos deveres de controle e vigilância do *Compliance Officer* em casos particulares. Essa responsabilidade consiste em não evitar a comissão de um fato ilícito concreto levado a cabo pelos órgãos e empregados sujeitos a controle. Assim, o *Compliance Officer* pode ter a competência e o dever de deter ou evitar fatos delitivos, com a posterior consulta à direção da empresa; ou, não tendo tal dever, com a identificação de tais fatos, deve reportá-los imediatamente aos superiores para que estes tomem as medidas cabíveis para sustar o feito.[395]

Dito isso, em razão dessas funções e por regimes de delegação e assunção, recebe o *compliance officer* os chamados deveres de vigilância.[396] [397] Ou seja, as funções práticas de desenho, implemento e controle

---

[395] DASSAN, Pedro Augusto Amaral. A posição de garante no contexto empresarial: contribuindo ao estudo da responsabilidade do *Compliance* Officer. 136f. Dissertação de Mestrado, Universidade de Coimbra, Coimbra, 2017. p. 112-113. Disponível em: https://eg.uc.pt/bitstream/10316/84041/1/Texto_final.pdf 01.02.2020. Acesso em 27 dez. 2020.

[396] "Os deveres originários de vigilância na empresa, como visto, incumbem a seus administradores e os critérios para determinação de suas posições de garantidores para a delimitação do conteúdo e da abrangência de seus deveres de garantidores procuramos indicar da forma mais aproximada possível nas páginas anteriores, referindo-nos aos administradores de sociedades por ações e de sociedades limitadas. Como esses deveres podem ser por eles diretamente exercidos ou, então, podem ser delegados, constituindo-se novo garantidor de vigilância na empresa com a atribuição de detectar e prevenir a prática de crimes a partir dela [...]. Trata-se do tema tão em voga dos sistemas de *compliance* e da designação de uma pessoa encarregada dessas tarefas, o *compliance* officer (adiante, tão somente o CO). [...] O CO nada mais é do que uma pessoa encarregada de zelar pela observância das normas e procedimentos dentro da empresa, incumbindo-lhe a vigilância de práticas ilícitas – não limitadas às penais – ou mesmo antiéticas por seus integrantes contra a empresa mesma ou contra terceiros, a ela externos. [...] Qualquer área de atuação da empresa pode ser submetida ao desempenho de vigilância dos garantidores em uma só pessoa ou grupo de pessoas". (ESTELLITA, Heloisa. *Responsabilidade penal de dirigentes de empresas por omissão*: estudo sobre a responsabilidade omissiva imprópria de dirigentes de sociedades anônimas, limitadas e encarregados de cumprimento por crimes praticados por membros de empresa. São Paulo: Marcial Pons, 2017. p. 209-210).

[397] "Uma falha de *Compliance* na empresa pode significar uma falha pessoal e profissional para um *Compliance* Officer, e os sujeitos que ostentam este cargo no mundo todo estão cada vez mais preocupados sobre sua exposição a uma responsabilidade pessoal. Essa responsabilidade inicialmente vem de uma ideia de que os profissionais de *Compliance* têm um conhecimento maior sobre os regulamentos e sua aplicação nos negócios da empresa, reconhecendo as violações mais rapidamente e sabendo como agir apropriadamente. Igualmente, estes profissionais têm uma relação periódica com as agências reguladoras e uma eventual falha na comunicação sobre problemas pode sugerir uma retenção de informações [...] A pertinência de se discutir a responsabilidade do encarregado pelo setor de *Compliance* ganha relevo pelo fato de que este recebe uma função de monitoramento de atividades ilícitas internas justamente dos sócios e/ou administradores da empresa. Estes delegam determinadas funções àquele. Há um substrato lógico-formal decorrente dessa delegação funcional e um substrato material do envolvimento do sujeito com uma tarefa ligada ao controle de atividades que podem ser contrárias à ordem jurídica que justificam um questionamento acerca da posição jurídica assumida por este delegado". (DASSAN, Pedro Augusto Amaral. A posição de garante no contexto empresarial: contribuindo ao estudo da responsabilidade do *Compliance* Officer. 136f. Dissertação de Mestrado, Universidade de Coimbra, Coimbra, 2017. p. 46. Disponível em: https://eg.uc.pt/bitstream/10316/84041/1/Texto_final.pdf 01.02.2020. Acesso em 27 dez. 2020).

interno do programa de *compliance* a ele transferidas e por ele assumidas traduzem-se no dever de vigiar as atividades da organização que integra, devendo, por função e em tese, detectar e prevenir situações da organização que gerem risco ou dano a bens jurídicos tutelados de terceiros:[398] [399]

> O empresário delega a função de coordenação e execução para determinados sujeitos responsáveis por setores específicos da empresa, como, v.g., setor financeiro, de produção, de marketing, recursos humanos etc. Logo, o delegado passa a ter o domínio sobre seu respectivo setor, com o devido dever fundamentado neste domínio. O empresário, por sua vez, tem seu âmbito de domínio modificado, passando a deter um dever de vigilância e controle das atividades dos delegados. Após este primeiro mecanismo de delegação pelo empresário, este novamente volta a delegar seus deveres de vigilância e supervisão, agora para o responsável pela função de *Compliance*. Tem-se, assim, uma nova modificação de âmbitos de domínio, onde o empresário passa de um dever de supervisão ativo (que o vinculava a atividades de vigilância e controle sobre os delegados) para ostentar um dever de supervisão passivo (consistente em manter certo grau de comunicação com quem agora executa materialmente as tarefas de vigilância e controle, com a consequente reação nos casos em que lhe é comunicado uma situação de perigo em que tem que atuar). Em síntese, e recapitulando: o empresário ostenta uma posição de garantia diante do seu domínio sobre a causa do resultado, pelo domínio sobre as coisas e procedimentos perigosos que podem decorrer do desenvolvimento da atividade da empresa, e pelo seu poder de mando sobre os subordinados. Para viabilizar a atividade fim de seu empreendimento, o empresário não apenas pode, como deve delegar funções internamente para outros sujeitos, e assim o faz, delegando a coordenação e execução de tarefas

---

[398] "Se suele afirmar que la posición de garantía de los administradores tiene una doble dimensión: una dimensión *ad intra*, orientada a la evitación de resultados lesivos para la propia empresa, que hace del administrador un garante de protección (*Beschützergarant*); y una dimensión ad extra, orientada a la evitación de resultados lesivos que produzcan sobre personas externas a partir de la actividad de los miembros de la propia empresa, en cuya virtud el administrador aparece como un garante de control (*Sicherungs*)". (SÁNCHEZ, Jesús-Maria Silva. Deberes de vigilancia y *compliance* empresarial. *In*: KUHLEN, Lothar; MONTIEL, Juan Pablo; GIMENO, Ínigo Ortiz de Urbina (Coords.). *Compliance y teoría del Derecho penal*. Madrid: Marcial Pons, 2013. p. 79-104, p. 80).

[399] "El responsable de tareas de prevención o detección de delitos asume del empresario algunas de las funciones integrantes de la posición de ga- rante de éste: – por una parte, deberes de control de la peligrosidad de la actividad empresarial; – pero sobre todo, deberes de supervisión y vigilancia de la actividad de otros". (GÓMEZ-ALLER, Jacobo Dopico. Posición de garante del *compliance* officer por infracción del 'deber de control': una aproximación tópica. *In*: ZAPATERO, Luis Arroyo; MARTÍN. Adán Nieto (Coords.). *El derecho económico en la era compliance*. Valencia: Tirant lo Blanch, 2013. p. 165-190, p. 176).

em diferentes ramos intraempresariais, reconfigurando seu âmbito de domínio e deveres dele derivados para o de vigilância e controle dos delegados. Após, ainda pode delegar este mesmo dever de vigilância e controle "residual" para o responsável pelo *Compliance*.[400]

Assim, essas funções práticas de desenho, implemento e controle interno do programa de *compliance* competem originalmente aos empresários, mas estes atribuem ao *compliance officer* tal papel,[401] por necessidade imposta, no cenário contemporâneo, de exercer e otimizar a tarefa de conformidade transferida pelo Estado. Com isso, do ponto de vista racional, passa a ser possível o questionamento para saber se esse profissional, em tese, pode ou não ser responsabilizado penalmente por omissão imprópria. Como pondera Jesús-Maria Silva Sánchez:

> La implantación de un *compliance* program eficaz ex ante tiene, de entrada, un efecto de exclusión de responsabilidad para los miembros del órgano de administración de la persona juridica. Pero estos, en todo caso, siguen ostentando la obligación de gestionar, si bien a través de terceros, dicho *compliance* program. Una gestión defectuosa del programa puede generar, por tanto, responsabilidades penales conforme a reglas generales. Ahora bien, por otro lado es cierto que la implantación de *compliance* programs hace surgir nuevas posiciones de

---

[400] DASSAN, Pedro Augusto Amaral. A posição de garante no contexto empresarial: contribuindo ao estudo da responsabilidade do *Compliance* Officer. 136f. Dissertação de Mestrado, Universidade de Coimbra, Coimbra, 2017. p. 105. Disponível em: https://eg.uc.pt/bitstream/10316/84041/1/Texto_final.pdf 01.02.2020. Acesso em 27 dez. 2020.

[401] "En la actividad empresarial por lo general los deberes de garante que entran en consideración competen originariamente al empresario, ya sea individual o societario. Es el empresario quien construye, quien fabrica, quien organiza el transporte de pasajeros o mercancías, quien comercia- liza, etc. y quien obtiene lucro empresarial por ello. Esa libertad de organización empresarial trae como necesario correlato el deber de velar por que la actividad de la empresa no dañe bienes jurídicos ajenos. [...] Sin embargo, esas tareas no son realizadas por él directamente sino de mo- do mediato: son delegadas en otras personas para su realización.Y junto con la tarea, es delegada también buena parte de la responsabilidad por su ejecución, convirtiendo al delegado a su vez en garante. Así: – Las personas a su servicio realizan concretas tareas para la realización de dichas actividades, en la medida en que se deleguen sobre ellas, y asumen también el deber de evitar que su ejecución dañen a terceros – deber de garante secundario –, pero los deberes originarios corresponden al empresario (hablamos en ambos casos de deberes de garante de control de focos de peligro). – Asimismo, esas personas pueden ser encargadas de cuidar intereses que han sido delegados en el empresario. Así, el colegio asume el cuidado de los niños durante su estancia en él, y delega en los concretos profesores (en el maestro, en el profesor de educación física, en los cuidadores del comedor, etc.) dicho cuidado (deberes de garante de protección de un bien jurídico)". (GÓMEZ-ALLER, Jacobo Dopico. Posición de garante del *compliance* officer por infracción del 'deber de control': una aproximación tópica. *In*: ZAPATERO, Luis Arroyo; MARTÍN. Adán Nieto (Coords.). *El derecho económico en la era compliance*. Valencia: Tirant lo Blanch, 2013. p. 169-170).

deber para personas físicas. Pues tales programas contienen controles que deben ser asignados precisamente a personas físicas. Así, es cierto que para estas personas surgen nuevos deberes, cuya infracción puede dar lugar a responsabilidad penal. Este es el caso, entre otros, de los *compliance officers* [...] Como delegado de vigilancia, al *compliance officer* le corresponderá a gestión de los medios de control establecidos en el programa de cumplimiento en cuanto a la obtención de conocimiento; y la transmissión de la información obtenida a sus superiores, a fin de que se corrijan las conductas defectuosas o los estados de cosas peligrosos constatados.[402]

Interessante observar que essa delegação, ao contrário do que pode sugerir uma leitura mais rápida e superficial do fenômeno, não exime os empresários ou administradores delegantes da possibilidade de responsabilidade, mas essa se transforma de acordo com a nova divisão de tarefas de vigilância gerada com a delegação.[403] Assim, há, no mínimo, o compartilhamento da posição de garante ao *compliance officer* e a transformação dessa posição de garante do delegante, que embora não esteja mais no controle direto dos focos de risco, mantém uma série de deveres acessórios, tais como a correta seleção e formação dos profissionais envolvidos na tarefa de conformidade, a garantia de que estes terão os meios necessários para execução dos deveres que lhes incumbem etc.[404]

---

[402] GÓMEZ-ALLER, Jacobo Dopico. Posición de garante del compliance officer por infracción del 'deber de control': una aproximación tópica. In: ZAPATERO, Luis Arroyo; MARTÍN. Adán Nieto (Coords.). El derecho económico en la era compliance. Valencia: Tirant lo Blanch, 2013. p. 103-104.

[403] "Con la delegación el empresario no extingue su posición de garante, sino que la modifica. Así, los que eran deberes de control y evitación de sucesos lesivos pasan a convertirse en deberes de supervisión y vigilancia de la labor del delegado. [...] Esto nos lleva a formular una bipartición de los deberes residuales de vigilancia: – Deberes de supervisión activa: exigen del delegante la realización de ta-reas activas de supervisión (investigación, inspección, etc.) de modo or-dinario y periódico. – Deberes de supervisión reactiva: sólo exigen del delegante una reacción si aparecen indicios de que está teniendo lugar una situación ante la que está obligado a reaccionar. Por lo general, implican asimismo el deber de recibir reporte periodicamente". (GÓMEZ-ALLER, Jacobo Dopico. Posición de garante del *compliance* officer por infracción del 'deber de control': una aproximación tópica. *In*: ZAPATERO, Luis Arroyo; MARTÍN. Adán Nieto (Coords.). *El derecho económico en la era compliance*. Valencia: Tirant lo Blanch, 2013. p. 172).

[404] "Establecida dicha posición de garantía originaria, se suele considerar por la doctrina – con los matices antedichos – e fenómeno de la delegación de competencias. [...] Debe entenderse que a delegación de competencias constituye un mecanismo de transferencia y transformacíion de posiciones de garantía. Transferencia porque, en virtud de la delegación, el delegante hace surgir una posición de garantía en el delegado. Transformación, porque la posición de garantía del delegante no desaparece, sino que se transforma. En virtud de dicha transformación, la posicióndegarantía del delegante pasa a verse como secundaria

Dito isso, a resposta pela possibilidade ou não da responsabilização penal por omissão do *compliance officer* parece estar na identificação concreta e concomitante de todos os critérios vistos. Nessa perspectiva, e em busca de algumas respostas, parece igualmente válido estudar cada um desses pressupostos no contexto do exercício das funções desse profissional, ainda que não responda a todas as situações no plano concreto, sobretudo porque é matéria de necessária verificação casuística e empírica.

O primeiro pressuposto visto é o fato de a abstenção do agente produzir resultado previsto em conduta tipificada como infração penal. É preciso que a conduta praticada por alguém vinculado à organização em que o *compliance officer* exerce suas funções reúna todos os elementos necessários à caracterização de tal fato como infração penal.

Aqui parece que os principais pontos de discussão, para identificar se a premissa está caracterizada, estão na própria identificação dos elementos de caracterização da infração penal, a partir da teoria do crime, para saber se a conduta típica está ou não presente. E esse é um raciocínio que deve se dar, inclusive, de forma prévia à avaliação da responsabilidade do *compliance officer*.

Por exemplo, se para caracterização do fato como crime for exigida uma postura dolosa por parte do colaborador da organização e tal dolo não vier a ser caracterizado, ceifa-se a premissa de discussão se o *compliance officer* é ou não responsável.[405] Basta pensar no exemplo do crime de corrupção ativa (art. 333, CP) que exige o dolo do agente que oferece ou promete vantagem indevida a funcionário público. Ausente essa condição, não se fala em crime de corrupção ativa e, muito menos, em responsabilidade penal por omissão do *compliance officer*. A mesma lógica parece se aplicar quanto aos outros elementos necessários à caracterização da infração penal, tais como antijuridicidade e culpabilidade. A discussão da omissão do profissional de *compliance*

---

o residual. Al delegante ya no le compete el deber de control directo de los focos de riesgo que se hallan en el ámbito de competencia del delegado. Pero sí le incumben una serie de deberes con objeto diverso: la correcta selección, formación – si fuera precisa – e información del delegado; la dotación a este con los medios necesarios para el cumplimiento de sus funciones; la coordinación de la actuación de los diversos delegados; y sobre todo – al menos, eso es lo que suele indicarse – el deber de vigilancia". (SÁNCHEZ, Jesús-Maria Silva. Deberes de vigilancia y *compliance* empresarial. *In*: KUHLEN, Lothar; MONTIEL, Juan Pablo; GIMENO, Ínigo Ortiz de Urbina (Coords.). *Compliance y teoría del Derecho penal*. Madrid: Marcial Pons, 2013. p. 81).

[405] SÁNCHEZ, Jesús-Maria Silva. Deberes de vigilancia y *compliance* empresarial. *In*: KUHLEN, Lothar; MONTIEL, Juan Pablo; GIMENO, Ínigo Ortiz de Urbina (Coords.). *Compliance y teoría del Derecho penal*. Madrid: Marcial Pons, 2013. p. 104.

está em dar ou não causa ao resultado, e este mesmo resultado precisa estar necessariamente associado à caracterização da infração penal.

Como segundo pressuposto, é importante que, concretamente, estejam reunidas as condições aptas a demonstrar que o *compliance officer* poderia agir para evitar o resultado. Sua função e os deveres por ele assumidos, pura e simplesmente, não o tornam responsável pela omissão de forma automática, é necessária a verificação do *não fazer* deliberado ou minimamente voluntário, o que apenas pode ser analisado na casuística.

Assim, não seria, *a priori*, responsável penalmente por omissão, o *compliance officer* que estivesse ausente de suas funções e sem a expectativa de qualquer monitoramento das fontes de risco, como nos exemplos objetivos do *compliance officer* internado em hospital sem qualquer função cognitiva ou do *compliance officer* contratado sob regime CLT em período de férias. A depender do regime de trabalho, existindo a expectativa concreta de monitoramento da fonte de risco – mesmo que o profissional esteja ausente – a possibilidade de sua atuação para evitar o resultado pode ser cogitada, como em alguns casos relacionados ao *chief compliance officer*, em que seu alto posto na organização pode gerar a expectativa dessa natureza de forma perene.

Utilizando o mesmo exemplo da corrupção ativa, imagine-se que durante o período de férias do *compliance officer* contratado sob o regime CLT, iniciem conversas por e-mail entre a área da organização e determinado agente público. Ainda não houve o oferecimento ou a promessa da vantagem. Um dos colaboradores da área, em cópia na cadeia de e-mails, discordando do teor do diálogo, encaminha como denúncia para o e-mail do *compliance officer*. Este, por sua vez, estando de férias, não monitora ou acessa sua caixa de e-mail, tendo, inclusive, configurado avisos automáticos de sua ausência. Se a vantagem vier a ser oferecida, caracterizando o crime do art. 333, CP, parece claro que o *compliance officer* não poderia evitar o resultado.

Outro ponto importante da identificação do *poder de agir* do *compliance officer* está diretamente atrelado à dinâmica de delegação. Como visto, os empresários ou administradores delegantes conservam, com si, deveres acessórios à função de controle de riscos, entre eles o de garantir que os profissionais de *compliance* terão os meios necessários e um ecossistema profícuo para que exerçam suas funções. Se, concretamente, ficar demonstrado que o *compliance officer* quis agir para evitar o resultado, mas não estava dotado dos meios necessários para que pudesse atuar nesse sentido, sua responsabilidade penal por omissão pode vir a ser afastada.

Pensando em ecossistema, imagine-se o exemplo em que o *compliance* se apresenta de modo meramente formal, sem o comprometimento da alta administração na apuração e sanção de condutas inadequadas ou, ainda, sem a existência de estruturas de governança aptas a respaldar a tarefa de conformidade (estruturação que depende, decisivamente, dos administradores do negócio). Se, nesse cenário, o risco estiver associado à função de alguém da alta administração e o *compliance officer* reportar isso aos pares daquele e eles nada fizerem ou não tiver à sua disposição um canal independente (um conselho de administração, por exemplo), parece ter feito o que podia, nesse contexto, para tentar evitar o resultado.

Na mesma linha, como terceiro pressuposto, é preciso identificar se um atuar positivo do *compliance officer*, no caso concreto, teria tido o potencial efetivo de evitar o resultado ou se seria decisivo ou importante para tanto. Apenas é penalmente relevante um *não fazer* se o *fazer esperado* tinha o real potencial de evitar o resultado.

O contexto da criminalidade econômica ambiental parece trazer um exemplo interessante desse raciocínio. Vale pensar, assim, na situação em que a decisão ou não por seguir com determinado empreendimento, que coloca em risco área de proteção permanente e mesmo a comunidade do entorno, passa pela necessária emissão de parecer técnico de engenheiros da organização, atestando a confiabilidade dos meios de construção utilizados. Nesse exemplo, imagine-se que o *compliance officer* poderia emitir recomendação de que fosse consultada uma empresa de engenharia ambiental independente a confirmar ou refutar a confiabilidade. Duas situações são possíveis. Se, na realidade e estrutura de governança da organização e em experiências anteriores similares, a posição do *compliance officer* foi considerada, sua recomendação (postura positiva) poderia ser decisiva a evitar o resultado. Logo, sua não emissão de recomendação (*não fazer*) pode ser considerada uma omissão relevante. Diferentemente, porém, se as recomendações anteriores do profissional nunca foram consideradas, de modo que sua recomendação nada alteraria o cenário. Nesse segundo caso, parece que o seu eventual *não fazer* não pode ser relevante do ponto de vista penal.

Como quarto pressuposto, em respeito pleno à legalidade do ordenamento jurídico brasileiro, é preciso saber se o *compliance officer*, na apuração concreta de sua responsabilidade, se enquadra ou não em quaisquer das situações de dever agir do art. 13, §2º, CP. Como visto: (i) possuía por lei a obrigação de cuidado, proteção ou vigilância (*alínea a*); ou (ii) assumiu de outra forma a responsabilidade de impedir o resultado (*alínea b*); ou (iii) criou o risco da ocorrência do resultado com o seu comportamento anterior (*alínea c*).

Pois bem, a menos que evoluamos para a existência de previsão legislativa que traga o dever de cuidado do *compliance officer*,[406] e deixando o tema da hipótese de criação do risco para parágrafos seguintes, o dever de agir desse profissional está vinculado ao fato de este ter assumido, de forma voluntária, uma série de atividades de conformidade que lhe foram delegadas, conforme já explicado.[407] Essa assunção se dá

> por meio de contrato ou outro ato formalizado e pode, ainda, constar de documentos de gestão da empresa, como um organograma. O contrato (válido) é o meio ideal de delegação de funções e deverá explicitar o âmbito das tarefas e deveres do delegado. Isso não impede que a delegação seja feita de fato, com a atribuição informal de tarefas e deveres a outros membros da empresa. É evidentemente recomendável, porém, que seja formalizada.[408]

Assim, essa assunção do dever de agir para evitar o resultado do *compliance officer* não é simplesmente presumida ou aferida apenas a partir da denominação da função. É fundamental entender as estruturas formais e práticas da realidade da organização. É preciso compreender se o profissional assumiu, conscientemente, o dever de agir, para evitar o resultado danoso relacionado à infração penal cuja

---

[406] Nesse ponto, cumpre a ressalva da Resolução do CMN nº 4.595/2017, que dispõe sobre a política de conformidade (*compliance*) das instituições financeiras e demais instituições autorizadas a funcionar pelo Banco Central do Brasil, já mencionada em outras oportunidades do trabalho. Seu conteúdo pode, a depender da perspectiva, significar a obrigação legal do *compliance officer* atuante nas instituições às quais é aplicada tal resolução.

[407] "A delegação constitui novo garantidor. É o caso clássico de posição de garantidor por assunção, previsto expressamente no art. 13, §2º, b, do CPB. E como em toda assunção, ela só se conforma quando o delegado passa a exercer a atividade assumida, com o que deixa o delegante de praticar pessoalmente as funções e tarefas que delegou. [...] É essa ideia de assumir o exercício de um feixe de atividades e deveres com o correlato abandono, pelo garantidor originário, das atividades delegadas, que fundamenta a constituição da posição de garantidor no delegado, que recebe, assim, os deveres de proteção e/ou vigilância e controle inerentes às atividades e funções assumidas. Essa transferência de funções e tarefas implica, de um lado, a constituição de um novo garantidor (o delegado/garantidor secundário), de outro, a exoneração parcial do delegante (garantidor originário). No âmbito das estruturas verticais, pois, o fundamento da constituição de garantidores por excelência é a assunção". (ESTELLITA, Heloísa. *Responsabilidade penal de dirigentes de empresas por omissão*: estudo sobre a responsabilidade omissiva imprópria de dirigentes de sociedades anônimas, limitadas e encarregados de cumprimento por crimes praticados por membros de empresa. São Paulo: Marcial Pons, 2017. p. 148].

[408] ESTELLITA, Heloísa. *Responsabilidade penal de dirigentes de empresas por omissão*: estudo sobre a responsabilidade omissiva imprópria de dirigentes de sociedades anônimas, limitadas e encarregados de cumprimento por crimes praticados por membros de empresa. São Paulo: Marcial Pons, 2017. p. 148-149.

responsabilidade por omissão se discute.[409] O dever de agir para evitar o resultado é, assim, aferido da leitura, somada dos documentos formais da organização (contratos válidos, documentos de gestão, organogramas, e-mails comumente trocados etc.) e da ciência do *compliance officer* dos deveres assumidos a partir desses mesmos documentos. Inclusive, sobre a necessidade da delegação clara e explícita dos deveres, pondera Heloísa Estellita:

> Os deveres originários de vigilância na empresa, como visto, incumbem a seus administradores e os critérios para determinação de suas posições de garantidores e para a delimitação do conteúdo e da abrangência de seus deveres de garantidores procuramos indicar da forma mais aproximada possível nas páginas anteriores, referindo-nos aos administradores de sociedades por ações e de sociedades limitadas. Como esses deveres podem ser por eles diretamente exercidos ou, então, podem ser delegados, constituindo-se novo garantidor de vigilância na empresa com a atribuição de detectar e prevenir a prática de crimes a partir dela [...]. Trata-se do tema tão em voga dos sistemas de *compliance* e da designação de uma pessoa encarregadas dessas tarefas, o *compliance officer* (adiante, tão somente o CO). [...] O CO nada mais é do que uma pessoa encarregada de zelar pela observância das normas e procedimentos dentro da empresa, incumbindo-lhe a vigilância de práticas ilícitas – não limitadas às penais – ou mesmo antiéticas por seus integrantes contra a empresa mesma ou contra terceiros, a ela externos. [...] Qualquer área de atuação da empresa pode ser submetida ao desempenho de vigilância dos garantidores em uma só pessoa ou grupo de pessoas. [...] Os deveres originários de vigilância na empresa, como visto, incumbem a seus administradores e demais dirigentes. São aqueles que têm competência, portanto, para exercer diretamente tais deveres ou atribuí-los a uma pessoa ou grupo de pessoas dentro da empresa, o que se sói denominar, na linguagem corrente, de setor de *compliance*

---

[409] É o caso do exemplo apresentado por Jacobo Gómez-Aller, em que o *compliance officer* é responsável pela gestão de canais de denúncia internos: "El establecimiento y gestión de canales de denuncia eficaces e instrumentos de protección de los denunciantes cívicos (whistleblowers), así como los proto- colos de investigaciones internas ante indicios de delito, constituyen una parte esencial de cualquier programa de cumplimiento interno y prevención de delitos. Por ello, quienes ocupan puestos de responsabilidad en relación con la fun- ción de cumplimiento interno se encuentran en una posición de deber especial que debe ser analizada con detenimiento. Cabe ya avanzar que bajo ciertas circunstancias, la omisión del responsable de cumplimiento en este punto (omisión de los deberes de investigación o reporte) puede acarrear responsabilidad penal. Por ello, la tarea de recepción y gestión de de- nuncias internas constituye probablemente uno de los ámbitos de mayor riesgo legal para los *compliance* officers". (GÓMEZ-ALLER, Jacobo Dopico. Posición de garante del *compliance* officer por infracción del 'deber de control': una aproximación tópica. In: ZAPATERO, Luis Arroyo; MARTÍN. Adán Nieto (Coords.). *El derecho económico en la era compliance*. Valencia: Tirant lo Blanch, 2013. p. 179-180).

e, seu encarregado, de *compliance officer*, ou, encarregado de vigilância. [...] Parece-nos necessário distinguir entre quatro possibilidades principais de conformar a função do encarregado de vigilância, as quais, por suas diferenças, apontam também para respostas possivelmente diversas quanto à questão de sua posição de garantidor. A chave para as respostas parece estar, para uns, no poder diretivo, para outros, como sustentamos ao longo deste trabalho, no reconhecimento (ou não) de uma relação juridicamente fundada de controle por parte do agente, ademais faticamente assumida, sobre uma parcela dos processos empresariais dos quais podem advir perigos para bens jurídicos de terceiros ou da coletividade. Em quaisquer um desses casos, é condição necessária – mas não suficiente – para a delegação de deveres de vigilância que seja feita de forma clara e explícita, preferencialmente no contrato de trabalho ou na *job description*, compreendendo o encarregado o feixe e a amplitude dos deveres que assume. A ulterior condição da assunção de fato dessa função, como visto, é o ponto fulcral da assunção da posição de garantidor por delegação do CO.[410]

Na mesma linha, diz Pedro Dassan:

Embora haja uma tendência a um aumento de legislações que requerem a implementação de um programa de *Compliance*, estabelecendo, inclusive, diretrizes gerais de como deve se dar tal programa, ainda há uma grande variação de seu funcionamento no cenário empresarial. Essa realidade reforça a necessidade de se formalizar todo o mecanismo de delegação do empresário para o responsável de *Compliance*, devendo documentar a qualificação do delegado, os recursos que o delegado terá para o exercício de suas funções, todas as competências, funções, atividades a serem exercidas, a quem e como irá reportar as atividades e situações de riscos, como será realizada a supervisão do delegado pelo delegante e o consentimento do delegado assumindo seu novo âmbito de domínio. Não se trata de buscar o fundamento da posição de garantia em uma fonte formal, mas é essa formalização que pode servir de norte para a devida verificação do fundamento material do dever de garantia. É com a normativa, estatuto, contratos, entre outros documentos da própria empresa que se pode fazer uma análise do âmbito de domínio de cada colaborador, sempre com a ciência de que o mais importante é a verificação da materialidade do domínio exercido no caso concreto.[411]

---

[410] GÓMEZ-ALLER, Jacobo Dopico. Posición de garante del *compliance* officer por infracción del 'deber de control': una aproximación tópica. In: ZAPATERO, Luis Arroyo; MARTÍN. Adán Nieto (Coords.). *El derecho económico en la era compliance*. Valencia: Tirant lo Blanch, 2013. p. 209-215.

[411] DASSAN, Pedro Augusto Amaral. A posição de garante no contexto empresarial: contribuindo ao estudo da responsabilidade do *Compliance* Officer. 136f. Dissertação de Mestrado, Universidade de Coimbra, Coimbra, 2017. p. 107-108. Disponível em: https://eg.uc.pt/bitstream/10316/84041/1/Texto_final.pdf 01.02.2020. Acesso em 27 dez. 2020.

Ainda, parece interessante a discussão sobre a possibilidade ou não do *compliance officer* gerar o risco ao bem jurídico penalmente tutelado e, por isso, ter o dever de agir (art. 13, §2º, c, CP). Nessa situação, como visto anteriormente, o agente gerou um risco a determinado bem jurídico tutelado ou potencializou um risco já existente. Após, e em razão disso, o agente passa a ter a incumbência de impedir que o risco criado ou agravado venha a se concretizar em efetivo dano a terceiro.

Aqui parece, do ponto de vista racional, também poder se cogitar da responsabilidade por omissão do *compliance officer*. Se a função do profissional é potencializar a tarefa de conformidade, a falha nessa função, de acordo com circunstâncias concretas, pode significar, *a contrario sensu*, a potencialização da desconformidade. Considerando que a infração penal e o resultado danoso a bens jurídicos tutelados são situações claras de desconformidade, racionalmente é possível se concluir que um trabalho defeituoso do *compliance officer* também pode significar, a sempre depender da aferição concreta dos fatores, a geração e, sobretudo, a potencialização do risco (art. 13, §2º, c, CP). As atividades empresariais, por si, já geram risco a bens jurídicos. A existência de um programa de *compliance* falho, com a participação decisiva do *compliance officer* nesse insucesso, pode, sim, significar a potencialização de um risco já existente. Claro, porém, que essa discussão parece ter poucas implicâncias práticas, pois a omissão relevante já estaria associada à assunção da função (*alínea b*).

Por fim, como quinto pressuposto, na perspectiva necessária de igualdade, é preciso identificar que, concretamente, o *compliance officer* exerce de alguma forma o domínio sobre o desamparo de um bem jurídico, pois sua posição de garantidor gerou deveres de salvação, ou porque exerce domínio sobre uma causa (coisa ou pessoa) essencial do resultado. A partir da posição já outrora adotada nesta obra, considerando que a atuação do *compliance officer* é eminentemente prática, de modo que sua omissão será penalmente relevante se ficar demonstrado que, no plano concreto, tinha o domínio real sobre o que gera o resultado lesivo, tinha a condição prática de "salvar a situação" por sua posição de garante, de evitar que a infração penal (desconformidade) fosse praticada e essa certeza deve ser aferida a partir do conjunto probatório formado.

Analisadas todas essas questões, parece ficar confirmada a hipótese inicial de que o estudo da responsabilidade penal por omissão em relação aos profissionais de *compliance*, em especial o *compliance officer*, assume contornos de maior complexidade do que as demais situações do estudo do tema associadas ao que tem se chamado nesta obra de

Direito Penal Geral. Tanto no plano da teoria, quanto no plano da identificação prática das situações, a compreensão da responsabilização do *compliance officer* é mais complexa, exigindo um estudo mais dedicado de cada um dos seus elementos pressupostos.

As complexidades inerentes às atividades econômicas empresariais, seio no qual se desenvolve a criminalidade econômica, também aqui se aplicam.

Assim como nos demais casos estudados, não dá para dizer que a responsabilidade penal por omissão do *compliance officer* é completamente diferente ou que seus elementos são distintos daqueles aplicados aos casos não pertencentes à realidade da atividade empresarial. Porém, em contrapartida, é possível dizer que o tema, na atuação desse profissional, assume novo perfil, com um conteúdo de verificação concreta muito mais complexo, e com o entendimento, em certa medida, diferente dos seus pressupostos.

Por exemplo, tanto nos casos em que a babá se omite e a criança vem a falecer e o segurança da loja deliberadamente não evita o furto, quanto no caso do *compliance officer*, o dever de agir e o poder de agir (dois dos elementos de responsabilização, como visto) deverão ser verificados enquanto premissas dogmáticas comuns. Porém, a identificação do conteúdo concreto do dever de agir e do poder de agir no caso prático em relação ao *compliance officer* será uma tarefa muito mais complexa que, *a priori*, nos demais casos mencionados.

Nessa perspectiva, o tema reafirma a autonomia da Teoria Jurídica de Direito Penal Econômico proposta. E o que o faz é a realidade e dinâmica do *compliance*, de modo que esse apresenta, ao que parece, mais um exemplo de operacionalização a confirmar a dita autonomia.

CONCLUSÕES

Como sinalizado na introdução da presente obra, esta pesquisa teve início e se justificou a partir da reunião de vários incômodos racionais decorrentes do estudo do *compliance*, da criminalidade econômica e da possível relação entre eles, dado que fenômenos coexistentes na contemporaneidade.

Os problemas científicos decorrentes de tais raciocínios se resumiam em buscar saber: (i) se existia relação entre o *compliance* e o Direito Penal Econômico; (ii) como essa relação se manifestaria, se existente; (iii) se a Teoria Jurídica de Direito Penal Geral, por assim dizer, seria suficiente para confortar, dogmaticamente, os fenômenos econômicos – inclusive o *compliance* – ou se faria necessária uma Teoria Jurídica de Direito Penal Econômico autônoma em relação ao Direito Penal Geral; (iv) em sendo justificada uma teoria autônoma, como essa autonomia se manifestaria; e (v) existindo relação com o *compliance*, se essa relação também ajudaria a justificar, confirmar, explicar e operacionalizar a teoria autônoma de certa forma.

Nessa perspectiva, e na tentativa de encontrar possíveis respostas a tais problemas, a pesquisa se desenvolveu em quatro capítulos maiores, com os subitens respectivos. Textos em que se buscou a compreensão mais aprofundada de cada um dos temas, permitindo, se em leitura isolada, o entendimento de todos eles. Mas, ao mesmo tempo, e sobretudo, procurou-se que, a todo tempo, os itens de pesquisa dialogassem entre si, fornecendo premissas para as presentes conclusões.

Condensando os resultados da pesquisa, a partir do pensar conjunto dos assuntos do *compliance* e do Direito Penal Econômico, conclui-se pela proposta da existência de uma Teoria Jurídica de Direito Penal Econômico autônoma, dentro do perfil estudado no terceiro capítulo, sendo essa autonomia confirmada pelo próprio *compliance*. Ao mesmo tempo, foi proposto que a coexistência contemporânea dos temas não é fruto de uma mera coincidência, mas revela uma relação simbiótica de mútua influência entre eles, relação essa que, aliás, se confirma pelo reconhecimento dessa própria autonomia.

Ao passo que a dúvida se deve ou não ser reconhecida uma teoria jurídica autônoma encontra resposta afirmativa no *compliance* e nos exemplos de operacionalização por ele propostos. Ao mesmo tempo, o entendimento da existência ou não de relação entre os temas e qual o perfil dessa relação são questões que podem ser solucionadas pela própria identificação da autonomia.

Há uma genuína relação de profunda intimidade e de quase interdependência entre os temas, de modo que suas ideias se retroalimentam, conduzindo à identificação de uma relação simbiótica multifacetária: uma relação histórica, contextual, jurídica e de operacionalização.

Histórica, porque o *compliance* também pode ser visto como um produto contemporâneo da evolução histórica da relação Estado e capital, sequencial ao reconhecimento da insuficiência de normas programáticas e do próprio Direito Penal Econômico em si considerado. Nessa perspectiva de acompanhamento da evolução histórica das estruturas, ambos os temas estão interligados.

Contextual, porque ambos os temas estão circunscritos e têm origem, sobretudo, no exercício das atividades econômicas, com suas complexidades e desafios. Ambos compreendidos em um mesmo ecossistema econômico e com as complexidades inerentes da sociedade contemporânea.

Jurídica, porque ambos os fenômenos representam, cada um à sua forma, métodos técnico-jurídicos de intervenção do Estado no domínio econômico, que têm por objetivo comum evitar ilegalidades e controlar as atividades, a fim de assegurar a proteção aos bens jurídicos tutelados. Além disso, como método dessa natureza, tem no Direito o seu mecanismo de instrumentalização.

Por fim, e talvez a mais importante delas, uma relação de operacionalização mútua.

O *compliance* parece funcionar como uma espécie de contraprova prática de que existe uma autonomia da Teoria Jurídica de Direito Penal Econômico. Uma operacionalização que significa a confirmação da teoria, um teste de ratificação e replicação diária da necessidade de sua autonomia. Igualmente, o *compliance* traz exemplos de como essa autonomia ou destaque teórico do Direito Penal Geral se manifesta. Adicionalmente, ainda nesse aspecto e na perspectiva de evolução, o Direito Penal Econômico também passa a receber influência do próprio *compliance*, tendo que suportar e solucionar questionamentos que tenham cenário comum na criminalidade econômica e no exercício da tarefa de conformidade cenário comum.

Em contrapartida, o exercício da tarefa de conformidade tem a criminalidade econômica como um de seus principais escopos de preocupação, de modo a orientar grande parte do desenvolvimento de suas tarefas práticas. Assim, ao mesmo tempo que o *compliance* parece confirmar a necessidade de uma Teoria Jurídica de Direito Penal Econômico autônoma, o reconhecimento desta facilitará e otimizará a tarefa de conformidade, a partir da evolução estrutural e de maior segurança jurídica de seus elementos dogmáticos.

REFERÊNCIAS

AFTALIÓN, Enrique R. *Derecho penal económico*. Buenos Aires: Abeledo Perrot, 1959.

ALEMANHA. Regierungskommission. *Deutscher Corporate Governance Kodex*. 2019. Disponível em: https://www.dcgk.de/en/code/code-2019.html. Acesso em 01 set. 2019.

ALFLEN, Pablo. O risco da técnica de remissão das leis penais em branco no Direito Penal da Sociedade de Risco. *In*: *Politica Criminal*, Talca, Chile, n. 3, p. 1-21, 2007.

ALMEIDA, Filipe Jorge Ribeiro. *Responsabilidade social das empresas e valores humanos*: um estudo sobre a atitude dos gestores brasileiros. 466f. Tese de Doutorado, Escola Brasileira de Administração Pública e de Empresas – EBAPE, Fundação Getúlio Vargas, Rio de Janeiro, 2007. Disponível em: https://bibliotecadigital.fgv.br/dspace/bitstream/handle/10438/3272/ACF123.pdf. Acesso em 14 set. 2019.

ALMEIDA, Luiz Eduardo de. Governança corporativa. *In*: CARVALHO, André Castro *et al*. (Coords.). *Manual de Compliance*. Rio de Janeiro: Forense, 2019.

ALVIM, Arruda. Teoria da desconsideração da pessoa jurídica. *In*: *Soluções práticas*. São Paulo: Revista dos Tribunais, 2011. v. 3.

ANDRADE, Adriana; ROSSETTI, José Paschoal. *Governança corporativa*: fundamentos, desenvolvimento e tendências. São Paulo: Atlas, 2004.

ARGENTINA. *Decreto nº 1.558, de 29 de noviembre de 2001*. Apruébase la reglamentación de la Ley nº 25.326. Principios generales relativos a la protección de datos. Derechos de los titulares de los datos. Usuarios y responsables de archivos, registros y bancos de datos. Control. Sanciones. Disponível em: http://servicios.infoleg.gob.ar/infolegInternet/anexos/70000-74999/70368/texact.htm. Acesso em 04 ago. 2019.

ARGENTINA. *Ley nº 11.179, de 1984*. Código Penal de La Nación Argentina. Disponível em: http://servicios.infoleg.gob.ar/infolegInternet/anexos/15000-19999/16546/texact.htm#27. Acesso em 04 ago. 2019.

ARGENTINA. *Ley nº 25.246, de 5 de mayo de 2000*. Encubrimiento y Lavado de Activos de origen delictivo. Unidad de Información Financiera. Deber de informar. Sujetos obligados. Régimen Penal Administrativo. Ministerio Público Fiscal. Derógase el artículo 25 de la Ley 23.737. Disponível em: http://servicios.infoleg.gob.ar/infolegInternet/anexos/60000-64999/62977/texact.htm. Acesso em 04 ago. 2019.

ARGENTINA. *Ley nº 25.326 de 30 de octubre de 2000*. Disposiciones Generales. Principios generales relativos a la protección de datos. Derechos de los titulares de datos. Usuarios y responsables de archivos, registros y bancos de datos. Control. Sanciones. Acción de protección de los datos personales. Disponível em: http://servicios.infoleg.gob.ar/infolegInternet/anexos/60000-64999/64790/texact.htm. Acesso em 04 ago. 2019.

ARGENTINA. *Ley nº 27.401 de 8 de noviembre de 2017*. El Senado y Cámara de Diputados de la Navión Argentina reunidos en Congreso, etc. Sancionan con fuerza de Ley. Disponível em: http://servicios.infoleg.gob.ar/infolegInternet/anexos/295000-299999/296846/norma.htm. Acesso em 04 ago. 2019.

ASSOCIAÇÃO BRASILEIRA DE NORMAS TÉCNICAS. *ABNT NBR ISO37001*: Sistemas de gestão antissuborno – requisitos com orientações para uso. Rio de Janeiro, 2017.

ÁVILA, Humberto. *Teoria dos princípios da definição à aplicação dos princípios jurídicos*. 15. ed. rev. atual. e ampl. São Paulo: Malheiros Editores, 2014.

BACIGALUPO, Enrique; HERMIDA, Carmen (Coords.). *Compliance y derecho penal*. Pamplona: Thomson Reuters, 2011.

BACIGALUPO, Silvina. Responsabilidade penal de las personas jurídicas. *In*: BACIGALUPO, Enrique. *Curso de derecho penal econômico*. 2. ed. Madrid: Marcial Pons, 2005.

BAGNOLI, Vicente. *Direito econômico e concorrencial*. 7. ed. rev. atual. e ampl. São Paulo: Revista dos Tribunais, 2017.

BANCO CENTRAL DO BRASIL. *Circular nº 3.691, de 16 de dezembro de 2013*. Regulamenta a Resolução nº 3.568, de 29 de maio de 2008, que dispõe sobre o mercado de câmbio e dá outras providências.

BANCO CENTRAL DO BRASIL. Resolução nº 2.554, de 24 de setembro de 1998. Dispõe sobre a implantação e implementação de sistema de controles internos. *Diário Oficial da União*, 24 set. 1998. Disponível em: https://www.bcb.gov.br/pre/normativos/busca/downloadNormativo.asp?arquivo=/Lists/Normativos/Attachments/45273/Res 2554 v2 P.pdf. Acesso em 01 mar. 2020.

BANCO CENTRAL DO BRASIL. Resolução nº 4.595, de 28 de agosto de 2017. Dispõe sobre a política de conformidade (compliance) das instituições financeiras e demais instituições autorizadas a funcionar pelo Banco Central do Brasil. *Diário Oficial da União*, 30 ago. 2017. Disponível em: https://www.bcb.gov.br/pre/normativos/busca/downloadNormativo.asp?arquivo=/Lists/Normativos/Attachments/50427/Res_4595_v1_O.pdf. Acesso em 03 jul. 2019.

BANCO CENTRAL DO BRASIL. Resolução nº 4.658, de 26 de abril de 2018. Dispõe sobre a política de segurança cibernética e sobre os requisitos para a contratação de serviços de processamento e armazenamento de dados e de computação em nuvem a serem observados pelas instituições financeiras e demais instituições autorizadas a funcionar pelo Banco Central do Brasil. *Diário Oficial da União*, 30 abr. 2018. Disponível em: https://www.bcb.gov.br/pre/normativos/busca/downloadNormativo.asp?arquivo=/Lists/Normativos/Attachments/50581/Res_4658_v1_O.pdf. Acesso em 08 set. 2019.

BARBOSA, Julianna Nunes Targino. *A culpabilidade na responsabilidade penal da pessoa jurídica*. 207f. Dissertação de Mestrado, Faculdade de Direito, Universidade de São Paulo, São Paulo, Brasil, 2014.

BASEL COMMITTEE ON BANKING SUPERVISION. *Basel III*: A global regulatory framework for more resilient bancks and banking systems. Basel: Switzerland, 2010.

BECHARA, Ana Elisa Liberatore Siva. *Valor, norma e injusto penal*: considerações sobre os elementos normativos do tipo objetivo no Direito Penal contemporâneo. Belo Horizonte: Editora D'Plácido, 2018.

BECHARA, Fábio Ramazzini; FLORÊNCIO FILHO, Marco Aurélio (Coords.). *Compliance e direito penal econômico*. São Paulo: Almedina, 2019.

BECK, Ulrich. *Sociedade de risco mundial*: em busca da segurança perdida. Lisboa: Edições 70, 2016.

BERCOVICI, Gilberto; SOUZA, Luciano Anderson de. Intervencionismo econômico e direito penal mínimo: uma equação possível. *In*: OLIVEIRA, Willian Terra de (Org. et al.). *Direito penal econômico*: estudos em homenagem aos 75 anos do Professor Klaus Tiedemann. São Paulo: LiberArs, 2013.

BERLE JR, Adolf A.; MEANS, Gardiner C. *The modern corporation and private property*. New York: The Macmillan Company, 1933.

BERTOCCELLI, Rodrigo de Pinho. Compliance. *In*: CARVALHO, André Castro et al. (Coords). *Manual de Compliance*. Rio de Janeiro: Forense, 2019.

BINDING, Karl. *Die normen und ihre übertretung*. Leipzig: Verlag von Wilhelm Engelmann, 1872.

BITENCOURT, Cezar Roberto. *Tratado de direito penal econômico*. São Paulo: Saraiva, 2006. v. 1.

BITENCOURT, Cezar Roberto. *Tratado de direito penal*: parte geral. 21. ed. rev. ampl. e atual. São Paulo: Saraiva, 2015. v. 1.

BLOK, Marcella. *Compliance e governança corporativa*. 2. ed. Rio de Janeiro: Freitas Bastos, 2018.

BONATO, Patrícia de Paula Queiroz. Crimes de colarinho branco e a (in) eficácia da tutela jurídico-penal da ordem econômica. *Revista Brasileira de Ciências Criminais*, v. 107, p. 103-120, jul. 2014.

BONAVIDES, Paulo. *Curso de direito constitucional*. 28. ed. atual. São Paulo: Malheiros Editores, 2013.

BOTTINI, Pierpaolo Cruz. *Crimes de perigo abstrato*: uma análise das novas técnicas de tipificação no contexto da sociedade do risco. 4. ed. rev. e atual. São Paulo: Thomson Reuters, 2019.

BRASIL. Constituição da República Federativa do Brasil de 1988. *Diário Oficial da União*, Brasília, 5 out. 1988. Disponível em: http://www.planalto.gov.br/ccivil_03/constituicao/constituicao.htm. Acesso em 13 fev. 2019.

BRASIL. Decreto Legislativo nº 152 de 25 de junho de 2002. Aprova o texto final, após modificações de cunho vernacular, em substituição àquele encaminhado pela Mensagem 1.259, de 1996, da Convenção Interamericana contra a Corrupção, concluída originalmente em Caracas, em 29 de março de 1996. *Diário Oficial da União*, Brasília, 26 jun. 2002. Disponível em: https://www2.camara.leg.br/legin/fed/decleg/2002/decretolegislativo-152-25-junho-2002-459890-convencao-1-pl.html. Acesso em 16 jun. 2019.

BRASIL. Decreto Legislativo nº 348 de 18 de maio de 2005. Aprova o texto da Convenção das Nações Unidas contra a Corrupção, adotada pela Assembléia-Geral da Organização das Nações Unidas em outubro de 2003. *Diário Oficial da União*, Brasília, 19 mai. 2005. Disponível em: https://www2.camara.leg.br/legin/fed/decleg/2005/decretolegislativo-348-18-maio-2005-536880-convencao-28439-pl.html. Acesso em 16 jun. 2019.

BRASIL. Decreto nº 3.678 de 30 de novembro de 2000. Promulga a Convenção sobre o Combate da Corrupção de Funcionários Públicos Estrangeiros em Transações Comerciais Internacionais, concluída em Paris, em 17 de dezembro de 1997. *Diário Oficial da União*, Brasília, 01 dez. 2000. Disponível em: http://www.planalto.gov.br/ccivil_03/decreto/D3678.htm. Acesso em 16 jun. 2019.

BRASIL. Decreto nº 4.410 de 7 de outubro de 2002. Promulga a Convenção Interamericana contra a Corrupção, de 29 de março de 1996, com reserva para o art. XI, parágrafo 1o, inciso "c". *Diário Oficial da União*, Brasília, 09 out. 2002. Disponível em: http://www.planalto.gov.br/ccivil_03/decreto/2002/D4410.htm. Acesso em 16 jun. 2019.

BRASIL. Decreto nº 5.687 de 31 de janeiro de 2006. Promulga a Convenção das Nações Unidas contra a Corrupção, adotada pela Assembléia-Geral das Nações Unidas em 31 de outubro de 2003 e assinada pelo Brasil em 9 de dezembro de 2003. *Diário Oficial da União*, Brasília, 01 fev. 2006. Disponível em: http://www.planalto.gov.br/ccivil_03/_Ato2004-2006/2006/Decreto/D5687.htm. Acesso em 16 jun. 2019.

BRASIL. Decreto nº 8.420 de 18 de março de 2015. Regulamenta a Lei no 12.846, de 1o de agosto de 2013, que dispõe sobre a responsabilização administrativa de pessoas jurídicas pela prática de atos contra a administração pública, nacional ou estrangeira e dá outras providências. *Diário Oficial da União*, Brasília, 19 mar. 2015. Disponível em: http://www.planalto.gov.br/ccivil_03/_Ato2015-2018/2015/Decreto/D8420.htm. Acesso em 16 jun. 2019.

BRASIL. Decreto nº 11.129, de 11 de julho de 2022. Regulamenta a Lei nº 12.846, de 1o de agosto de 2013, que dispõe sobre a responsabilização administrativa e civil de pessoas jurídicas pela prática de atos contra a administração pública, nacional ou estrangeira. *Diário Oficial da União*, Brasília, 12 jul. 2022, retificado em 13 jul. 2022. Disponível em: http://www.planalto.gov.br/ccivil_03/_ato2019-2022/2022/Decreto/D11129.htm. Acesso em 17 jul. 2022.

BRASIL. Decreto-Lei nº 2.848, de 7 de dezembro de 1940. Código Penal Brasileiro. *Diário Oficial da União*, Rio de Janeiro, 31 dez. 1940, retificado em 03 jan. 1941. Disponível em: http://www.planalto.gov.br/ccivil_03/decreto-lei/Del2848compilado.htm. Acesso em 15 fev. 2019.

BRASIL. Lei nº 6.385, de 7 de dezembro de 1976. Dispõe sobre o mercado de valores mobiliários e cria a Comissão de Valores Mobiliários. *Diário Oficial da União*, Brasília, 09 dez. 1976. Disponível em: http://www.planalto.gov.br/ccivil_03/LEIS/L6385.htm. Acesso em 02 mar. 2019.

BRASIL. Lei nº 7.492, de 12 de junho de 1986. Define os crimes contra o sistema financeiro nacional, e dá outras providências. *Diário Oficial da União*, Brasília, 18 jun. 1986. Disponível em: http://www.planalto.gov.br/ccivil_03/leis/L7492.htm. Acesso em 02 mar. 2019.

BRASIL. Lei nº 8.078, de 11 de setembro de 1990. Código de Defesa do Consumidor. *Diário Oficial da União*, Brasília, 12 set. 1990, retificado em 10 jan. 2007. Disponível em: http://www.planalto.gov.br/ccivil_03/LEIS/L8078.htm. Acesso em 02 mar. 2019.

BRASIL. Lei nº 8.137, de 27 de dezembro de 1990. Define crimes contra a ordem tributária, econômica e contra as relações de consumo, e dá outras providências. *Diário Oficial da União*, Brasília, 28 dez. 1990. Disponível em: http://www.planalto.gov.br/ccivil_03/LEIS/L8137.htm. Acesso em 13 fev. 2019.

BRASIL. Lei nº 8.666, de 21 de junho de 1993. Regulamenta o art. 37, inciso XXI, da Constituição Federal, institui normas para licitações e contratos da Administração Pública e dá outras providências. *Diário Oficial da União*, Brasília, 22 jun. 1993, republicado e retificado em 06 jul. 1994. Disponível em: http://www.planalto.gov.br/ccivil_03/LEIS/L8666cons.htm. Acesso em 02 mar. 2019.

BRASIL. Lei nº 9.069, de 29 de junho de 1995. Dispõe sobre o Plano Real, o Sistema Monetário Nacional, estabelece as regras e condições de emissão do Real e os critérios para conversão das obrigações para o Real, e dá outras providências. *Diário Oficial da União*, Brasília, 30 jun. 1995. Disponível em: http://www.planalto.gov.br/ccivil_03/LEIS/L9069.htm. Acesso em 02 mar. 2019.

BRASIL. Lei nº 9.279, de 14 de maio de 1996. Regula direitos e obrigações relativos à propriedade industrial. *Diário Oficial da União*, Brasília, 15 mai. 1996. Disponível em: http://www.planalto.gov.br/ccivil_03/Leis/L9279.htm. Acesso em 02 mar. 2019.

BRASIL. Lei nº 9.605, de 12 de fevereiro de 1998. Dispõe sobre as sanções penais e administrativas derivadas de condutas e atividades lesivas ao meio ambiente, e dá outras providências. *Diário Oficial da União*, Brasília, 13 fev. 1998, retificado em 17 fev. 1998. Disponível em: http://www.planalto.gov.br/ccivil_03/LEIS/L9605.htm. Acesso em 02 mar. 2019.

BRASIL. Lei nº 10.406, de 10 de janeiro de 2002. Institui o Código Civil. *Diário Oficial da União*, Brasília, 11 jan. 2002. Disponível em: http://www.planalto.gov.br/ccivil_03/LEIS/2002/L10406.htm. Acesso em 22 fev. 2019.

BRASIL. Lei nº 11.343, de 23 de agosto de 2006. Institui o Sistema Nacional de Políticas Públicas sobre Drogas – Sisnad; prescreve medidas para prevenção do uso indevido, atenção e reinserção social de usuários e dependentes de drogas; estabelece normas para repressão à produção não autorizada e ao tráfico ilícito de drogas; define crimes e dá outras providências. *Diário Oficial da União*, Brasília, 24 ago. 2006. Disponível em: http://www.planalto.gov.br/ccivil_03/_ato2004-2006/2006/lei/l11343.htm. Acesso em 02 mar. 2019.

BRASIL. Lei nº 12.529, de 30 de novembro de 2011. Estrutura o Sistema Brasileiro de Defesa da Concorrência; dispõe sobre a prevenção e repressão às infrações contra a ordem econômica; altera a Lei nº 8.137, de 27 de dezembro de 1990, o Decreto-Lei nº 3.689, de 3 de outubro de 1941 – Código de Processo Penal, e a Lei nº 7.347, de 24 de julho de 1985; revoga dispositivos da Lei nº 8.884, de 11 de junho de 1994, e a Lei nº 9.781, de 19 de janeiro de 1999; e dá outras providências. *Diário Oficial da União*, Brasília, 01 nov. 2011, retificado em 02 dez. 2011. Disponível em: http://www.planalto.gov.br/ccivil_03/_ato2011-2014/2011/lei/l12529.htm. Acesso em 05 mai. 2019.

BRASIL. Lei nº 12.846, de 1º de agosto de 2013. Dispõe sobre a responsabilização administrativa e civil de pessoas jurídicas pela prática de atos contra a administração pública, nacional ou estrangeira, e dá outras providências. *Diário Oficial da União*, Brasília, 02 ago. 2013. Disponível em: http://www.planalto.gov.br/ccivil_03/_ato2011-2014/2013/lei/l12846.htm. Acesso em 16 jun. 2019.

BRASIL. Lei nº 12.965, de 23 de abril de 2014. Estabelece princípios, garantias, direitos e deveres para o uso da Internet no Brasil. *Diário Oficial da União*, Brasília, 24 abr. 2014. Disponível em: http://www.planalto.gov.br/ccivil_03/_ato2011-2014/2014/lei/l12965.htm. Acesso em 16 jun. 2019.

BRASIL. Lei nº 13.709, de 14 de agosto de 2018. Dispõe sobre a proteção de dados pessoais e altera a Lei nº 12.965, de 23 de abril de 2014 (Marco Civil da Internet). *Diário Oficial da União*, Brasília, 15 ago. 2018. Disponível em: http://www.planalto.gov.br/ccivil_03/_Ato2015-2018/2018/Lei/L13709.htm. Acesso em 16 jun. 2019.

BRASIL. Procuradoria-geral da República. *Parecer nº 395/2016-AsJConst/SAJ/PGR*. Brasília, 18 jun. 2016. Disponível em: http://www.mpf.mp.br/pgr/documentos/ADI5261.pdf/at_download/file. Acesso em 30 jun. 2019.

BRASIL. Senado Federal. *Projeto de Lei do Senado nº 236, de 2012*. Reforma do Código Penal Brasileiro. Disponível em: https://www25.senado.leg.br/web/atividade/materias/-/materia/106404. Acesso em 05 mai. 2019.

BRASIL. Subchefia de Assuntos Parlamentares. *Exposição de Motivos Interministerial nº 00011 de 23 de outubro de 2009*. Disponível em: http://www.planalto.gov.br/ccivil_03/Projetos/EXPMOTIV/EMI/2010/11%20-%20CGU%20MJ%20AGU.htm. Acesso em 16 jun. 2019.

BRASIL. Superior Tribunal de Justiça. Disponível em: http://www.stj.jus.br/sites/STJ. Acesso em 02 mar. 2019.

BRASIL. Supremo Tribunal Federal. Disponível em: http://portal.stf.jus.br/. Acesso em 02 mar. 2019.

BREDESON, Lance William Lineker. *A change in canadian corporate governance philosophy*: the importation of the Sarbanes-Oxley Act into canadian corporate governance. 52f. Thesis for the Degree of LL.M. Graduate, School of Law, University of Toronto, Toronto, Canada, 2007.

BRUNO, Aníbal. *Direito penal, parte geral, tomo I*: introdução, norma penal, fato punível. 5. ed. rev. e atual. por Raphael Cirigliano Filho. Rio de Janeiro: Forense, 2003.

CABRERA, Raul Peña. El bien juridico en los delitos econômicos. *In*: PRADO, Luis Regis; DOTTI, René Ariel (Orgs.). *Direito penal econômico*. São Paulo: Editora Revista dos Tribunais, 2011. (Coleção doutrinas essenciais: direito penal econômico e da empresa. v. 2.

CAMPANA, Eduardo Luiz Michelan. *A fundamentação constitucional da tutela penal da ordem econômica*. 237f. Dissertação de Mestrado, Pontifícia Universidade Católica de São Paulo, São Paulo, 2011.

CANNON, Tom. *Corporate responsibility*: governante, compliance and ethics in a sustainable environment. 2. ed. Harlow: Pearson, 2012.

CAPEZ, Fernando. *Curso de direito penal*: parte geral, arts. 1º a 120, versão eletrônica. São Paulo: Saraiva, 2019.

CARDOSO, Débora Motta. *Criminal compliance na perspectiva da lei de lavagem de dinheiro*. São Paulo: Liberars, 2015.

CARROL, Archie B. The pyramid of corporate social responsibility: toward the moral management of organizational stakeholders. *In*: *Business Horizons*, Kelly School of Business, Indiana University, Indiana, United States, p. 39-48, july./aug. 1991.

CARVALHOSA, Modesto. *Considerações sobre a Lei Anticorrupção das pessoas jurídicas*. São Paulo: Revista dos Tribunais, 2015.

CESAR, Ana Maria Roux Valentini Coelho; LEVORATO, Danielle Cristine da Silva. O papel da cultura organizacional na implantação do programa de compliance na área de infraestrutura da odebrecht engenharia e construção. *In*: NOHARA, Irene Patrícia; PEREIRA, Flávio de Leão Bastos. *Governança, compliance e cidadania* (Coords.). São Paulo: Thomson Reuters Brasil, 2018.

CERVINI, Raúl. La perspectiva integrada del derecho penal económico. *In*: CAIROLI, Milton *et al*. *Nuevos desafios em derecho penal económico*. Buenos Aires: Editorial B de F, 2012.

CHRISTENSEN, Clayton M; RAYNOR, Michael E.; MCDONALD, Rory. What is disruptve innovation? *Harvard Business Review*, dec. 2015.

COMISSÃO DE VALORES MOBILIÁRIOS. *Instrução nº 358, de 3 de janeiro de 2002*. Dispõe sobre a divulgação e uso de informações sobre ato ou fato relevante relativo às companhias abertas, disciplina a divulgação de informações na negociação de valores mobiliários e na aquisição de lote significativo de ações de emissão de companhia aberta, estabelece vedações e condições para a negociação de ações de companhia aberta na pendência de fato relevante não divulgado ao mercado, revoga a Instrução CVM nº 31, de 8 de fevereiro de 1984, a Instrução CVM nº 69, de 8 de setembro de 1987, o art. 3o da Instrução CVM nº 229, de 16 de janeiro de 1995, o parágrafo único do art. 13 da Instrução CVM 202, de 6 de dezembro de 1993, e os arts. 3º a 11 da Instrução CVM nº 299, de 9 de fevereiro de 1999, e dá outras providências. Disponível em: http://www.cvm.gov.br/export/sites/cvm/legislacao/instrucoes/anexos/300/inst358consolid.pdf. Acesso em 01 set. 2019.

COMISSÃO DE VALORES MOBILIÁRIOS. *Instrução nº 480, de 7 de dezembro de 2009*. Dispõe sobre o registro de emissores de valores mobiliários admitidos à negociação em mercados regulamentados de valores mobiliários. Disponível em: http://www.cvm.gov.br/export/sites/cvm/legislacao/instrucoes/anexos/400/inst480consolid.pdf. Acesso em 01 set. 2019.

CONDE, Francisco Muñoz. Principios politico criminales que inspiran el tratamiento de los delitos contra el orden socioeconomico en el proyecto de codigo penal español de 1994. *In*: PRADO, Luis Regis; DOTTI, René Ariel (Orgs.). *Direito penal econômico*. São Paulo: Editora Revista dos Tribunais, 2011. (Coleção doutrinas essenciais: direito penal econômico e da empresa). v. 1.

CONTROLADORIA-GERAL DA UNIÃO. *Instrução normativa nº 1, de 7 de abril de 2015*. Estabelece metodologia para a apuração do faturamento bruto e dos tributos a serem excluídos para fins de cálculo da multa a que se refere o art. 6º da Lei nº 12.846, de 1º de agosto de 2013. Disponível em: http://www.cgu.gov.br/sobre/legislacao/arquivos/instrucoes-normativas/in_cgu_01_2015.pdf. Acesso em 03 jul. 2019.

CONTROLADORIA-GERAL DA UNIÃO. *Manual prático de cálculo da multa*. [s.d.]. Disponível em: https://www.cgu.gov.br/Publicacoes/responsabilizacao-de-empresas/manual-pratico-de-calculo-da-multa.pdf/@@download/file/Manual%20Pr%C3%A1tico%20de%20C%C3%A1lculo%20da%20Multa.pdf. Acesso em 03 jul. 2019.

CONTROLADORIA-GERAL DA UNIÃO. *Programa de integridade*: diretrizes para empresas privadas. [s.d.]. Disponível em: http://cgu.gov.br/Publicacoes/etica-e-integridade/arquivos/programa-de-integridade-diretrizes-para-empresas-privadas.pdf. Acesso em 23 set. 2019.

CORACINI, Celso Eduardo Faria. Contexto e conceito de direito penal econômico. *In*: PRADO, Luis Regis; DOTTI, René Ariel (Orgs.). *Teoria geral da tutela penal transindividual*. São Paulo: Editora Revista dos Tribunais, 2011. (Coleção doutrinas essenciais: direito penal econômico e da empresa). v. 1.

DASSAN, Pedro Augusto Amaral. A posição de garante no contexto empresarial: contribuindo ao estudo da responsabilidade do Compliance Officer. 136f. Dissertação de Mestrado, Universidade de Coimbra, Coimbra, 2017. Disponível em: https://eg.uc.pt/bitstream/10316/84041/1/Texto_final.pdf 01.02.2020. Acesso em 27 dez. 2020.

DIAS, Jorge de Figueiredo. *O problema da consciência da ilicitude em direito penal*. 6. ed. Coimbra: Coimbra Editora, 2009.

DIAS, Jorge de Figueiredo. Sobre a autonomia dogmática do direito penal económico: uma reflexão à luz do novo direito penal económico português. *In: Estudios penales y criminológicos*, Santiago de Compostela, Espanha, n. 9, p. 37-70, 1984-1985.

ESPELTA, Pedro H. Serrano *et al. Práctica de compliance en Latinoamérica*: estado actual de la legislación anticorrupción y otras. Bogotá: Brigard & Urrutia Abogados, 2015.

ESPINAR, José Miguel Zugaldía. *La responsabilidad criminal de las personas jurídicas, de los entes sin personalidad y de sus directivos*: análisis de los arts. 31 bis y 129 del Código Penal. Valencia: Tirant lo Blanch, 2013.

ESTELLITA, Heloisa. *Responsabilidade penal de dirigentes de empresas por omissão*: estudo sobre a responsabilidade omissiva imprópria de dirigentes de sociedades anônimas, limitadas e encarregados de cumprimento por crimes praticados por membros de empresa. São Paulo: Marcial Pons, 2017.

FABRETTI, Humberto Barrionuevo; SMANIO, Gianpaolo Poggio. *Direito penal*: parte geral, versão eletrônica. São Paulo: Atlas, 2019.

FERNANDES, Bernardo Gonçalves. *Curso de direito constitucional*. 6. ed. rev. ampl. e atual. Salvador: Editora Juspodivm, 2014.

FLORÊNCIO FILHO, Marco Aurélio. *Culpabilidade*: crítica à presunção absoluta do conhecimento da lei penal. São Paulo: Saraiva, 2017.

FORIGO, Camila Rodrigues. O criminal compliance e a autorregulação regulada: privatização no controle à criminalidade econômica. *In*: GUARAGNI, Fábio André; BACH, Marion (Coords.). *Direito penal econômico (versão eletrônica pdf)*: administração do direito penal, criminal compliance e outros temas contemporâneos. Londrina: Thoth, 2017.

FREITAS JÚNIOR, Dorival de. *A responsabilidade da pessoa jurídica na lei anticorrupção*. 279f. Tese de Doutorado, Faculdade de Direito, Pontifícia Universidade Católica de São Paulo, São Paulo, Brasil, 2017.

FRIEDMAN, Lawrence. In defense of corporate criminal liability. *In*: *Harvard Journal of Law and Public Policy*, v. 23, p. 833-858, 2000.

GÓMEZ-ALLER, Jacobo Dopico. Posición de garante del compliance officer por infracción del 'deber de control': una aproximación tópica. *In*: ZAPATERO, Luis Arroyo; MARTÍN. Adán Nieto (Coords.). *El derecho económico en la era compliance*. Valencia: Tirant lo Blanch, 2013.

GUARAGNI, Fábio André; BACH, Marion. *Norma penal em branco e outras técnicas de reenvio em direito penal*. São Paulo: Almedina, 2014.

GUIMARÃES, Claudio Alberto Gabriel; REGO, Davi Uruçu. Funções dogmáticas e legitimidade dos tipos penais na sociedade do risco. *In*: PRADO, Luis Regis; DOTTI, René Ariel (Orgs.). *Teoria geral da tutela penal transindividual*. São Paulo: Editora Revista dos Tribunais, 2011. (Coleção doutrinas essenciais: direito penal econômico e da empresa). v. 1.

HEINE, Günter. La responsabilidad penal de las empresas: evolucion internacional y consecuencias nacionales. *In*: *Anuario de Derecho Penal*, Université de Fribourg, Suisse, p. 20-45, 1996. Disponível em: http://perso.unifr.ch/derechopenal/assets/files/anuario/an_1996_04.pdf. Acesso em 20 abr. 2019.

HEROLD, Anderson. *Contribuição de compliance da Sarbanes-Oxley (SOX) como inovação em instituições financeiras*: um estudo de caso. 80f. Dissertação de Mestrado, Centro de Ciências Sociais e Aplicadas, Universidade Presbiteriana Mackenzie, São Paulo, Brasil, 2013.

HUA, Chi-Yun. *Corporate governance, board compensation and firm performance*: an investigation of corporate governance in Taiwan's high tech industry. 146f. Dissertation for the Degree of Doctor of Business Administration, Golden Gate University, San Francisco, United States, 2003.

INGLATERRA. The committee on the financial aspects of corporate Governance and gee and co. Ltd. *Report of the Committee on The Financial Aspects of Corporate Governance*. London: Gee, 1992.

INSTITUTO BRASILEIRO DE GOVERNANÇA CORPORATIVA. Grupo de Trabalho interagentes. *Código brasileiro de governança corporativa*: companhias abertas. São Paulo: IBGC, 2016. Disponível em: https://www.anbima.com.br/data/files/F8/D2/98/00/02D885104D66888568A80AC2/Codigo-Brasileiro-de-Governanca-Corporativa_1_.pdf. Acesso em 01 set. 2019.

INSTITUTO ETHOS DE EMPRESAS E RESPONSABILIDADE SOCIAL. Disponível em: www.ethos.org.br. Acesso em 15 set. 2019.

INSTITUTO BRASILEIRO DE GOVERNANÇA CORPORATIVA. *Código das melhores práticas de governança corporativa*. 5. ed. São Paulo: IBGC, 2015. Disponível em: https://conhecimento.ibgc.org.br/Lists/Publicacoes/Attachments/21138/Publicacao-IBGCCodigo-CodigodasMelhoresPraticasdeGC-5aEdicao.pdf. Acesso em 01 set. 2019.

INSTITUTO ETHOS. *Pacto empresarial pela integridade e contra corrupção*. [s.d.]. Disponível em: https://empresalimpa.ethos.org.br/index.php/empresa-limpa/pacto-contra-a-corrupcao/termo-de-adesao. Acesso em 15 set. 2019.

INTERNATIONAL ORGANIZATION FOR STANDARDIZATION. *ISO37301*: Compliance management systems – Guidelines. Genebra, 2021.

INTOSAI – ORGANIZAÇÃO INTERNACIONAL DE ENTIDADES FISCALIZADORAS SUPERIORES. *ISSAI nº 20*. Vienna, Austria, 2010. (Trad. pelo TCU – Tribunal de Contas da União em 2016). Disponível em: https://portal.tcu.gov.br/lumis/portal/file/fileDownload.jsp?fileId=8A8182A2561DF3F501562329409F78D5. Acesso em 08 set. 2019.

KASHIO, Gaudêncio Mitsuo. *O conselho de administração como mecanismo de governança corporativa*. 121f. Dissertação de Mestrado, Faculdade de Direito, Universidade Presbiteriana Mackenzie, São Paulo, 2007.

KUHLEN, Lothar. Cuestiones fundamentales de compliance y derecho penal. *In*: KUHLEN, Lothar; MONTIEL, Juan Pablo; GIMENO, Ínigo Ortiz de Urbina (Coords.). *Compliance y teoría del Derecho penal*. Madrid: Marcial Pons, 2013.

LAING, Ian. *The criminal liability and punishment of corporations in Canada*. 198f. Dissertação de Mestrado, Dalhousie University Halifax, Nova Scotia, 2005. Disponível em: https://search.proquest.com/docview/305376105/fulltextPDF/93F9AD0FF6974B93PQ/1?accountid=12217. Acesso em 20 abr. 2019.

LISZT, Franz Von. *Tratado de direito penal alemão*. (Trad. José Hygino Duarte Pereira). Rio de Janeiro: F. Briguiet & C., 1899. t. I.

LORENZ, Karl. *Metodologia da ciência do direito*. 3. ed. (Trad. osé Lamego). Lisboa: Fundação Calouste Gulbernkian, 1997.

MACHADO, Felipe C. *Compliance policies, training, and monitoring as effective tools to prevention of corruption*. 35f. Master of Sciente in Economic Crime Management. Faculty of Utica College. Utica, United States, 2015. Disponível em: https://search.proquest.com/docview/1654779408/fulltextPDF/CA8D5942C504406FPQ/39?accountid=12217. Acesso em 23 set. 2019.

MANZI, Vanessa Alessi. *Compliance no Brasil*: consolidação e perspectivas. São Paulo: Saint Paul Editora Ltda., 2008.

MARTÍN, Luis Gracia. La cuestion de la responsabilidad penal de las propias personas jurídicas. *In*: PRADO, Luiz Regis; DOTTI, René Ariel (Coords.). *Responsabilidade penal da pessoa jurídica*. 2. ed. rev. e atual. São Paulo: Editora Revista dos Tribunais, 2010.

MASCARO, Alysson Leandro. *Introdução ao Estudo do Direito*. 5. ed. São Paulo: Atlas, 2015.

MASUDA, Yoneji. *A sociedade da informação como sociedade pós-industrial*. (Trad. Kival Charles Weber e Angela Melim). Rio de Janeiro: Ed. Rio, 1982. p. 67). Também sobre o tema ver a obra de: MATTELART, Armand. *Historia da sociedade da informação*. 2. ed. São Paulo: Loyola, 2002.

MATTELART, Armand. *Historia da sociedade da informação*. 2. ed. São Paulo: Loyola, 2002.

MELO, Ari Kardec de. Direito penal econômico: a origem do direito penal econômico. *In*: *Revista Sequência*, a. II, p. 29-34, 1º Semestre de 1981.

MELLO, Celso Antônio Bandeira de. *Curso de direito administrativo*. 30. ed. rev. e atual. São Paulo: Malheiros Editores, 2013.

MENDONÇA, Tarcísio Maciel Chaves de. *Lei penal em branco*: um confronto com o princípio da legalidade e análise dos crimes ambientais e econômicos. Rio de Janeiro: Lumen Juris, 2016.

MEZGER, Edmund. *Derecho penal*. (Trad. Ricardo C. Núñez). Buenos Aires: Editorial Bibliografica Argentina, 1958.

MINISTÉRIO DA SAÚDE. *Portaria nº 344, de 12 de maio de 1998*. Aprova o Regulamento Técnico sobre substâncias e medicamentos sujeitos a controle especial.

NERY JÚNIOR, Nelson. *Princípios do processo na Constituição Federal*: (processo civil, penal e administrativo). 11. ed. rev. ampl. e atual. São Paulo: Editora Revista dos Tribunais, 2013.

NEVES, Sheilla Maria da Graça Coitinho das. A criminalidade na sociedade pós-moderna. *In*: PRADO, Luis Regis; DOTTI, René Ariel (Orgs.). *Teoria geral da tutela penal transindividual*, São Paulo: Editora Revista dos Tribunais, 2011. (Coleção doutrinas essenciais: direito penal econômico e da empresa). v. 1.

NIETO, Adán. Responsabilidad social, gobierno corporativo y autorregulación: sus influencias en el derecho penal de la empresa. *In*: *Política Criminal*, n. 5, p. 1-18, 2008. Disponível em: http://politcrim.com/wp-content/uploads/2019/04/A_3_5.pdf. Acesso em 17 ago. 2019.

OECD. *G20/OECD Principles of Corporate Governance*. Paris: OECD Publishing, 2015. Disponível em: https://www.oecd-ilibrary.org/docserver/9789264236882-en.pdf?expires=1567383828&id=id&accname=guest&checksum=B9203F5A9775846A3560EBE-2F73CAD0A. Acesso em 01 set. 2019.

OECD. *OECD Principles of Corporate Governance*. Paris: OECD Publishing, 1999. Disponível em: https://read.oecd-ilibrary.org/governance/oecd-principles-of-corporate-governance_9789264173705-en#page2. Acesso em 02 set. 2019.

OSÓRIO, Fábio Medina. *Direito administrativo sancionador*. 7. ed. rev. e atual. São Paulo: Thomson Reuters Brasil, 2020.

PACELLI, Eugênio; CALLEGARI, André. *Manual de direito penal*: parte geral. 2. ed. rev. e atual. versão eletrônica. São Paulo: Atlas, 2016.

PARAGUAI. *Decreto nº 10.144, de 28 de novimebre de 2012*. Disponível em: http://www.senac.gov.py/archivos/documentos/Decreto_N_101442012_Que%20crea%20la%20SENAC_zlxcxl93.pdf. Acesso em 07 ago. 2019.

PARAGUAI. *Ley nº 977, de 1996*. Disponível em: http://www.senac.gov.py/archivos/documentos/Ley-977-1996-Que-Aprueba-la-Convencion-Interamericana-Contra-la-Corrupcion_wct0dltk.pdf. Acesso em 07 ago. 2019.

PARAGUAI. *Ley nº 1.160, 26 de noviembre de 1997*. Código Penal. Disponível em: http://www.bacn.gov.py/leyes-paraguayas/3497/ley-n-1160-codigo-penal. Acesso em 07 ago. 2019.

PARAGUAI. *Ley nº 1682, 19 de janero de 2001*. Reglamenta la información de carácter privado. Disponível em: http://www.bacn.gov.py/leyes-paraguayas/1760/ley-n-1682-reglamenta-la-informacion-de-caracter-privado. Acesso em 07 ago. 2019.

PARAGUAI. *Ley nº 4.439, 5 de octubre de 2011*. Modifica y amplia varios articulos de la Ley nº 1160/97 "Codigo Penal". Disponível em: http://www.bacn.gov.py/leyes-paraguayas/3777/modifica-y-amplia-varios-articulos-de-la-ley-n-116097-codigo-penal. Acesso em 07 ago. 2019.

PÉREZ DEL VALLE, Carlos. Introducción al derecho penal económico. *In*: BACIGALUPO, Enrique. *Curso de derecho penal económico*. 2. ed. Madrid: Marcial Pons, 2005.

PIMENTEL, Manoel Pedro. *Direito penal econômico*. São Paulo: Revista dos Tribunais, 1973.

POLANYI, Karl. *A grande transformação*: as origens da nossa época. (Trad. Fanny Wrobel; Revisão Técnica Ricardo Benzaquen de Araújo). 2. ed. Rio de Janeiro: Elsevier, 2012.

REALE, Miguel. *Lições preliminares de direito*. 27. ed. ajustada ao novo código civil. São Paulo: Saraiva, 2007.

REALE JÚNIOR, Miguel. A responsabilidade penal da pessoa jurídica. *In*: PRADO, Luiz Regis; DOTTI, René Ariel (Coords.). *Responsabilidade penal da pessoa jurídica*. 2. ed. rev. e atual. São Paulo: Editora Revista dos Tribunais, 2010.

RIOS, Rodrigo Sánchez. Indagações sobre a possibilidade da imputação penal à pessoa jurídica no âmbito dos delitos econômicos. *In*: PRADO, Luiz Regis; DOTTI, René Ariel (Coords.). *Responsabilidade penal da pessoa jurídica*. 2. ed. rev. e atual. São Paulo: Editora Revista dos Tribunais, 2010.

ROCCO, Arturo. *L'oggetto del reato e della tutela giuridica penale*. Torino: Fratelli Bocca Editori, 1913.

RODRIGUES, Anabela Miranda. *Direito penal econômico*: uma política criminal na era compliance, Coimbra: Almedina, 2019.

ROXIN, Claus. *Derecho penal*: parte geral, Tomo I, Fundamentos. La estructura de la toeria del delito. (Trad. de la 2. ed. de Diego-Manuel Luzón Peña, Miguel Díaz y Garcia Conlledo e Javier de Vicente Remesal). Madrid: Editorial Civitas, S.A., 1997.

SAAVEDRA, Giovani Agostini. Compliance criminal: revisão teórica e esboço de uma delimitação conceitual. *In*: *Revista Duc In Atum Cadernos de Direito*, v. 8, n. 15, p. 239-256, mai./ago. 2016.

SALOMÃO, Heloísa Estellita. Tipicidade no direito penal econômico. *In*: PRADO, Luis Regis; DOTTI, René Ariel (Orgs.). *Direito penal econômico*. São Paulo: Editora Revista dos Tribunais, 2011. (Coleção doutrinas essenciais: direito penal econômico e da empresa). v. 2.

SALVADOR NETTO, Alamiro Velludo. *Responsabilidade penal da pessoa jurídica*. São Paulo: Thomson Reuters Brasil, 2018.

SÁNCHEZ, Jesús-Maria Silva. Deberes de vigilancia y compliance empresarial. *In*: KUHLEN, Lothar; MONTIEL, Juan Pablo; GIMENO, Ínigo Ortiz de Urbina (Coords.). *Compliance y teoría del Derecho penal*. Madrid: Marcial Pons, 2013.

SÁNCHEZ, Jesús-Maria Silva. *Fundamentos del Derecho penal de la Empresa*. 2. ed. ampl. e actual. Madrid: Edisofer S. L., 2016.

SÁNCHEZ, Jesús-Maria Silva. *La expansión del Derecho penal*: aspectos de la Política criminal en las sociedades postindustriales. 3. ed. Madrid: Edisofer S. L., 2011.

SARCEDO, Leandro. *Compliance e responsabilidade penal jurídica*: construção de um novo modelo de imputação baseado na culpabilidade corporativa. São Paulo: LiberArs, 2016.

SCHMIDT, Andrei Zenkner. *Direito penal econômico*: parte geral. 2. ed. rev. e ampl. Porto Alegre: Livraria do Advogado, 2018.

SCHWAB, Klaus. *A quarta revolução industrial*. (Trad. Daniel Moreira Miranda). São Paulo: Edipro, 2016.

SENADO FEDERAL. Disponível em: https://www12.senado.leg.br/hpsenado. Acesso em 05 mai. 2019.

SHECAIRA, Sérgio Salomão. *Responsabilidade penal da pessoa jurídica*. 2. ed. atual. e ampl. São Paulo: Método, 2003.

SILVEIRA, Renato de Mello Jorge; SAAD-DINIZ, Eduardo. *Compliance, direito penal e lei anticorrupção*. São Paulo: Saraiva, 2017.

SILVEIRA, Renato de Mello Jorge. *Direito penal econômico como direito penal de perigo*. São Paulo: Editora Revista dos Tribunais, 2006.

SORÉ, Raphael Rodrigues. *A lei anticorrupção em contexto*: estratégias para a prevenção e o combate à corrupção corporativa. Belo Horizonte: Fórum, 2019.

SOUZA, Luciano Anderson de. *Análise da legitimidade da proteção penal da ordem econômica*. 202f. Tese de Doutorado, Faculdade de Direito, Universidade de São Paulo, São Paulo, Brasil, 2011.

SROUR, Robert Henry. *Ética empresarial*. 4. ed. Rio de Janeiro: Elsevier, 2013.

TAMER, Maurício Antonio. O perfil da desconsideração da personalidade jurídica no Código de Processo Civil de 2015. *In*: *Revista de Processo*, v. 272, p. 163-185, out. 2017.

TIEDEMANN, Klaus. *Derecho penal y nuevas formas de criminalidad*. 2. ed. Lima: Editora Jurídica Grijley, 2007.

TIEDEMANN, Klaus. La ley penal en blanco: concepto y cuestiones conexas. *In*: *Revista Brasileira de Ciências Criminais*, São Paulo, v. 37, a 10, p. 73-97, jan./mar. 2002.

TIEDEMANN, Klaus. Responsabilidad penal de las personas jurídicas. *In*: *Anuario de Derecho Penal*, Université de Fribourg, Suisse, p. 97-125, 1996. Disponível em: http://perso.unifr.ch/derechopenal/assets/files/anuario/an_1996_07.pdf. Acesso em 20 abr. 2019.

URUGUAI. *Decreto nº 379, de 20 de noviembre de 2018.* Reglamentacion de la Ley 19.574 contra el lavado de activos. Disponível em: https://www.impo.com.uy/bases/decretos/379-2018. Acesso em 06 ago. 2019.

URUGUAI. *Decreto nº 414, de 15 de septiembre de 2009.* Reglamentacion de la Ley 18.331, relativo a la proteccion de datos personales. Disponível em: https://www.impo.com.uy/bases/decretos/414-2009. Acesso em 06 ago. 2019.

URUGUAI. *Ley nº 18.331, de 18 de agosto de 2008.* Ley de Protección de Datos Personales. Disponível em: https://www.impo.com.uy/bases/leyes/18331-2008. Acesso em 06 ago. 2019.

URUGUAI. *Ley nº 19.574, de 10 de janero de 2018.* Actualización de la normativa vigente referida al lavado de activos. Ley integral contra el lavado de activos. Derogación de articulos del Decreto Ley 14.294 y Leyes 17.835, 18.494, 18.914, y 19.149. Disponível em: https://www.impo.com.uy/bases/leyes/19574-2017. Acesso em 05 ago. 2019.

VÁSQUEZ, Manuel A. Abanto. Responsabilidad penal de los entes colectivos: una revisión crítica de las soluciones penales. *In: Revista Penal México*, n. 3, p. 9-57, jan./jun. 2012.

VENTURA, Elvira Cruvinel Ferreira (Coord.). *Governança cooperativa*: diretrizes e mecanismos para fortalecimento da governança em cooperativas de crédito. Brasília: BCB, 2009.

VENTURINI, Otavio; CARVALHO, André Castro; MORELAND, Allen. Aspectos gerais do U.S. Foreign Corrupt Practices Act (FCPA). *In*: CARVALHO, André Castro *et al.* (Coords.). *Manual de Compliance*. Rio de Janeiro: Forense, 2019.

VERÍSSIMO, Carla. *Compliance*: incentivo à adoção de medidas anticorrupção. São Paulo: Saraiva, 2017.

VILA, Ivó Coca. ¿Programas de cumplimiento como forma de autorregulación regulada? *In*: SÁNCHEZ, Jesús-María Silva (Dir.); FERNÁNDEZ, Raquel Montaner (Coord.). *Criminalidad de empresa y compliance*: prevención y reacciones corporativas. Barcelona: Atelier Libros, 2013.

VOLK, Klaus. Criminalidad económica. *In*: AMBOS, Kai; BÖHM, María Laura; ZULUAGA, John. *Desarrollos actuals.* Göttingen: Göttingen University Press, 2016.

WITTMANN, Cristian Ricardo. *Programas de integridade (compliance programs) e o direito na sociedade global*: a concepção de um campo autônomo de regulação das nanotecnologias em usos militares. 275f. Tese de Doutorado, Universidade do Vale do Rio dos Sinos, São Leopoldo, 2016.

WULF, Katharina. *Ethics and compliance programs in multinational organizations.* Springer: Berlin, 2011.

ZAFFARONI, Eugenio Raúl. *Derecho penal*: parte general. 2. ed. Buenos Aires: Sociedad Anónima Editora, 2002.

ZAVASCKI, Teori Albino. *Processo coletivo*: tutela de direitos coletivos e tutela coletiva de direitos. 7. ed. rev. atual. e ampl. São Paulo: Revista dos Tribunais, 2017.

ZENKNER, Marcelo. *Integridade governamental e empresarial*: um espectro da repressão e da prevenção à corrupção no Brasil e em Portugal. Belo Horizonte: Fórum, 2019.

Esta obra foi composta em fonte Palatino Linotype, corpo 10
e impressa em papel Offset 75g (miolo) e Supremo 250g (capa)
pela Paulinelli Serviços Gráficos.